자서전과 반성적 회고

알렉산드르 게르첸 읽기

Autobiography and Reflective Retrospect: Reading Alexander Gertsen

by Gwanghun Moon

ACANET, PAJU KOREA 2023.

대우학술총서
640

자서전과 반성적 회고

알렉산드르 게르첸 읽기

문광훈 지음

아카넷

너는 그 말을 스스로 하느냐, 다른 사람이 나에 대
해 네게 한 말을 하느냐?

— 『성경』「요한복음」 18장 34절

세상에서 가장 중요한 일은 어떻게 자기 자신으로
있는가를 아는 것이다.

— 몽테뉴(1533~1592), 『에세이』(1580)

차례

게르첸 평전의 기념비적 역작

유종호(문학평론가, 전 대한민국예술원 회장)

허구와 비허구의 차이는 있으나 인간, 특히 특정 인물에 대한 소상한 관찰과 평가가 담겨 있다는 점에서 소설과 전기는 그 매력과 호소력에 공통점이 많다. 전기의 한 변주인 자서전은 일인칭 화자가 관찰하고 서술하는 근대소설의 한 유형과 흡사하다. 한 인물의 개인사 세목에 충실하면서 비판적 거리를 유지한 채 역사적 의미를 규명하는 평전의 특징은 대개의 전기에서 발견되지만, 뛰어난 전기는 대체로 평전이라는 성격이 현저하게 강하다. 우리의 지적 풍토에서 전기는 대체로 특정 인물에 대한 찬사로 기울어지기 쉽다는 경향을 보여주고 있다. 특히 자서전에 이르면 작자에 대한 숭상이나 애정이 강한 독자가 아니라면 설득되기 어려운 구석이 많다. 부끄러운 구석이 드러나 있는 자서전만이 믿을 수 있는 것이라는 조지 오웰의 명제를 수용할 때, 믿을 수 있는 자서전은 극히 희소하다는 게 타당한 소견일 것이다.

전기나 자전(自傳)은 젊은 독자에게 주체적 삶의 운영을 위한 믿음 직스러운 오리엔테이션이며 향도가 되어준다는 매혹적 효용을 발휘한다. 한편 특정인의 삶 궤적의 구체와 세목을 통해 그가 산 시대를 보다 섬세하고 구체적으로 이해할 수 있게 한다는 미덕을 가지고 있다. 즉 개인사와 사회사의 수렴과 교차는 역사적 상상력의 세련과 풍요에 크게 기여한다.

평전이나 전기적 연구는 대상 인물의 크기와 매력과 역사적 기여에 따라서 크게 달라진다. 특정 분야에서의 역사적 기여가 크지 않다고 하더라도 인간적 매력이나 고매한 혹은 특이한 인품 때문에 걸작이 나올 수도 있다. 이 책이 다루고 있는 알렉산드르 게르첸은 인물의 크기, 성명에 상징되어 있는 별난 출생과 성장 과정, 백만장자 혁명가라는 특이한 정체성, 파란만장한 정치적 이력과 망명 생활, 당대의 주도적 사상가요, 오피니언 리더라는 몇몇 국면만을 고려하더라도 평전 주제로서 막강한 매력과 견인력을 지닌 인물이다. 그뿐만 아니라 정치적 교리에 매이지 않은 그의 자서전이자 회고록인『나의 과거와 사상』은, 아이자이어 벌린의 말을 빌리면, 톨스토이의『전쟁과 평화』, 투르게네프의『아버지와 아들』등과 나란히 설 수 있는 자서전의 걸작이다. 그의 자서전이 보여주고 있는 사고와 문체는 그 자체로서 벌써 경의와 숭상의 대상이 될 수 있다. 현실에의 반응이면서 시류를 거역하는 깊은 사고와 섬세한 문체는 자서전을 한 권의 의미 깊은 사상서로 올려놓고 있다.

평전 주제 인물의 무게에 못지않게 저자 문광훈 교수의 지적 배경과 이미 보여준 지적 노력의 성과는 우리의 풍토에서 극히 보배로운 것이다. 전공 분야인 독일 문학과 철학에 대한 깊은 조예와 함께 음악이나 회화 같은 예술 분야의 저작에서 보여준 향수 안목과 통찰은 치밀한 사고와 문체가 어울려 최근 우리 지적 풍토의 수준과 높이를 예증하고 있다. 가령 『가면들의 병기창: 발터 벤야민의 문제의식』이나 『심미주의 선언』 같은 저서가 보여준 지적 역량은 그대로 이 저서에서 보다 광활한 사고의 지평으로 이어지고 있다. 벤야민의 문제의식이 20세기 고유의 문제의식을 드러내고 있다면, 이번 책에선 19세기 고유의 문제의식이 게르첸을 매개로 해서 고스란히 드러나 있다고 해도 과하지 않다.

책의 첫머리에서 저자는 자서전이란 형식에 대한 일반적 특성을 원론적으로 거론하고, 이어서 게르첸의 삶의 궤적을 세세히 추적한다. 유명한 모스크바 참새 언덕에서의 어린 날의 맹서에서 시작하여 젊은 날의 체포, 투옥, 추방, 망명, 망명지에서의 정치적 활동으로 이어지는 역정은 그 자체로 흥미진진하다. 그러나 그 역정이 그대로 19세기 러시아의 사회사로 수렴된다는 점이 중요하다. 여러모로 19세기는 유럽에서 위대한 세기로 기억되고 있으나 러시아의 19세기는 이례적으로 위대한 세기였다. 의존할 만한 전통의 상대적 빈곤에도 불구하고 19세기 러시아 소설은 일거에 폭발적으로 분출하여 세계문학의 가장 높은 봉우리의 하나를 이루게 된다. 그러한 경이의 비밀이 암울한 사회사 속에 숨겨져 있다는 것이 게르첸의 개인사를 통해서도 묵시적으로 드러난다. 그런 맥락에서 우리는 다시 한번 개인사와 사회사의 수렴과 교차를 통해 한 시대를 더욱 충실하게 이해할 수 있다는 확신을 갖게 된다.

이 책에도 상세히 기술되어 있지만 게르첸은 정치적으로 많은 변전을 겪었다. 세칭 서구주의자로 출발했던 그는 돌아가지 못할 망명

길에 올라 동경의 땅 파리에 도착했으나 곧 루이 필립의 "시민 왕정"에 환멸을 느끼게 된다. 2월 혁명 소식을 이탈리아에서 접하고 열광하면서 파리로 돌아가지만, 5월에 일어난 시위대 진압 광경을 보고 실망한다. "인간은 자유로 태어났으나 도처에 사슬에 묶여 있다"라는 루소의 명제에 가차 없는 논평을 가한다. "슬프게 고개를 저으며 '물고기는 날도록 태어났으나 영원히 헤엄을 친다'고 말하는 사람에게 뭐라고 말하겠느냐"라고 적어놓고 있기도 하다. 그것은 현실의 당면 과제를 고찰하는 과정에서의 깊은 고뇌와 성찰의 소산이요, 결코 즉흥적인 발상에서 나온 것이 아니다. 그가 러시아의 전통적 촌락 공동체의 중요성을 인정하게 된 것은 슬라브주의와 서구주의의 연결고리로서의 가치를 중시했기 때문이다. 그는 "나로드니키(인민주의자)"의 사상 형성에 기여했으나 종당엔 그들의 배척을 받게 된다. 평화로운 사회 진화의 가능성에 대한 믿음과 폭력의 거부 때문이었다.

구극적으로 혁명가로서의 게르첸은 사실상 실패자였다. 그러나 뒷세대는 반드시 성공자에게만 배우는 것이 아니다. 선의의 실패자야말로 후속 세대에게 가르치는 바가 많은 역사의 희생자인 경우가 허다하다. 게르첸을 배척했던 급진파와 게르첸 중 어느 편이 인간의 길을 걸었는가 하는 것은 성급하게 대답할 문제는 아니다. 폭력을 불가피한 필요악으로 간주하고 그 행사를 통해 일시적 성공을 거두었던 정치세력과 정치의 행방이 어떠했는가 하는 것은 20세기 러시아의 역사가 웅변으로 말해준다.

삶의 궁극적 목적은 삶 자체라는 것이 게르첸의 믿음이었다. 하루하루와 시각은 그 자체가 목적이며 다른 날이나 다른 경험을 위한 수단이 아니라고 그는 믿었다. 현재나 가까운 미래를 머나먼 목적을 위해 희생하는 것은 잔혹하고 부질없는 인간 희생으로 이어지게 마련이라고 믿었다. 여기서 우리는 "나는 역사의 오페라 대사를 믿지 않는다"라는 경구를 상기하게 된다. 그는 또 "예술과 개인적 행복이라는 여름철의 벼락, 이들이야말로 우리가 가지고 있는 유일한 진짜"라는 개인적 소신을 평생 지니고 있었다. 이러한 게르첸을 연령이 늘어날수록 더욱 좋아하게 되었다는 점을 필자는 굳이 숨기지 않겠다.

게르첸 같은 거인에 대한 선호나 비호감의 문제는 사람마다 다를 것이다. 그러나 문광훈 교수의 철두철미한 고증과 성찰의 소산인 이 책의 출간은 쏠림 현상이 심하고 극단적 대립이 항다반사가 되어 있는 우리의 상황을 고려할 때 시의적절한 쾌거라 하지 않을 수 없다. 될수록 많은 독자들이 이 인간 연구의 기념비적 역작을 접하고 유익하고 진진한 자기교육의 시간을 향유하기 바란다.

서문
놀라운 삶의 궤적

이 책은 19세기 러시아 작가이자 언론인인 알렉산드르 게르첸 (Aleksandr Ivanovich Gertsen, 1812~1870)이 쓴 자서전 『나의 과거와 사상(*My Past and Thoughts*)』을[1] 읽고 떠오른 나의 이런저런 생각들을 정리한 것이다. 그것은 한마디로 놀라운 정신의 궤적이고 그 삶의 실천적 경로가 아닐 수 없다. 그리고 그런 유례없는 정신과 실천이 그의 고귀한 생애를 이룬다.

---

1 Alexander Herzen, *My Past and Thoughts*. Abridged by Dwight Macdonald, translated by Contance Garnett(Berkeley : University of California Press, 1982). 이 저자의 이름은 러시아어 Gertsen의 우리말 외래어 표기법에 따라 한글로는 '게르첸'으로 쓰고, 영어에서의 표기인 'Herzen'은 서지상의 정확성을 위해 그대로 두었다. 『나의 과거와 사상』의 주요 부분은 영어와 독일어(1855)로 번역되었고, 나중에는 프랑스어(1860)로 번역되었다. 그러나 온전한 판본은 그의 죽음 후에 출간된다. 영어본은 원래 가넷이 1922년에서 1927년 사이에 4권으로 번역하였고, 이를 다시 맥도널드가 1970년대에 1권으로 축약하였다. 필자가 읽은 것은 이 맥도널드의 1권짜리 축약본이다. 작은 글씨에 촘촘하게 배열된 이 책은, 서문까지 합치면, 700쪽 정도 된다.

하지만 이 자서전에서 고귀한 것은 게르첸의 삶만이 아니다. 그가 서술하고 회고하는 사람들 — 19세기 러시아와 유럽 각국에서 그가 만난 여러 사람들의 삶도 놀랍고 흥미로우며 기이하다. 여기에는 뛰어난 사상가나 혁명가, 출중한 작가나 비평가나 사회운동가만 있는 게 아니다. 이런저런 친구가 있는가 하면 폐하와 공작(公爵)도 있고, 이름 없는 농부와 하인과 요리사가 있듯이 황태자의 친구와 연인과 배우도 있다. 게르첸이 묘사한 크고 작은 이 인물들은 다들 귀하고 소중해 보인다. 그래서 하나같이 아련하고 쓸쓸하며 안타깝고 사랑스러운 그리움을 자아낸다. 알렉산드르 게르첸은 귀족이고 사상가이기 이전에 위대한 한 명의 인간이고, 뛰어난 문필가이며 전사(戰士)다.

이 저술이 시작된 계기는 '열린 연단'에서의 내 강연이었다. '열린 연단' 강연시리즈는 2014년부터 네이버 문화재단의 후원 아래 매년 진행되었고, 나는 이 시리즈를 준비하는 일곱 자문위원들 가운데 한 사람으로 일하였다. 이 시리즈는 1년 내내 거의 50차례씩 이어졌고, 그런 기획을 위해 매달 자문회의가 열렸다. 우리 자문위원들은 1년 전부터 다음 해 강연시리즈를 계획하며 준비하였다. '자서전과 반성적 회고'라는 제목은 그렇게 열린 2018년 초 어느 회의에서 필자에게 주어진 하나의 주제였다. 그것은 김우창 선생님께서 제안하신 제목이었다.

나는 '자서전과 반성적 회고'라는 이 제목에 게르첸의 자서전 『나의 과거와 사상』이 썩 잘 어울린다고 판단하였다. 그래서 이 주제 아래 강연하기로 마음을 먹었다. 2018년 가을학기 때부터 나는 『나의 과거와 사상』을 매일 규칙적으로 읽었고, 겨울방학 때부터 그에 대한 논평을 시작하였다. 그리하여 2019년 3월경 나는 초고를 완성하였고(원고지 1410매), 그 가운데 일부(280매)를 2019년 9월 21일 강연에서 발표하였다.[2] 게르첸의 언론 활동에 대한 논의인 「시민적 자유를 위한 헌신」(원고지 620매)은 그 후 보태졌다.

1. 기본 문제의식

필자는 오래전부터 자서전(自敍傳, autobiography)이라는 장르에 대하여 관심을 가져왔다. 자서전이란 말 그대로 자기 '스스로(auto)' '쓴(graphy)' 글이다. 그래서 전기(傳記, biography)의 형태를 띤다. 그러니까 자서전은 누군가가 그와 다른 어떤 사람에 대해 쓴 글이 아니라, 당사자 자신이 자기 자신에 대해 쓴 글이다. 따라서 그것은 자기 서술(self description, Selbstbeschreibung)의 형식을 띤다.

그러므로 자서전에서는 작자와 화자(話者) 그리고 주인공이 같다. 그래서 지극히 사적이고 개인적이며 내밀하고 실존적이다. 그런데 이 주관성은 반드시 주관적인 것으로 그치는 게 아니다. 자서전은 내가 나 자신에 대해 쓰는 만큼 주관적이지만, 그러나 자신을 돌아보고 살피며 검토하고 성찰하기 때문이다. 이 돌아봄과 살핌, 검토와 성찰이 중요하다. 여기에는 '반성적 거리(reflective distance)'가 개입하기 때문이다. 이 반성적 거리감 덕분에 문학의 주관성은 자신의 주관성을 조금씩 덜어내면서 점차 중성화되고, 이렇게 중성화되는 가운데 더

---

2   문광훈, 「자서전과 반성적 회고 — 헤르첸의 '나의 과거와 사상' 읽기」, 네이버 열린
     연단 강연, 2019년 9월 21일 자 동영상 참조(https://openlectures.naver.com/contents
     ?contentsId=143479&rid=2948).

높은 객관성으로 나아간다. 이 객관성은, 주체가 더 냉정하고 더 분별력을 가질수록, 그래서 반성적 거리를 더 철저하게 견지할수록, 더 많아진다. 말하자면 반성력 속에서 글은 좀 더 높은 객관성의 수준에 도달하는 것이다.

그리하여 훌륭한 문학작품은 주관적이면서 '동시에' 객관적이다. 그래서 '주관적 객관성'을 구현한다. 그것은 자기 자신에 대해 주관적이고 내밀한 고백을 담고 있으면서도, 단순히 여기에 그치는 게 아니라, 그 자신뿐만 아니라 다른 누군가에게도 호소력을 지닌, 그래서 '일반적 전달 가능성'을 가진 기록물이 되는 것이다. 어떤 예술작품에서 우리가 받는 감동도 일반적 전달 가능성에서 오는 이 호소력의 결과다. 이 같은 호소력은 사실 자서전의 고전적 형식이라고 할 수 있는 플라톤의 『소크라테스의 변론(Apologia)』에서부터 시작하여, 중세적 형식인 아우구스티누스의 『고백』을 지나, 근대적 자서전으로서의 몽테뉴의 『에세이』나 루소의 『고백』 그리고 괴테의 『시와 진실』에 이르기까지 지성사적으로 광범위하게 나타난다.

한 가지 질문을 던져보자. 자서전이라는 형식은 반드시 문학의 한 장르로서만 나타나는 것일까? 그렇지는 않을 것이다. 모든 글쓰기는 어떤 점에서 '자서전적'이라고 할 수 있을지도 모른다. 인간은, 너무도 자명한 사실이지만, 자기의 느낌과 생각 속에서 움직이고, 이렇게 활동하면서 받은 경험과 체험의 프리즘을 통해 쓰기 때문이다. 이러한 속성은 작가가 아무리 사실에 투철하고자 애쓰고, 그래서 아무리 드높은 리얼리즘을 지향한다고 해도 크게 다르지 않다. 그렇게 드러난 글의 내용물은 그 글을 쓴 자의 세계관에 의해 이런저런 식으로 '걸러지기' 때문이다.

그러므로 각 개인에게는, 원하든 원치 않든, 의도적이든 의도적이지 않든, 각각의 감정과 사고의 일정한 체계가 있고, 이런 지각적 체계와 인식론적 틀 안에서 그는 읽고 쓰고 느끼고 생각하며 행동한다. 그러면서 이 자기 서술에는, 앞서 보았듯이, 객관성에 대한 요구도 없는 게 아니다. 나아가 글은, 특히 인문학에서의 글은, 주관과 객관이라는 이항대립 이전에 자기가 진실되다고 믿는 바를 쓰고, 이 믿음에 따라 살려는 윤리적 요구의 실존적 표현이기도 하다. 글에는 주체가 자기 자신과 맺는 관계에 대한 일정한 고민이 들어 있고, 이 관계를 더 높고 깊은 차원으로 전환시키려는, 그래서 삶 자체를 변형시키고자 하는 요구가 들어 있기 때문이다. 글은, 푸코(M. Foucault)식으로 말하여, '진리의 윤리적 변형 가능성'을 탐색하기 위한 실존적 시도인 것이다. 바로 이 대목은, 좁게는 한국의 문학 비평계에서, 넓게는 우리의 지적·학문적 문화 지형도에서 매우 중요해 보인다.

문학의 가능성은 1960년대 이른바 순수·참여의 논쟁 이후 다각도로 논의되어 왔다. 그 논의는 1970년대 이래 민족문학 논쟁이나 1980년대의 노동·민중문학론 등으로 이어지면서 더 세분화·확대되어 왔고, 실제로 이런 지속적 논의가 우리의 문학 담론을 풍성하게 만들었다. 하지만 다른 한편으로 '개인적·실존적 진실의 사회정치적 차원'에서의 글의 가능성은, 필자의 판단으로는, 부족하지 않았나 여겨진다. 말하자면 문학의 있을 수 있는 지평이 단순히 순수문학적·형식적 차원에서 접근하는 게 아니라, 물론 이것도 필요하지만, 자기 진실성·진정성(authenticity)이라는 내밀한 차원에서 시도되는 것이다. 이러한 시도는 참여문학론처럼 처음부터 '정의'나 '도덕'을 내세우는 게 아니다. 그것은 오직 자기 정직성이나 절실성 아래 시작하고, 이 절실성 속에서 개별적 주관을 넘어 사회적 호소력을 갖고자 애쓴다. 나는 이것이 야말로 문학적인 것의 본래적인 잠재력이 아닌가 여긴다.

더욱이 한국사회는 — 이 대목은 민감한 사안이라 거론하기가 조심스럽긴 하나 —, 여러 가지 점에서 여전히 집단적이고 사회적인 것의 힘이 드세지 않나 여겨진다. 사회적인 것 자체가 모두 나쁜 것은 물론 아니다. 그러나 사회적인 것의 가치를 모든 일의 전면에 '너무' 그리고 '항상' 내세우게 되면, 그 가치는 집단적인 것으로 변질되기 쉽다. 그래서 개별적 사안은 이 같은 구호 아래 쉽사리 억눌린다. 한 공동체의 전체주의화는 이 지점에서 그리 멀지 않다. 이런 이유에서 이성적 공동체도, 우리가 사회를 그 자체로 절대화하는 것이 아니라, 사회적인 것의 오용 가능성을 경계하는 가운데 이 사회를 최대한 인간적으로 조직할 수 있는 제도의 합리적 조건을 고려할 수 있을 때, 비로소 실현될 수 있을 것이다. 아마도 자서전 장르는, 그것이 주관적 구체성과 객관적 보편성을 실존의 절실한 언어로 매개한다는 점에서, 문학적인 것의 고유한 가능성을 자연스럽게 입증해 보일 수 있고, 바로 이런 이유로 참으로 중요하지 않나 나는 생각한다.

그러나 이 같은 문학적 가능성의 모범적 사례를 구하는 일은 쉽지 않다. 작품 자체도 출중해야 할 뿐만 아니라 경험의 폭도 다채로워야 하며, 나아가 그 경험을 검토하는 사유는 어떤 이념적 편향이나 사적 감상(感傷) 없이 드넓고 깊으며 유연해야 한다. 그런 예는, 마치 선의(善意)의 길이 그러하듯이, 무척 드물고 희귀하다. 필자는 19세기 러시아의 문필가이자 언론인이었던 알렉산드르 게르첸의 『나의 과거와 사상』이 이런 자서전의 한 놀라운 사례가 아닌가 판단한다. 이 책을 분석하게 된 이유는 간단히 세 가지다.

첫째, 게르첸이 아직 한국에 소개되지 못한 것은 아쉬운 일이 아닐 수 없다. 그에 대해서는, 검색해 보면, 소설 『누구의 죄인가』(박현섭 역, 열린책들, 1991) 번역 이외에 두세 편의 논문이 있을 뿐이다. 따라서 그의 언론 활동도 소개되지 않았고, '걸작'이라고 할 수 있는 『나의 과거와 사상』도 알려지지 않고 있다. 이사야 벌린(I. Berlin) 같은 정치 사상가는 게르첸을 도스토옙스키(P. M. Dostoevski)나 톨스토이(L. N. Tolstoi) 같은 19세기의 위대한 작가들과 동일한 반열에 두고 있지만, 나는 이것이 과장이 아니라고, 충분히 그럴 만하지 않나 판단한다.

둘째, 글쓰기의 가능성에 대한 탐색이다. 이때 글이란 물론 자서전이다. 자서전은 글쓴이가 자신의 삶을 반성적으로 회고하면서 기록한 것이다. 이 글에서 게르첸은 자신의 지나온 삶을 돌아보고 현실을 성찰하며 미래를 가늠해 나간다. 이런 활동으로부터 몇 가지 덕목 — 현재를 존중하고, 최종 해결책을 불신하며, 고통의 불가피성을 수용하는 가운데 느슨함과 비효율도 허용하고, 시적 감수성을 기르는 가운데 스타일을 창조하는 일이 생겨난다. 이 여섯 가지 덕목은, 나의 판단으로는, 게르첸의 자유주의적 인문주의 유산을 이룬다. 자서전적 글쓰기 작업은 문학의 가능성 전체를 시연(試演)하는 하나의 가슴 설레는 가능성이 아닐 수 없다. 나는 이 점에서 한국의 지성사에서도 자서전의 유구한 전통이 좀 더 철저한 자의식 아래 본격적으로 세워지길 희망한다.

셋째, 결국 게르첸의 『나의 과거와 사상』을 통해 필자는 '우리의 삶과 현실이 어떠하고, 이 현실 앞에서 내가 어떻게 내 삶을 살 것인가'를 살펴보려 한다. 말하자면 인간과 그 삶의 조건에 대한 내밀한 성찰이다. 게르첸이 살았던 1800년대 중반의 러시아 현실은 경제적으로 낙후되고 정치적으로 억압적이며 이념적으로 혼란스럽기 그지없는 시대였다. 그러므로 그 시절의 삶과 현실을 자세히 그리고 꼼꼼하게 들여다보는 일 자체가 오늘의 혼란스러운 한국사회를 살아가는 데 좋은 성찰적 자료가 될 것으로 여겨진다.

2. 전체 구성

이 책은 크게 1부와 2부로 나뉜다.

첫 번째 글인 1부 「자서전과 반성적 회고」는 이번 논저의 중심이다. 이 글이 게르첸의 회고록 『나의 과거와 사상』에 대한 분석이라면, 두 번째 글인 2부 「시민적 자유를 위한 헌신」은 그의 언론 활동을 살펴본 것으로 첫 번째 글에 대한 보충적 논의다. 이 보론은 흔히 '혁명적 저널리즘'으로 알려진 1857년에서 10여 년 동안 이어진 그의 언론 활동을 비판적으로 분석한다.

2.1. 1부의 내용

첫 번째 글 1부는 여덟 장으로 구성된다.

1장 1절 「'자서전'이라는 형식」에서는 자서전의 형식이란 무엇인지를 살펴본다. 자서전이 한마디로 '주체의 객관화'라면, 이런 글쓰기는 그 자체로 문학의 역사를 이룬다. 그것은 무엇보다도 근대적 개인주의의 흐름과 맞물려 있다. 그리하여 글은, 푸코가 『주체의 해석학』에서 보여주듯이, 주체가 자기와의 관계 방식을 탐구하면서 진리를 육화해 가는 과정 — 진리의 윤리적 실천 과정이 된다. 이때 글은 감각을 통한 사유 방식이자 수양 형식이고 나아가 향유 형식이기도 하다.(1장 1절)

2절 「게르첸의 경우」에서는 게르첸의 일생을 스케치한다. 그는 대학 시절에 차르 정부를 비판하고 사회개혁을 도모했다는 이유로 체포되어 두 번의 유형을 겪었다. 그리고 35세 무렵 러시아를 떠난다. 그 후 다시는 고국으로 돌아가지 못한다. 23년에 걸친 기나긴 망명 시절 동안 그가 골몰한 것은 언론 활동이었다. 그는 1853년 런던에서 '자유러시아통신(Free Russian Press)'을 설립하였고, 1856년에 정기간행물인 《종(鍾, Kolokol)》을 발행하였다. 1857년부터 11년 동안 나온 이 간행물을 통해 그는 러시아 차르 정부의 무능과 관료주의의 폐단, 농노제의 억압과 민중의 고통스러운 궁핍을 가감 없이 보도하였다. 이 간행물들은 러시아 사회로 몰래 반입되어 사회정치적·지적 분야에서 엄청난 파장을 일으켰고, 마침내 1861년 러시아의 농노해방을 실현시키는 데도 기여했다.

흥미로운 사실은 게르첸의 초점이 단순히 정치체제의 억압을 고발하고 그 폭력성을 비판하는 데 그친 것이 아니라, 모든 추상화된 이념들의 공허함 — 이것을 그는 '공식(公式)들의 폭정'이라고 규정한다 — 을 드러내는 가운데 삶 자체의 고귀함을 강조하는 데로 이어진다는 점이다. 그는 비판적·혁명적 저널리스트였지만, 그럼에도 '삶에는 삶 자체의 목표가 있을 뿐'이라고 여긴, 너무나도 자연스러운 일이지만, 삶과 인간을 사랑한 생활 속의 인간이기도 하였다. 그는 이념의 인간이기 이전에 육체의 인간이었고, 이 육체의 허약성과 본성의 한계를 직시한 인간이었다. 이 점에 대하여 필자는 게르첸의 문제의식을 현대의 정치사상가 존 그레이(J. Gray)와 비교하여 상술하였다.(1장 2절 「보론 1: 진보신화 비판 — 존 그레이」)

3절 「나의 과거와 사상」은 이 책에 대한 간단한 조감이다.

2장 「가족관계」부터 필자는 『나의 과거와 사상』을 꼼꼼하게 읽어내려간다. 우선 게르첸 아버지의 네 형제를 살펴보고, 40대의 아버지가 독일 여행 중 만난 한 여성에게서 태어나게 된 게르첸의 기이한 가정사적 처지를 알아본다. 어린 시절의 생활과 독서 가운데 차츰 느끼게 되는 농노의 현실에 대한 자각과 그 후 갖게 된 농민 공동체의 비전 그리고 고통받는 이웃에 대한 공감과 자연 체험이 놀라운 관찰력과 기억 속에서 흥미진진하게 묘사된다.

3장 「대학 시절 — 20세 무렵」에서는 게르첸의 20대 대학 시절을 살펴본다. 사회변혁에의 의지가 타올랐던 대학생 시절 모스크바 대학 안에 자리 잡은 '참새 언덕'에서 친구들과 행한 맹세와 여성의 삶에 대한 성찰 등이 다뤄진다. 감옥과 추방, 귀환과 다시 추방으로 이어지는 30대의 나날이 4장 「감옥과 추방, 귀환과 또 추방(1834~1847)」에서 다뤄진다. 체포와 구금의 나날 속에서 게르첸이 관료 계급을 비판하는 가운데 당대 최고의 문학비평가였던 벨린스키(V. Belinsky)나 차다예프(P. J. Chaadayev) 등과 교류한 것은 이 무렵의 일이다.

5장 「혁명의 현장(1847~1852)」은 1847년 해외로 망명한 이후 게르첸이 이탈리아와 프랑스, 스위스와 영국에서 어떻게 생활했는지 살펴본다. 그는 1850년대를 전후한 서구 사회의 여러 혁명에서 주역이었던 부르주아들이 어떻게 행동하였는지를 냉정한 시선으로 서술한다. 이들은 사회정치적 의무를 외면한 채 "돈을 위한 항구적 투쟁" 속에서 기고만장하며 우쭐댔기 때문이다. 그러면서 거대 이념 뒤에 자리한 "새로운 우상"으로 인간이 어떻게 '자유에의 무능'을 드러내고 있는지 직시한다. 게르첸은 정의(正義)나 평등을 중시하고 그 가치를 인정하면서도 동시에 평등과 탁월성 사이의 모순을 직시하였고, 정의가 차가운 신이 될 때의 위험도 간과하지 않았다. 그는 개인적인 것의 고유한 가치를 옹호할 뿐만 아니라, '감각과 시와 색채와 음조'도 소중히 여긴다.

6장 「영국에서의 언론 활동」은 1852년에서 1862년 사이에 있었던 영국에서의 언론 활동을 조명한다. 그러나 이 언론 활동은 『나의 과거와 사상』에서 서술된 내용을 중심으로 살펴본 것이다. 하지만 이것만으로는 부족하기 때문에 필자는 2부 「시민적 자유를 위한 헌신 ― 게르첸의 언론 활동」을 넣었다.

40대에 들어 게르첸은 혁명에 대한 기존의 자기 신념을 재검토하는 가운데 인간의 불합리성과 역사의 우연성 그리고 자연의 무심함을 더욱 절감한다. 그는 혁명적 저널리스트로서는 놀랍게도 어느 정도의 느슨함과 비효용, 방심이나 게으름도 받아들인다. 하릴없는 잡담이나 한가한 호기심 속에서도 창의적 사유는 싹틀 수 있기 때문이다. 오류가 없는 지식을 얻기란 어렵기 때문이다. 사고의 이 같은 전환에는 밀(J. S. Mill)이나 오언(R. Owen) 혹은 바쿠닌(M. A. Bakunin) 같은 당대 최고의 지식인이나 사상가와의 교류가 큰 역할을 한 것으로 보인다. 이를테면 밀의 저작을 읽으면서 그는 이전 시대보다 오히려 '얄팍해진' 도덕과 정신을 반성하고, 오언과의 만남에서 '60년'에 걸친 시종여일한 태도의 강인한 헌신을 배운다. 마찬가지로 바쿠닌에게서는 "집요한 사고의 재능"을 칭송하면서도 혁명적 열정의 일관성 옆에 자리한 충동적 결함도 읽어낸다. 세부 내용이 어떻든 게르첸의 기억 속에 포착된 이 거장들의 생생한 초상화는 그 자체로 뛰어난 문학적 기록이면서 험난했던 시절에 대한 중대한 성찰적 자료가 아닐 수 없다.

7장 「삶의 막바지(1860~1870)」는 게르첸 삶의 말년에 대한 것이다. 그는 혁명적 문필가로서의 자기 삶이 데카브리스트 운동에서 시작되었다는 것, 이 운동에서 내건 '인간 품위의 감정'을 옹호하면서 "소유의 폭정" 속에서 상투적인 것들이 득세하는 '독재 대중'을 비판한다. 여기에서 추출되는 게르첸의 현재적 유산은 여섯 가지로 요약될 수 있다. 첫째, 현재의 존중, 둘째, 최종 해결책의 불신, 셋째, 고통의 불가피성에 대한 수용, 넷째, 느슨함과 비효율의 허용, 다섯째, 시적 감수성, 여섯째, 스타일의 창조 등이다.

이처럼 놀라운 사례를 보여주는 것은 지성사나 정신사에서 언제나 '몇몇 되지 않는' 사람들이다. 이 예외적 인간들은 자유의 가치를 내세우는 데 그치는 게 아니라, 이 자유를 지키고 누리기 위해 인간에게는 얼마나 노력과 희생이 필요한지, 그 자유의 필수 항목 앞에서 스스로 얼마나 무기력한 존재인지 절실하게 느낀 사람들이었다. 하지만 그들은 이 무기력 앞에 굴복하는 것이 아니라, 다름 아닌 그 자신의 자서전을 쓰는 가운데, 이 자서전적 글쓰기 속에서 이뤄지는 '자기와의 친구 되기'에서 그 같은 절망을 어떤 쓸모 있는 에너지로 전환시키는 데로 나아간다. 이것이 결론인 8장 「남은 것들」이다.

우리가 지난 시대의 인물을 살피고 그 저작을 읽는 것은 결국 오늘의 우리 현실과 나 자신의 삶을 돌아보기 위해서, 이렇게 돌아보면서 '좀 더 잘 살기' 위해서 아닌가? 글은 곧 그 자체로 윤리적 자기 증명의 방식이다.

2.2. 2부의 내용 — 「자서전과 반성적 회고」의 보완

이 보론은 캐슬린 파르테(Kathleen Parthé)가 2012년에 엮어낸 *A Herzen Reader*를 분석한 것이다. 이 책은 게르첸이 1850년에서 1867년 사이에 쓴 여러 편의 에세이와 논설 가운데 100편의 글들을 발췌하여 파르테가 영어로 번역한 후 묶은 것이다. 필자의 분석은 네 단계로 이뤄진다.

게르첸의 언론 활동이 본격적으로 전개되는 1850년대의 현실은 어떠하였는가?(9장) 여기서는 그가 살았던 당대 현실의 사회정치적 성격을 스케치한다. 둘째, 그의 언론 활동에서의 기본원칙은 무엇인가?(10장 1–3절) 여기에서는 그의 정치적 목표나 인권에 대한 보편주의적 입장이 드러난다. 이어 그 글의 특징은 무엇인가?(10장 4절) 그의 방법론이 고수한 하나의 원칙이 있다면, 그것은 역사적인 것의 의미를 어떤 집단적인 것에서가 아니라 개인적인 것에서 찾는 데 있었다고 할 수 있다. 그는 자신의 개인적 글쓰기가 공적 봉사이기를 바랐기 때문이다. 셋째, 이 같은 언론 활동에서 게르첸은 어떤 인물로 드러나는가?(11장) 그는 좌파적 열망을 지닌 혁명적·개혁적 자유주의자이지만, 그래서 러시아 농민 공동체(mir)에서 올바른 사회의 이상을 발견하였지만, 그러나 이런 개혁적 이상을 추동한 것은 실존적 자아였고, 이 자아의 교양 정신이기도 했다. 이 대목 역시 놀라운 점이다. 그는 당대의 혁명가들과는 달리 전통적 유산의 적극적 수용자였고 교양인이었다. 게르첸은 무엇보다 세계의 미지적 가능성에 열려 있던 넓고 깊은 인간이었다. 다섯째, '서글픈 유산'으로서 결국 남는 것은 무엇인가?(12장) 여기에서 우리는 게르첸의 개혁적이고 자유주의적인 언론 활동이 오늘의 현실에서 어떤 의미를 지니는가를 물을 것이다.

시대 비판적이고 현실 개입적인 언론에서의 게르첸의 모습들은 자서전『나의 과거와 사상』에 나타난 좀 더 사적이고 내밀하며 개인적이고 문학적인 면모들로 보충됨으로써 그를 좀 더 넓고 균형된 시각에서 이해하는 데 도움이 될 것으로 여겨진다. 나아가 그의 개혁적 자유주의가 지닌 에토스에 대한 조명은, 마치 강성 도덕(hard moral)에 대하여 연성 도덕(soft moral)이 있듯이, 사회주의 혁명 이념의 연성적 차원들, 다시 말해 인간과 그 현실의 가능성에 대한 더 깊고 넓은 시각에 대한 논의로 이어져야 할 것이다.

이러한 논의에서 하나의 중요한 가치는, 거듭 강조하여, 각 개인의 자유와 인간 존엄성에 대한 존중이다. 개인적인 것에 대한 존중은 작게는 개인성을 구성하는 여러 덕목들 — 정직과 양심 혹은 품위에 대한 존중이 될 것이고(소극적 차원), 크게는 폭력과 탄압에 대한 반테러주의적 저항이 될 것이다(적극적 차원). 이 두 가지는 모두 지식인의 사회적 책임이라는 윤리실천적 문제와 결부된다.

게르첸은 개인적인 것을 옹호했지만, 서구 부르주아 중산계급의 이기주의와는 거리를 두었고 그 천박함을 경멸했다. 이들에게는 공적 봉사나 사회적 책임, 나아가 명예심이나 품위 같은 가치가 휘발되어 있었기 때문이었다. (그 점에서 그는 전통적이고 보수적이며 귀족주의적이라고 할 수 있다.) 그러나 그는 단순히 전통 고수적이라고 하기에는 너무도 시대 현실에 적극적으로 개입하였고, 이렇게 개입하면서 현실 비판적인 입장을 시종일관 철저하게 고수하였다. (이 점에서 그는 진보적이고 개혁적이라고 할 것이다.)

정리하자. 게르첸은 좌파적 열망을 지닌 혁명적 언론인이었지만, 이런 개혁성 이상으로 그를 특징지은 것은 자유주의이고 인문주의였다고 해야 할 듯싶다. 그는 교양 있는 귀족계급이었지만, 자신의 계급적 신분에 대하여 언제나 거리를 두고 관찰하였다. 그는 평등을 생각하면서도 이 평등이 정의의 이름 아래 평균화되고 상투화되는 것을 경계하였다. 그는 그 어떤 일도 쉽게 낙관하거나 비관하지 않았다. 그는 비판적이었지만 섬세하였고, 다감하지만 현실 직시를 잊지 않았다. 그가 부르주아 속물성을 질타한 것도 이런 맥락에서였다. 그는 사회의 개혁을 열망하되 그 이행이 평화롭고 온건하게 이뤄지길 바랐고, 집단적인 것이 아니라 개인적인 것의 역사성을 더 신뢰하였다. 그는 민족적·국수적 이데올로기와도 거리를 유지하였고, 농민 공동체의 비전 속에서도 거짓과 꾸밈이 없는 정직하고 소박한 태도를 칭송하였다.

이런 식으로 게르첸은 삶의 착잡한 모순을 복합적으로 사고하였고, 사고의 이 같은 변증법을 고민하면서도 사고 자체가 아니라 나날의 생활 체험을 더 중시하였다. 그의 글에서 '교양'이나 '태도' 혹은 '습관'의 윤리를 떠올릴 수 있는 것은 아마 이 때문일 것이다. 그는 현실의 전체를 염두에 두면서도 인간의 가능성과 한계를 직시했다. 바로 이 대목에서 나는 '언론인으로서의 게르첸'이 아니라 '작가로서의 게르첸'을 보고, '작가로서의 게르첸'보다는 '인간으로서의 게르첸' ─ 삶을 사랑하고 현실에 충실하면서도 현실 너머의 더 나은 지평을 사유하고 고민했던 한 인간을 본다.

그러나 한 인간의 위대성은 말할 것도 없이 그 위대성의 단순한 칭송이 아니라 그 허약함과 맹점까지 직시하는 가운데서 서서히 드러날 것이다. 그런 점에서 위대성이란 설명될 일도 아니고, 옹호될 필요는 더더욱 없을지도 모른다. 하지만 나는 게르첸의 글이 어떤 대목에서 너무도 좋고, 그 글에 나타난 그의 태도나 반응의 방식이 너무도 놀라워서 감탄한 적도 적지 않았다. 놀라움이라는 긍정적 감정도 자제해야 한다는 것을 뻔히 알면서도 나는 그렇게 하지 못하고 말았다. 이것은 말 그대로 나의 단점이지 게르첸의 한계가 아니다.

누군가에 대해 좋은 점만 쓰는 것은 거짓말을 하는 것과 같을 것이다. 자기가 논평하는 대상에 대하여 그 단점이나 결함을 말하지 못한다면, 그것은 자기기만에 불과하다. 나는 게르첸론에서 그의 단점을 서너 가지 지적하였다. 하지만 그렇게 지적된 단점은 그의 뛰어남에 대한 경탄에 비하면 아무것도 아닌 것처럼 보인다. 이것은, 고백하건대, 내게 그를 비판할 의사가 없었다기보다는 그에 대한 내 흠모의 감정이 너무 컸기 때문이다. 내가 지금까지 작가론으로 다뤄온 인물은, 그가 김수영이든 김우창이든, 연암이든 헤르만 헤세든 발터 벤야민이든, 아니면 카라바조나 렘브란트나 베르메르나 코로든, 그 누구보다 나는 그를 흠모하고 경애한다.

아니, 사랑하고 존경하는 마음 없이 어떻게 이들에 대해 2000장의 원고를 쓸 수 있겠는가? 내게 재능이 있다면, 그것은 사랑의 재능이다. 이들 선학(先學)과 옛 예술가들에 대한 사랑과 흠모의 마음…. 예술에 대한 나의 사랑은 마약중독자의 집착처럼 끊기 어렵다. 아마도 이런 사랑의 마음이 나로 하여금 그들을 찾아 나서게 하고, 그들의 책을 읽고 그 화집을 뒤적이며 기억하게 하고, 그런 기억의 사랑 속에서 다시 상상하며 쓰게 만들었을 것이다. 나의 게르첸론도 다르지 않다.

나는, 내 능력이 허용하는 한, 게르첸에 대하여 아무런 가감 없이 다시 쓰고자 하였다. 그렇다고 상투적이고 기계적인 진술을 되풀이하는 게 아니다. 나는 모든 단어와 문장에 나의 감정과 관점을 실어서, 한 자 한 자 또박또박 나의 세계관을 그의 세계관과 대조하고 그 상황에 대입해 가면서, 그의 삶을 있는 그대로 직시하고 검토하며 논의하고자 노력했다. 나는 내가 사용하는 하나의 단어에서도 곡진한 감정과 사고를 담고자 했다. 하나의 문장에서도 살아 꿈틀대는 실감 있는 표현을 나는 칭송하기 때문이다. 문장의 리듬은 곧 그 문장을 쓴 사람의 살아 있는 생명의 리듬을 증거하기 때문이다. 문장이 그 자체로 삶의 약동하는 움직임을 증거하지 못한다면, 우리는 왜 말하고 쓸 것인가?

자서전이라는 장르도 중요하고, 신문이나 통신사도 중요하지만, 이보다 더 중요한 것은 아마도 글이고, 이 글의 현실 쇄신적 가능성일 것이다. 필자가 게르첸의 글을 통해 결국 배우고자 하는 것은 바로 글을 통한 삶의 미시적 변형 가능성이다. 이 변형 가능성의 모색은, 일정한 일관성 속에서 그러나 이 일관성 자체도 의문시하는 가운데 이행된다면, 그 자체로 윤리적일 것이다. 이런 점에서 게르첸의 『나의 과거와 사상』 읽기는 오늘날에도 유효한 이런저런 과제 앞에, 글쓰기의 가능성이라는 인문학적 과제 앞에 우리를 서게 한다.

3. 이 글을 마치기까지

이 책의 분석 대상으로 내가 게르첸의 『나의 과거와 사상』을 선택한 것은 서너 해 전의 한 회의에서 유종호 선생님께서 어떤 이야기

끝에 이 책에 대한 이사야 벌린의 논평 가운데 있는 한 구절 — "동시대 그의 동향인인 톨스토이나 도스토옙스키 혹은 투르게네프에 견줄 만한 책"이라는 구절을 소개하시면서, 게르첸이야말로 "가장 흥미로운 혁명가"이고, 이 책은 "19세기 최고 자서전의 하나"라고 말씀하셨기 때문이었다. 이 인상 깊은 논평은 그 후 몇 날 며칠 동안 나의 뇌리를 떠나지 않았다. 그러다가 나는, 많은 책의 많은 구절에 대해 그러하듯이, 그 말씀도 한동안 잊고 지냈다.

그러다가 어느 날 벌린이 쓴 『러시아 사상가』의 번역본을 나의 책장에서 우연히 보게 되었다. 그리고 이전에 읽었던 이 책을 다시 한 번 처음부터 끝까지 꼼꼼히 읽었다. 그렇게 읽던 어느 순간 유종호 선생님의 말씀이 다시 내게 떠올랐다. 『나의 과거와 사상』을 철저하게 읽고 그에 대한 논평을 해보면, 아주 흥미진진할 것 같다는 생각이 그때 들었다. 그래서 마침내 영어판 책을 주문하게 되었다.

그렇게 주문한 책은 2018년 여름방학 때쯤 도착했다. 가닛이 번역하고 맥도널드가 줄였으며 벌린이 서문을 쓴 게르첸의 영어본은 「서문」을 포함하여 전체 700쪽쯤 되는 분량이었다. 글씨체는 작고 각 행은 촘촘하여 책의 분량은 결코 적은 게 아니었다. 나는 계획을 세웠다.

그리하여 가을학기가 시작되는 2018년 9월부터 하루에 10쪽씩 아주 천천히 음미하듯이 읽기 시작하였다. 월요일부터 금요일까지 일주일에 5번씩 읽으면 50쪽이 되었고, 그렇게 매주 50쪽씩 읽었다. 그렇게 학기가 끝나는 12월 15일 즈음까지, 중간과 기말고사 기간은 제외하고, 13번 정도 하니 거의 다 읽게 되었다. 한두 주 휴식기를 거친 후 크리스마스가 지나고 12월 26일부터 다음 해 1월 말까지, 밑줄

쳐 둔 인상적인 부분을 중심으로 다시 한번 꼼꼼하게 읽었다. 그리고 이렇게 읽으면서 떠오르는 생각의 갈래들을, 아무런 제어 없이, 그냥 떠오르는 대로 노트북 화면에 써 내려갔다. 그러니까 나는 번역과 이해와 논평을 동시에 한 것이다.

『나의 과거와 사상』이 보여주듯이, 게르첸의 관심은 워낙 넓고, 만나는 사람도 많은 데다가 그 주제나 서술방식은 그야말로 종횡무진이었다. 그것은 때로는 사건에 대한 냉정한 보도이고, 때로는 어린 시절이나 가족관계, 친구나 지인에 대한 담담한 추억의 서사를 담고 있다. 그렇듯이 때로는 자연의 어떤 정경이나 마음속 회한을 담은 시적·서정적 묘사이고, 때로는 시대 역사적 사건에 대한 관찰과 성찰도 담는다. 그래서 집중하여 읽고 생각하지 않으면 체계적인 파악을, 적어도 조감적인 차원에서는, 하기 어려웠다. 그리고 이렇게 파악된 여러 다른 장면들은 유기적인 구조 아래 새롭게 정돈되어야 했다.

좋은 책은, 지금까지의 내 독서경험에서 보자면, 대개 20~30군데 정도 인상적인 장면을 보여주지 않나 싶다. 이때 '인상적인 장면'이란 한두 문장에 담기 어렵다. 그것은 5~6줄 혹은 10~20줄 정도 되는 단락으로 이뤄진다. 그런데 『나의 과거와 사상』에 나오는 그런 장면들은 그 정도에 그친 게 아니었다. 그것은, 적어도 내게는, 70~80군데나 되었다. 놀라운 일이지 않을 수 없었다. 이런 단락에 담긴 귀한 생각들을 꼼꼼하게 읽고, 정확하게 해석하며, 이렇게 해석한 것을 최대한으로 분명한 언어와 정연한 사고 속에서 내가 염두에 둔 순서와 논리적 절차에 따라 재배열하는 것은 간단치 않았다. 그것은 상당한 집중을 요구했다. 이런 집중 아래 파악한 내용은 기억의 손실을 막기 위해 그 자리에서 기록되지 않으면 안 되었다. 나는 해석하고 논평하고 구성하는 것을 동시에 해나갔다. 이 일은 복잡하였지만, 내게는 아주 흥미진진했고 가슴 설레는 일이기도 했다. 이러한 시간을 나는 깊은 의미에서 즐겼다. 이 일을 마무리할 즈음 겨울방학도 끝나갔다.

이 재구성의 과정은 내 자신에게 무엇보다 큰 도전이 되었다. 1800년대 러시아 지성사를 포함하여 서구 유럽의 저 기라성 같은 거장들을, 물론 일부분이지만, 한 개인의 회상록에서, 마치 끝없이 늘어선 어느 비밀스러운 서가에서 자신이 좋아하던 작가를 우연히 만나듯이, 회우하는 듯한 기쁨은 매우 컸다. 그런 만남의 중심에는 물론 러시아의 문학가와 사상가가 있었다. 이들에 대한 게르첸의 기록은 공식적이기보다는 사적이고, 시대 역사적이기보다는 개인적이었다. 그래서 내밀했다. 각각의 장면에서는 한 개인의 삶을 구성하는 비밀스러운 속살을 들여다보는 재미와 흥분이 있었다. 이런 재미와 호기심은 비단 벨린스키나 바쿠닌, 프루동(P-J. Proudhon, 1809~1865)과 밀 혹은 오언 같은 지성사적 거장에게만 해당되는 게 아니었다. 이들만큼이나 이름 없는 농부나 하인, 농노나 그 밖의 사람들에 대한 기록도 신기했다. 이 만화경 같은 기록에서 결국 그려진 것은 1800년대 러시아와 서유럽의 삶이 지닌 지난 세기의 전체 분위기였다.

그 가운데 이를테면 프티 부르주아에 대한 게르첸의 성찰은 여러 가지 점에서 곱씹을 만한 대목을 갖고 있지 않나 싶다. '곱씹을 만하다'는 것은 오늘날의 관점에서 보아도 그의 부르주아 비판은 새겨들어야 할 점이 많다는 뜻에서다. 우리가 지난 시대의 글을 읽는 것은 그 글이 지닌 현재적 타당성 때문이다. 그리하여 게르첸의 부르주아 비판은 근대 비판이자 오늘날의 현실 비판이 아닐 수 없다. 나는 '2022년의 게르첸'이라는 관점에서 『나의 과거와 사상』을 해석하고 논평하면서 재구성해 보고자 시도하였다.

4. 감사의 말

무엇보다 이 저술의 단행본 출간을 지원해 주신 대우재단에 감사 드린다. 세 차례에 걸친 이 저서의 심사에서 나온 여러 심사위원 선생님들의 꼼꼼한 지적이나 엄격한 논평 또한 이 글의 개선에 매우 큰 도움이 되었다. 감사드린다. 충북대 노문과의 김원한 선생님께도 깊은 감사를 드린다. 러시아어 인명과 지명 표기에서 큰 도움을 받을 수 있었다. 그리고 이 책의 마지막 편집 과정에서 교정의 책임을 성실하게 맡아주신 양정우 씨께도 깊이 감사드린다.

앞서 적었듯이, 유종호 선생님께서 하신 여러 번의 게르첸 예찬은 이 책을 쓰게 된 직접적 계기가 되었다. 한국사회에서 이 같은 종류의 지적 자극과 영감의 주고받기는 나의 생각에 드문 일이고, 앞 세대와 뒷세대 사이에서 그런 일이 일어나는 사례는 더더욱 드물다. 그러니만큼 선생님의 말씀을 매주 들을 수 있었던 토요일 열린 연단 강연장에서의 정기적인 모임은 내게 너무도 귀한 시간이 아닐 수 없었다. 이 자리를 빌려 깊이 고개 숙여 감사드린다. '자서전과 반성적 회고'라는 제목 역시 그 자리에 계셨던 김우창 선생님으로부터 나온 것이다. 이 또한 깊이 감사드린다.

이제 이 책은 일반 독자들의 몫이다. 그냥 처음부터 읽어도 되지만, 너무 많다고 느껴진다면 세 단계로 읽어가면 어떨까 싶다.

첫째, 게르첸에 대한 관심이 앞선다면 독자는 1부 1장 2절 '게르첸의 경우'부터 읽어가면 될 것이다.

둘째, 그러다가 자서전의 의미를 정리해 볼 필요성을 느낀다면, 1부 1장 1절 '자서전이라는 형식'을 참고하면 될 것 같다.

셋째, 최종적으로 이 책을 다 읽고나면, '자기 자신의 자서전은 어떻게 가능할까'를 한번 고민해 보면 좋지 않을까?

아마도 게르첸이 쓴 『나의 과거와 사상』만큼 흥미롭고 감명 깊은 책은 이 세상에 그리 많지 않을 것이다. 열정이 앞설 뿐 어리석고 아둔한 내가 이런 책을 쓸 수 있었던 것은 아마도 이 위대한 러시아 거장이 남긴 경외할 만한 지적 유산 덕분일 것이다. 이 소중한 유산은 인간과 그 삶, 현실과 역사와 자연에 두루 걸쳐 있다. 어느 쪽 어느 대목을 펼쳐보아도 흥미롭거나 사랑스럽거나 소박하거나 비범한 인물들이 살아 움직이는 것이다. 나는 그에 대해 읽고 쓰며 생각하는 동안 더없이 행복했다. 그리고 그런 행복 속에서 나는 '실제로 살아 있다'고, '정말 살아가고 있다'고 느꼈다. 이런 실존적 생활 감정만큼 중요한 에너지가 과연 현실에 있을까?

"게르첸은 미래의 독자를 기다리고 있다"라고 톨스토이는 1905년의 어느 날 일기에서 썼지만, 나는 이렇게 감히 쓰고 싶다. "나의 이 책도 미래의 독자를 기다린다"고. 행복은 생활 감각 속에서 경험하는 삶의 넓고 깊은 확인 외에 다른 게 아니다. 읽고 쓰는 즐거움은 이 나날의 새로운 생활 감정에 닿아 있다. 읽고 느끼며 생각하고 다시 쓰는 이 기쁨이 부디 독자 여러분들에게 그 일부라도 전해지길 나는 희망한다.

2022년 12월 19일
문광훈

1부

자서전과 반성적 회고
— 게르첸의 『나의 과거와 사상』 읽기

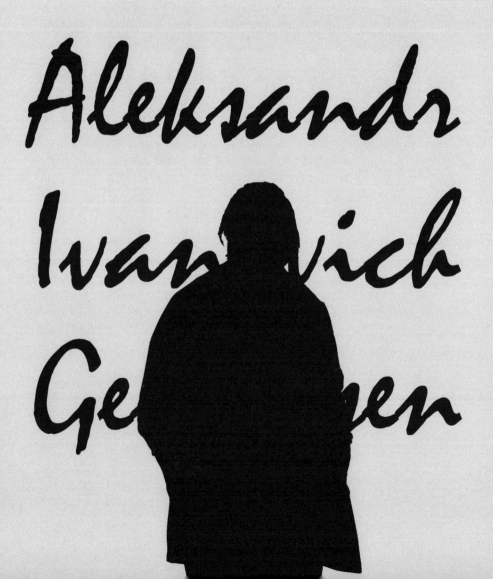

자서전의 의미에 대해서는 여러 가지로 논의할 수 있을 것이다. 이 것을 필자는 알렉산드르 게르첸의 회상록인『나의 과거와 사상』을 분석함으로써 살펴보고자 한다.

　논의 절차는 크게 네 단계로 나뉜다.

　첫 번째, 자서전이란 무엇인가를 알아본다.(1장 1절)

　두 번째, 게르첸의 삶을 스케치한다. 그의 삶의 이력과 활동 그리고 두드러진 특징을 살펴보고자 한다. 여기에는『나의 과거와 사상』에 대한 간단한 스케치가 포함된다.(1장 2~3절)

　세 번째,『나의 과거와 사상』에 대한 본격적 분석이 이뤄진다.(2~7장) 이 책에 나오는 모든 주제를 물론 다룰 수는 없다. 내가 다루고자 하는 것은 이 책을 읽으면서 '나에게 인상 깊게 느껴졌던' 사항만 다루려 한다. 이것은 크게 보아 세 가지다. (1)『나의 과거와 사상』은 어떻게 구성되어 있는가? 이것은 다시 여섯 가지로 나뉜다. 즉 ① 가족 관계, ② 청년 시절의 고민, ③ 감옥과 추방, ④ 혁명의 현장, ⑤ 영국에서의 언론 활동, ⑥ 삶의 막바지다. 이러한 구분은, 필자가 게르첸 책의 기존 목차를 따르면서도 어떤 점에서 재조정하면서, 이루어졌다. (2) 그의 인간 이해는 어떠하고, 사회와 역사에 대한 인식은 어떠한가? (3) 이 모든 것은 결국 오늘의 우리에게 어떤 의미를 지녔는가? 우리가 지난 시대의 인물을 살피고, 그의 저작을 읽는 것은 지금의 우리 현실과 나 자신의 삶을 돌아보기 위해서이기 때문이다.

　네 번째, 결론 부분이다.(8장) 이런 마무리 논의를 통해 자서전이라는 형식의 현재적 의미에 대해 성찰해 보고자 한다.

1장
시작하면서

『나의 과거와 사상』을 논의하기 전에 먼저 해야 할 것은 두 가지다. 첫째, 자서전이란 무엇이고, 게르첸이라는 사람은 어떤 인물인가라는 것이다. 자서전이라는 장르의 의미부터 살펴보자.

1. 자서전이라는 형식

> 그는 자기 행동을 못 미더운 곁눈질로 살피면서 자기 육체로부터 약간 거리를 두고 살았다. 그에게는 가끔 3인칭 주어와 과거형 동사를 사용해 자신에 대한 단문을 마음속으로 지어보는 이상한 자서전적 버릇이 있었다.
>
> ― 조이스(J. Joyce), 「가슴 아픈 사건」(1914)

자서전이란 무엇인가? 자기 글쓰기에서 이뤄지는 주체의 객관화란 어떤 의미를 가지며, 이것은 삶에 어떤 기여를 하는가? 글은 진리나 윤리와 어떤 관계를 갖는가? 자서전이라는 형식과 관련하여 필자가 던지는 물음은 이런 것들이다.

1.1. 문학은 은폐된 자서전

글에는 물론 여러 종류가 있다. 글의 형식도, 전통적 학문의 관점에서 보면, 분야와 분과에 따라 조금씩 달라진다. 사회과학적 진단과 분석의 글이 있는가 하면, 자연과학적 실험과 검증의 글이 있고, 문학의 묘사 언어가 있는가 하면, 신문 기사 같은 보도와 취재의 글도 있다. 아니면 기행문이나 일기, 수기(手記)나 전기(傳記) 혹은 기록물(document)도 있다. 이 가운데 어떤 것들은 특성적으로 서로 겹쳐 나타나기도 하고, 그렇게 중복되어 나타나되 어떤 한두 가지 특성이 더 두드러질 수도 있다.

이 가운데 자서전(自敍傳, autobiography)은 말 그대로 자기 '스스로(auto)' '쓴(graphy)' 글이다. 그래서 전기(傳記, biography)의 형태를 띤다. 그러니까 자서전이란 누군가가 다른 누구에 대해 쓴 글이 아니라, 자기가 그 자신에 대해 쓴 글 — 자기 서술(self description, Selbstbeschreibung)의 형식이다. 그래서 자서전에서는 작자와 화자(話者) 그리고 주인공이 같다.

1.1.1. 객관성에 대한 요구

자서전에서 작자와 화자 그리고 주인공이 동일하다고 해서 작자

마음대로 쓰는 것은 아니다. 그것은 그 나름의 객관성에 대한 요구를 가지기 때문이다. 잘된 자서전이라면 객관적 보도문 이상으로 객관적이어야 한다. 그러면서도 거기에 작자 개인의 내밀하고 실존적인 사연이 없는 게 아니다. 그러므로 자서전에서는 개인사와 시대사, 개별적 실존과 집단적 역사가 자연스럽게 어울린다.

이렇게 두 영역이 겹친 삶을 사는 것은 대개 정치가나 철학자 혹은 성인 같은 위대한 인간인 경우가 많다. 그래서 자서전의 저자가 위인(偉人)인 것은 자연스럽다. 그리하여 이들이 펼쳐 보이는 개인적 삶의 서술은 그 자체로 시대적 사건의 기록물이 된다.

문학은 잘 알려져 있듯이 세 개의 주요 장르 — 시와 소설 그리고 희곡으로 나뉘고, 이 각 장르는 장르 특유의 법칙과 형식을 갖는다. 이를테면 시가 가장 주관적인 토로라고 한다면, 희곡은 나와 너 사이의 대화로 구성되는 2인칭 시연(試演)의 형식을 띠며, 소설은, 물론 예외는 있지만, 대체로 3인칭 인물에 대한 묘사라고 할 수 있다. 그러나 이 같은 규정은 너무 허술해 보인다. 대략적으로는 맞지만 세부적으로는 맞지 않을 수 있기 때문이다. 이를테면 시 가운데서도 시적 화자의 주관적 성격을 지양하려고 애쓰는 산문시가 있을 수 있다. 그렇듯이 1인칭이나 2인칭으로 쓰인 소설도 적지 않다. 이런 점에서 문학에서의 주관성과 객관성은 엄밀하게 구분하기 어려운 문제가 된다. 이 두 가지 대립축은 모든 층위나 요소에서, 말하자면 언어와 관점, 시점과 뉘앙스, 구조와 내용 그리고 형식 모두에서 서로 뒤섞인 채 나타난다.

임레 케르테스(Imre Kertész, 1923~2016)의 경우를 살펴보자. 헝가리 유대인인 그는 어린 시절 독일의 아우슈비츠 강제수용소로 끌려갔다가 또 다른 수용소인 부헨발트를 거쳐 살아 돌아온다. 그가 강제수용소에서 겪었던 고통스러운 체험들을 묘사한다면, 그의 『운명』(1973)이라는 소설이 보여주듯이, 이 작품은 자전적·체험적 요소 외에 허구적 요소가 끼어들 것이다. 따라서 이 두 영역 사이의 경계는 모호해진다. 그러면서 자기 허구적인 작품이 생겨나게 될 것이다.

그러나 자전적인 요소와 허구적인 요소, 주관적인 것과 객관적인 것은, 조금 더 큰 맥락에서 보면, 모든 글쓰기에 정도의 차이가 있는 채로 두루 나타난다고 봐야 할 것이다. 문학의 경우, 개별 장르가 아무리 다르다고 해도 그 글은 대상에 대한 서술이자 주체 자신의 서술이라고 말할 수 있기 때문이다. 그래서 글의 주체는 대상에 대해 서술하면서 이렇게 서술하는 자기 자신을 부득불 서술한다. 거꾸로 자기 서술은 대상 서술로 나아간다. 그렇다면 문학은 주체 서술과 대상 서술, 자아 서술과 타자 서술을 하나로 합치는 기술의 방식이고, 이렇게 합치는 가운데 최대한의 객관성에 이르려는 노력의 표현이 아닐 수 없다.

1.1.2. 모든 문학은 자서전적이다

사실 모든 문학작품은 대상을, 그 대상이 인간이든 현실이든, 아니면 사건이든 심리든 관계없이, 서술한다. 이렇게 서술되는 대상에는 그 글을 쓰는 자기 자신 — 주체의 가치와 세계관이 어느 정도 녹아든다. 수전 손태그(S. Sontag)는 발터 벤야민(W. Benjamin)에 대해 이렇게 썼다. "벤야민은 자기 자신과 자신의 기질을 모두 자신의 주요 연구과제에 투사했으며, 그의 기질이 그의 글쓰기의 주제를 결정했다."[1] 이것은 우선 벤야민에게 해당되는 사실을 지적한 것이지만, 그가 즐겨 다룬 여러 작가들, 이를테면 보들레르나 프루스트 혹은 카프카도 크게 다르지 않았다. 어디 이들뿐이랴. 작가들은 대체로 그렇다고 해야 할 것이다. 그런 점에서 문학작품은 크게 보아 '자서전적'이다. 글의 저자가 우울하고 고독한 기질일수록 그와 같은 자서전적 성격은 아마 더욱 짙어질 것이다.

문학이란 결국 "은폐된 자서전"이라고 유종호 선생님은 말씀하신 적이 있지만, 문학작품에는 글을 쓰는 주체 자신의 삶의 전체가 의식적이고도 무의식적으로 배어든다. 한 사람의 생애가 이런저런 느낌과 생각과 판단과 가치 기준으로 엮어진다면, 그렇게 그가 쓴 글이 그의 감성과 이성과 가치들로 침윤되는 것은 자명하다. 그리하여 그의 생애는, 마치 그의 행동이나 생활에서 읽어낼 수 있듯이, 그의 작품에서도 읽어낼 수 있다. 더욱이 글은 그 어떤 활동보다도 언어에 결부되어 있고, 이 언어는 고도의 추상화 작업이니만큼 관념의 여과 과정을 거친다.

그러므로 글쓰기란 경험의 언어적 여과과정이다. 이런 여과과정 속에서 그것은 이런저런 의미를 빚어낸다. 그러니 글쓰기는 의미의 결정화(結晶化) 과정이다. 특히 자서전은, 그것이 자기 자신에 대한 반성을 담고 있다는 점에서, 자기의식의 가장 직접적인 반영이요, 산물이다.

1.1.3. 자기 글쓰기 — 근대적 개인주의 혹은 그 이전

자기 글쓰기의 형식은 흔히 근대화 과정을 거치면서, 혹은 크게 보

---

1   수전 손택, 『우울한 열정』, 홍한별 역(서울: 시울, 2005), 76쪽.

아 근대 이후에 출현한 것으로 간주된다. 이때 '근대(modernity)'란 넓게 보면 1400~1500년대 르네상스 시기가 되고, 짧게 보면 1700~1800년대 프랑스 혁명 전후를 지칭한다고 할 수 있다. 분명 자서전의 문학적 형식은 역사적으로 서구 사회의 자유도시와 이 자유로운 도시에서 장사를 통해 성장하는 부르주아 계급과 깊은 관련을 맺는다. 여기에는 르네상스 이후 본격적으로 전개되는 개인주의와 이 개인주의에서 엿보이는 주체성과 자의식이 이어져 있다. 근대적 의미의 자유와 평등 개념 그리고 시민의식도 이와 관련된다. 18세기의 계몽주의는 이 모든 생각이나 의식이 자라나 결국 수렴하게 된 시대적 사조의 이름이다.

그러나 다른 한편으로 자기 글쓰기의 형식을 반드시 '근대적 소산'이라고 말하기는 어렵지 않나 여겨진다. 자전적 글쓰기는 비단 근대에 국한되어 있다기보다는 고대 그리스 로마 시대에서도 두루 확인되기 때문이다. 이를테면 변론(apologia)이라는 글쓰기는, 플라톤의 『소크라테스의 변론(*Apologia*)』이 보여주듯이, 자서전의 고전적 형식이라고 할 수 있기 때문이다. 그렇듯이 아우구스티누스의 『고백』은 자서전의 중세적 형식이었고, 이 아우구스티누스를 이어받은 근대적 형식이 아마도 루소의 『고백』쯤 될 것이다. 괴테의 『시와 진실』은 그런 기나긴 자서전의 역사를 19세기에 들어와 일단락지은 하나의 대작이 될 것이다.

그러므로 자기 서술의 형식은 글의 역사와 더불어 시작되었다고 우리는 말해야 한다. 푸코는 이렇게 쓰고 있다. "사람들은 종종 개인적 글쓰기가 근대의 발명(아마도 16세기 혹은 종교개혁의 혁신)이라고 추정합니다. 하지만 글쓰기를 통한 자기와 자기가 맺는 관계는 사실 서구에서 유구한 전통을 가지고 있습니다."[2] 푸코는 자기 연마로서의 이런 글쓰기에 대한 예를 소크라테스와 플라톤 그리고 세네카 등에게서 읽어낸다.

자기 글쓰기가 주체적 자의식의 산물이고, 이 자의식 속에서 저자가 스스로를 연마한다면, 이 글과 주체 사이에는 상당한 상호작용이 일어난다고 할 수 있다. 그리하여 글은, 주관과 객관이 이상적 상태에서 만날 때, 그 사람과 다르지 않다. 글은 곧 인간이자 삶이다. 글이 곧 그 글을 쓴 사람의 삶이 아니라면, 그것은 달리 무엇일 수 있겠는가? 글이 인간 자신의 탐구이고 자기 자신의 묘사가 아니라면, 글의 목적을 어디에서 달리 구할 수 있을까? 글은 그 글을 쓴 사람의 슬픔과 기쁨의 전부 — 그의 삶을 증거하는 것이다.

1.2. 주체의 객관화 — 공감의 심화이자 확대

문학이 자서전적이라고 할 때, 이 자서전이란, 지금까지 적었듯이, 단순히 자기 자신에 대한 서술에 그친다는 뜻이 아니다. 그것은 자기 자신에 대한 서술이면서 이 자기 서술은 타자 서술에 열려 있다. 그래서 자기 서술과 타자 서술은 하나로 만난다.

자기 서술이 타자 서술과 '하나로 만난다'는 것은 무슨 뜻인가? 자기 서술은 어떻게 타자 서술과 만날 수 있는가? 사람이 타인에 대해 쓴다고 해도 결국 그렇게 쓰는 자기에 대해 쓰는 것이라고 할 때, 자

---

2   미셸 푸코, 『비판이란 무엇인가? 자기수양』, 심세광·전혜리 역(파주: 동녘, 2016), 120쪽.

기에 대한 이 글이 그 자체로 쓸모 있는 것은 아닐 것이다. 자기의 글이 쓸모가 있으려면 자기의 주관성을 넘어서야 한다. 그래서 객관화되어야 한다. 그러나 글이 객관화된다는 것은 가능한가? 그것은 어려운 일이다. 아마도 이 객관화란 엄격하게 말하여 '상대적 객관화'라는 뜻에 가까울 것이다. 혹은 객관화라는 말이 무겁다면, '자기와의 거리두기' 정도로 이해해도 될 것이다. 어떻든 주체는 자기와의 거리두기를 통해 자신을 좀 더 냉정하게, 그래서 있는 그대로의 정직성 아래 볼 수 있다. 그렇다면 객관화란 결국 주관성의 자기 지양적 과정이다. 객관화되지 못한 주체의 언어는 넋두리요 푸념이기 때문이다.

자기 서술이 충분히 객관적이지 못할 때, 그래서 과도한 감정이 스며들 때, 그 서술은 설득력을 갖기 어렵다. 지나치게 감정이 뒤섞인 언어라면, 우리는 그 언어에 공감하기 어렵기 때문이다. 지나친 감정의 표현은 상한 감각, 곧 감상(感傷)이 된다. 감상은 외적 자극에 쉽게 노출된다. 제대로 된 감정이입이라면, 그것은 대상과의 자기 동일시를 납득할 만한 방식으로 보여줄 수 있어야 한다. 그렇다는 것은 두 가지 조건 — 첫째, 자기의 감정과 거리를 둘 수 있어야 하고, 둘째, 이렇게 거리를 둔 채 그 감정을 더 냉정하게 바라볼 수 있어야 한다. 객관성이란 이 냉정한 자기 직시에서 온다.

사실 뛰어난 문학작품은 예외 없이 객관화된 감정이입의 엄격한 결과라고 할 수 있다. 그리하여 바른 감정은 감정이되 감정을 넘어서 있다. 혹은 자기중심적이되 자기 폐쇄적이지 않다. 공감은 바로 이 객관화된 감정이입의 산물이다. 로맹 가리(R. Gary)는 『새벽의 약속』에서 이렇게 쓴 적이 있다.

나의 자아 중심주의는 사실 어찌나 대단한 것인지 나는 모든 고통받는 사람들에게서 순식간에 나 자신을 발견하며, 그들의 상처 속에서 아파하는 것이다. 그것은 인간에게만 한정된 것이 아니고, 짐승들, 나아가선 식물들에까지 확산된다. 믿을 수 없을 만큼 많은 사람들이 투우장에 모여 상처 입고 피 흘리는 황소를 전율도 없이 바라볼 수 있다. 나는 아니다. 나는 그 황소다. 사람들이 나무를 벨 때, 고라니, 토끼 또는 코끼리를 사냥할 때, 나는 항상 조금 아팠다. 반면 사람들이 닭을 잡는다는 생각만은 아무렇지도 않다. 닭 속에 내가 깃들어 있다고 상상하는 데까지는 도달하지 못한다.[3]

로맹 가리의 "자아 중심주의"를 자기감정의 과잉으로 볼 수도 있을 것이다. 그러나 그것은 대상과의 감정적 일치에서 온다고 하는 편이 더 적절할 것이다. 이때 대상이란 인간을 포함하여 모든 살아 있는 것 — 동물들을 포함한다. 그것은 "상처 입고 피 흘리는" 것들이다. 이 감정은 단순한 감상이 아니라, 거리를 둔 감정 — 객관화된 감정이기 때문이다. 물론 이 객관화의 정도도 절대적이라고 말하기는 어렵다. 그것은, 더 정확하게는, '납득할 만한 정도의'라는 뜻에 가깝다.

그리하여 객관화된 감정이란 설득력 있는 감정이고, 이런 감정 속에서 주체는 자신을 넘어 대상의 전체 — 사물의 전부에 다가선다. 그래서 세계의 전체와 공감할 수 있다. 뛰어난 작가의 상상력은 대상에의 공감 능력이고, 이 공감 능력은 객관화된 자기 동일시에서 온다. 사실상 작가는 세계의 전체와 자기를 동일시한다. 그래서 세계가 기뻐하는 만큼 그는 즐거워하고, 세계가 고통스러워하는 만큼 괴로

---

3   로맹 가리, 『새벽의 약속』, 심민화 역(서울: 문학과지성사, 2007), 244쪽.

위한다. 그러나 지나치면 여기에도 과대망상의 위험이 있다.

그러므로 자기 서술은 오직 자기와의 거리를 유지할 때, 그래서 객관화될 때, 비로소 조금 쓸모 있게 된다. 이처럼 참된 자기 서술은 자기부정의 지양 과정을 거치지 않으면 안 된다. 이 부정 속에서 반성과 검토가 이뤄지기 때문이다. 주체는 반성적 검토 과정을 통해 자기가 쓴 내용을 시비(是非)와 진위(眞僞)의 기준 아래 판별하면서 좀 더 높은 단계 — 더 진실하고 더 선하며 더 아름다운 단계로 점차 이행할 수 있다. 이러한 이행이 곧 지양의 과정이고, 승화(sublimation)의 과정이다. 이처럼 지양하고 승화하는 가운데 주체는 조금씩 변해간다. 그래서 지양의 과정은 승화와 변형의 과정이 되는 것이다.

주관의 객관화란 곧 자기 지양과 자기 변형의 과정과 다름없다. 이 자기 지양의 승화 과정 속에서 주체는 외부의 대상을 좀 더 납득할 만한 수준에서 이해할 수 있다. 고통에 대한 연민도 이런 확대된 공감력에서 생겨난다. 따라서 감정의 객관화 과정이란 공감의 확대와 심화의 과정이다. 이 확대되고 심화된 공감을 통해 주체는 자신의 현실태뿐만 아니라 그 잠재태를 확인하면서 삶의 미지적 가능성을 탐색하는 데로 나아간다. 글은 삶의 가능적 조건에 대한 탐색과 다름없다.

그러므로 좋은 자서전에는 단순히 자기 동일시만 있는 게 아니다. 손쉬운 자기 동일시는 거짓이고 기만이기 때문이다. 필요한 것은 승화된 자기 동일시이고, 이 동일시에서 이뤄지는 주체의 자기 변형과 상승의 가능성이다. 이러한 가능성은 주체가 하나의 정해진 위치에 머무는 게 아니라, 그래서 자기 동일성을 고집하는 게 아니라 타자에 열려 있음으로써, 그래서 하나의 위치에서 또 하나의 다른 위치로 옮아감으로써 비로소 일어난다. 이러한 개방성, 이렇게 열린 가운데 행해지는 지향적 움직임 속에서 주체는 좀 더 온전한 세계, 이 세계의 전체와 만난다. 이때 그의 연민은 손쉬운 자기 연민이 아니다. 그는 이미 자기를 넘어서 있고, 그 때문에 그 주체란 얼마간 타자화되어 있다. 주체의 올바른 공감은 타자화된 주체 속에서 이뤄진 확대된 연민의 이름이다.

이렇듯이 자서전에는 반성적 지향의 움직임이 있다. 그렇다면 자서전을 읽는 독자 역시 이 움직임을 느끼고 그 나름으로 육화하지 않을 수 없다. 마치 저자가 글을 쓰면서 세상을 새롭게 느끼듯이, 그리고 이렇게 새로 느낀 그 결과가 그가 쓴 책이듯이, 독자도 이 저자가 쓴 자서전을 읽으면서 어떤 사실을 새롭게 깨닫기도 하고, 이 깨달음 속에서 좀 더 나은 존재로 변모해 가기도 한다. 이러한 변모는, 읽기보다는 쓰기가 좀 더 적극적인 의미 부여의 활동인 한, 글쓰기 속에서 더 활성화될 것이다. 주체는 쓰기에서 이뤄지는 객체화 속에서, 이 객체화의 승화적 지양을 통해 세계의 고통에 공감하며 참여한다. 전체와의 만남, 아니 이 전체의 한편과의 조우는 이렇게 일어난다. 이 전체의 가장자리에서 그는 삶의 드넓은 가능성을 탐색해 간다. 이 점에서 자기 탐구와 세계 탐구는 일치한다.

그러므로 뛰어난 자서전은 자기 자신의 탐구이면서 동시에 세계의 탐구다. 글은 그 글을 쓴 자의 느낌과 생각, 그가 맡은 냄새와 먹는 음식, 그리고 보고 들은 현상과 풍경, 그리하여 그의 지각적 총체를 담는다. 한편의 글은 이 글을 쓰면서 일어나는 삶의 변화된 실상을 증거하는 일과 다르지 않다.

1.3. 글쓰기 — 진리의 윤리적 변형

모든 문학은 "은폐된 자서전"이고, 이 자서전에 주체의 객관화가 들어 있으며, 나아가 이때의 객관화란 주관적인 것의 승화요, 지양이라면, 이 지양은 어디로 향하는 것일까? 이와 관련하여 나는 앞에서 '지양'이나 '승화' 혹은 '변형'을 말하였다. 이러한 논의를 나는 푸코에 의지하여 좀 더 자세하게 해보려 한다. 그의 생각은 글쓰기의 의미와 관련하여 내게는 가장 설득력 있게 보이기 때문이다.

그러나 푸코 논의는, 큰 학자들이 대개 그러하듯이, 대단히 복잡하다. 그의 사상을 구성하는 여러 핵심 개념들은 시기적으로 얽혀 있고, 범주적으로도 상호 밀접하게 관련되기 때문이다. 그래서 한두 가지 개념만 따로 떼놓고 말하기 어렵다. 제대로 논의를 하려면 처음부터 관련 사안을 일정하게 제한하지 않으면 안 된다. 내가 관심을 갖는 것은 '주체의 가능성'에 천착한 푸코 말년의 어떤 고민들이고, 이때 나타나는 '글쓰기의 의미'에 대한 몇 가지 고찰 내용이다. 이런 내용은 무엇보다도 그의 저작 『주체의 해석학』을 중심으로 한 몇 편의 글과 인터뷰에서 잘 나타난다.

그러나 이렇게 나의 논의 대상을 제한시켜도 그 복잡성은 사라지지 않는다. 이 글에서의 관심 주제와 관련하여 나는 그의 생각을 될 수 있는 한 줄여서 명료하게 정식화해보려 한다. 그 핵심이란 글쓰기가 갖는 자기 실천적 의미 — '진리의 윤리적 변형'이다.

1.3.1. 플라톤적 모델과 스토아주의적 모델
우리는 세계와 여러 가지 방식으로 관계한다. 우리가 '존재'와 맺는 관계의 방식이 철학적이라면 그 대상은 형이상학이 될 것이고, 우리가 '세계'와 맺는 관계의 방식이 합리적이라면 그 대상은 과학이라고 할 수 있다. 그에 반해 우리가 '우리 자신'에 대해 맺는 관계는 윤리적이라고 할 것이다. 푸코는 기원전 4세기 그리스 시대에 있었던 자기 훈련의 방식이 기원후 1~2세기 로마에서의 자기 훈련 방식과 상당하게 달랐다는 사실에 우선 주목한다.

앞의 것을 그노티 세아우톤(gnôthi seauton, 자기 인식)이라고 한다면, 뒤의 것은 에피멜레이아 헤아우투(epimeleia heautou, 자기돌봄)라고 할 수 있다. 그노티 세아우톤은 '자기 자신을 알라'라고 번역되는 플라톤적 모델이다. 플라톤적 모델에서 강조되는 것은 자기 인식이고, 이때의 자기란 영혼에 가깝다. 영혼이란 비물질적이고 불멸하는 것으로 자리한다. 따라서 이 비물질적이고 불멸하는 영혼(psyche)을 발견해내는 것이 자기 인식의 목표가 된다. 왜 자기 인식이 중요한가? 그것은 도시국가를 통치하기 위해서다.

이에 반해 에피멜레이아 헤아우투 모델은 도시국가들이 사라지는 때인 기원후 1~2세기 그리스 로마 시대에 주로 나타난다. 이때 에피멜레이아, 즉 '배려하다'는 다양한 의미로 쓰였다. 그것은 농지를 관리하다'나 왕이 '책임을 다하다'나, 의사가 '환자를 치료하다' 등의 뜻으로 쓰였다. 그것은, 종류가 어떠하건, 일정한 기술을 적용하고 실제로 행하는 것을 뜻했다. 그러므로 에피멜레이아란 스스로 행하는 자기 실천의 구체적 방식이다. 푸코의 강조점은 에피멜레이아에 놓여 있다.[4]

---

4 Michel Foucault, *The Hermeneutics of the Subject, Lectures at the Collège de France 1981-*

이제 필요한 것은 자기 인식보다는 자기돌봄이다. 이를테면 내가 누구와 만나 무엇을 할 것인지를 결정하고, 무엇을 바라고 무엇을 바라지 않을 것인지를 물으며, 무엇이 진실되고 거짓인지를 분별하는 것, 그러면서 잘못된 것을 비판하는 것… 이 모든 결정과 물음, 분별과 비판은 자기를 돌보는 여러 실천 방식들 가운데 하나다. 그것은 자기 인식에서처럼 한꺼번에 일어나는 것이 아니라, 오랜 시간에 걸쳐 끝없이 수련하고 연마하고 단련하는 가운데 '점차 습득되는' 종류의 것이다. 이러한 실천 방식은 일기 쓰기나 편지 교환에서 잘 나타난다.

푸코는 형이상학적 인식으로서의 플라톤적 모델이 플라톤으로부터 시작하여 데카르트와 칸트를 거쳐 현대에 이르기까지 서구의 지성사와 정신사를 관통해 온 반면, 자기돌봄의 개념은 오랫동안 잊혀지고, 그 때문에 평가절하되어 왔다고 지적한다. 그것은 부당한 일이었을 뿐만 아니라 부정확한 일이기도 했다. 고대 그리스와 로마의 문화에서 자기 인식보다 더 중요하게 여겨진 것은 바로 자기돌봄의 개념이었기 때문이다. 이것은 소크라테스에서도 다르지 않았다.

소크라테스가 "네 자신을 알라"라고 말할 때도 이 '안다'는 것은 단순히 앎 — 지식에 관한 것이 아니었다. 그것은 재산이나 명성 혹은 명예는 생각하면서도 자기 자신의 덕이나 영혼은 생각하지 않는 일반 사람들의 처지, 그 실상을 알라는 뜻이었다. 다시 말하여 그것은 자기 인식에 힘쓰라는 것이 아니라, 재산과 평판과 명예만 세상의 전

82(New York: Picador, 2005), p. 8ff.; 미셸 푸코, 『주체의 해석학: 1981-1982, 콜레주 드 프랑스에서의 강의』, 심세광 역(서울: 동문선, 2007), 49쪽 이하. 번역은 부분적으로 고쳤다; 문광훈, 『심미주의 선언』 가운데 특히 「예술의 자기형성성」, 「푸코, 자기로 되돌아가기」(파주: 김영사, 2015), 98-142쪽 참조.

부인 줄 알고 사는 삶의 피상성을 깨달으라는 주문이었고, 이런 부박한 삶의 영혼 없음을 자각하라는 권고였다. 그것은, 더 적극적으로 말하면, 영혼 있는 생활을 돌보라는 것이었다. 그리하여 소크라테스적 자기 인식은 단순한 자기 인식에 그친 것이 아니라, 언제나 '너 자신을 배려해라', 혹은 '너 자신을 돌보고 배우며 연마하라'는 촉구와 결부되어 있었다.

이런 점에서 소크라테스는 자기 인식의 스승이 아니라 자기 배려의 스승이었다. 그는 단순히 자기를 알라고 말한 것이 아니라, 자기를 '돌보고', 참과 거짓을 '분별'하며, 거짓에 용기 있게 맞서 '비판'하는 것, 그래서 자신을 '치유하는' 것을 강조했다. 이러한 분별과 비판과 치유는 바로 신이 인간에게 내린 의무였다. 그리고 바로 그 때문에 자기 배려의 훈련은 한순간에 혹은 일회적으로 끝나는 것이 아니라, 평생에 걸쳐 실행되어야 하는 것이었다. 이것은 소크라테스를 소개하는 플라톤의 저술 안에서도 나타난다. 『알키비아데스』가 보여주듯이, 자기 인식이 강조될 때조차 그것은 자기돌봄이라는 목표를 위한 수단에 불과하였다. 영혼과 불멸의 인식도 그 자체로 중요한 것이 아니라, 주체의 삶을 돌보기 위함이었던 것이다.

존재와 세계 그리고 자기와 관계 맺는 방식에 대한 푸코의 이러한 해석을 우리는 곧이곧대로 받아들일 필요는 없을 것이다. 그러한 관계 방식의 가능성이 어디 두 가지뿐이겠는가? 또 플라톤적 모델이 어디 자기 인식의 차원에만 머물었겠는가? 자기 인식의 모델은 일정한 경로를 통해 그 인식의 주체가 자기 삶을 살아가는 데 어떻게든 적용되었을 것이다. 그렇다면 자기 인식은 자기 배려와 이어진다. 그러므로 우리는 '푸코처럼' 플라톤 모델과 스토아주의적 모델을 구분할 필요가 있을 것이지만, 동시에 '푸코와는 다르게' 두 모델을 합칠 필요도 있을 것이다. 개념적 구분을 통한 사안의 명료한 인식은, 이처럼 인식이 명료하게 획득된 후에는, 개념적 통합 속에서 또다시 지양되지 않으면 안 된다. 자기 인식의 모델과 자기 배려의 모델은 서로를 지지하고 보완하기 때문이다.

어떻든 자기 배려의 모델은, 푸코의 『주체의 해석학』에 나타나듯이, 에픽테토스나 세네카, 플루타르코스나 마르쿠스 아우렐리우스 등 후기 스토아학파의 문헌에서 광범위하게 발견된다. 에픽테토스는 아카데미아를 설립하여 나이 든 사람이나 집정관들에게 자기 배려의 과업을 환기시켰고, 마르쿠스 아우렐리우스는 일지(日誌)를 쓰고 노트를 메모하면서 황제의 임무를 다하는 가운데 삶을 성찰하였다. 그것은 마치 소크라테스가 알키비아데스로 하여금 자기 삶을 돌아보도록 이끈 것과 비슷한 것으로 보인다. 이러한 스토아적 실천 형식은 근대에 이르러 몽테뉴의 『수상록』으로 이어진다.

물론 이때의 자기돌봄도 사람마다 정도의 차이가 있고, 그 방식도 여러 가지다. 그러나 그 목표는 하나 — 자기와의 관계 방식을 새롭게 정립하는 데 있었다. 자기 관계의 새로운 정립이란 자기를 제대로 제어함으로써 가능한 한 독립적으로 되는 것이고, 이 독립을 통해 삶을 충만하게 살아가는 것이었다. 이 같은 자기 제어야말로 행복의 길이라고 그들은 여겼기 때문이다. 그렇다는 것은 욕망의 근거를 자기 밖에서 구한 것이 아니라, 자기 안에서 구하였다는 뜻이다. 행복은 무엇보다 "자기 자신을 돌아봄(ad se convertere)으로써"[5] 가능한 것이라

---

5 Foucault, *The Hermeneutics of the Subject*, 207f.

고 그들은 보았던 것이다. 자기를 돌아봄으로써 사람은 자신에 대한 자기의 태도를 변화시킬 수 있고, 이런 태도의 변화로 욕망을 충족시킬 수 있다는 것이다. 이런 점에서 자기를 돌아본다는 것은 자기 자신에 대한 주체적 태도 변화를 위한 출발점이다.

이런 관점에서 보면, 자기 연마로서의 글쓰기 방식은 단순히 근대적 현상이 아니다. 그것은 기원후 1~2세기 고대 로마의 스토아학파 시대에 있었고, 이보다 앞선 기원전 3~4세기 플라톤 시대에서도 확인된다. 이러한 자기돌봄의 방식은 그 후 1000년 이상 이어진다. 그러다가 서기 1000년 무렵 서구 사회의 전반적 기독교화 아래 금욕주의가 강화되면서 이전의 자율적·독자적 경향은 점차 약해져 간다.

1.3.2. 자기와의 관계 방식, 그 변형 가능성

> 오늘날 자기 수양은 타자들에 의해 우리에게 강요
> 되어 그 독자성을 상실하고 말았습니다.
> — 푸코, 「비판이란 무엇인가?」(1978)

플라톤적 모델이든 스토아주의적 모델이든, 푸코의 논의에서 중요한 것은 단순히 자기가 무엇이냐, 혹은 주체가 어떤 존재인가가 아니었다. 그들이 되풀이하여 던진 질문은 '주체가 자기에 대하여 맺는 관계의 방식'에 대한 물음이었고, 그들이 관심을 둔 것은 이 '관계 방식의 변형 가능성'이었다. 그것은, 다르게 말하여, 주체가 자신과의 관련에서 어떻게 이 관계 방식을 변화시킬 수 있는가에 대한 문제였다.

좋은 삶 혹은 선한 주체란 처음부터 일정한 방식으로 정해져 있는 게 아니다. 그것은 그가 자기 자신에 대하여 맺는 관계 방식의 변형 가능성에 대하여 지속적으로 던지는 물음 가운데 비로소 생겨난다. 이것은 거듭 강조될 만하다. 그렇다는 것은 자기 점검의 방식이 실체적이거나 실체주의적인 것이 아니라, 비(非)실체적이었고 반(反)실체주의적이어야 한다는 사실을 알려준다. 그 어떤 것도 절대적으로 정해지지는 않았기 때문이다. 그리하여 자기 연마의 모든 질문들은 자기 점검의 실천 방식을 어떻게 강구할 것인가라는 문제로 수렴된다.

(1) 한계 수용의 적극적 구성

그러나 오늘날의 현실에서 이 같은 물음을 던지기는 어렵다. 현대에 와서 자기 배려의 기술(技術)은, 종교에서든 행정에서든, 교육이나 문화예술에서든, 이미 기존의 제도나 규율(discipline) 안에 광범위하게 통합되어 버렸고, 동시대에 지배적인 권위와 권력에 직간접적으로 종속되어 있기 때문이다. 이것은 아도르노(Th. Adorno)의 교육론에서 되풀이되어 지적된 사항이기도 하다. 현대사회에서 모든 가르침은, 예술이나 문화까지 포함하여, 자본주의 체제의 이윤극대화 원리에 포박되어 있다. 이런 휘둘림 현상은 영적 차원에 가장 밀접한 종교적 활동에서도 크게 다르지 않다. 예를 들어 기독교에서 육체와 욕망, 쾌락과 즐거움은 중세 이후 지금까지 갖가지 제도(고백, 간증 등)와 사목(목사나 신부 혹은 장로)을 통해 얼마나 체계적으로 통제되고 억압되는가?

확실한 사실은 고대적 자기 수양의 방식이 그리스도교 안으로 통합되면서 한편으로 승화되고 절제되는 장점의 측면도 가지지만, 다른 한편으로 원래의 자율성을 상당 부분 상실하게 되었다는 점이다.

그런데 이런 자율성의 상실은 종교 영역에만 일어났던 게 아니다. 그 것은 정치나 교육 등 사회의 여러 다른 분야에서도 나타났다. 어떻게 해야 하는가?

아마도 중요한 것은 복종을 자발적으로 실행하는 일일 것이다. 복 종 대신 '순종'이라고 해도 되고, 아니면 '체념'이라고 해도 될 것이다. 핵심은 그것을 강제로 하는 것이 아니라, 스스로 행하는 것, 그래서 자발적 계기가 자기의 행동에 들어가도록 하는 일이다. 한계 의식에 서 자발성이 들어간다면, 그 한계는 더 이상 한계일 수 없기 때문이 다. 따라서 필요한 것은 '한계에 대한 주체의 태도가 어떠한가'이다. 혹은 좀 더 적극적으로 표현하여, '어떻게 복종 혹은 순종을 주체 스 스로 받아들일 것인가'다.

다시 말해보자. 삶의 한계는 분명하다. 그리고 한계의 수도 한두 가지가 아니라 수없이 많다. 운명이나 체념이란 말은 이 한계 앞에서 나온다. 우리는 삶의 이 불가피한 한계를 받아들여야 한다. 그러면 서 동시에 이 한계에 머물러 있으면 곤란하다. 대신 한계의 경계에서 이뤄지는 체험의 내용을 역동화시킬 필요가 있다. 말하자면 한편으 로 한계를 수용하면서도, 다른 한편으로 이 한계 너머로 나아가야 한 다. 아니, '나아가야'라는 말도 부정확하다. 나아가는지 안 가는지, 나 아간다면 얼마나 나아가는지 우리는 정확히 알 수 없기 때문이다. 또 그렇게 나아가는 것을 미리 확약할 수도 없다. 그러니 좀 더 정확히 말해보자. 삶의 불가피한 한계 속에서 이 한계 너머로 우리는 '나아가 고자 애써야' 한다.

이렇게 나아가고자 애쓴다고 해도 나아감의 과정이 그리 간단한 것은 아니다. 차라리 그것은 혹독하다. 자기 수양의 혹독함은, 이와 관련하여 자주 등장하는 '전쟁'이나 '격투기' 비유가 암시하듯이, 차라리 항구적 투쟁에 가깝다. 그리하여 자기 수양의 과정은 일종의 투쟁이고, 이 투쟁은 일평생 계속된다. 이 항구적인 투쟁 속에서나마 인간은 비로소 육체의 병뿐만 아니라 영혼의 병까지 그 전부가 아니라, 어느 정도까지만, 막을 수 있을지도 모른다. 이때 걸러내고 치유하고 돌보는 철학적 정화(淨化)의 과업은 의학적 실천과 비슷해진다. 그러므로 주체성의 역사는 치유의 규칙과 기술, 방법과 양식을 정립하는 실천적 길이다.

이런 실천 속에서도 한계는 한계로서 수용된다. 그러나 그 수용은, 거듭 강조하여, 강제적으로가 아니라 자발적으로 일어난다. 그래야 그것은 '오래가고', 그래서 '믿을 만한' 것이 될 수 있기 때문이다. 삶의 쇄신 가능성은 이 한계의 자발적 수용에서 비로소 얼마간 실현될 수 있다. 삶이 조금이라도 나아지지 않는다면, 왜 한계를 받아들이는가? 그러니까 우리는, 거듭 강조하여, 한계를 받아들이면서도 동시에 한계 너머로 나아가야 한다.

그러므로 한계 너머로 나아가게 하는 자발성, 이 자율성의 견지가 자기 연마의 과업에서 핵심적이다. 자율성만 있다면, 한계의 수용은 단순히 수용으로 끝나지 않는다. 우리는 한계 속에서 이 한계의 자발적 수락을 통해 한계 너머의 지평으로 조금씩 나아가고, 이렇게 조금씩 나아가는 가운데 마침내 자유로울 수 있기 때문이다. 푸코는 바로 이 점을 강조했고, 푸코 이전에 칸트도 그랬다. 칸트의 계몽 개념은 바로 인식의 한계를 인정하는 데서 시작하기 때문이다. 나아가 푸코와 칸트 이전에 세네카도 이렇게 쓰지 않았던가? "그러나 현명한 사람은 자기 의지에 반하는 일을 어떤 것도 하지 않는다. 그는… 강제되는 것을 원함으로써 필연성을 벗어난다."[6]

결국 남는 것은 한계 혹은 강제의 자발적 추구를 통한 필연성으로부터의 해방이다. 이 해방은 자기의 자발적 통제에서 시작된다. 그것은 자기 자신을 얼마나 스스로 제어할 수 있느냐의 문제다. 이 성공의 여부에 자유의 정도(程度)도 판가름 난다. 스스로 제어한다면 우리는 자유로울 것이고, 제어하지 못한다면 그만큼 부자유할 것이다. 그러므로 자유의 행동은 자발적 자기통제의 여부에 달려 있다. 이 자기통제의 가능성, 그것이 '자아의 기술' — 자기 변형과 자기 승화의 기술에서 결정적이다.

(2) 쓰다: 사유 형식=수양 형식=향유 형식

어떻게 강요된 자아의 기술에서 벗어날 수 있는가? 우리는 어떻게 자기 점검의 자발적 실천 방식을 마련할 수 있는가? 여기에서 우리는, 마치 동양 전통의 『소학(小學)』에서 강조되듯이, 일상생활에 필요한 여러 품행 규칙들을 적극적으로 끌어들일 수 있다. 나는 글쓰기의 자기 실천적 면모를 고찰해 보고자 한다.

글쓰기란, 지금까지 적었듯이, 자기표현을 통해 주체를 객관화하는 일이고, 이 주체의 객관화를 통해 '자기와의 관계 방식을 바꿔가는' 진리의 윤리적 변형 행위다. 바로 그 때문에 여기에는 지배와의 관계에서 이 지배를 인식하는 자각이 들어 있고, 이렇게 인식함으로써 소극적으로는 통치받지 않으려는 의지가 담겨 있다. 통치받지 않

6　Seneca, "Letter 54", *Selected Letters*, trans. Elaine Fantham(Oxford: Oxford University Press, 2010), p. 82.

으려는 의지란, 적극적으로 말하면, 스스로 자유롭고자 하는 의지다.

왜 인간은 통치받지 않으려 하고, 그래서 왜 자유롭고자 애쓰는가? 그런 노력 속에서 주체는 좀 더 진실되고 선한 것으로 나아갈 수 있기 때문이다. 이렇게 나아가서 뭘 하는가? 이렇게 나아가면서 주체는 자신과 권력의 관계나 자신과 진실의 기존 관계에 이의를 제기하고(이 점에서 비판적이다), 그 관계를 해체하고 전복하면서 새로운 삶의 가능성을 기획하고자 한다(이 점에서 변형적이다). 이것을 필자는 '칸트적·푸코적 계기'라고 부르고, 이 비판적·변형적 계기를 근거로 오늘날의 문화산업적 현실과 다른 문화의 가능성을 고찰한 적이 있다.[7] 이런 점에서 보면, 글쓰기란 자유롭게 살려는 자기 실천의 진실한 태도가 아닐 수 없다. (이 점에서 윤리적이다.) 그러니까 글쓰기에는 비판적·변형적·윤리적 계기가 다 들어 있다.

그러므로 글쓰기는 분명 하나의 연습이고 기술이면서 훈련이다. 그러면서 거기에는 일정한 생각이 들어가 있다. 이 생각의 바탕은 주체의 느낌이다. 글쓰기는, 어느 정도 훈련을 하면, 즐거울 수도 있다. 글쓰기를 장려할 수 있다면, 그것은 글쓰기가 단순히 훈련으로 끝나는 게 아니라, 또 진리나 윤리만 말하는 데 그치는 게 아니라, 즐거움까지 내포하는 것이기 때문이다. 글의 즐거움이란 무엇보다도 구성의 즐거움이다. 만들고 짓고 세우고 구축하는 즐거움 말이다. 무엇을 만들고 짓고 세우고 구축하는가? 자기 자신의 느낌과 생각과 세계관으로 자기만의 세계를 짓는 즐거움이다. 이 즐거움은 유일무이하고

---

7   문광훈, 「문화산업과 문화비판 ─ 오늘의 상품소비사회에서」, 네이버 열린 연단, 2018년 11월 3일 자 원고와 동영상 참조(https://openlectures.naver.com/contents?contentsId=140519&rid=2943&lectureType=modern).

깊으며 은근하고 짙다. 그래서 다른 어떤 가치, 그 어떤 즐거움과도 대체되기 어렵다. 사실 글쓰기의 가장 깊은 추동력은 바로 이 구성적 희열에서 온다.

글이 단순히 사실 전달이나 사건의 분석에만 그친다면, 그것은 얼마나 따분한 것인가? 물론 사실 전달이나 사건 분석이 언어의 가장 기본적이고 핵심적인 사안임에는 틀림없다. 하지만 글의 능력은 사실 진술이나 정보전달 그 너머로 뻗어 있다. 글은 사실 규명이나 대상 분석을 넘어, 또 당위적·윤리적 차원을 지나 쾌락적·욕망적 차원까지 포함할 수 있어야 하고, 이 쾌락적·욕망적 향유까지 보장할 수 있어야 한다. 그러면서 그것은 이 모든 필요조건을 내던질 수도 있다. 그래서 일체의 의도를 벗어나는 것이다. 이를테면 말이 말하기를 멈추는 것, 그래서 글이 침묵으로 열리는 것이다. 아마도 이 모든 것이, 결국에는 그리고 다시 앞서 말했던 삶의 변형적 계기로 수렴될 것이다. 푸코는 이렇게 썼다.

쓰기가 일어나는 실천의 연습이 어떤 것이건, 쓰기는 온전한 절제(askēsis)가 이끄는 과정에서 하나의 본질적 단계를 구성한다. 말하자면, 그것은 진리로 인정되어 받아들여진 담론을 행동의 합리적 원리로 만들어내는 일이다. 글쓰기는 자기 훈련의 한 요소로서, 플루타르코스의 한 표현을 쓰자면, 하나의 성격 조형적 기능을 갖는다. 그것은 진리를 에토스로 변형시키는 하나의 매체다.[8]

---

8   Michel Foucault, "Self Writing," ed. Paul Rabinow, *Ethics: Subjectivity and Truth*(New York: The New Press, 1997), p. 209.

위의 글에서 푸코가 강조하는 것은 "온전한 절제"요, "진리로 인정되어 받아들여진 담론을 행동의 합리적 원리로 만들어내는 일(fashioning)"이다. 그것은, 다른 식으로 말하여, "진리를 에토스로 변형시키는" 일이고, 따라서 "하나의 성격 조형적(ethopoietic) 기능"을 갖는다.

그러므로 읽기가 단순한 읽기 ─ 번역이나 해석에 그친다면 곤란하다. 그것은 다시 읽기로, 다시 읽으면서 명상하고 상상하는 것으로 이어져야 한다. 이렇게 상상하는 가운데 자신과 얘기하고 다른 사람과 얘기하면서 행동으로 옮아간다. 그러면서 진리는, 마치 읽기 속에서 자아로부터 타자로 나아가고, 상상으로부터 행동으로 옮아가듯이, 관념으로부터 실천으로 이행한다. 마찬가지로 글쓰기는 쓰는 것으로 끝나지 않는다. 그것은 쓰면서 생각하고, 이렇게 생각하는 가운데 타인과 다시 만나면서 자기를 새롭게 보는 데로 이어진다. 이 모든 경험은 결국 그의 삶을 구성하는 데로 연결된다. 돌보고 배려해야 할 궁극적인 것은 다름 아닌 우리 자신의 실존적 삶이어야 한다.

주체가 자기 삶을 구성한다는 것은 무슨 뜻인가? 그것은, 푸코의 말을 빌려, 자신이 가진 "진리를 윤리로 변형시킨다"라는 뜻이 될 것이다. 그가 인정하게 된 진리를 그저 받아들이는 데 그치는 것이 아니라, 그 진리를 행동의 합리적 원리로 '수용'하고, 이 실천의 원리로 '적용'함으로써 실제로 그렇게 '행동'한다는 뜻이다. 이것이 곧 '주체의 주체화 과정'이다. 이처럼 주체의 자기 연마는 자신의 주체화를 겨냥한다. 그렇다면 주체의 주체화는 곧 주체의 윤리화 과정과 다르지 않다. 이때 의무란 '자기를 통치하는' 것, 혹은 '자기를 제어하는' 데 있다. 그것은 의무를 어쩔 수 없이 따르는 게 아니라, 주체 스스로 수

락함으로써 '강제를 자발적 행동의 여지로 전환'시키는 것이다.

억지로 행해진다면, 윤리는 생겨나지 않는다. 윤리는, 되풀이하여 강조하건대, 의무의 자발적 수행에 있기 때문이다. 이것이 주체의 자발적 자기 통치다. 윤리는 주체의 자발적 자기 통치가 빚어내는 능동적 산물이다. 그러므로 윤리적 훈련의 목표는 자발적 자기 통치에 있다.

의무가 자발적으로 이뤄질 때, 그것은 부담스러운 것이 아니라 즐거운 일로 변한다. 의무의 자발적 실천은 고역이 아니라 기쁨 — 향유의 대상이기 때문이다. 이때 수양 자체가 곧 향유의 사건이 되는 놀라운 전환이 일어난다. 이러한 전환은, 거듭 말하여, 필연성을 스스로 수락하는 데서 발생한다. 삶의 필연성은 주체의 자발적 수락 속에서 자유로 변한다. 그래서 자기를 연마하는 가운데 주체는 스스로 즐겁다. 성격이나 태도가 자연스럽게 '조형'되는 것은 즐거운 자기 형성의 이러한 경로 속에서다. 이처럼 주체는 자기를 점차 합리적 행동의 주인으로 만들어간다. 푸코가 말하는 '진리의 윤리적 변형'이란 바로 이것이다.

이때 삶은, 이상적인 차원에서 보면, '마치 예술작품인 것처럼' 간주된다. 삶은 자신 앞에 놓인 예술작품과 비슷하기에 우리는 이 삶을 최상의 것으로 만들어야 할 의무를 지닌다. 이와 관련하여 푸코는 '실존미학'을 얘기한 적이 있지만, 굳이 이것이 아니더라도 삶은 우리가 보듬고 만들고 배려하며 조직해 나가야 할 무엇이라는 사실은 틀림없어 보인다. 글은 삶의 이 자기 조형적 활동에서 특별한 의의를 갖는다. '특별하다'는 것은 글쓰기의 의미 부여가 적극적이고 능동적으로 일어난다는 뜻에서다. 글은 마땅히 그 글을 쓴 사람의 삶으로 이어져야 한다. 그래서 자양분처럼 흡수되어 주체의 느낌과 사고 그리고 행동의 원칙으로 발현되어야 한다.

그러므로 글에서 사유 형식과 수양 형식 그리고 향유 형식은, 적어도 이상적인 차원에서는, 어긋날 수 없다. 그것은 상당 부분 일치한다고 할 수 있다. 생각하기와 연마하기 그리고 즐기기는 서로 유기적으로 이어지기 때문이다. 결국 글은 성격 조형적이어서 삶의 양식화(樣式化, stylization)에 기여한다. 이 삶의 양식화 속에서 주체는 삶의 필연성에 굴복하는 게 아니라, 그 필연성을 수용하고 그와 화해하며, 이런 화해에도 불구하고 현실과 부단히 싸우며 자신의 운명을 헤쳐 나간다.

글쓰기의 이런 자기 실천 방식은 오늘날 사회의 자본 지배력과 이윤 원칙이 부과하는 강제성과는 분명 다르다. 현대 세계에서 자기 규율의 기술은, 이것은 간단한 문제가 아니지만 약술하자면, 상당할 정도로 체제 통합적이기 때문이다. 그에 반해 글쓰기의 기술은 체제 비판적이고 관계 해체적이다. 주체는 규율에 통합되지 않고 체제에 휩쓸리지도 않은 채 자신을 형성해 가고, 이 형성의 기쁨을 누리며, 이 같은 향유 속에서 마침내 자유를 행사하기 때문이다. 이러한 일련의 변증법적 과정을 우리는, 아도르노를 빌려, '부정적 화해'의 형성 과정이라고 불러도 좋을 것이다.

그러므로 우리는 이렇게 말할 수 있다. 글쓰기가 자기 변형의 자발적 실천이라면, 자서전을 쓴다는 것은 주체의 적극적인 자기 양식화 활동이라고. 글은 자신에 대한 자기의 관계를 해체하고 비판함으로써 새로운 관계의 가능성을 모색해 나간다. 그래서 도덕적 주체의 한 구축 방식이 된다. 아마도 글쓰기 실천은 가장 사소하면서도 의미심

장한 하나의 길 — 자기 자신을 돌아보고 그 느낌과 생각을 점검하는
가운데 삶을 고양해 나갈 수 있는 비억압적 자기 조형의 어떤 권장할
만한 윤리 방식이 아닌가 싶다. 그런 점에서 그것은 자본주의 사회의
환산적 강제 체제를 거스르는 하나의 미시 실천적 대안으로 보인다.

2. 게르첸의 경우

2.1. 게르첸은 누구인가

여기 알렉산드르 게르첸이라는 사람이 있다. 그는 1800년대 중반
에 활동한 러시아의 대표적 지식인들 가운데 한 사람이다. 그는 대단
히 명망 있는 귀족 집안 출신이었지만, 흔히 '러시아 사회주의의 아버
지'로 불린다.

알렉산드르 게르첸의 아버지 이반 알렉세예비치 야코블레프(Ivan
Alexeyevich Yakovlev, 1767~1846)는 유럽을 돌아다니다가 42세 때 독일
에서 어느 하급 관리의 딸을 만났다. 그녀는 16세의 나이에 러시아로
와서 게르첸을 낳았다. 그 결혼은 합법적이지 않았다. 그 때문에 게
르첸은 아버지의 성인 야코블레프를 받지 못하였다. 대신 그의 아버
지는 '마음'이라는 뜻의 '게르첸(Herzen, heart)'이라는 독일식 성을 붙
여주었다. 아마도 게르첸이 자유주의 개혁가로서 엄청난 사상사적
편력을 겪으면서 살아가게 된 것은, 그리고 그런 가운데 삶의 불우한
계층들 — 농민과 농노의 삶에 공감하게 된 것은 서자(庶子)로서의 자
신이 겪어야 했던 이런 신분상의 착잡한 모순과 불합리가 큰 작용을

하였을 것이다.

게르첸은 진보적 언론인으로서 무엇보다 농민 공동체를 건설하기 위해 매진했다. 그가 추구한 사회주의는 이른바 농민적 인민주의(agrarian populism)였는데, 이것은 사회구조가 농업에 기초한 집산주의적(集産主義的, collectivist) 모델을 따르는 것이었다. 러시아 사회주의 운동사와 관련하여 자주 거론되는 나로드니키(Narodniki) 운동은 바로 이 모델에 기반한 것이었다. ['나로드니키'는 러시아어로 인민주의자(人民主義者)들이라는 뜻이다.] 이 때문에 게르첸은 나로드니키 운동뿐만 아니라, 이 운동에서 퍼져나간 여러 형태의 비슷한 운동들, 이를테면 미국에서 일어난 농민 공동체 운동의 이념적 선구자로도 평가받는다.

그러나 게르첸의 농민적 인민주의 이념이 오늘날 얼마나 현실적 중대성을 갖는지는 다시 검토해 보아야 한다. 러시아 농민 공동체에 대한 그의 변함없는 비전은, 단순화하면, 소작농의 현실을 우상화한 것이라고 말할 수 있기 때문이다. 그에게서 발견되는 아쉬움은 이것 외에도 없지 않다. 그 한 가지 사항은 그의 아내와 정분이 난 독일 시인 헤르베그(G. Herwegh)에 대한 게르첸 자신의 묘사다. 그것은 객관적으로 이뤄졌다기보다는 편파적인 것으로 얘기된다. 그는 헤르베그를 나약하고 겁 많은 나르시스트에다가 삼류 시인인 것처럼 묘사하였다. 그런 점에서 게르첸은, 그라임스가 지적한 대로, "보복적이고 극도로 부당하다"라고 말할 수도 있을 것이다.[9]

---

9 William Grimes, "Rediscovering Alexander Herzen," *The New York Times*, Feb. 25, 2007. 게르첸과 그의 아내의 관계에 대하여 우리는 그가 남긴 기록으로 그런대로 자세히 알지만, 그의 아내와 헤르베그의 관계에 대해서는 알려진 바가 적다. 여기에 대하여 벌린은 게르첸의 "무자비할 정도로 자기에게만 몰두해 있는(remorselessly self-

그러나 중요한 것은 게르첸의 삶이 보여주는 전체적 면모일 것이다. 이 글의 맥락에서 우리에게 필요한 사항은 그의 『나의 과거와 사상』이 지닌 오늘날의 현재적 의미이다. 이제 게르첸의 삶을 스케치해 보자.

2.1.1. 두 차례의 유배와 평생의 망명

청년 게르첸이 활동하기 시작하는 1830년대 무렵 러시아는 사회경제적으로 매우 낙후된 유사 봉건적 상태였다. 산업화는 아직 초기 상태에 머물러 있었고, 일반 민중은 농노제 아래 가난과 착취에 시달렸으며, 개인적 자유는 삶의 모든 영역에서 억압되어 있었다. 그것은 무엇보다 차르 황제의 전제적 정치와 탈법적 폭력 때문이었다. 이 낙후된 현실에서 뜻있는 사람들의 비판적 목소리는 다양한 형태로 터져 나왔다.

그 가운데 가장 두드러진 흐름은 반체제적 상류계층에서 나왔다. 이들은 대개 귀족이었고, 대토지 소유자였으며, 대학에서 교육받고 있거나 서구 유럽에서 교육받은 사람들이었다. 이러한 반체제 상류 귀족들 가운데 게르첸은 대표적인 인물이었다.

게르첸은 1829년 17세의 나이로 모스크바 대학의 물리수학부에 입학한다. 1833년 21세 때 그는 「코페르니쿠스의 태양계에 대한 분석적 고찰」로 은메달을 받고 석사 학위를 마친다. 그는 대학 시절에 젊은 소설가인 투르게네프(Turgenev)와 비평가인 벨린스키, 그리고 아나키

---

absorbed)" "맹목성(blindness)"을 지적하였다[Isaiah Berlin, "Introduction," Alexander Herzen, *My Past and Thoughts*(Berkeley: University of California Press, 1982), p. xxix]. 아마도 뛰어난 자서전은 무자비한 자기몰입 없이 불가능할지도 모른다.

스트 정치가로 그 후에 활약하는 바쿠닌을 만난다. 이들과 교류하면서 그는 차르 정부를 비판하고 사회개혁을 도모한다. 그러던 중 1834년에 발각되어 체포된다. '사회에 유해한 자유사상을 지녔다'는 이유에서였다. 그래서 9개월의 감옥형을 산 뒤 모스크바에서 970km나 떨어진 뱟카(Vyatka)로 유배를 떠난다. 이 같은 유배는 나중에 한 차례 더 일어난다.

게르첸은 30세 때부터 본격적으로 글을 썼다. 문학적이고 철학적인 에세이는 청소년 시기부터 물론 썼지만, 서른 무렵 그가 쓴 첫 번째 책의 제목은 『과학에서의 딜레탕티즘』(1843)이었다. 이어 『자연의 연구에 대한 편지』(1845~1846)와 소설 『누구를 비난할 수 있는가?』(1847)를 쓰기도 했다. 그 외 단편 『크루포프 박사』(1847)와 에세이 『강 저편에서』(1847) 같은 글이 있다.

게르첸은 1847년 아내와 아이들 그리고 어머니와 함께 외국으로 이주한다. 이렇게 러시아를 떠난 그는 다시 고국으로 돌아가지 못한다. 이렇게 그가 계속 외국에서 체류할 수 있었던 것은 그 전해에 세상을 떠난 아버지가 엄청난 재산을 유산으로 남겨주었기 때문이다. 이 돈으로 그는 식솔들 — 가족뿐만 아니라 두 친구와 하인까지 데리고 외국으로 나갈 수 있었다.

게르첸은 1848년 이탈리아에서 혁명 소식을 전해 듣고 프랑스로 달려간다. 당시 파리는 문명화된 서구 세계의 중심지였다. 이곳에서 그는 여러 나라에서 온 망명 지식인들 — 사회 개혁가와 혁명가들과 어울린다. 그가 바쿠닌이나 프루동 같은 이들이 활동하는 혁명적 사회주의운동의 좌파 모임에 동참한 것도 이 무렵이다. 그러나 그의 반체제 활동 소식을 들은 러시아 정부는 그에게 귀국을 종용한다. 하지만 그는 거절한다. 그래서 러시아에 있던 그의 재산은 몰수된다.

그런데 게르첸 가문은 당시 저명한 은행가였던 제임스 로트쉴트(J. Rothschild)와 오래전부터 거래관계를 맺고 있었다.[10] 더욱이 로트쉴트는 게르첸에게 호의를 갖고 있었기 때문에 러시아 정부에 압력을 행사할 수 있었다. 덕분에 게르첸은 자기 재산의 상당 부분을 지킬 수 있었다. 그가 평생에 걸친 외국 생활에서 커다란 경제적 어려움 없이 지낼 수 있었던 것도 이런 이유에서다.

이런 재정적 능력 덕분에 게르첸은 여느 망명객들과는 다르게 상당한 수준의 독립을 꾸준히 유지할 수 있었다. 하지만 그는 자기 생활을 꾸려가는 데 그친 게 아니라, 여러 나라의 여러 망명객을 지원하기도 하였다. 그는 1850~1860년대 러시아뿐만 아니라 이탈리아 그리고 프랑스의 혁명가들 — 프루동과 루이 블랑(L. Blanc), 바쿠닌과 마치니(Mazzini) 등의 친구이자 협력자이기도 했다. 그가 1850년대 이후 런던에서 발행한 여러 종류의 간행물도 이 돈으로 충당할 수 있었다.

게르첸의 본령인 언론인으로서의 활동은 1852년 이후 런던에서의

---

10 최근 연합뉴스에 이 로트쉴트(로스차일드) 가문에 대한 기사가 소개된 적이 있다 (2019년 1월 25일). 200년 전부터 전 세계의 금융을 좌지우지했던 유대계 로스차일드 가문의 하나인 오스트리아 쪽 일가가 오스트리아에 있는 약 7000헥타르의 땅 — 이 것은 뉴욕 센트럴파크의 20배에 달한다고 하는데 — 을 소유한 2개의 신탁을 현지의 제지회사인 프린츠호른에 매각하기로 합의했다는 기사였다(https://www.yna.co.kr/view/AKR20190125126500009 참조). 이 숲은 로트쉴트 가문이 1875년에 매입한 토지의 일부다. 이 가문을 일군 암셀 로트쉴트에게는 다섯 아들이 있었고, 게르첸의 재산 환수에 도움을 준 제임스는 이 가운데 다섯 번째 아들로서 독일과 프랑스의 은행가였다. 200년 전의 역사는 이런 식으로 오늘을 살아가는 사람들에게 '아직도' 영향을 미치고 있는 것이다.

망명 생활과 더불어 시작되었다. 그는 1853년 런던에서 자유러시아
통신을 설립하였다. 그는 이 통신사의 소식지를 통해 고국의 낙후된
상태를 국제사회에 알리는 한편, 비판적 분석을 통해 러시아 안에서
의 농민들의 삶을 개선시키고자 애썼다. 이 같은 노력 덕분에 러시아
는 아무런 희망이 없는 낙후된 전제군주국이 아니라, 자유사회를 열
망하는 깨어 있는 인물들과 이 인물들의 개혁적 움직임이 있는 나라
라는 사실이 서구 사회에 차츰 알려지기 시작하였다.

이 개혁운동에 관여하던 여러 러시아 지식인들 가운데 게르첸은
단연 두드러졌다. 그는 매우 재능 있는 인물인 데다가 단정하고 너그
러웠으며, 인간 존엄에 대한 의식을 가진 개혁가였다. 그는 러시아
지식인 계층 가운데 아마도 깊이와 폭을 겸비한 가장 균형 잡힌 인물
인지도 모른다. 그는, 벌린의 평가에 따르자면, "전적으로 품위 있고,
열린 마음을 지녔으며, 다정한 인간이었는데, 이것은 도스토옙스키
와는 달랐다."[11] 그가 만났던 역사가 미슐레(Michelet)와 빅토르 위고
(V. Hugo), 마치니나 가리발디(Garibaldi)가 그를 존경한 것도 이 같은
태도와 성품 덕택이었을 것이다.

2.1.2. 영국에서의 언론 활동

1853년에 게르첸은 런던에 인쇄소를 차렸다. 이 인쇄소에서 그는
러시아 농노제와 차르 전제주의에 반대하는 정치 팸플릿을 연이어

11　Ramin Jahanbegloo, *Conversations with Isaiah Berlin*(London: Halban, 1992), p. 12. 19
세기 러시아 사상가 가운데 예리하면서도 너그럽고, 다감하면서도 철학적 깊이를 가
졌으며, 품위 있으면서도 결코 과장하지 않는 작가로 벌린은 게르첸 외에 셰스토프
(L. Shestov, Schestow)를 거론한다.

발간한다. 1855년에는 잡지 《북극성(*Polyarnaya Zvyezda, Polar Star*)》을 창간하였다. 이 잡지에 푸시킨과 레르몬토프(M. Y. Lermontov) 등이 쓴 금지된 시와 차다예프와 벨린스키의 글이 게재된다. 1857년에는 오랜 친구인 오가료프(N. Ogarev, Ogarëv, 1813~1877)와 합심하여 정기간행물 《종(鐘)》을 발행한다. 1857년부터 1867년까지 11년 동안 나온 이 간행물은 차르 정부의 무능과 관료주의의 폐단, 농노제의 억압과 민중의 고통스러운 궁핍을 폭로하였다. 이 일련의 간행물들은 러시아 사회 안으로 비밀리에 반입되어 사회정치적으로 엄청난 파장을 일으켰다. 그것은 심지어 황제의 손에까지 들어가 그 역시 이 책자를 열심히 읽었다고 전해진다.

1857년 7월 《종》은 차르 정부가 농노해방을 고려하고 있으나 이 문제를 풀 능력이 없다고 보도하였다. 그 후 농노해방은 1년이 지나도 실행되지 못한다. 이처럼 더딘 개혁 속도를 견디지 못한 게르첸은 1858년 5월 농노해방을 위한 대대적 캠페인을 펼친다. 그리하여 1861년 마침내 농노해방이 실현된다. 그 후 《종》의 캠페인 제목은 '자유와 토지'로 바뀐다.[12] 이런 식으로 《종》은 러시아 사회 안에서 광범위하게 유통되면서 농노해방으로 이어지는 사회정치적 개혁운동에 결정적으로 기여하였다.

그러나 이러한 면모는 결과적으로 나온 평가이고, 당시 현실에서 게르첸과 그 언론 활동은 말할 것도 없이 더 착잡하고, 갈등과 오해와 균열에 찬 것이었다. 그는 책자를 통해 러시아 실상을 알리고 그 농민을 일깨울 수 있기를 바랐다. 나아가 자신의 통신사나 간행물이

---

12 https://en.wikipedia.org/wiki/Alexander_Herzen 참조.

러시아 사회의 갈라진 파벌들을 하나로 모으는 통합적 기관으로 기능하기를 희구했다. 하지만 게르첸의 이런 태도는 러시아 좌파들이 보기에 너무도 '온건'하게 보였다. 대부분의 혁명가는 그를 싫어했다. 그들은 그가 폭력적 혁명에 적극적으로 개입하길 원했기 때문이다. 게르첸의 태도가 '너무 자유주의적'이라고 비판하는 이들도 있었다. 그들은 그가 더 거칠고 더 맹렬하며 더 행동적이기를 바랐던 것이다. 마찬가지로 《종》 역시 '폭력적 혁명의 선전물'이길 그들은 원하였다. 특히 체르니솁스키(N. Chernyshevsky)나 도브롤류보프(N. Dobrolyubov) 같은 과격파가 그랬다.

　게르첸은 한편으로 반정부 언론 활동을 하는 가운데 다른 한편으로 국제노동자연맹을 조직하는 데 전념했다. 이 일을 하면서 그는 1850~1860년대 런던에 머물던 혁명가 그룹들 ─ 마르크스나 엥겔스 그리고 바쿠닌을 포함하는 그룹과도 접촉한다. 이러한 만남에서 갈등은 불가피한 것이었다. 1863년 폴란드에서 봉기가 일어났을 때, 대부분의 러시아 좌파들은 차르의 폴란드 압박 정책에 찬성한다. 그러나 게르첸은 폴란드 반란군의 대의(大義)에 공감한다. 그는 범슬라브주의 안에 자리한 제국주의적 성격을 간파했기 때문이다. 이런 독자적 노선의 추구로 러시아 좌파 안에서도 크고 작은 갈등이 일어났고, 이런 갈등으로 인해 《종》의 발행부수도 1863년이 지나면서 2000~2500부에서 500부 정도로 격감하기에 이른다.

　이렇듯이 사람과의 관계는 좁게는 러시아 좌파 안에서, 넓게는 서구 유럽의 망명 지식인들 사이에서 간단치 않았다. 그 한 가지 예가 게르첸과 마르크스의 관계였다. 이 둘 사이의 만남은 이뤄지지 않는다. (게르첸과 마르크스의 관계에 대해서는 「6장 영국에서의 언론 활동」에 들어 있는 「보론 2」에서 다룰 것이다.) 게르첸은 1864년 제네바로 돌아갔고, 1870년 파리에서 세상을 떠난다. 그는 처음에 파리에 묻혔지만, 나중에 니스(Nice)로 옮겨진다.

2.2. 사회개혁과 개인의 자유 사이에서

알다시피 러시아는 지리적으로 엄청나게 광대한 영역에 걸쳐 자리한다. 그 때문에 이 나라에서 활동하던 지식인의 스펙트럼도 다채롭기 그지없다. 진보파와 보수파가 있는가 하면, 개혁파와 왕당파가 있고, 서구 자유주의자들이 있는가 하면, 러시아 민족주의자와 애국주의자들도 있었다. 여기에 귀족 지주 계층이나 러시아 정교 계통의 기독교 성직자 그룹도 있었고, 이른바 범(汎)슬라브주의자들도 있었다.

2.2.1. 너무도 다양한 이념적 갈래와 분파

이들은 하나의 정해진 분파에 소속된 것이 아니라, 대체로 여러 분파나 그룹에 '걸쳐' 있다. 그래서 그 특성도 다채롭다. 이를테면 귀족 지주 계층은 보수파에 왕당파이자 러시아 정교 기독교인인 경우가 많았다. 또 귀족계급으로서 개혁파이면서 유럽주의자인 경우도 적지 않다. 그런데 이처럼 다양하게 나눠진 각 그룹 안에서도, 자세히 들여다보면, 여러 분파와 갈래가 또 있었다.

게르첸이 교제하던 그룹은 크게 '개혁진보파'라고 할 수 있다. 이 그룹의 구성원도, 소설가 투르게네프와 비평가 벨린스키 그리고 아나키스트 바쿠닌이 보여주듯이, 무척이나 다채롭다. 각 구성원이 너무도 다채로워서 이질적으로 느껴질 때가 많다. 그리하여 하나의 그룹에 속하는 구성원들 상호 간의 정치적 성향 차이는 이 그룹과 다른 그룹에 속하는 사람들 사이의 입장 차이보다 더 클 수도 있었다. 그렇다면 1850년을 전후로 한 러시아 반체제 지식인들의 전체 지형도를 그린다는 것은 얼마나 복잡하고 어려운 일이겠는가? 이것은 거의 불가능한 것처럼 보인다.

그러나 더 어려운 것은 한 개인이 양심에 대한 물음 속에서, 아무리 현실이 요동치고 세상의 오해와 시기가 아무리 격렬하다고 해도 그 흐름에 휩쓸리지 않은 채, 자신의 실존적 진실을 배반하지 않고 사회와 역사의 정당성을 추구하는 어떤 납득할 만한 길을 걸어가는 일일 것이다. 게르첸의 삶은 바로 그런 예를 보여준다고 할 수 있다. 그런 삶을 증거하는 것이 곧 그의 저술이다. 『나의 과거와 사상』은 그런 저술들 가운데 아마도 가장 중요한 문헌일지도 모른다. 그렇다면 그의 정치적 입장은 어떻게 요약될 수 있을까?

게르첸은, 앞서 보았듯이, 러시아의 대표적 명문가 귀족 출신이었지만, 그는 결혼식을 올리지 않은, 그리고 그 점에서는 '불법적인' 혼인에서 태어난 사람이었다. 여느 사람들처럼 그도 어릴 때는 아무런 생각 없이 뛰놀고 지냈지만, 커가면서 집안에서의 기이한 자기 위치와 그 모순에 대해 점차 자각하기 시작한다. 1826년 저 유명한 데카브리스트 회원들이 처형당한 사건은 그런 자각의 경로에서 하나의 전환점이 되었다고 그는 고백한다. 이때 그는 14세에 불과했다. 그 정도로 그는 조숙한 아이였다. 이러한 현실 인식은 그가 대학에 들어간 후 더 깊어지고 넓어진다. 여러 친구들과의 교류를 통해 그는 현실을 더 깊게 알게 되었고, 인간에 대한 이해도 심화시켜 갔다. 이런 문제의식은 두 번에 걸친 체포와 유배의 경험으로 더 견고해진다.

그러나 게르첸의 세계관이 그 뿌리에서부터 변하게 되는 것은 1847년 이후 시작되는 외국에서의 경험 덕택일 것이다. 그 중심에는 1848년 프랑스 혁명이 있다. 그는 이 혁명이 실패로 돌아간 것에 크게 실망한다. 그렇다고 그가 사회개혁적 진보 사상 자체에 실망한 것은 아니었다. 그는 프랑스 혁명과 이 혁명이 내세운 자유와 평등과 박애의 이념을 변함없이 지지하였다. 그는 글을 쓰기 시작하던 초창기부터 프랑스 혁명이 '역사의 목표'이고, 인간의 사회는 휴머니즘과 조화라는 가치 위에 기반해야 한다고 굳게 믿었다.

게르첸은 분명 차르 정부의 정치적 억압에 맞서 일평생 싸운 혁명적 급진파이다. '급진파(radical)'란 다르게 말하면 과격파다. 그는 스스로 귀족이면서도 유럽의 지배 엘리트에 대항하여 싸웠다. 그는 기독교적 위선을 비판하고 개인적 자유와 표현을 옹호하기 위해 살았다. "게르첸은", 위키피디아 영어판에서 옳게 지적하고 있듯이, "사회주의와 개인주의를 둘 다 진작시켰고, 개인의 온전한 개화는 사회주의적 질서 안에서 가장 잘 실현될 수 있다고 주장하였다. 그러나 그는 우리가 도달할 사회를 위한 미리 정해진 입장 같은 거대 서사를 언제나 거부했고, 망명 시 그의 글은 불간섭주의적 정부를 통해 개인의 자유를 보호하면서 작은 규모의 공동체적 삶을 진작하는 것이었다."[13]

2.2.2. 공식(公式)들의 폭정

내게 가장 흥미로운 사실의 하나는, 게르첸이 혁명적 급진파임에도 불구하고 어떻게 개인적 자유를 옹호할 수 있었는지, 그래서 자유

---

13 https://en.wikipedia.org/wiki/Alexander_Herzen

주의적 휴머니즘을 견지하면서도 어떻게 극우파로 빠져드는 대신 일상의 세부에 충실하게 되었는지, 그래서 '점진적 개혁'을 내세우면서도 '영적 치유'를 내세우기보다는 시와 예술과 교육의 필요를 말하게 되었는가에 있다. 혁명의 실패는 대부분의 개혁가들에게, 1848년이나 그 후 1905년 혹은 1917년에 보이듯이, 우파로 전향하거나 근본주의자 혹은 원리주의자가 되거나, 아니면 '영혼의 구원'을 위한 내면성으로 침잠하는 자기 퇴행적 계기가 되기 때문이다. 그러나 게르첸은 달랐다.

혁명의 좌절은 게르첸에게도 말할 것도 없이 쓰디쓴 경험이었다. 그러나 그는 이 경험에 굴복하지 않는다. 그는 오히려 이 고통을 가치의 재조정을 위한 생산적 계기로 삼는다. 그는 과격한 사회 변화에 반대하면서도 우파로 돌아서는 대신, 개인적 자기 변형을 통해 사회정치적 변화로 나아가고자 애쓴다. 그는 부패한 체제를 비판하고 더 나은 공동체를 희구하면서도 이념의 폐해를 직시할 줄 알았고, 행동의 폭력성만큼이나 이데올로기가 갖는 폭력성도 경계하였다.

사고가 사실에 근거하지 않을 때, 그 사고는 이데올로기로 변질된다. 말이 경험에서 닿아 있지 못하면, 그 말은 추상화된다. 추상화된 말은 죽는다. 그것은 경험에 바탕한 게 아니라, 선험적 원리로부터 연역해 낸 것이기 때문이다. 이런 이념적 괴물들을 정치나 철학, 형이상학이나 종교는 자주 만들어낸다. 그러면서 그 이념 아래 인간을 희생시킨다. 그래서 '미래의 행복'을 위하여 '오늘의 삶'을 억압하는 야만적 행위를 저지르는 것이다. 이데올로기란 이처럼 경험이 휘발된 무책임한 관념체계다. 이 이데올로기는 인간을 억압하고 질식시킨다. 삶의 사실이나 경험이 아니라 추상적 원리에서 추출해 낸 말이나 생각의 횡포, 이것을 벌린은 "공식(公式)들의 폭정(the despotism of formulae)"이라고 지칭한다. 이데올로기란 추상화된 공식들의 폭정에 다르지 않다.

게르첸은 여느 혁명가에게 보기 힘든 고결한 이상주의에 대한 헌신이 있다. 그것은 아마도 그가 지닌 인간 존엄에 대한 자의식 때문일 것이다. 아닌 게 아니라 그에게는 '계급을 넘어서는 여유'가 있다. 이 여유는 무엇보다 귀족계급 출신으로서의 물질적 충족에서 오는 것이겠지만, 그것은 물질적인 것 이상으로 정신적인 것이기도 하다. 그가 '관대함'이나 '우아함', '명예'나 '예의' 같은 전통 세계의 미덕을 칭송한 것도 이런 이유 때문일 것이다. 좀 더 정치적이고 근대적인 가치들, 이를테면 '자유'나 '독립성' 혹은 '자존감'에 대한 존중도 그 옆에 자리한다. 그에 반해 부르주아적 속물성 — 계산적이고 야비하며 쩨쩨하고 거만하며 왁자한 것을 그는 극도로 경멸했다. 프랑스와 영국의 금융 자본가들이 특히 그러했다. (이것을 우리는 「5장 3절 프티 부르주아 비판」에서 더 자세히 다룰 것이다.) '군중'에 대한 불신도 이런 맥락 속에 있다. 그는 계산적인 것만큼이나 잔혹함이나 위선, 천박함이나 상스러움을 싫어했다.

게르첸은 러시아 급진파의 우두머리였지만, 그리 과격하지 않았다. 1850년 이후에는 특히 그랬다. 적어도 젊은 시절처럼 더 이상 급진적으로 되진 않는다. 인간의 삶이란 지극히 복잡하며, 한 사회의 변화도 결코 간단할 수 없음을 그는 절감했기 때문이다. 그렇다고 그가 공평무사한 객관성만 주장했던 것은 아니다. 그는 투르게네프처럼 중간자적 입장에서 초연하게 관찰하는 데 머물지 않았다. 중간자적 입장이나 초연한 관찰도 물론 중요하다. 한 걸음은 내딛다가 다음

한 걸음은 멈추는 것, 그래서 주변을 다시 헤아리는 것도 필요하다. 그런 헤아림 속에서 관점은 더 객관화될 수 있기 때문이다. 투르게네 프는 이런 초연한 위치에서 글쓰기 작업에 몰두할 수 있었고, 그 결과 위대한 대작을 완성해 낼 수 있었다.

반면에 게르첸은 투르게네프보다 더 열정적으로 현실에 개입하였다. 물론 이 열정은, 앞서 적었듯이, 1850년을 전후하여 현실의 복잡성과 문제의 해결 불가능성에 대한 자의식이 강해짐에 따라 슬픔과 회의를 자주 동반한다. 그래서 더 절제하면서 그는 타협적으로 된다. 그렇다고 '사회의 변혁'이라는 대의를 그가 잊은 것은 아니었다. 편파적이고 파당적인 것에는 주의했지만, '진보'라는 목표는 파기되어선 안 되었기 때문이다. 그것은 여전히 혼신을 다해 투신해야 할 목표였다. 그가 줄곧 경계하였던 것은 단지 그 목표가 이데올로기적으로 추상화되어 인간을 희생하고 삶을 불구로 만들 위험성이었다. 현재적 현실이 이념적 추상의 제단 위에 바쳐지는 것은 막아야 했기 때문이다. 좋은 이념이 '혁명'이라는 미명 아래 얼마나 자주 어두운 폭력을 행사하는가? 그리하여 대립적인 것들 사이의 긴장 — 변증법적 타협은 불가피했다.

게르첸과 투르게네프는 모두 집단적 독단이나 교조를 불신했고, 전적인 독립과 이 독립을 위한 비판을 옹호했다. 그러면서도 그들은, 자신들이 진보와 혁명을 지지한다는 이유로 '진리를 억압해야' 한다고 여기지 않았다. 회의주의와 부정(否定)은 그들에게 공통적 미덕이었다. 그러나 게르첸은, 그의 언론 활동이 증거하듯이, 투르게네프보다 훨씬 적극적으로 현실에 개입하였다. 그러면서도, 특이한 것은 바로 이 점인데, 이념보다 인간 개개인의 자유를 중시하였다. 그는 추상적 이념에 의한 독단적 폭력의 가능성을 늘 경고했던 것이다.

2.2.3. 삶의 목표는 삶 자체일 뿐

게르첸에게 가장 중요한 것은 어떤 대의명분보다 인간의 현재적 삶이었다. 그는, 벌린에 따르면, "삶의 궁극적 목표는 삶 자체이고", "자연과 역사는 우연적인 것과 무의미, 뒤죽박죽과 서투름으로 가득 차 있다"라고 보았다.[14] 그는 삶을 중시했고, 삶의 매 순간순간을 사랑했다. 현재의 순간은 미래를 위해 희생될 수 없기 때문이다. 희생될 수도 없고, 희생되어서도 안 되기 때문이다. 자유를 말할 때도 그는 다르지 않았다. 자유란 '내일의 자유'가 아니라, '오늘의 자유'에 기여하는 것이어야 했다.

> 자유를 위한 투쟁의 목표는 내일의 자유가 아니라 오늘의 자유이고, 그들 자신의 개인적 목적을 가지고 살아가는 개인들의 자유다. 그들은 그런 목표를 위해 움직이고 싸우고 죽을지도 모른다. 그 목표는 그들에게 신성하다. 그들의 자유와 추구를 짓밟는 것, 보장받을 수도 없고, 알지도 못하는 미래의 공허한 행복을 위해 — 그리고 이것은 그저 모래 위에 세워져 있는 엄청난 형이상학적 구성물에 불과하고, 그래서 거기에는 논리적이거나 경험적이거나 어떤 합리적 보증도 없는데 — 이것을 한다는 것은 일차적으로 맹목적이다.[15]

---

14 Berlin, "Introduction," xxv. "삶의 목적은 삶 자체"이고, "살아가는 것"이라는 것은 게르첸에 대한 벌린의 해석에서 나온다. 이 구절은 그의 『러시아 사상가』에도 나온다. Isaiah Berlin, *Russian Thinkers*, eds. H. Hardy and A. Kelly, second edition(London: Penguin Books, 2013), p. 221, p. 224. [이사야 벌린, 『러시아 사상가』, 조준래 역(서울: 생각의나무, 2008). 번역을 참조하고 부분적으로 고쳤다.]

15 Berlin, *Russian Thinkers*, 225.

자유나 정의, 행복이나 공동체라는 것은 '좋은' 말이다. 그것은 보기에도 좋고, 듣기에도 감미롭다. 그러나 그것이 지금 여기에 실재하는 현실에 얼마만큼 적실한 것인지 우리는 물어보아야 한다. 말해진 단어가 사실의 실제 상태는 아니기 때문이다. 어휘가 삶의 현재적 조건을 대변할 순 없기 때문이다. 다시 말해, 그것은 어느 정도 혹은 상당 부분 추상화되어 있다.

게르첸이 주의하려는 것은 말의 이 같은 추상화 — 추상화된 말의 이데올로기적 횡포다. 말의 추상화는 곧 이데올로기화고, 이데올로기로 된 말은 크고 작은 권력을 행사한다. 그래서 인간을 지배하고자 한다. 현실이 비틀리고 인간이 고통당하는 것은 이런 이유에서다. 역사상의 많은 비극이 발생하는 것은 현실 대신 추상에, 이 추상화된 이데올로기적 관념에 사로잡힌 까닭이다. 그러니 자유의 목표도 "내일의 자유가 아니라 오늘의 자유"여야 한다. 그리고 이 자유는 무엇보다 "개인들의 자유"여야 한다.

게르첸이 '개인'과 '오늘'을 강조하는 것은 그가 도덕적 책임을 의식했기 때문일 것이다. 그는 각 개인의 책임이 '미래'의 어느 날로, 혹은 '그들'의 어깨 위로 전가되는 걸 원치 않았다. 원치 않았을 뿐만 아니라, 그렇게 전가하는 것을 무책임한 것으로 그는 간주하였다. 얼마나 많은 폭력이 미래의 이름으로 혹은 유토피아적 비전의 명분 아래 동원되었는가? 게르첸은 깊은 마음으로 바쿠닌을 존경하였지만, 이런 존경 속에서도 그에 대한 비판을 멈추지 않았다. 그 이유는 바로 바쿠닌이 혁명의 목표 아래 폭력을 정당화하고, 이 정당화된 혁명의 명분으로 사람들의 고통과 순교를 강요했기 때문이었다.

얼마나 손쉬운 응급 처방이 얼마나 자주 또 다른 파괴와 억압으로 전환되는가? 오늘이 내일보다 중요하듯이 현재가 미래보다 더 중요하며, 개인이 집단보다 중요하듯이 현재적 토대가 형이상학적 구성보다 더 중요하다. 자유는 인간 개개인을 위한 것이지, 자유 그 자체를 위한 것이 아니다. 그렇듯이 자유가 어떤 집단 혹은 이념을 위한 것이 결코 아니다. 이념도 인간을 위해 복무해야 하고, 그 삶에 봉사해야 한다. 그렇지 못하다면? 이념은 더 이상 이념이 아니라 악마다.

세계는, 흔히 생각하는 것처럼, 그리고 우리가 이상적으로 가정하듯이, 그렇게 단일하고 조화로운 체계가 아니다. 세상에는 여러 사건과 현상과 경험이 서로 다른 줄기와 갈래를 이루면서 뒤엉켜 있다. 이렇게 엉킨 채로 현실은 들쑥날쑥 드러나면서도 동시에 숨는다. 이 뒤엉킨 현실세계에서 이성의 모든 기획은, 그것이 아무리 뛰어난 논리와 정교한 언어 그리고 엄밀한 개념을 담는다고 해도, 좌초하기 일쑤다. 살아 움직이는 현실 앞에서 모든 언어와 기호와 논리가 좌초하는 것은 그런 이유에서다.

일원론적 세계관은 플라톤 이래 꾸준히 이어져 온 서구 지성사의 거대한 한 가지 흐름이기도 하다. 그러나 게르첸은 세계를 하나의 통합된 전체 — 일목요연한 무엇으로 보지 않았다. 그는 그 어떤 혁명가보다 너그러웠고 다감했으며 개방적이었다. 그의 포용성 — 그의 문제의식이 지닌 깊이와 넓이는 이 개방적 균형감각에서 올 것이다. 거꾸로 개방적 균형감각 덕분에 그는 그렇게 다감하고 너그러웠을 것이다. 시각의 넓이와 깊이는 곧 사유의 넓이와 깊이다. 보편성은 사유의 이 넓고 깊음에서 획득된다.

게르첸의 언어는, 벌린이 거듭 강조하듯이, "인간의 존재를 추상화의 제단 위에 희생시키고, 현재에 자리하는 개인적 행복이나 불행의 현실을 미래의 영광스러운 꿈에 복속시키는 것을 규탄하는" 것이었다.[16] 삶은 그 자체로 가치 있는 것이고, 각 개인에게는 각 존재와 나이에 어울리는 나름의 목적이 있기 때문이다. 그렇듯이 각 세대에게도 그 세대 나름의 경험이 있다. 만약 이념과 환상이 필요하다면, 이 이념과 환상도 삶에 봉사해야 한다. 이념과 환상의 구현이 삶 자체보다 선행될 수 없기 때문이다. 그러니 어떤 삶도 미래의 일정한 목표를 위해 희생되어서도 안 되고, 그 목표를 위한 수단이 되어서도 곤란하다. 이런 점에서 게르첸은 '실존주의적'이라고 우리는 말하지 않을 수 없다.

게르첸은 흔히 '귀족 혁명가'나 '자유주의적 혁명가' 혹은 '혁명적 진보 언론인'으로 불리지만, 그는, 나의 판단으로는, 깊은 의미에서 실존적 자유주의 개혁가로 보인다. 아니면 개혁적이고 자유주의적인 휴머니스트 문필가가 아닐까? 그는 어떤 이념도, 이 이념이 아무리 좋은 내용을 담을 때조차도, 맹신하지 않았고, 절대화하지 않았다. 절대화된 이념은, 그것이 히틀러를 위한 것이건, 천황 폐하를 위한 것이건, 이데올로기로 변질되는 것이고, 그 이데올로기는 인간을 억압하기 때문이다. 절대화된 모든 가치는 진실하기 어렵다.

보론 1: 진보 신화 비판 — 존 그레이

게르첸이 어떤 대의명분보다 인간과 그 현실을 중시하였고, 추상

---

16 https://en.wikipedia.org/wiki/Alexander_Herzen

화된 공식의 제단 위에 삶을 희생시켜서는 안 된다고 보았다는 것, 그래서 내일이 아니라 오늘이 중요하고, 먼 과거나 미래가 아니라 지금을 소중히 여겼다는 것, 그리하여 삶에는 오직 삶 자체의 목표가 있을 뿐이며, 이 개인적 삶의 유일무이한 절대성을 일원론적 세계관 아래 억압해선 안 된다고 생각한 것에는, 지금껏 살펴보았듯이, 여러 주제에 대한 그의 생각들이 겹쳐 있다. 그래서 일목요연하게 조감하기 쉽지 않다. ('일목요연한 것'은 그가 늘 경계한 것이기도 하지만, 사안의 조감을 위해 필수적이기도 하다. 그러니까 일목요연함의 미덕은 여느 미덕들처럼 잠정적으로 유효하다.)

아마도 이 모든 생각의 갈래들은, 한마디로 말하여, 이른바 진보 (progress) 이념에 대한 거부로 요약될 수 있을 것이다. 이 진보 신앙을 현대 정치학자들 가운데 가장 일관되게 비판해 온 한 사람이 존 그레이(John Gray, 1948~)라고 할 수 있다. 필자는 그의 생각을 게르첸의 문제의식과 관련하여 간단히 스케치해 보고자 한다. 그레이는 이사야 벌린의 학문적 후계자라고 할 수 있고, 실제로 그에 대한 책을 쓰기도 했다.

그레이가 여러 책을 통해 지난 20여 년간 제기했던 문제의식의 핵심은, 그의 『짚 개(Straw Dogs)』(2002, 한국에서는 『하찮은 인간, 호모 라피엔스』로 번역되었다)나 『동물들의 침묵(The Silence of Animals)』(2013) 그리고 『인형의 영혼(The Soul of the Marionette)』(2015)이 보여주었듯이, 한마디로 '진보의 신화'에 대한 비판이었다.[17] 여기에도 물론 여러 주제가 혼란스러울 정도로 얽혀 있다. 이를테면 계몽주의와 기독교 신앙, 보편적 가치와 도덕성, 인간주의와 이성 그리고 합리주의나 구원 사상 등이 관련되어 있다. 그레이의 이런 생각들은 어떻게 좀 더 분명한 형태로 재구성될 수 있을까?

그레이 논의의 출발점은 무엇보다 인간의 본성에 대한 물음이다. 인간은 과연 '이성적' 존재인가? 인간은 이성적 존재여서 자신의 욕망과 충동을 적절하게 조절하고, 그래서 도덕적으로 '나아질' 수 있는가? 나아가 도덕적 진보를 통해 역사를 '발전'시킬 수 있는가? 이 것이 그가 던지는 주된 질문이다. 인간 본성의 이성 유무에 따라 인간성에 대한 믿음 — 휴머니즘(humanism)이 나오기 때문이다. 도덕적 진보의 가능성에 대한 믿음도 이런 세속적 휴머니즘의 한 표현에 불과하다. 이성적 존재로서의 인간 본성에 대한 믿음은 더 나아가면 과학적 합리성이나 이 합리성을 통한 역사의 발전 가능성에 대한 믿음으로 연결된다.

그레이는 이러한 발전 가능성에 대하여, 그것이 도덕적이든 과학적이든 혹은 역사적이든 관계없이, 회의적이다. 그는 인간이 근본적으로 합리적이라고 여기지 않기 때문이다. 물론 지식은 점점 늘어나고, 과학이나 기술은 더 발전하며, 물질은 시간이 갈수록 더 풍부해질 수도 있다. 하지만 이런 지식의 증가와 과학기술적 발전 그리고 물질적 풍요가 인간에게 반드시 '이익'이 된다고 말할 수 있을까? 그래서 '진보'라고 지칭할 수 있을까? 이 점을 우리는 계속 물어볼 필요가 있다. 그로 인해 오늘의 인간이 어제의 인간보다 더 행복해졌다고 말하기 어렵기 때문이다. 마찬가지로 그 덕분에 현대의 삶이 과거의 삶보다 질적으로 더 충만해졌다고 말할 수 없기 때문이다.

17 Christopher Beha, "The Myth of Progress," *New York Review of Books*, Feb. 21, 2019. 이 서평의 대상은 그레이의 최신작 『무신론의 7가지 유형(*Seven Types of Atheism*)』 (2019)이다.

고문이나 인신매매 혹은 장기 밀매는, 이전의 나치 시대나 스탈린의 독재 시대 때처럼, 오늘날에도 동남아시아나 이라크 혹은 시리아 같은 곳에서 여전히 횡행한다. 그렇다면 인신매매는 '현대판 노예 경매'로 볼 수 없는가? 물론 과학기술의 발전으로 오늘날의 삶이 질적으로 윤택해졌고, 천연두 백신 같은 의약품의 개발로 수많은 생명이 구해졌으며, 엄청난 고통 역시 그 이전보다 줄어들었다는 것은 분명하다. 그러나 그렇다고 인간 동물의 선천적 결함이 제거되었다고 우리는 말할 수 있는가? 그래서 그 행동이 문명화되고, 그 태도가 비폭력적으로 되었는가? 그렇지는 않다. 세계의 곳곳에서 폭력은 아직도 자행되고, 전쟁은 계속 이어지고 있다. 해묵은 악들은, 그레이가 지적하듯이, 새로운 이름과 탈을 쓴 채 '다시' 등장하고 있다.

그레이의 이러한 문제의식을 조금 다른 각도에서 다시 정리해 보자. 그 문제의식의 중심에 휴머니즘이 있다면, 이 휴머니즘은 정확하게 말하여 인간 우월주의라고 번역할 수 있다. 그것은 인간을 이성적 존재로 파악함으로써 여타의 동물로부터 구분시킨다. 그것은 인간을 특수한 실체로 보는 인간 예외주의(human exceptionalism)와 크게 다르지 않다. 이것은 집단주의적으로 실체화된 범주를 인간종의 전체에게 부과한 것이다. 이 집단주의적 실체화는 철학적 차원에서 인간을 '이성적 존재'로 보고, 윤리적 차원에서 이성을 통한 '도덕적 발전'을 말하며, 시간적 차원에서 도덕적 발전과 더불어 일어나는 '역사적 진보'를 말하는 데로 연결된다. 역사적 진보가 인간 예외주의의 세속적 차원이라면, 그 종교적 차원은 부활을 통한 미래의 구원이 될 것이다. 이런 점에서 진보의 신화는 기독교적 구원 신앙의 세속적 변주 형식이다.

어쩌면 인간은 '특수하다'고 말해선 안 될지도 모른다. 그렇듯이 이성은 인간과 동물을 '결정적으로' 구분 짓는 객관적 표지가 되지 못할지도 모른다. 이것은 많은 이상(理想)들이, 이를테면 자유와 평등의 관계가 그러하듯이, 서로 충돌하는 데서 연유한다. 그러니 선의는 선의 그 자체로 성립되기 어렵다. 마찬가지로 인간의 행동은 우발적이고, 그 존재가 부조리한 것은 자연스럽다고 말할 수도 있다.

하나의 가치는, 그것이 좋다고 하여, 그 자체로 성립되는 게 아니다. 설령 그렇게 성립된다고 해도 그것이 다른 가치와의 관계 속에서 반드시 양립한다고 말하기 어렵다. 우리는 '가치들의 상호 배타적 다양성과 그 충돌'을 고려해야 하고, 한 가치의 절대성을 고집하기보다는 차라리 그런 충돌을 완화할 수 있는 '일정한 균형점'을 발견해 낼 수 있어야 한다. 그 균형점은 그 자체로 안정된 것이 아니라 불안정하다. 우리는 이 불안정하고 불확실적인 균형을, 이것이 이른바 투쟁의 전선(戰線)을 흩트린다고 하여, 억누를 게 아니다. 오히려 '가능한 한 높은 수준에서' 투쟁의 열의를 유지하면서 우리는 이 균형으로부터 또 다른 방식의 새로운 길을 모색할 수 있어야 한다. 그렇다는 것은 삶의 현실에 밀착한다면 방법은 개념적으로 일관되기 어렵다는 것을 보여준다. 삶의 올바른 영위법은 손쉬운 해결책에 기대기보다는 현실의 불확실성을 참작하고(첫째), 이 불확실성에도 불구하고 어떤 납득할 만한 근거를 마련해 내려는 데 있다(둘째).

이런 점에서 보면 인간 본성에 대한 맑스주의의 미숙한 이해는 금세 드러난다. 그들은 자본주의가 만들어놓은 사악함에 분노할 뿐, 서로 다른 계급을 가로지르는 더 근본적인 요인에 대해 더 이상 질문하지 않기 때문이다.[18] 그들은 '보다 나은 미래'를 위한 도덕적 열정을 강조하였지만 인간 활동의 동기에 대하여 세심하고 균형 있게 살피지 못하였다. 그들의 도덕은 이를테면 칸트 철학이 말하는 도덕적 동기와도 다른 것이었다. 칸트는 이성적 존재라면 누구에게나 도덕적 동기가 있다고 본 반면에 맑스주의자들에게 도덕은 혁명의 과업을 위해 요구되는 것이었다.

마르크스는 어리석음이나 탐욕, 이기심이나 자기기만을 인류의 공통된 욕망이 아니라, 계급분화의 소산으로 간주했다. 그래서 어떤 프롤레타리아가 부르주아가 원하는 것을 조금이라도 원하는 모습을 보이면, 그를 '변절자'나 '프티 부르주아 사상에 물든 인간'이라고 몰아붙였다. 그러나 혁명가들이 내세우는 도덕이 그들이 맞서 싸우면서 결국 대신하게 될 반대자들의 도덕보다 더 우월하다고 여길 수 있는 근거는 무엇인가? 설령 그 도덕이 우월하다고 해도 혁명의 정책이 실시되거나 실현되고 난 이후에도 사회는 여전히 비폭력적이고 더 인간적으로 남아 있을 수 있는가? 이렇게 우리는 계속해서 물어보아야 한다. 도덕적 열정으로 가득 찬 인간이 자기 삶에서 보여주는 일상적 생활은 전혀 비도덕적인 것으로 드러날 수도 있다.

그러므로 우리는 인간을 규정하는 '이성'이나 '진보', '자유'나 '보편성' 같은 술어들을 재검토할 필요가 있다. 마찬가지로 인간 행동의 보다 착잡하고 착종된 동기에 대해서 더욱 면밀하게 탐색할 필요가 있다. 이것은, 좀 더 넓은 맥락에서 보면, 한편으로는 계몽주의가 설파한 이성의 유산을 받아들이면서도, 다른 한편으로는 그

---

18 에드먼드 윌슨, 『핀란드 역으로』, 유강은 역(서울: 이매진, 2007), 425쪽 이하.

폐해 — 이성의 절대화와 신화화를 경계하는 일이기도 하다. 인간은 이성적이기보다는 대체로 비이성적이지만 가끔 이성적이길 희구하는 존재이고, 시종일관 자유로운 존재가 아니라 대개는 타율적인 가운데, 그럼에도 가끔은 혹은 희귀할 정도로 드물게, 아니면 얼토당토않게 자유롭고자 바라는 존재에 가깝기 때문이다.

어쩌면 인간에게는 '자유'보다는 '안전'이 더 필요하고, '진리'가 아니라 '생존'이 더 중요할지도 모른다. 그렇다면 자유나 정의나 평등이나 박애는 인간을 특징짓는 근본 범주가 아니라, 하나의 부가적이고 수사적인 범주에 불과할 수도 있다.[19] 우리는 우리 자신을 과장하지 말아야 한다. 인간 조건의 사회정치적 요소뿐만 아니라, 생물학적·실존적 요소에 들어 있는 능력과 그 불가항력적 한계를 우리는 직시해야 한다.

2.2.4. 선택의 비극적 책임

게르첸은 합리적 사고를 지지하지만, 이런 사고가 지배적인 체계가 되는 걸 원치 않았다. 지배적 체계로서의 사고란 이데올로기이기 때문이다. 그가 개인의 자유를 옹호했다면, 이 개인은 지배적 사유체계로서의 이데올로기에 맞서 싸우는 개인이었다. 자유란 이데올로기에 대한 싸움에서 자라나오기 때문이다.

---

19 이러한 인간 이해는 현실의 숨겨진 배후에 대하여 회의하고, 삶의 진보에 대한 희망을 포기하는 데서 가능하다. 그러니만큼 그것은 삶과 인간에 대해 '소극적이고 부정적인' 접근법이다. 존 그레이가 여러 유형의 무신론자들 가운데 철학자 산타야나(G. Santayana)와 스피노자(B. Spinoza) 그리고 소설가 콘래드(J. Conrad)에게 동질감을 느낀 이유도 그들이 진보 신화에 대한 공통된 불신 속에서 이런 '부정적 길(via negativa)'을 갔기 때문일 것이다.

그리하여 게르첸은 인간의 본성이 좀 더 복잡하다는 사실의 엄숙성에 주의한다. 사회의 변화는 즉각적으로 이뤄지는 게 아니라 점진적으로 이뤄지며, 이런 노력과 변화에도 인간의 본성은 변하지 않을 수도 있다는 것도 그는 인정하였다. 그는 무엇보다 삶 자체의 모순을 직시하였고, 이 불가항력적 모순을 인간은 숱한 노력과 좌절 속에서 어쩌면 일평생 껴안고 살아야 한다는 것도, 안타깝고 고통스럽지만, 받아들였다. 우리는 한계 안에서만 윤리적일 수 있는 것이다. 이런 점에서 그는 다시 깊은 의미에서 리얼리스트였다. 벌린의 아랫글은 그런 이유로 설득력 있어 보인다.

> 현실에 대한 그의 감각은 아주 강하다. 그의 모든 노력과 사회주의자 친구들의 노력에도 그는 자기 자신을 전적으로 속일 수 없었다. 그는 비관주의와 낙관주의, 회의주의와 자신의 회의주의에 대한 의심 사이에서 흔들리고, 모든 불의(不義)와 모든 자의성, 그리고 모든 범속성 자체에 대한 증오에 의해서만 도덕적으로 살아 있었다. 반동주의자의 잔혹성이나 부르주아 자유주의자의 위선 같은 것과는 결코 조금도 타협하지 않는 점에서 그는 특히 그랬다. 이것이 그를 지탱하였고, 그는 그 같은 악들이 그들을 파괴할 것이라는 믿음으로, 동시에 아이들이나 헌신적 친구에 대한 사랑으로, 그리고 삶의 다양성이나 인간 성격의 희극성에서의 충족될 수 없는 기쁨으로 흡족해했다.[20]

벌린이 말하는 게르첸의 현실 감각을 지탱하는 요소는, 줄이면, 세 가지다.

---

20   Berlin, "Introduction," xxxviii.

첫째, 게르첸은 믿으면서도 불신하고, 비관하면서도 낙관한다. 둘째, 중요한 것은 이 둘 "사이에서 흔들리"는 일이다. 흔들린다는 것은 긴장 속에 있다는 것이고, 이 긴장 속에서 깨어 있다는 뜻일 것이다. 이렇게 흔들리는 것은 "그가 자기 자신을 전적으로 속일 수 없"기 때문이다. 셋째, 자기기만에의 이런 거부는 그가 "도덕적으로 살아 있다"는 것을 증거한다. 바로 이런 도덕적 활력에 기대어 그는 "모든 불의와 모든 자의성, 그리고 모든 범속성 자체"를 증오한다.

그러나 이 같은 증오는 그저 증오로 그치지 않는다. 그것은 게르첸에게 "아이들이나 헌신적 친구에 대한 사랑"이나 "삶의 다양성이나 인간 성격의 희극성에서의 충족될 수 없는 기쁨"으로 이어진다. 그러면서 이 기쁨의 현재 순간을 그는 즐길 줄 안다. 내가 게르첸을 읽으면서 거듭 경탄한 것은 바로 이러한 면모 — 그가 그토록 철저하게 진보적이며 사회개혁적인 입장을 견지하면서도 어떻게 '동시에' 인간과 삶의 다양한 기쁨에 전체 실존적으로 열려 있을 수 있었던가 하는 점이었다. 그는 러시아 정부의 무능과 비판을 끊임없이 비판하면서도 인간의 개인적 자유를 옹호하였고, 삶의 이상적 비전을 추구하면서도 그런 비전의 이데올로기화를 경계하였으며, 나아가 반성을 모르는 행동의 속된 평균화를 비판하였다.

이런 맥락에서 게르첸이 과격파의 폭력적 혁명에 찬성하지 않은 것은 자연스럽게 보인다. 그는, 어떤 분파와 서클이든, 그들이 내놓은 의견의 요모조모를 살폈다. 그런 견해의 어느 한쪽만 보지 않으려고 그는 애썼고, 무엇보다 자신을 극단화하지 않으려고 노력했다. 극단화하지 않는다는 것은 소극적으로 편파적이지 않는다는 뜻이고, 적극적으로는 균형감각을 유지한다는 뜻이다. 개혁의 이념은 중요하고 필요하지만, 혁명으로 시작된 새 정부가 기존의 독재정부를 또 다른 독재로 대체할 수도 있는 현실의 잔혹한 기만을 그는 간과하지 않았다.

역사에서는 어떤 가치나 이념도 절대화할 수 없다는 것, 현실은 너무도 많은 우연과 어리석음으로 가득 차 있으며, 삶은 최선의 선택에서도 실패할 수 있음을 게르첸은 잘 알고 있었던 듯하다. 그러나 최선을 다했음에도 일이 그르쳐진다면, 어떻게 해야 하는가? 그것은 받아들이는 도리밖에 없다. 그것은 불가항력 앞에서의 수긍이고 수용이다. 그래서 '비극적'이다. 그러므로 비극적 긍정은 체념과 낙담을 동반한다. "역사는", 자한베글루가 쓰고 있듯이, "최종적이고 절대적인 진리에 그들의 믿음을 놓음으로써 야기되는 선택의 비극적 책임(the tragic responsibility of choice)을 피하려고 애쓴 사람들의 고통으로 가득 차 있다."[21]

사람은 흔히 자기가 추구하는 진리가 '최종적이고 절대적이길' 원한다. 그러나 진리가 최종적이라면, 대가(代價)가 있다. 그 대가란 부패의 대가다. 절대화된 것은 예외 없이 썩기 때문이다. 이렇게 썩은 것을 고수한다면, 고통은 가중된다. 따라서 절대화된 진리의 선택은 뒤따르는 책임을 감당할 수 있어야 한다. 그러나 책임의 이 같은 감당에는 얼마나 많은 고통이 수반되는가?

그러므로 역사와 현실에 대한 깊은 인식이란 결국 선택의 비극적 불가피성과 책임성에 대한 인식과 다르지 않다. 이런 인식이 있다면, 우리는 모든 것을 '옳다'는 이유 하나만으로 극단화하지는 않을 것이고, 어떤 가치를 정당하다는 하나의 이유로 편애하지도 않을 것이다.

---

21   Berlin, "Introduction," xxv.

이념은 중요하지만, 그것이 삶보다 우선될 수 없다. 이념이 개인의 자유를 대신할 순 더더욱 없다. 미래에의 계획이나 목표는 중요하지만, 그것이 삶의 현재를 희생시켜서는 안 된다. 어떤 꿈도 인간의 매 순간 진실보다 앞설 순 없다. 인간 개개인과 삶 그리고 이 삶의 순간순간을 돌보지 않는다면, 어떤 진리나 정의도 결국 폭력과 폭정으로 귀결할 것이기 때문이다.

3. 『나의 과거와 사상』

게르첸이 『나의 과거와 사상』을 쓰기 시작한 것은 런던 생활을 시작할 때인 1852년 무렵이었다. 그는 1847년에 러시아를 떠났고, 그후 독일과 이탈리아, 프랑스와 스위스 등 여러 나라에서 머무른다. 그는 1848년 프랑스에서 혁명의 현장을 목격하였고, 이 혁명의 실패에서 급진적 지식인으로서 큰 실망과 좌절을 느꼈다. 아마도 『나의 과거와 사상』은 혁명가로서 그가 맞닥뜨린 현실적 패배의 이 같은 체험에서 생겨난 저작일 것이다.

3.1. 혁명의 실패와 개인적 상실

런던으로 거주지를 옮아가기 직전인 1851년 게르첸은 어머니와 한 아이를 잃었다. 배가 난파되었기 때문이다. 그에게는 네 명의 자식이 있었다. 죽은 아이는 농아였던 것으로 전해진다. 게다가 그의 아내는 그 무렵 독일 시인 헤르베그와 사랑에 빠졌고, 이듬해 결핵으로 세상을 떠나기 직전 그에게 다시 돌아온다.

게르첸의 아내와 헤르베그 사이의 사랑 사건은 이것으로 끝나는 게 아니다. 게르첸은 아내가 떠난 후 친구인 오가료프의 아내인 나탈리야와 사랑에 빠졌다. 그리고 그녀와의 관계에서 세 아이를 낳는다. 게르첸의 아내와 오가료프의 아내 이름은 기이하게도 똑같이 나탈리(Natalie) 혹은 나탈리야(Natalia)였다. 이 일이 있고 나서 오가료프 역시 새 아내를 만난다. 오가료프와 게르첸의 우정 관계는 이런 사건에도 불구하고 변함없이 유지되었다.

아내가 떠나간 후 게르첸은 엄청난 상실과 배반의 감정 속에서 슬픔과 시기와 질투를 느꼈을 것이다. 사랑에 대하여, 인간관계에 대하여, 시대와 역사에 대하여, 그리고 믿음 일반에 대하여 그는 헤어나기 어려울 만큼의 깊은 충격을 겪었을 것이다. 나아가 이런 실존적 상실감은 시대 역사적 비감(悲感)을 동반했을 것이다. 더욱이 이방(異邦)의 대도시인 런던에는 그가 아는 사람이 하나도 없었다. 그의 친구나 지인들은 수백 수천 킬로 떨어진 저 먼 나라 러시아에 있었다.

아마도 이 개인적이고 가정사적인 비극이, 게르첸의 사회정치적 좌절과 얽힌 채, 그 자신을 심각하게 돌아보는 계기가 되었을 것이다. 그는 자신의 무너진 감정을 추스르기 위해 무엇이라도 해야 했고, 그런 일의 하나로 글쓰기를 선택했는지도 모른다. 『나의 과거와 사상』뿐만 아니라, 그의 언론 활동이 본격적으로 시작된 것도 바로 이 무렵이었기 때문이다.

게르첸은 쉼 없이 읽고 생각하며 자신의 흐트러진 문제의식을 모았다. 그는 수많은 활동가와 혁명가, 언론인과 학자들을 만나 토론하고 논쟁하였다. 그러면서 저술 활동에 몰두한다. 이렇게 시작된 『나의 과거와 사상』은 1870년 그가 죽을 때까지 계속 확대되고 수정된다. 그는 원래 러시아 사회주의 안에 자리한 자유주의적 휴머니즘의 지적 전통 아래 있었고, 러시아의 반(反)군주제적 급진주의의 창시자였다. 하지만 이 같은 시대적이고 개인적이며 실존적이고 역사적인 경험 속에서 젊은 시절의 사회정치적 급진성은 점차 줄어들었다.

3.2. 모든 시대는 그 자신의 문제를 지닌다

『나의 과거와 사상』에는 게르첸의 어린 시절에서부터 말년에 이르기까지 여러 가지 경험담이 시대순으로 서술되어 있다. 유년 시절과 대학 시절(1812~1834)이 묘사되어 있는가 하면, 20대 이후 감옥과 망명 시절(1834~1838)이 기록되어 있다. 또 모스크바와 상트페테르부르크 그리고 노브고로드(Novgorod)에서의 삶(1840~1847)도 서술되어 있다. 여기에 파리와 이탈리아를 떠돌던 시절(1847~1852)과 영국에서 망명객의 신분으로 잡지를 발행하던 무렵 그리고 말년(1860~1868)이 그려져 있다. 시골에서 보낸 어린 시절에 대한 서정적 추억이 있는가 하면, 역사적 사건에 대한 냉정한 분석과 객관적 진단이 있고, 가족구성원이나 가까운 사람들에 대한 소소하고 정감 넘치는 인상들도 들어 있다.

어느 것에나 등장인물과 관련되는 사건과 그때그때의 대화를 생생하게 그려내는 소설가적 묘사 능력과, 그 자리에서 사건을 보고하는 듯한 저널리스트적 현장성, 그리고 그 당시 나타난 느낌과 생각을 고전적 비유와 문학적 인용으로 연결 짓는 학문적 능력이 두루 배어 있다. 그러나 더 중요한 것은 어떤 글에서나 묘사되는 대상과 일정한 거리를 유지하는 마음이고, 이 객관적 태도에 밴 균형감각이 아닌가 여겨진다. 아마도 이런 이유로 벌린은 이렇게 격찬했을 것이다. "『나의 과거와 사상』은 천재의 작품이다. 그것은 19세기 전체에 대한 가장 놀라운 회상록으로 구성되고, 분명 루소 이래 가장 뛰어난 회상록이며, 어떤 점에서는 루소보다 더 나은 것이다."[22]

러시아 지성사에서 흥미로운 사실의 하나는, 그 지형도를 이루는 인물의 숫자요, 그 이념적 다양성이다. 지적으로 뛰어나고 열정적으로 강한 사람들이 참으로 많고, 이 많은 사람들은 제각각으로 다르다. 특히 19세기 러시아 지성사는 세계 최고의 지적 지형도를 보여주지 않나 여겨진다. 이 전체 지형도에서 게르첸은 흔히 '러시아 사회주의의 아버지'로 불리지만, 그리고 사회주의 이념의 역사에서 그를 마르크스와 대등한 위치를 가진 인물로 보는 시각도 있지만, 그는 과격한 사회주의 이론가나 왕당파, 러시아 정교주의자나 슬라브 민족주의자 같은 인물이 결코 아니었다. 그는 사회의 진보를 염원하면서도 민중의 실상을 직시하고자 하였고, 자신의 계급적 입장으로부터도 거리를 유지하고자 애썼다.

『나의 과거와 사상』에도 드러나듯이, 게르첸은 농부나 하인을 만나도 거들먹거리거나 젠체하지 않는다. 어떤 고위 관료와 정치가 앞에서도 그는 비굴하거나 굽신거리지 않았던 것으로 보인다. 이것을 어떻게 정식화할 수 있을까? 벌린은 『나의 과거와 사상』 전체를 지탱하는 "윤리적 철학적 신념"을 아래와 같이 설득력 있게 정리한다.

22 *Ibid.*, 177.

그러한 신념들 가운데 가장 중요한 것은 다음과 같은 것이다. 자연은 어떤 계획도 따르지 않는다. 역사는 어떤 각본도 좇지 않는다. 하나의 열쇠나 어떤 공식도 원칙적으로 개인이나 사회의 문제를 해결할 수 없다. 일반적 해결책은 해결책이 아니다. 보편적 목표는 결코 실질적 목표가 아니다. 모든 시대는 자신의 질감(texture)과 자신의 문제를 지닌다. 지름길과 일반화는 경험에 대한 대용물이 아니다. 자유 — 특정한 시간과 장소에서 실질적 개인이 가지는 자유야말로 절대적 가치다. 자유로운 행위가 가능한 최소한의 영역은 모든 인간을 위한 도덕적 필연성이기 때문에 국가나 교회나 프롤레타리아는 물론이고, 영원한 구원이나 역사 혹은 인간성이나 진보처럼 이 시대나 어느 시대의 사상가들이 자유롭게 거론하는 추상물이나 일반적 원리의 이름으로 억압되어선 안 된다. 이 거창한 이름들은 혐오스러운 잔인함과 폭정의 행위 그리고 마술적 공식(公式)들을 정당화하기 위해 고안되어 인간 감정과 의식의 소리를 질식시키기 때문이다.[23]

게르첸의 이 큰 원칙들은, 이 원칙에 벌린이 깊게 공감하는 것인 만큼, 게르첸 자신의 것이면서 동시에 벌린의 원칙이기도 할 것이다. 실제로 20세기에 가장 뛰어난 정치철학자의 한 사람으로 평가받는 벌린의 사고에 끼친 게르첸의 영향은 절대적인 것으로 알려져 있다.

게르첸의 주된 신념은, 벌린이 지적하듯이, "자연은 어떤 계획도 따르지 않고", "역사는 어떤 각본도 좇지 않는다"는 사실에 있다. 그렇다면 인간의 삶은? 삶도 자연 속에서 일어나고 역사 아래 전개된다. 그러니만큼 하나의 정해진 규칙과 순서를 갖기 어렵다. 인간의 현실도 자연이나 역사처럼 부조리하고 불합리하기 때문이다. 따라

---

23   Berlin, *Russian Thinkers*, 98f.

서 "하나의 열쇠, 어떤 공식도 원칙적으로 개인이나 사회의 문제를 해결할 수 없다." 그리하여 그는 일반화된 공식들을 불신한다. "일반적 해결책은 해결책이 아니다. 보편적 목표는 결코 실질적 목표가 아니다." "모든 시대는 그 자신의 질감(texture)과 그 자신의 문제를 지니기" 때문이다. 그러므로 "특정한 시간과 장소에서 실질적 개인이 가지는 자유야말로 절대적 가치다."

강조되어야 할 것은 시간과 장소에 나타나는 "특정한" 것이고, 각 시대의 질감과 문제가 지닌 "그 나름의(its own)" 성격이다. 그 나름으로 존재하는 것에 대한 존중이란 개별적이고 특수하며 고유한 것들에 대한 존중이다. 이 개별적이고 특수하며 고유한 것들은 모든 개인에게도 있고 사물에도 있다. 사회나 국가 같은 집단적 범주는 이처럼 개별적이고 특수한 것들이 모여 구성된다. 게르첸의 강조점은 개별적이고 특수하며 개인적인 것들의 이 유일무이한 절대성에 놓여 있다. 이 유일무이한 가치들 앞에서 집단화되거나 대표화된 명칭들 ― '국가'나 '교회', 혹은 '인류'나 '프롤레타리아'는 공허한 공식일 뿐이다. 마찬가지로 '영원한 구원'이나 '역사' 혹은 '진보'라는 말은 실질적이지 않다. 그래서 믿기 어렵다.

게르첸은 개개인의 자유와 독립 그리고 그 다양성을 옹호한다. 그는 개인의 열정과 자발성, 솔직함과 너그러움을 높이 평가한다. 그에 반해 권력의 횡포나 모욕, 미신이나 비겁 그리고 일체의 순응주의를 혐오한다. 그런데 이 횡포는 독재자만큼이나 군중에게서도 올 수 있다. 게르첸은 독재자의 폭정을 경계하였듯이 군중의 폭력도 경계하였다. 그는 군중의 '뭉뚱그려진 평준화', 이 평준화된 믿음의 고삐 풀린 야만성을 직시하였다. (그는 영국식 의회정치나 민주주의도 불신했다.) 구태의연하고 평범하며 범상한 것들은, 1800년대 서구 부르주아 계층들이 보여주듯이, 쩨쩨하고 야비하며 가증스러울 수 있기 때문이다. 그는 후진적 사회의 급진적 변화를 주장하면서도 이런 주장이 야기하는 폭력의 가능성에 주의했고, 억압과 폭정에 저항하면서도 이 저항 때문에 개개인의 자유가 침해되는 일이 없기를 희구하였다.

3.3. 차이 감각의 현실주의

게르첸의 글에는 어느 것에서나 사안에 대한 면밀한 관찰이 있고, 인간에 대한 주의와 배려가 있으며, 좀 더 나은 것으로 향한 도덕적 정열이 있다. 그리고 모든 선의에도 그르칠 수 있는 한계 — 집단화된 열정 아래 희생되는 개별적 고통에 대한 응시가 있다. 그는 '민중의 행복(salus populi)'도 물론 생각한다. 그러나 추상화된 개념의 알량함도 동시에 떠올린다. 모든 그럴듯한 관념에는 악취와 잔혹함이 배어 있기 때문이다. 광기가 아닌 역사가 있는가? 희생이 없는 진보가 어디에 있었는가? 고결한 목표에는 언제라도 범죄와 타락이 수반될 수 있다.

그리하여 게르첸은 삶의 크고 작은 불가항력을 외면하지 않는다. 그러면서도 모순의 현실을 직시하고 인정한다. 하지만 모순을 인정한다고 그 횡포에 굴복하진 않으며, 진리를 의심하면서도 그 가능성을 포기하지 않는다. 그는 거대 이념이 내세우는 그럴듯한 슬로건이나 구호에 공감하지 않는다. 그것은 현실적 맥락 없이 연역되어 나온 무책임한 관념인 까닭이다. 그는 일반화된 개념이나 집합명사 혹은 집단적 지침 아래 얼마나 많은 사람들이 피를 흘려왔는가를 잘 알고 있었다. 마찬가지로 겉만 번지르르한 말들 ― 싸구려 문화를 그는 경멸하였다. 그는 떠들썩하고 왁자하고 지나치게 평준화한 것들이 도덕적으로 저속하다고 여겼다. 그는 여느 혁명가나 좌파들처럼 역사의 대의(大義)를 과장하지도 않았고, 그렇다고 그 모순을 외면하지도 않았다.

게르첸의 여러 가지 능력 가운데 아마도 가장 놀라운 것은, 나의 판단으로는, 갖가지 이질적인 사건과 인물과 지역과 경험을 넘어 이 모든 것을 하나로 꿰는 어떤 정신이고, 이 일관된 정신을 나르는 마음이며, 이 마음이 나아가고자 하는 방향이 아닌가 여겨진다. 그것은 어떤 마음의 방향인가?

여기에는 게르첸의 명석함과 솔직함, 섬세함과 너그러움 그리고 지칠 줄 모르는 열정이 있을 것이고, 더 나아가 믿음 같은 것이 있을 것이다. 아마도 그 특성들은 여럿일 것이고, 그 각각은 따로 기능하기보다는 함께 어울려 빛을 빚어낼 것이다. 그의 감수성과 사고, 그의 윤리적·철학적 신념은 이 모든 미덕들이 모여 나온 결과물일 것이다. 이렇게 모인 감성과 사고와 신념은 결국 일정한 삶의 양식(lifestyle)으로 육화될 것이다. 삶의 태도란 이렇게 하여 만들어진 여러 가지 다양한 능력의 결정화(結晶化)된 산물이다. 이런 태도의 뿌리에는 무엇이 있을까? 거기에는 벌린이 말하는 '현실 감각(sense of reality)'이 있지 않을까? 이 현실 감각을 우리는, 달리 표현하여, '차이에 대한 감수성'이라고 불러도 좋을 것이다.

어떤 차이 말인가? 차이란 말과 사실, 이념과 현실 사이에 있다. 우리는 말과 사실을 자주 혼동한다. 우리는 흔히 생각한 그대로 현실이 되거나 말한 내용 그대로 현실이라고 여긴다. 그러나 그렇지 않다. 그러므로 차이 감각이란 말과 사실 사이의 크고 작은 차이를 분별하는 능력이고, 말과 사실을 혼동하지 않는 감각이다. 이 차이 감각 속에서 우리는 모순을 직시하고, 이 모순과 만나 대결하면서 그 모순을 조금씩 고쳐나갈 수 있다. 게르첸이 혁명의 현장에서 '감각과 시와 색채와 음조'를 말하는 것도, 5장에서 논의할, 이런 차이 감각 — 대상의 뉘앙스를 읽어내는 감수성일 것이다.

차이 감각 속에서 게르첸은 혁명적 개혁이 필요하지만, 동시에 혁명의 정부가 기존의 독재를 또 다른 독재로 대체할 수 있음도 분명히 인식했다. 그는 인간존재가 이런저런 이념적 제단 위에서 희생되는 것을 거듭 경고하였다. 이념이 반성을 모른다면, 그래서 스스로 교리화한다면, 그것은 또 다른 굴종과 폭정으로 귀결할 것이라고 그는 여겼다. 그는 사회의 진보를 옹호하였지만, 그런 미래의 진보를 위하여 지금의 현존이, 매 순간의 인간 삶이 희생되어선 안 된다고 여겼다. 이런 점에서 우리가 맨 먼저 고려해야 하는 것은 그의 진보나 개혁의 정신이 아니라, 바로 이 차이 감각이다. 차이 감각의 뿌리에는 인간 존엄의 의식이 있다.

차이 감각을 지탱하는 것은, 내가 보기에, 게르첸의 변함없는 경험주의와 회의의 정신 — 비관적 현실주의다. 그는 세계의 불의와 모순 앞에서 섣부른 몽상을 품지 않는다. 그는 철두철미한 경험주의자요, 현실주의자인 것이다. 그는 차이 감각으로 인간의 존엄성을 지키고자 한 현실주의자다.

3.4. '자기 삶을 산다'는 것의 예증

앞서 적었듯이, 1840년대와 1860년대 무렵 러시아에서는 매우 다양한 지적 유파가 있었다. 이른바 인텔리겐치아(intelligentsia)라고 불리는 지식인 그룹이 그것이다. 이들의 지향점도 사람마다, 또 각자의 성향과 문제의식에 따라 달랐다. 어떤 점에서는 서로 비슷하면서도 대체로 아주 달랐다. 예를 들어 서구주의자나 슬라브주의자(the Slavophiles)가 그런 범주다. 게르첸이나 투르게네프는 이 서구주의자에 속했다. 그에 반해 고골(Gogol)이나 도스토옙스키 혹은 레스코프(Leskov)는 슬라브주의자에 속했다. 서구주의자들과 슬라브주의자들은, 둘 다 러시아의 관료제와 니콜라이 1세의 국가 통제를 반대한다는 점에서, 서로 통했다. 하지만 슬라브주의자들이 표트르 대제 이전의 '자유로운 신정국가'를 선호한 반면, 서구주의자들은 서구 사회를 동경하였다.

게르첸은 사회정치적·경제적 문제에서 좌파이고, 현실 분석에 있어 리얼리스트이며, 인간 이해에 있어서는 휴머니스트이고, 전통적 가치에 있어서는 보수주의자라고 말해야 할지도 모른다. 이 점에서 그는 투르게네프와 비슷하다. 투르게네프는 게르첸의 가장 친한 친구이기도 했다. 두 사람은 모두 서구문화에 열린 점진주의적 자유주의자라고 할 수 있다. 하지만 투르게네프는 뛰어난 소설가이지 정치사상가는 아니었다. 그는 농민의 삶을 이해했지만, 톨스토이처럼 농민을 이상화하지 않았다. 이것은 체호프(Chekhov)도 마찬가지였다.

게르첸이 서구문화를 흠모한 것은 서구에서의 삶이 더 자유롭고, 개인적 위엄이 존중된다고 보았기 때문이다. 서구 사회에서는 농노제가 없었고, 이들 국민은 그 무렵 민주주의로 나아가고 있었다. 그에 반해 러시아에서 사람들은 관리들의 횡포 아래 부당하게 취급받거나 두들겨 맞거나, 아니면 자유가 박탈당한 채 시베리아로 추방당하며 살아가야 했다. 사회의 상부 계층 — 관리나 지주의 심한 변덕과 자의성과 불의(不義)가 난무하던 시절이었다. 여기에는 국가의 검열과 법적 억압, 그리고 일반 백성의 무지가 크게 작용했다. 농노제의 야만주의는 하나의 사례에 불과했다.

나는 게르첸을 인간 삶의 복잡한 층위를 놀랍도록 생생하고 다채롭게, 그러면서도 높은 균형감각 속에서 기록한 작가로 부르고 싶다. 그는 말년의 톨스토이처럼 종교와 도덕을 내세운 '선각자'를 자임하지도 않았고, 도스토옙스키처럼 어두운 충동과 광기 속에서 독자를 사로잡지도 않았다. (이런 이유로 이사야 벌린은 도스토옙스키를 높게 평가하지 않는다.) 그가 일생 동안 행해온 경험과 관찰, 생각과 분석과 회상은 모두 그의 언어로 녹여져 유례없는 하나의 기록물이 되었다. 그리고 이 기록은 우리의 삶을 지금까지와는 전혀 다른 방식으로 돌아보게 한다. 말하자면 '보다 나은 삶의 전혀 다른 가능성'에의 천착, 바로 여기에 게르첸 자서전의 의의가 있다.

삶의 이 다른 가능성에 대해서는 좀 더 설명이 필요하다. 인간에게는 사실 얼마나 많은, 그러나 알려지지 않은 삶의 가능성이 제각각으로 있는가? 작가 로베르트 무질(R. Musil)은 인간을 "가능성의 존재(Möglichkeitswesen)"라고 부른 적이 있지만, 인간이 펼치는 삶도 가능성의 지평 위에서 일어난다고 우리는 말할 수밖에 없다. 그렇다는 것은 인간의 삶이 인간 그 자신의 숫자만큼이나 다양하게 구현되고, 그렇게 구현되는 것 이상으로 아직 잠재된 것도 많다는 사실을 보여준다. 이런 관점에서 보면, 인간이 살면서 보거나 겪게 되는 것은, 심지어 상상하는 것까지를 포함하여, 하나의 빈약한 사례에 불과하다. 우리는 인간의 삶을 더 큰 가능성의 작은 일부로 볼 수 있어야 한다.

개인적이면서도 사회적이고 역사적이면서도 실존적인 게르첸의 자전적 회상록은 그저 하나의 기록물로 끝나는 것인가? 그렇지 않다. 기록은 물론 삶의 일부다. 그러나 그는 인간 삶을 기록한 작가로 남기보다는 그렇게 기록하면서 '자기가 희구했던 삶을 산' 사람이고, 그래서 '삶을 진정으로 삶답게 산' 사람이라고 해야 하지 싶다. 그렇다는 것은 그에게 글이, 우리가 앞서 보았듯이, 푸코적 의미에서 플라톤적 모델이 아니라 스토아주의적 모델로 기능하였음을 보여준다. 글쓰기가 단순히 세계 인식의 수단에 머물렀던 게 아니라, 자기를 연마하는 가운데 자신의 삶을 가꾸고 돌보며 조직화하는 계기 — 진리의 윤리적 변형의 실천적 사례였던 것이다.

이때 글은 곧 삶이 된다. 그렇듯이 언어의 가능성은 감정의 가능성이자 사고의 가능성이며, 나아가 삶 자체의 가능성이다. 인간의 언어 속에 느낌과 생각이 표현으로 담긴다면, 이렇게 감정과 사고가 표현된 언어란 삶으로 수렴될 것이다. 그리고 이 글의 삶은 곧 그 글을 쓴 사람의 '더 나은' 삶을 살려는 자세 — 윤리적 태도를 증거한다.

자연이 아무런 계획을 따르지 않고 역사가 아무런 각본도 좇지 않는 것이라면, 그래서 그것이 우연과 부조리로 가득 찬 것이라면, 인간은 기본적으로, 그리고 근원적으로도 '자기 삶을 사는' 수밖에 없다. 인간의 현재는 현재 외의 다른 목표를 갖는 게 아니다. 그렇다면 자기 자신의 삶을 사는 것, 그것이야말로 인간에게 가장 깊은 의미에서 자유의 행사이고 윤리의 실천이 아닐 수 없다. 그것은 삶의 의미를 외부에서 구하는 게 아니라 그 스스로 만들려고 하기 때문이다. 그러므로 자유로운 인간은 다른 무엇이 아닌 바로 자신의 주체적인 삶을 살고자 노력한다. 그리고 윤리란 바로 그런 주체적인 삶을 사는 것 이외에 다른 것이 결코 아니다. 이때 자유와 윤리는 서로 만난다. 서로 만나 하나가 된다. 자유와 윤리는 인간의 자발적 삶 속에서 서로 다르지 않기 때문이다.

그러므로 자기를 구원하려고 한다면 무엇보다 자기의 삶을 살 일이다. 글은 그렇게 인간이 자기 삶을 주체적으로 구성하는 하나의 권장할 만한 방식이다. 글은 표현방식이면서 수련의 방식이자 향유의 형식이기 때문이다… 이렇게 우리는 말할 수 있다. 자기 삶의 영위는, 적어도 그것이 제대로 된 방향이라면, 자기 구원이 곧 세계 구원이 되는 하나의 지점으로 결국 나아갈 것이다. 그렇듯이 세계 해방도 자기해방에서 시작해야 한다. 여기에서도 우리는 자기 삶을 사는 일의 의의, 이렇게 자기 삶을 사는 자발적 실천의 윤리성을 확인할 수 있다.

게르첸은 한 인간이 바로 이 '자기 삶을 산다는 것이 무엇인가'를 하나의 실례(實例)로 보여준 윤리적 인물이고, 그런 점에서 그런 윤리적 사례를 높은 수준에서 그리고 유일무이한 방식으로 예증(例證)해 보였다. 삶의 위대성도 결국 자신의 삶을 삶답게 사는 데서 나오기 때문이다. 그의 책 『나의 과거와 사상』을 내가 위대하다고 보는 것은 바로 이런 이유에서다.

2장
가족관계

　게르첸(1812~1870)의 아버지 이반 알렉세예비치 야코블레프는 매우 부유한 귀족이었고, 그 가문은 로마노프(Romanov) 왕가와 이어져 있는, 러시아에서 가장 명망 있는 귀족 집안 가운데 하나였다. 그가 어느 정도 유명하였는가는, 나폴레옹이 모스크바를 침공했을 때 크렘린궁에서 그가 나폴레옹을 만났고, 이때 그가 황제와 나눈 이야기는 그 비서이자 역사가인 프랑수아 페인(F. Fain)의 책에 서술되어 있을 정도다.[1]

　게르첸의 아버지 이반은, 당시 러시아 귀족 가문의 자제들이 대개 그러하였듯이, 외국에서 여러 해를 보냈다. 이렇게 보내던 어느해 그는 독일에서 슈투트가르트 출신의 16세 소녀 루이자 하그(Luiza Haag)를 만난다. 그녀는 뷔르템베르크에 사는 미미한 관리의 딸이었

1　Herzen, *My Past and Thoughts*, 6, 각주 6번 참조.

다. 1811년 그가 42세 때의 일이었다. 그는 그녀를 데리고 러시아로 돌아온다. 하지만 사회적 신분 차이 때문에 결혼식을 올리지 않는다. 하지만 이렇게 낳은 아들은 '마음의 아이'라고 생각했기 때문에 그는 게르첸(Herzen, heart)이라는 성(姓)을 붙였다.[2] 루이자 하그라는 발음 이 러시아어에서는 어려웠기 때문에 게르첸의 어머니는 가족들 사이 에서 루이자 이바노브나(L. Ivanovna)로 불렸다.

아버지 이반은 비사교적이고 우울한 성격을 가졌지만, 독립적이고 자부심이 강한 사람이었다. 그는 프랑스와의 전쟁이 있던 1812년에 벌써 은퇴하였다. 그의 성격은 시간이 갈수록 침울해졌고, 그래서 사 람을 멀리하였다. 그는 예절을 중시하였고, 아들에게도 평생 엄격하 였다. 그는 게르첸을 돌보는 데 두 명의 유모 — 러시아인과 독일인 을 고용하였다. 이 유모들은 친절하였지만, 어린 게르첸은 이들과 지 내기보다 집의 다른 반쪽을 차지하던 큰아버지 방으로 가서 놀았다. 이 셋째 큰아버지는 독일에서 대사를 지낸 인물이었다. 아니면 하인 들의 아이들과 친구처럼 지냈다. 게르첸에게는 열 살 많은 형이 하나 있었고, 그는 이 형을 따랐다. 그러나 형은 병약하여 자주 어울리진 못했다.

게르첸의 어린 시절이 묘사되는 첫 부분에는 프랑스 군대가 어떻 게 모스크바에 왔는지, 그래서 도시 전체가 어떻게 혼란에 빠진 채 약탈과 공포의 분위기로 차 있었는지 잘 묘사되어 있다. 당시 그의 어머니는 러시아 말을 한마디도 못 하였기 때문에 보모 나탈리야 콘 스탄티노브나(Natalya Konstantinovna)가 먹을 것을 구하러 다닌다. 그

2   *Ibid.*, 3.

러다가 그녀가 몇몇 군인에게 먹을 것을 부탁하는 장면이 있다. 그의 어머니는 이 낯선 땅에서 살아남으려고 무진 애를 썼다. 1812년 겨울 무렵이었다. 그렇게 야로슬라블(Yaroslavl) 지방에서 트베리(Tver)로 옮아갔다가 그들은 마침내 모스크바로 돌아온다. 이 무렵 일어났던 모스크바 화재나 곳곳의 전투, 그리고 이 전투에서의 영웅들의 활동상은 게르첸의 유년 시절 보모들이 자주 불러준 자장가였고, 그 이야기였다.[3]

1. 아버지의 네 형제들

게르첸의 아버지에게는 모두 네 형제가 있었다. 첫째가 표도르(Pëtr)인데, 그는 거의 언급되지 않는다. 주로 언급되는 것은 다음 세 사람이다. 둘째 알렉산드르는 도스토옙스키의 『카라마조프의 형제들』에 나오는 표도르 파블로비치 카라마조프(가장)라는 인물의 모델이 된 것으로 알려져 있다. 셋째는 현재 독일의 라인강 북부에 해당하는 베스트팔렌 지방(Westfalen) 대사를 지낸 상원의원 레프이고, 넷

---

3   소련을 구성하는 모든 지역이 그러하지만, 여기에 묘사되는 장소들은 그지없이 거대하고 광막하다. 나는 그 지명들을 몇 개라도 익히기 위해 『나의 과거와 사상』을 읽어가던 서너 달 동안 소련 지도를 펴놓은 채 이런저런 지명이 나오는 대로 그 위치를 확인하곤 하였다. 도시와 도시 사이의 거리는 대개는 부산과 서울 사이나 부산과 원산 사이, 아니면 한반도의 최남단에서 최북단까지 이르는 1000km보다 훨씬 더 멀 때가 많았다. 러시아를 제대로 알려면 내게 익숙한 1000km 중심의 이런 거리 기준을 완전히 바꿔야 하듯이, 내 감각과 이성의 판단 기준도 고치지 않으면 안 된다고 나는 느끼곤 했다.

째가 게르첸의 아버지다. 게르첸이 훗날 결혼하는 나탈리야는 둘째 알렉산드르가 혼인하지 않은 채 낳은 딸이다.(14)

이 네 형제들 사이의 관계는 그리 좋지 않았던 것으로 알려져 있다. 이들은 두 편으로 나뉘어 있었다. 위의 두 형이 한편이라면, 상원의원과 게르첸의 아버지는 다른 한편이었다. 이들 사이에는 공공연한 불화가 있었다. 하지만 이런 불화에도 그들의 영지는 공동으로 관리되었다. '관리'된 것이 아니라 공동으로 망가뜨려졌다고 해야 더 적절한 표현인지도 모른다. 게르첸은 이렇게 묘사한다.

나의 아버지와 상원의원은 무슨 수를 써서라도 나이든 형들을 좌절시키고자 했고, 이 형들 역시 똑같이 하였다. 그래서 마을 연장자들이나 농부들은 주인을 잃었다. 한 형이 마차를 요구하면, 다른 형은 건초를 요구했고, 세 번째 형은 땔감을 요구했다. 각자 따로 주문하였고, 각자가 위임한 심부름꾼을 보냈다…. 이 모든 것 때문에 물론 험담이나 중상, 스파이나 총애자는 자연히 넘쳐났고, 이들 아래 가난한 농부들은 어떤 정의도 방어도 찾지 못한 채 사방에서 괴롭힘을 당했고, 늘어나는 일의 부담에 억눌렸으며, 그들 주인의 변덕스러운 요구 때문에 혼란을 겪어야 했다.(14)

형제들 사이의 이 같은 반목은 쉽게 해결되지 않는다. 그러다가 어느 해 이 형제들은 어떤 백작과의 소송에 휘말린다. 그 판결이 그들에게 유리했음에도 그들은 행동을 같이할 수 없었기 때문에 패소하였다. 그 결과 상당한 영지를 잃어버릴 뿐만 아니라 엄청난 벌금까지 물게 되었다. 이 일을 겪은 다음에야 형제들은 물려받은 재산을 나누기로 결정한다. 하지만 예비 합의를 보는 데까지 또 1년이 걸렸다.

주로 언급되는 세 인물을 살펴보자.

1.1. 적(敵)이자 형인 알렉산드르

세 형제는 수년 동안 서로 왕래하지 않았다. 하지만 소송에 따른 유리한 협상을 위해 그들은 만난다. 그러나 이 방문은 어린 게르첸의 집안에 큰 불안과 공포를 일으킨다. 다음은 이렇게 만나게 된 아버지의 둘째 형 알렉산드르 — 도스토옙스키 소설의 한 주인공이기도 했다는 그에 대한 묘사다.

그는 러시아에서만 가능한 그런 기괴하리만큼 이상한 인물의 하나였다. 러시아에서의 삶은 그로테스크할 정도로 기이하다. 그는 재능을 타고난 사람이었지만, 불합리한 행동과 때로는 거의 범죄 같은 일을 하며 평생을 보냈다. 그는 프랑스식으로 건전한 교육을 받았고, 많은 낭독도 들었다. 그는 방탕과 공허한 게으름으로 죽는 날까지 자신의 시간을 보냈다. 그 또한 처음에는 이즈마일롭스키 연대에서 복무하다가 포템킨에게 시중들며 부관(副官) 비슷한 역할을 했고, 그 후 몇몇 전도단에서 봉사하다가 상트페테르부르크로 돌아오면서 시노드(Synod)의 지사가 되었다. 외교적 환경이든 수도원적 환경이든 어떤 환경에서도 그의 무분별한 성격이 제어될 수 없었다. 그는 교회 우두머리와 싸우다가 자리에서 쫓겨나기도 했다. 또 총독의 공식 만찬에서 어느 신사를, 그가 실제로 그랬는지 그렇게 하려고 했는지 알 수 없으나, 얼굴을 때렸다는 이유로 상트페테르부르크에서 추방되었다. 그는 자신의 탐보프(Tambov) 영지로 갔다. 거기에서 잔혹성이나 성적 경향 때문에 농부들에게 맞아 죽을 뻔했다. 그가 목숨을 건진 것은 그의 마부와 말 덕분이었다.

그 후 그는 모스크바에 정착하였다. 모든 관계나 지인들로부터 내버려진 채, 그는 트베르스코이(Tverskoy) 대로변의 큰 저택에서 자기 집 하인을 짓누르고 농부를 괴롭히며 살았다. 그는 거대한 도서관의 책을 모았고, 농노 소녀들의 거주영역을 만들었으며, 이 두 곳은 자물쇠와 열쇠로 걸어두었다. 모든 직업이 박탈된 채, 그리고 열정적 허영을 숨긴 채, 때로는 지극히 순진하게 그는 불필요한 물건을 사고, 불필요한 소송을 걸면서 자신을 즐겼다. 그는 이런 소송을 대단히 무자비한 방식으로 걸었다. 아마티(Amati) 바이올린과 관련된 소송은 '30년'이나 걸렸고, 그 바이올린을 얻는 것으로 끝났다. 또 다른 소송 이후 그는 엄청난 노력을 기울여 두 집에 맞물린 벽을 얻는 데 성공하였다. 그러나 그 벽을 소유한다고 도움되는 건 없었다. 스스로 은퇴한 목록의 하나가 된 채, 그는 동료 군인의 진급에 관한 신문을 읽다가 그들에게 주어진 것 같은 훈장을 사서 자기 탁자 위에 놓아두곤 하였다! 그가 받았으면 하던 장식품을 비통스럽게 상기시켜 주는 것으로 삼으면서.

남동생들과 여동생들은 그를 두려워했고, 그와 아무런 관계도 맺지 않았다. 우리 하인들은 그를 만나는 게 두려워 그의 집을 피하려고 먼 길을 돌아가곤 했고, 그를 볼 때면 창백해지곤 했다. 여자들은 그가 뻔뻔스럽게 괴롭히는 것을 두려워했고, 집안 하인들은 그의 손아귀에 놓이지 않게 해달라고 특별히 기도하곤 했다.(15)

여기에서 보는 것은 한 기이한 인물에 대한 게르첸의 뛰어난 문학적 묘사다. 이런 묘사의 주된 내용은 아마도 허망함일 것이다. 주인공 알렉산드르는 누구보다 훌륭한 가문의 자손인 데다 타고난 재능도 많았다. 그러나 그는 "불합리한 행동과 때로는 거의 범죄 같은 일을 하며 평생을" 보낸다. 어린 시절에는 좋은 교육도 받고, 젊은 시절에는 군 복무나 전도단 같은 곳에서 일하기도 하였다. 또 나이 들어서는 관리로서 활동도 하였다. 하지만 거침과 박해, 무례와 폭력의 성향은 그에게서 사라지지 않는다. "그는 방탕과 공허한 게으름으로 죽는 날까지 자신의 시간을 보냈다."

그런 알렉산드르에게 남은 것은 무엇인가? "모든 직업이 박탈된 채, 그리고 열정적 허영을 숨긴 채 때로는 지극히 순진하게, 그는 불필요한 물건을 사고 불필요한 소송을 걸면서 자신을 즐겼다… 아마티(Amati) 바이올린과 관련된 소송은 '30년'이나 걸렸고, 그 바이올린을 얻는 것으로 끝났다. 또 다른 소송 이후 그는 엄청난 노력을 기울여 두 집에 맞물린 벽을 얻는 데 성공하였다. 그러나 그 벽을 소유한다고 도움되는 건 없었다."

이런 게르첸의 묘사에서 우리가 새삼 확인하게 되는 것은 인간의 어리석음이고, 이 어리석음의 되풀이이며, 이처럼 되풀이되는 어리석음을 추동하는 탐욕의 집요함이다. 하지만 이 어리석음이나 탐욕보다 더한 것은 인간이란 알게 모르게 이런저런 식으로 시간을 탕진하며 삶을 고갈시켜 간다는 사실 자체인지도 모른다. 알렉산드르에게 중요한 것은 어느 동료 군인이 받은 훈장이다. "스스로 은퇴한 목록의 하나가 된 채 그는 동료 군인의 진급에 관한 신문을 읽다가, 그들에게 주어진 것 같은 훈장을 사서 자기 탁자 위에 놓아두곤 하였다! 그가 받았으면 하던 장식품을 비통스럽게 상기시켜 주는 것으로 삼으면서."

사람은 주어진 것의 행로에서 쉽게 벗어나지 못한다. 그는 자기가 행하는 생활의 궤도가 현실의 전부인 줄 착각하면서 삶을 탕진시켜 가기 때문이다. 그에게 허락되는 것은 귀한 것들의 무자비한 소모뿐인지도 모른다. 그는 자신의 어리석음, 이 어리석음의 집요함, 이 집요한 무지와 타성의 횡포에 짓눌린 채 거의 맹목적으로 살아간다.

1.2. 셋째 큰아버지 레프

형제 간의 이 같은 만남 이후 게르첸의 아버지는 모스크바 인근의 루즈스키(Ruzsky)에[4] 있는 큰 영지 바실렙스코예(Vasilevskoye)를 받는다. 그 후 게르첸 가족은 이 영지에서 여름을 보낸다.

둘째 큰아버지 알렉산드르만큼이나 흥미로운 것은 셋째 큰아버지인 레프다. 그는 나폴레옹의 대관식에 참석하기 위해 파리로 파견되기도 하고, 영국 외무장관을 만나기도 한다. 그는 프랑스 혁명이 일어난 1789년부터 1815년 사이 여러 중요한 시대적 사건과 직간접적으로 관계한다. 이 셋째 큰아버지는 게르첸의 아버지와 여러 가지 면에서 달랐다. 외교가라는 공식 세계에서 거의 평생을 보냈지만, 친절한 성격을 가진 것으로 알려져 있다. 그에 반해 게르첸의 아버지는 조용하고 비사교적인 인물이었다.

러시아로 돌아온 뒤 그(셋째 큰아버지-저자 주)는 모스크바에서 법정 시종으로 임명되었다. 그러나 모스크바에는 법정이 없었다. 그는 러시아 법이나 법적 절차에 대해 아무것도 몰랐지만 상원으로 들어갔고, 후견자문위원회(Council of Guardians) 회원이 되었으며, 마린스키 병원장과 알렉산드린스키 연구소장이 되었다. 그는 열렬하고도 비판적으로 그리고 정직성을 다해 자신의 모든 의무를 수

---

4 루즈스키(Ruzsky): 모스크바시 주변에 있는 36개 지방자치 행정구의 하나로 모스크바 서쪽에 있다.

행했는데, 그 열의는 거의 불필요하였고, 비판적인 것은 해만 끼칠 뿐이었으며, 그 정직성은 아무도 알아주지 않았다.

그는 결코 집에 있지 않았다. 그는 네 마리로 된 두 팀의 말을 하루 일과가 지나가는 사이에 기진맥진하게 만들어버렸는데, 한 쌍은 오전에, 다른 한 쌍은 저녁 후에 그랬다. 그는 상원 모임을 잊는 적이 없었는데, 이 모임 외에 일주일에 두 번씩 후견위원회에 참석하였다. 병원이나 연구소 외에 그는 프랑스 연극은 거의 한 편도 빠트리지 않고 관람했고, 영국 클럽은 일주일에 세 번 방문하였다. 그에게는 지루할 시간이 없었다. 그는 언제나 바빴고, 어딘가에 관심 있어 했다. 그는 늘 어딘가로 가고 있었고, 그래서 그의 삶은 잘 나가는 용수철 위에서, 공식적 문서나 불필요한 요식의 세계를 관통하면서, 가볍게 굴러갔다.

더욱이 그는 75세에 이르기까지 젊은이처럼 건장하였고, 거창한 무도회나 만찬에 모두 참석하였으며, 모든 의례적 회의나 연례행사에, 농업 분야든, 의학이나 화재보험협회나 자연철학협회든 관계없이, 참석하였다… 그리하여 그 모든 것의 꼭대기에는, 아마도 바로 그 때문에, 그 노년에 이르기까지 어느 정도의 인간적 감정과 따뜻한 심성이 유지되었을 것이다.

아마도 나의 아버지만큼 이 낙관적인 상원의원과 더 큰 대조를 이루는 사람은 달리 생각할 수 없을 것이다. 상원의원이 늘 움직이고 있고, 자기 집은 이따금 방문할 뿐인 데 반하여, 아버지는 안뜰 마당 밖으로 나간 적이 거의 한 번도 없었다. 그는 모든 공식적 세계를 증오했고, 끝없이 별났으며 불만족스러워했다. 우리 집에는 말이 여덟 마리였는데 — 가련한 것들이었다 — , 우리 마구간은 아픈 말을 위한 빈민 구호소 같았다.(18)

게르첸의 회상록은 즉물적이면서도 아련하고, 객관적이면서도 정감이 넘치며, 비판과 냉소와 유머와 아이러니를 담은 깊은 회상에 실려 전해진다. 문장 하나하나가 크고 작은 사건을 서술하면서도 대단히 시적이고 유려하여 산문적 풍성함을 구현한다.

게르첸의 셋째 큰아버지와 자신의 아버지가 살아가는 방식은 유쾌한 흥미를 자아낼 만큼 사뭇 다르다. 셋째 큰아버지가 외교적이고 바쁜 삶을 사는 데 반해, 그의 아버지는 비사교적 삶을 살아간다. 셋째 큰아버지가 활기 있는 공적 세계를 즐긴다면, 그의 아버지는 고립된 삶을 즐긴다. 하지만 이 같은 생활방식의 차이에도 이들 형제는 같은 집에서, 그러나 다른 지붕 아래, 오랫동안 함께 산다. 집안 살림은 30명 정도의 남자 하인과 30명 정도의 여자 하인이 맡아서 했다. 결혼한 여자 하인은 주인집에서 일하는 게 아니라 자기 가족을 돌보았다. 여기에 대여섯 명의 하녀와 세탁부, 그리고 일을 배우는 소년 소녀들이 있었다.(29)

게르첸의 셋째 큰아버지처럼 사교적이고 바쁜 삶을 산다고 해서 그 삶이 제대로 주목받는 것은 아니다. "그는 자신의 모든 의무를 열렬하고도 비판적으로 그리고 정직성을 다해 수행했는데, 그 열의는 거의 불필요하였고, 비판적인 것은 해만 끼칠 뿐이었으며, 그 정직성은 아무도 알아봐 주지 않았다." 이렇게 적는 작자 게르첸의 마음은 지극히 무심(無心)하면서도 연민에 차 있어 보인다.

게르첸은 자기가 묘사하는 대상의 영광과 몰락에 대해 아무렇지도 않은 듯이 태연하게 서술한다. 그러나 이 초연한 서술에는 연민에 찬 관심이 있고, 이 관심을 끌고 가는 것은 아마도 산문정신일 것이다.[5]

---

5   '산문(散文, prosa)'이라는 말은 흔히 '시(poetry)'와 대비되는 개념으로 쓰인다. 이러한 대비에서 시가 간결한 형식 속에서 운율이 있는 정형성을 띠는 반면, 산문은 시보다 훨씬 자유로운, 그래서 주제적으로 잡다한 영역을 포괄한다. 내가 산문정신으로 의

그는 산문정신의 탐구력으로 삶의 복잡다단한 현실과 인간의 심리와 행동을, 그 안과 밖을 묘파해 낸다. 그것이 표현의 힘이다. 이 모든 것 ― 관심과 탐구와 표현을 끌고 가는 산문정신의 이름은 사랑일 것이다. 산문은 그 자체로 삶에 대한 사랑이자 그 표현이다. 글은 삶에 대한 이 사랑의 에너지로 움직인다.

바쁜 삶에서도 어떤 부분은 주목받지 못한다는 것, 그래서 어떤 열의는 불필요하고, 비판은 해만 끼칠 뿐이다. 그럼에도 셋째 큰아버지의 삶에는 "어느 정도의 인간적 감정과 어느 정도의 따뜻한 심성"이 유지되어 있었다고 게르첸은 회고한다. 이것은 그 자신의 글에도 해당될 것이다. 그의 문장에는 애수와 회한이 곳곳에 배어 있지만, 이 애수는 시적 서정 덕분에 그리 우울해 보이지 않는다. 그렇다고 차갑지도 않다. 그것은 아마도 서술에 담긴 너그러운 사랑과 유머 덕분일 것이다. 그러면서도 그의 애수와 서정과 너그러움은 대상과의 거리 속에서 전달되기에 감상적 넋두리로 빠져들지 않는다.

미하는 바는 좀 더 느슨하게 '인간 삶의 가능성을 탐구하는 자유로운 글쓰기 일체'다. 따라서 그것은 논문이나 논설보다는 에세이에 가깝다. 우리나라의 약한 산문 전통에서 에세이는 흔히 '마음 가는 대로 쓴 신변잡기'의 뜻을 갖지만, 그보다 나는 '내용적으로는 엄격하나 형식적으로는 자유로운 글쓰기'를 염두에 둔다. 넓게 보면 학술적 논설을 포함하여 모든 글쓰기는, 적어도 인문학 안에서의 모든 글은 결국 산문이라는 장르로 수렴되지 않는가 여겨진다. 아마도 한 사회의 지적 전통의 핵심은 이 산문의 역량에 달려 있을 것이다. 그런 이유로 나는 이 산문·에세이의 재건이야말로 한국 인문학이 나아가야 할 중대한 방향의 하나라고 여긴다.

1.3. 게르첸의 아버지

그에 반해 게르첸의 아버지는 공적이고 외교적인 삶을 싫어한다. "아버지는 안뜰 마당 밖으로 나간 적이 거의 한 번도 없었다. 그는 모든 공식적 세계를 증오하였고, 끝없이 별났으며, 불만족스러워했다." 그 역시 어릴 때 프랑스 교사로부터 교육을 받았고, 청년기에는 군에 복무하다가 근위대 대위로 제대한다. 하지만 그 뒤로 어떤 공적 일에도 관여하지 않는다. 그러다가 1801년에 외국에서 10년쯤 머물 때 만난 사람이 루이자 하그였다. 1812년 그가 러시아로 돌아올 때, 루이자는 임신 3개월이었다.

게르첸의 아버지는 가능한 한 홀로 지내면서 따분하고도 쓸쓸한 삶을 살아간다. 그는 상원의원인 형의 사교적이고 분방한 삶과는 전혀 다른 생활방식을 이어간다. 이런 차이는 그를 방해하기도 한다. 그럼에도 두 형제는 같은 집에서, 그리고 이 집은 크고 넓었기 때문에, 서로 방해받지 않은 채, 집의 다른 한쪽에서 살아간다. 그 후 이 상원의원이 집을 떠나간 뒤에는 모든 것이, 벽이든 가구든 하인이든, 이들의 발소리든 그 속삭임이든, 점점 더 음울해졌다고 게르첸은 회고한다.

아버지는 외출하거나 외국으로 갈 때도 방의 열쇠를 갖고 갔다. 그의 침실이나 서재는 아무도 쉽게 들어갈 수 없었다. 그의 방에 놓인 가구는 수년 동안 처음부터 있던 그 자리에 놓여 있었고, 창문조차 수년 동안 열리지 않은 채 있었다. 게르첸은 같이 살던 셋째 큰아버지가 떠나간 후 아버지만 남은 그 집의 정적이 억압과 공포를 낳았다고 회고한다.

2. 집안에서의 '기이한' 위치

> 그러나 이 어린 소녀를 둘러싼 환경의 불모성이 그
> 녀의 발전을 억압했던 것은 아니었다… 그녀는 생
> 각하고 꿈꾸었다. 자기의 영혼을 달래기 위해 꿈
> 꾸었고, 그 꿈을 이해하기 위해 생각했다.
>
> —게르첸, 『누구의 죄인가』(1846)

이렇게 게르첸은 어머니 뱃속에서 3개월일 때, 러시아의 아버지 영
지로 온다. 커가면서도 그는, 많은 아이들이 그러하듯이, 자기 사는
집이나 이 집에서의 자기 위치에 대해 알지 못하였다. 그런 자각을
아이가 갖기란 어려웠다. 그는 드넓은 저택에 속한 여러 집채 가운데
아버지가 머무는 쪽에 있어야 했고, 여기서는 행동거지를 바르게 하
지 않으면 안 되었다. 이에 반해 어머니는 이 집의 다른 쪽에서 머물
렀다. 어린 게르첸이 어머니가 사는 쪽으로 갈 때면, 그는 마음대로
떠들고 놀며 짓궂게 굴기도 하였다.

상원의원인 셋째 큰아버지는 어린 게르첸에게 이런저런 선물
을 안겨주었고, 집사는 그를 안고 다녔다. 보모 아르타모노브나(V.
Artamonovna)는 옷을 입혀주거나 몸을 씻기거나 잠자리를 돌봐주었
다. 프로보(Proveau) 부인은 그를 데리고 산보를 나갔고, 독일어를 가
르쳐 주었다. 어린 게르첸은 어머니와 독일어로 말했지만, 프랑스어
도 배웠다. 그의 프랑스어 교사는 프랑스 혁명 후 러시아로 이민 온
프랑스 사람이었다. 게르첸의 아버지는, 그 시대 대부분의 러시아 귀
족들처럼, 러시아 말보다 프랑스 말을 더 쉽게 썼다. 그의 일상어는

프랑스어였다. 이 모든 것은 아무런 문제없이 늘 해왔던 대로 이뤄지는 것 같았다. 그러다가 집안에서의 자기 위치가 이상하다고 느낀 것은 열 살 때였다고 게르첸은 회고한다.

빗나간 언급들, 부주의하게 행해진 말들이 내 주의를 끌기 시작했다. 나이 든 프로보 부인과 모든 하인들은 나의 어머니에게 헌신을 다했다. 반면 그들은 나의 아버지를 두려워하고 싫어했다. 그들 사이에 가끔 일어난 장면들은 종종 프로보 부인과 아르타모노브나 사이에서 대화의 주제였고, 이들 둘은 늘 내 어머니 편을 들었다.

나의 어머니는 분명 많은 것을 참아냈다. 그녀는 지극히 선량한 여성이면서도 아무런 의지력 없이 아버지 때문에 완전히 망가졌고, 그래서 약한 성격을 가진 사람에게 늘 일어나듯이, 별로 중요하지 않은 사소한 문제나 일에서 절망적으로 반대했다. 불행하게도 이 사소한 일에서 나의 아버지는 거의 언제나 옳았고, 그래서 논쟁은 아버지가 늘 승리하는 것으로 끝났다.

"내가 안주인 입장이라면 나는 그냥 슈투트가르트로 바로 돌아갈 거예요." 이렇게 프로보 부인은 말하곤 했다. "거기에서 부인은 더 많은 안락을 누릴 테니까요. 여기 있는 일시적 기분이나 불쾌한 일거리나 죽도록 따분한 일은 없을 거니까."

"확실해요. 하지만 그녀를, 그 손과 발을 묶는 게 바로 저 애지요"라며 베라 아르타모노브나는 동의하면서 뜨개질하던 바늘로 나를 가리키곤 했다. "어떻게 그녀가 저 아이를 데리고 가겠어요? 무엇을 위해? 저 애를, 우리가 살아가는 방식대로 여기에 홀로 놔둔다면, 아무 상관없는 사람도 아마 저 애를 동정하겠지요!"(19-20)

이러한 얘기를 들으며 어린 게르첸은 이 집에서의 자기 위치에 대해 곰곰이 생각하기 시작한다. 그러면서 그것이 지금까지와는 달리 이상하다고 여긴다. 그래서 좀 더 꼼꼼하게 관찰하고 그 결과를 따져 본다.

왜 나는 내 어머니의 "손과 발을 묶는" 것일까? 왜 아버지만 늘 옳고, 어머니는 지는 것일까? 왜 아버지는 넓은 집에서 편안하게 모든 것을 지시하고 명령하며 살지만, 어머니는 한쪽 구석에서 집안의 보모들이나 가정교사들의 입에 오르내리며 힘없이 살아가는 것일까? 아마도 이런 물음을 어린 게르첸은 시간이 지남에 따라 조금씩 하게 되었을 것이다.

일반적으로 아이들은, 흔히 생각하는 것보다 훨씬 더 많은 통찰을 가지고 있다. 그들은 금세 산만해지고, 그래서 자신을 뒤흔든 일에 대해 한동안 잊지만, 그러나 다시 집요하게 그 일로 돌아가, 특히 그 일이 신비롭거나 무시무시한 경우, 놀라운 집요함과 재주로 진리에 도달할 때까지 계속 탐색한다.

한번 호기심을 가지자, 나는 한두 주 안에 나의 아버지가 어머니를 만났을 때 일어났던 세세한 내용을 모두 알아내게 되었고, 그녀가 어떻게 부모 집을 떠나게 되었는지, 어떻게 그녀가 카셀에 있던 러시아 대사관의 상원의원 댁에 몸을 숨긴 후 사내아이의 옷차림으로 국경을 넘었는지 알아내게 되었다. 이 모든 것을 나는 누구에게 한마디도 묻지 않고 알아내었다.

이런 발견 이후 게르첸은 아버지와 점차 멀어진다. 그러면서 집안 사람들이, 가족이든 하인이든, 보모든 가정교사든, 왜 아버지를 그토록 두려워했는지 깨닫는다. 이 자각은 그때까지 밝았던 어린 시절에 어두운 구름을 드리우기 시작한다. 하지만 그로 인해 자라난 "독립의 감정"을 좋아하였다고 그는 고백한다.(20)

어느 날 집으로 아버지의 옛 친구들이 찾아왔다. 이들은 지방의 지사이거나 총독이거나 장군이었다. 13세의 게르첸은, 그 무렵 아이들이 대개 그러하듯이, 군인과 군복과 견장과 훈장을 부러워하였다. 그러나 아버지와 친구들이 나누는 대화에서, 공무원 생활이나 대학 교육은 청년에게 쓸모없고 사회에도 아무런 도움이 되지 않는다는 것, 오직 군대 훈련만 앞으로의 출세를 위해 필요하다는 내용을 듣고서는 군인 생활에 대하여 이전에 가졌던 그의 열광도 사그라들었다.

3. 농부와 농노의 삶

원래 러시아는 1408년 이전까지 동유럽과 아시아 북부에서 흩어져 살던 다양한 민족으로 이뤄진 여러 공국들의 연합체(公國聯合體)였다. 그 후 모스크바를 중심으로 전제국가가 되었다. 표트르(Peter) 1세 등극 이후 러시아는 그의 재임 기간(1689~1725) 동안 근대국가로서 사회정치적·제도적 면모를 정비해 간다. 그는 최초로 해군을 창설하였고, 발트해 연안이나 카스피아 주변지역을 정복하였다. 스웨덴으로부터 핀란드를 획득하고, 이렇게 획득한 땅에 새 수도 상트페테르부르크를 건설한 것도 바로 그였다. 상트페테르부르크의 건설로 정치경제와 문화의 중심은 점차 서유럽으로 옮아가면서 러시아는 마침내 유럽 열강의 대열에 들어선다.

이른바 공무원 관등표(Table of Ranks)가 마련된 것도 표트르 1세 시절이었다. 이것은 공무원의 위계를 세 부분 — 행정과 군사 그리고 법원으로 나눈 다음 각각을 다시 14개 등급으로 구분지은 것이다. 등급의 기준은 혈통이 아니라 능력에 근거하였다. 말하자면 업무 성과가 임용과 승진의 기준이 되었다. 이런 점에서 14관등표는 러시아의 근대적 행정체계의 기초가 되었다. 하지만 그 구성원이 대개 귀족이나 성직자들의 자제들로 채워졌고, 그런 점에서 그 제도는 여전히 한계를 갖는 것이었다.

3.1. 모든 압제에 대한 증오

이 무렵 게르첸은 수도원과 같은 집에서 단조롭고 지루한 시간을 보낸다. 그는 애지중지 키워진 까닭에 친구도 쉽게 구하기 어려웠다. 그 시절에는 마땅한 오락거리도 없었다. 가정교사가 부르면 그는 슬그머니 집 밖으로 도망 다녔고, 집안에 딸린 농노의 자식들과 놀았다. 그러나 이것은 엄격하게 금지되었다. 하지만 그는 이 아이들과 같이 놀며 자기 생각을 내놓기도 하면서 커다란 자유를 누렸다.

게르첸은 자신의 사회적 감정들, 이를테면 자유에 대한 감각이나 인간의 품위에 대한 생각, 그리고 농노적 삶의 야만적 조건에 대한 의식이 어린 시절의 그런 환경에서 싹텄다고 훗날 털어놓았다. "아주 어렸을 때부터 모든 형태의 노예제나 모든 형태의 압제에 대한 아무도 꺾을 수 없는 증오가 나를 일깨웠다."(32) 그가 장난치거나 버릇없이 굴 때면 보모인 베라 아르타모노브나가 하던 말 ─ "너는 커서 나머지 주인들과 똑같은 사람이 될 거야"라는 말을 "끔찍한 모욕"으로 느꼈다고 그는 고백한다.(33)

어린 게르첸은 주로 집안 하인들이나 농노의 아이들과 뛰놀며 보냈다. 그렇지 않은 나머지 시간에는 하루 종일 창문이 닫혀 있는, 그래서 저녁때가 되어서야 희미한 빛이 비쳐들던 어둡고 커다란 방에 멍하니 앉아 있었다. 아버지의 이 큰 서재에서 그는 빈둥거리며 돌아다니기도 하고, 손에 잡히는 것은 무엇이나 읽으며 지내기도 한다. 그가 가장 열심히 읽은 것은 프랑스 계몽주의 시기의 책이었다. 그는 외롭게 자랐지만 활기찼고 상상력이 풍부하였으며, 무엇이든, 그것이 경험이든 지식이든, 쉽게 익히고 열정적으로 흡수했다. 이 가운데 농노의 삶에 대한 게르첸의 묘사는 흥미롭다.

아이들은 일반적으로 하인들을 좋아했다. 그들 부모는, 특히 러시아에서는, 하인들과 어울리는 것을 금지했다. 하지만 아이들은 따르지 않았다. 거실에서 노는 것은 따분한 반면, 하녀들 방에서는 생기가 넘쳤기 때문이다. 이 경우 다른 수천 명에게 그러하듯이, 부모들은 왜 그런지 알지 못했다. 나는 우리 홀이 '차 마시는 방'이나 '거실'보다 아이들에게 덜 건전한 장소라고 여기지 않는다. 하인들의 홀에서 아이들은 거친 표현이나 나쁜 행동을 한다. 이것은 사실이다. 하지만 거실에서 아이들은 거친 생각과 나쁜 감정을 듣는다.

아이들이 계속 접촉하는 이들로부터 이 아이들을 떼어놓으려는 바로 그 명령은 비도덕적이다. 우리 사이에서는 하인들의 완전한 타락에 대해 많은 것이 얘기되었다. 농노일 때 특히 그랬다. 확실히 그들은 엄격하고 모범적인 행동으로 구분되지 않았다. 그들의 도덕적 타락은 너무 많은 것을 참고도 거의 분노하지 않거나 저항하지 않는다는 데 있었다. 하지만 그게 요점은 아니다. 러시아에서 어떤 계급이 덜 타락하였는지 나는 알고 싶다. 귀족인가, 관리들인가? 혹시 성직자들인가?

왜 당신은 웃는가?

아마도 농부들은 다르다고 요구할 수 있는 그런 유일한 사람들일 것이다… 귀족과 하인 계급 사이의 차이점은 아주 작다. 나는 군중에 대한 선동자들의 아첨을,

1848년 혼란 후에는, 특히 증오한다. 하지만 사람들에 대한 귀족들의 중상은 더 더욱 증오한다. 노예 소유자들은 하인과 노예를 타락한 동물로 그림으로써 사람들 눈에 먼지를 뿌렸고, 그들 속 양심의 목소리를 억눌렀다. 우리는 때때로 하층계급보다 더 나은 게 아니라, 우리 자신을 좀 더 부드럽게 표현하고, 우리의 이기주의와 열정을 더 영리하게 숨길 줄 안다… 우리는 좀 더 잘 살고 잘 먹기 때문에 결과적으로 더 세심하다.(23)

위 인용문에서 드러나듯이, 하층계급들 — 하인이나 농노에 대한 게르첸의 시각은 열려 있다. 단순히 열려 있을 뿐만 아니라, 그들의 처지와 형편에 대해 공감한다. "귀족과 하인 계급 사이의 차이점은 아주 작다. 나는 군중에 대한 선동자들의 아첨을, 1848년의 혼란 후에는, 특히 증오한다. 하지만 사람들에 대한 귀족들의 중상은 더더욱 증오한다."

그러나 하층계급에 대한 게르첸의 이 공감은, 흔히 그러하듯이, 우월한 자의 여유에서 오는 게 아니다. 그는 귀족들이 "세심하고 꼼꼼한(fastidious)" 이유가 그들이 "단순히 좀 더 잘 살고, 더 잘 먹기(simply wealthier and better fed)" 때문이라는 사실을 잘 안다. 세심함은 필요하지만, 이것도 여유에서 나올 수 있다. 설령 그렇지 않다고 해도 지나치면 그것이 '깔끔떠는' 일이 될 수도 있다. 하층계급에 대한 이러한 이해는 시간이 흐르면서 러시아 농민을 이상화하고, 이 농민들의 공동체(commune)를 지향하기에 이른다. 이 때문에 그는 나로드니키라고 불리는 농민적 인민주의의 창시자 가운데 한 명으로 불린다. 이런 공동체를 추구하게 된 이유에 대해서는 좀 더 자세한 언급이 필요하다.

3.2. 농민 공동체의 비전 ─ 빛과 그늘

1850년을 전후하여 서구 유럽에서는 다양한 사회변혁 운동과 프로그램이 있었다. 게르첸이 주창한 공산주의 운동이 산업사회와 임금노동자를 전제하는 것이라면, 그리고 그와 비슷하게 독일과 프랑스의 사회민주주의 운동가들이나 이른바 페이비언주의자(Fabianist, 점진적 사회주의자)들이 산업사회의 진보적 역할을 믿었던 데 반해, 게르첸은 러시아 농민 공동체에서 "비산업적이고 어느 정도 무정부주의적인 사회주의(semi-anarchist socialism)가 펼쳐질 수 있는 씨앗"을 보았다.[6] 이 씨앗은 동시대 서구 사회가 처한 여러 문제점들, 이를테면 점증하는 불평등과 착취 그리고 노동의 비인간적 억압 상태를 청산해줄 것이라고 그는 판단했던 것이다.

게르첸은 중앙화되고 서열화된 채 엄격한 규칙에 복종해야 하는 삶의 구조적 폐해를 혐오하였다. 그가 프랑스 혁명에 열광하면서도 이 나라로부터 거리를 둔 것은 국가와 이 국가가 구현하는 통일성이나 질서 혹은 규칙을 경멸했기 때문이다. 이런 규칙에는 추상적이고 독재적인 요소가 들어 있다고 그는 판단했다. 질식할 듯한 규율의 강제 체제는, 그가 보기에, 또 다른 의미에서 러시아의 노예 상태와 흡사했다. 이에 반해 이탈리아의 더 느슨하고 탈중앙화된 체제를 그는 선호했다. 이것이 '진정으로 민주적'이라고 여겼다. 어딘지 어수선하고 정리 안 된 듯한 이 같은 구조를 바로 러시아의 농민 공동체가 구현하고 있다고 그는 판단했다.

---

6   Berlin, "Introduction," xxxvi.

하지만 러시아의 농민 공동체가 게르첸의 생각처럼 진정으로 민주적인 구조인지 우리는 물어볼 필요가 있다. 거기에도 크고 작은 미비가 들어 있고, 관념적 요소가 없지 않기 때문이다. 시골의 농민 공동체에 산업사회의 중앙화나 관료적 위계 구조는 없다. 그러나 그렇다고 해서 어떤 규율도 전혀 없는 것은 아니다. 전체적으로 농민 공동체가 산업사회에서의 어떤 단체들보다 더 높은 수준의 자연적 친화성과 인간적 가치를 구현할 가능성은 있어 보인다. 그러나 거기에 대도시의 삶에서나 부르주아 계층에게 보이는 허영이나 배반이 없는가? 벌린의 평가에 따르면, 게르첸은 생애 막바지에 이르러 "조직화된 도시노동자의 역사적 중대성을 인정하기 시작"했지만, 그럼에도 여전히 "개인적 자유에 대한 추구가 집단적 활동과 책임에 대한 요구와 어울리는 삶의 배아기적 형태로서의 러시아 농민 공동체에 대한 믿음에 충실한 것으로 남았다".[7]

농민 공동체에 대한 게르첸의 호의적 평가는, 벌린이 지적하였듯이, 비록 러시아의 명망 있는 가문 출신으로 풍족한 삶을 살았지만, 35세 이래 조국을 떠나 일평생 고향으로 돌아가지 못한 채 떠돌아야 했던 그의 "고달픈 향수"에 기인하지 않는가 싶다.[8] 그 향수에는 억압하는 자에게나 억압당하는 자에게 두루 나타나는, 삶의 비참을 극복해 보려는 고귀한 열정도 자리한다. 고귀한 열정이란 간단히 말하여 더 진실하게 살려는 윤리적 의지이고, 자유롭고자 하는 정신의 지향이다. 윤리적 의지나 자유의 정신은 계급적 차이나 편의의 차원을 넘

---

7   *Ibid.*
8   *Ibid.*

어선다. 그래서 게르첸은 위에서처럼 이렇게 물은 것이다. "러시아에서 어떤 계급이 덜 타락하였는지 나는 알고 싶다. 귀족인가, 관리들인가? 혹시 성직자들인가? 왜 당신은 웃는가? 아마도 농부들은 다르다고 요구할 수 있는 그런 유일한 사람들일 것이다."

게르첸은 귀족이지만, 농부 계급의 장점도 본다. 그렇듯이 귀족이 뛰어나다면, 이렇게 뛰어난 이유의 보잘것없음도 인정한다. 농노들의 고통스러운 삶에 공감한다고 그가 농민 계층에게 찬사만 보낸 건 결코 아니다. 그의 공감에는 그들의 결함에 대한 지적도 들어 있다. 무엇보다 그들의 단순성이나 교육의 부재는 아쉬운 것이었다. 바로 그런 이유로 그들 행동의 많은 것이 뒤틀리기 때문이다.

하층계급 사람들은 악의 있기보다는 그저 단순하게 살아간다. 술 아니면 차, 선술집 아니면 식당, 이 두 곳이 "러시아 하인들의 영원한 두 열정"이라고 게르첸은 묘사한다.(25) 그들은 사소한 것에 즐거워하고 사소한 것에 괴로워하며 살아간다. 그러면서 가난 때문에 훔치기도 하고, 온갖 박해 속에서 매를 맞으며 지내기도 한다. 하층민의 이런 "도덕적 타락"은, 그의 관점에서 보면, 분노와 저항을 모르는 데 있다. "그들의 도덕적 타락은, 그들이 너무 많은 것을 참고도 거의 분노하거나 저항을 하지 않는다는 데 있었다."

이 같은 낙후성은, 적어도 러시아에서는, 하인과 농노에만 해당되는 게 아니다. 그것은 전체 계급에 두루 나타나는 전(全) 사회적인 병폐다. 하인이나 농노뿐만 아니라, 귀족이나 관리, 나아가 성직자들까지 무절제한 방탕과 방종에 빠져 있는 것이다. 귀족들이 술집에서 술을 마시고 카드놀이를 하면서 하인을 때리고 하녀를 유혹한다면, 성직자들은 문을 잠근 채 먹고 마시며 논다. 정부 관리들도 다르지 않다. 이들은 상사 앞에서 굽신거리면서 좀도둑질을 한다. 그래서 게르첸은 적는다. "도둑질에 관한 한, 귀족은 문자 그대로의 의미에서 죄를 덜 짓는다. 그들은 자기에게 속한 것에서 공개적으로 가져가기 때문이다."(24)

4. 삶의 조건에 대한 성찰

농민들의 삶에 대한 게르첸의 묘사가 이 지점에서 그친다면, 그것은 흔하디흔한 것은 아니지만, 결국 훈계조의 도덕적 진술로 수렴되고 말았을지도 모른다. 그러나 그는 더 나아간다. 그의 언어는 하인들이 처한 삶의 근본 조건에 대한 성찰로 이어진다.

술은 사람을 멍하게 만든다. 그것은 자신을 잊게 만들고, 그를 자극하며 꾸며낸 즐거움을 일으킨다. 이런 마비와 자극은, 그가 덜 계발되거나 좁고 공허한 삶에 더 묶여 있으면, 더 수긍할 만하다. 어느 하인이 홀에서 허구한 날 기다리는 일로, 영원한 가난과 노예 되는 일로, 그래서 팔려 다니는 존재로 저주받았다면, 어떻게 술을 안 마실 수 있겠는가? 그는 할 수만 있다면 엄청 마신다. 매일 마실 수 없기 때문이다. 이탈리아와 프랑스 남부에서는 주정뱅이가 없다. 거기에는 포도주가 풍부하기 때문이다. 영국 노동자의 야만적 만취 상태는 정확히 똑같은 방식으로 설명될 수 있다. 이들은 배고픔이나 가난과의 무기력하고 불평등한 갈등 때문에 망가져 있다. 그러나 아무리 열심히 노력한다고 해도 그들은 곳곳에서 자신들을 일상의 어두운 심연으로 내동댕이치는, 그래서 마음과 육체를 똑같이 먹어치우는, 아무런 목적 없이 끝날 줄 모르고 이어지는 노역(勞役)을 받도록 저주하는 무거운 법전과 가혹한 저항을 만날 뿐이다. 그러니 어떤 사람이 지렛대로, 톱니로, 용수철로, 나사로 일주일에 6일을 보내다가 토요일 오후에 공장 노동의 형벌 같은 노예 상태에서 사납게 풀려나서 반 시간도 안 되어 어리석게 술을 마시는, 그리고 더욱이 그의 피로가 아무것도 더 이상 참아낼 수 없어서 더욱 그렇게 한다면, 그것은 놀라운 일이 아니다. 도덕주의자라도 아일랜드나 스코틀랜드 위스키를 마시면서 입을 다무는 게 나을지도 모른다. 아니면 그들의 비인간적 자선 활동은 그 노동자들에게 끔찍한 징벌을 불러낼지도 모른다.(25)

이런 서술의 바탕에 있는 것은 연민일 것이다. 이 연민의 대상은 하층계급이다. 연민은 하층계급이 겪고 있는 생활의 어려움을 향해 있다. 이 어려움은 쉽게 고쳐질 수 있는 종류의 것이 결코 아니다. 그것은 거의 숙명적일 만큼 불가피해 보인다. 게르첸의 연민은 삶의 '어떤 한계 조건에 대한 성찰'에서 생겨나는 감정이다.

이때 한계라는 것은 불가피성이고, 그래서 삶의 막다른 심연을 드러낸다. 연민은 아포리아(aporia)의 자각에서 온다. 진실된 글은 불가피한 한계 앞에서 생겨나는 연민의 자연스러운 표현이다.

4.1. 공감=아포리아의 직시

이해는, 그것이 대상의 테두리를 가늠할 때, 생겨난다. 그 테두리란 경계선이요, 일종의 한계를 뜻한다. 한계는 되풀이하건대 아포리아고 난관이다. 인식이 깊어지는 것은 아포리아를 직시할 때다. 우리는 한계를 직시함으로써 공감의 폭을 넓혀갈 수 있다. 이렇게 넓혀진 공감은 깊이로 보완된다.

아마도 한계로서의 아포리아에 대한 성찰은 '하인'이나 '노예' 같은 계급 자체의 특성보다 더 중요할 것이다. 이 성찰에 기대어 사람은 계급적이고 계층적 차원에서뿐만 아니라, 인식적이고 관점적 차원에서 벗어날 수 있기 때문이다. 그래서 보편적 차원으로 옮아간다. 이 보편적 차원 앞에서 우리는 자신의 주관적 견해와 판단을 멈추고 게르첸의 묘사에 수긍할 수 있다. "이런 마비와 자극은, 그가 덜 계발되거나 좁고 공허한 삶에 더 묶여 있으면, 더 수긍할 만하다. 어느 하인이 홀에서 허구한 날 기다리는 일로, 영원한 가난과 노예가 되는 일로, 그래서 팔려 다니는 존재로 저주받았다면, 어떻게 술을 안 마실 수 있겠는가? 그는, 할 수만 있다면, 엄청 마신다. 매일 마실 수 없기 때문이다."

제한된 시간에 몸을 가누기 어려울 만큼 마시는 것은, 그 외의 시간에 그렇게 할 수 없기 때문이다. 시간이 주어진다면, 그렇게 마실 술이 없기 때문이다. 술이나 시간, 몸이나 돈, 그 어디에서든 한계는 있다. 견디기 어려운 삶의 이런저런 한계 조건 안에 처해 있다면, 그가 누구든, 귀족이든 하인이든, 성직자든 관리든, 누구도 "마비와 자극"을 찾지 않을 수 없다. 사람이 "영원한 가난과 노예되는 일로, 그래서 팔려 다니는 존재로 저주받았다면", 무엇을 달리 할 수 있겠는가? 그는, 어떤 다른 일에 빠지듯이, 술에 빠져 마실 것이다. 아니면 술과 비슷한 또 다른 마비와 자극을 찾아 헤맬 것이다.

삶의 한계 ― "일상의 어두운 심연"은 곳곳에 있다. 그것은 아무리 노력한다고 해도 우리를 낭떠러지로 몰아넣는다. 그래서 몸과 마음을 망가뜨리고, 영혼마저 먹어치운다. 이러한 고역은 "아무런 목적 없이 끝날 줄 모르고 이어진다". 그에 대한 반발은 "무거운 법전과 가혹한 저항"만 만날 뿐이다. 그러니 인간은 "지렛대로, 톱니로, 용수철로, 나사로" 일주일을 보낼 수밖에 없다.

4.2. 탁월성과 깊이의 결합

여기에서 게르첸은 위대한 이야기꾼(storyteller)으로서의 재능을 유감없이 보여준다. 그의 언어는 소설가의 언어를 닮아 때로는 묘사적이지만, 때로는 사회과학자처럼 분석적이고 비판적이다. 그렇듯이 그 언어는 때때로 정신분석가의 언어처럼 묘사되는 인물의 심리 속으로 들어간다. 그래서 사안의 어두운 배후를 파헤치기도 한다. 그러면서 이러한 공감은 다시 일정한 거리감 속에서 객관화된다. 이 거리감 덕분에 그의 열정은 뜨겁기보다는 차갑다. 게르첸의 언어는 차가운 열정으로서의 산문정신을 구현한다. 벌린이 『나의 과거와 사상』에 대한 안내문에서 다음과 같이 적은 것은 그런 이유에서일 것이다.

문명화되고 상상적이며 자기비판적인 게르첸은 놀랄 만큼 재능 있는 사회 관찰자다. 그가 본 것에 대한 기록은 느낌과 생각을 잘 표현하던 19세기에서조차 유일무이하다. 그는 예민하고 쉽게 움직이며 반어적인 정신과 맹렬하고 시적인 기질을 가졌으며, 생생하고 때로는 서정적인 글쓰기 능력은 인간과 사건과 사상과 사적 관계 그리고 정치적 상황과 삶의 온전한 형식에 대한 예리한 삽화의 연속 속에서 서로를 결합하고 강화시켜 가는 특질들이고, 그의 글쓰기는 이런 삽화들로 풍요롭다. 그는 극단적 섬세함과 감수성의 인간이었고, 위대한 지적 에너지와 날카로운 위트의 인간이었으며, 쉽게 자극받는 자존심(amour propre)과 논쟁적 글쓰기에 대한 취향을 가졌다. 그는 분석과 조사 그리고 폭로에 절어 있었다. 그는 자기 자신을 외양과 관습의 가면을 벗기는 전문가로 여겼고, 스스로 그들의 사회적·도덕적 핵심에 대한 엄청난 발견자로 자처하였다. 게르첸의 견해에 별다르게 공감하지 않았던 톨스토이는 — 그는 동시대의 문학 동료들에 대해, 특히 자신과 같은 계급이고 같은 나라 사람이라면, 과도한 칭찬을 하는 법이 없었는데 —, 말년에 이르러, (게르첸만큼) '그렇게 재기 넘치는 탁월성과 깊이를 그토록 드물게 결합한 (so rare a combination of scintillating brilliance and depth)' 사람을 결코 만난 적이 없었다고 말하였다.[9]

게르첸은 섬세하면서도 논쟁적이었고, 서정적이면서도 비판적이었다. 그는 사회정치적 상황에 열려 있으면서도 삶의 개인적·실존적 측면을 간과하지 않았고, 사적이고 내밀한 영역에 주목하면서도 시대의 역사적 흐름에 자신을 닫지 않았다. 그에게는 이 이질적 요소들을 "서로 결합하고 강화시키는 특질"들이 많았다. 그래서 "그의 글쓰기는 그런 삽화들로 풍요롭다." 아마 이 모든 것은, 벌린이 적고 있듯이, "재기 넘치는 탁월성과 깊이를 그토록 드물게 결합한" 놀랄 만한 재능에 있을 것이다. 이 재능은 결국 위대한 이야기꾼의 재능으로 수렴된다.

그러므로 타고난 이야기꾼의 재능에는 서너 가지 미덕이 동시에 결합되어 있는 것처럼 보인다. 한편으로는 냉정한 사회 관찰자의 모습이 들어 있지만, 이 냉정함은 시적 섬세함 덕분에 유연하게 작동한

---

9   *Ibid.*, xix–xx. 1861년 3월 게르첸의 런던 집을 방문했을 때를 떠올리며, — 이것은 세르게옌코(Sergeyenko)가 쓴 톨스토이론에 들어 있는데 — , "나는 그만큼이나 더 매력적인 인간을 만난 적이 결코 없다"라고 말년인 1908년에 톨스토이는 회고하였다. 같은 곳, 각주 1번 참조.

다. 그러나 이 유연한 시각은 아무래도 좋은, 그래서 무르고 안이한 게 아니다. 그것은 날카로운 위트와 분석으로 정련된다. 그러면서 이 시각은 다시 반어적 거리감 덕분에 좀 더 높은 객관성에 이른다. 모든 그럴듯한 외양에 깃든 관습적 허위나 상투성에 대한 저항은 이 객관적 정신 아래 이뤄진다. 산문정신이란, 거듭 말하여, "탁월성과 깊이를 결합한" 데서 온다. 그러므로 게르첸의 위대함이란 '명석한 깊이'에 있다.

이때 중요한 것이 아이러니와 유보의 정신이다. 아마 게르첸의 아이러니 의식도 삶의 깊이에 닿아 있을 것이다. 아이러니 의식이 마치 토마스 만(Th. Mann)에게서처럼 산문 의식이라면, 이 산문 의식은 깊이에 자리한 모순에 대한 의식에서 나온다. '깊이'라는 말은 때때로 모호하게 느껴진다. 그래서 이 말을 꺼내기가 주저된다. 하지만 깊이가 삶에 없다고 말할 수는 없다. 이 깊이를 우리가 경험할 수 없는 것도 아니다. 아마도 인간 삶의 조건을 깊이 들여다보면 볼수록, 삶의 모순은 더 분명하게 드러날 것이다. 마찬가지로 인간 자체를 더 자세히 그리고 더 오랫동안 바라보면 볼수록 그의 한계는 더 분명하고, 한계의 종류는 더 다양하게 나타날 것이다. 그러니 인간과 그 삶의 조건에 깃든 모순을 직시한다면, 사람은 쉽게 낙관하기 어렵다. 삶의 깊이에 닿아 있다면, 그는 비관적이기 쉽다.

앞의 인용에서 게르첸이 공장 노동의 버거움과 관련하여 도덕주의자의 말을 전하는 것보다는 "입을 다무는 것이 나을" 때가 많다고 말한 것도 그런 깊이를 의식한 데서 오는 유보의 마음이 아닐까? 농부들이 그리 무모할 정도로 술을 마셔대는 것은 "마음과 육체를 똑같이 먹어치우는, 아무런 목적 없이 끝날 줄 모르는 노역(勞役)" 때문이었다. 이런 "노역을 받도록 저주하는 무거운 법전과 가혹한 저항" 때문이었다. 그런 점에서 알코올 중독자의 고통을 우리는 이해할 수 있다.

이 같은 현실에서 무엇을 할 수 있는가? 물론 현실을 고치는 게 급선무일 것이다. 그러나 현실의 개선이 쉽게 이뤄지지 않는다면, 무엇을 할 수 있는가? 그것은 현실을 두 눈 부릅뜨고 직시하는 일이다. 게르첸은 이렇게 직시하는 데 그친 게 아니라, 그 실상을 기록하여 우리 앞에 옮겨놓았다. 그렇게 옮겨놓을 수 있는 것은 공감의 힘이고, 이 힘은 현실 대결의 의지에서 온다. 그가 뛰어난 것은 아직 드러나지 않는 현실의 어두운 배후를 삶의 한 불우한 조건으로 드러내 보이는 데 있다.

그렇게 드러난 한계 조건에 대하여 게르첸은 한편으로 공감하면서도, 다른 한편으로는 한계 너머의 가능성까지 고려한다. 아마 사람에 대한 이해의 폭이 넓어지고 현실 인식의 깊이가 더해지는 것은 이런 경로를 통해서일 것이다. 군복에 대한 어린 게르첸의 열정이 식은 것도 그런 성찰을 통해서였다. 아래에서 언급할 두 사람 — 스테파노프 노인이나 요리사 알렉세이에 대한 서술도 마찬가지다.

5. 이 인간을 보라

> 이 세상에 알려지지 않은 사람들의 전기(傳記)보다 더 독창적이고 다양한 것은 없다… 형편이 닿는다면, 알파벳순으로 모든 사람들의 전기 사전을 만들 수도 있을 것이다.
>
> —게르첸, 『누구의 죄인가』(1846)

이처럼 게르첸은 주변 사람들을 냉정하고도 다감하며 객관적이고도 너그러운 시선으로 기록한다. 주위 하인들이나 귀족들과 마찬가지로 그는 아이들과 어른들이 말하는 것을 듣고, 그들이 행동하는 것을 관찰하며, 그 말과 행동의 의미를 조용히 곱씹는다. 하인과 농노에게 차를 마시거나 음식을 먹는 일이 어떠한지, 주인집에 있을 때와 자기 집에 있을 때가 어떻게 다른지를 생각하는 것도 이런 관찰 속에서다. 그들은 주인집에서 누추한 하인방에 머물러야 하고, 주인이 종을 누르면 언제라도 달려가야 한다. 그러면서 차를 끓이기 위해 사모바르 주전자도 대령해야 한다. 이때 일어나는 모든 일은 하인들이 그저 하인에 지나지 않음을 보여준다. 그에 반해 집으로 돌아가면, 그곳은 얼마나 천국 같은가?

이처럼 조용한 성찰이 담긴 기록이 『나의 과거와 사상』 곳곳에 널려 있다. 이 사람들은 변두리 인간들이다. 그들은 사회적으로 힘이 없고 별 배운 것이 없이 하루하루 살아간다. 그 가운데 두 인물을 소개해 보자. 첫째 인물은 안드레이 스테파노프(Andrey Stepanov)다. 이렇게 그 이름이 남아 있다는 것도 물론 게르첸의 기록 덕분일 것이다.

5.1. 스테파노프 노인 — 미치광이인가 성자인가

스테파노프 노인에 대해 이렇게 묘사되어 있다.

상원의 영지 가운데 하나에 안드레이 스테파노프라는, 몸이 아주 약한 노인이 평화롭게 살고 있었다. 그것은 공짜로 나눠진 곳이었다.

그는 상원의원과 나의 아버지가 근위대에서 근무하고 있을 때 수발들던 하인이었다. 그는 선량하고 정직하며 침착한 사람이라 젊은 주인의 눈만 보고도 무엇을 원하는지 짐작할 수 있었다. 그것은 내가 보기에 쉽지 않은 일이었다. 그 후 그는 모스크바 부근의 영지를 돌보았다. 1812년 (나폴레옹) 전쟁 초기로부터, 그리고 그 모든 소통관계로부터 단절된 채, 또 그 후 홀로 남겨진 채, 그는, 돈 한 푼 없이, 불에 타서 바닥에 무너져 내린 마을의 재 위에서, 굶주림을 면하려고 집 기둥 몇 개를 뽑아 팔았다. 러시아로 돌아온 상원의원은 그의 영지를 정비하는 데 착수하였다가 마침내 이 기둥에 맞닥뜨리게 되었다. 그는 벌로 이 하인의 일을 뺏은 다음 망신을 주고 멀리 쫓아냈다. 노인은, 한 가정을 짊어진 이 노인은, 할 수 있는 한, 먹을 것을 구하며 터덜터덜 돌아다녔다. 이따금 우리는 안드레이 스테파노프가 살고 있는 마을을 지나가야 했다. 그리고 거기에서 하루나 이틀 머물렀다. 이 허약한 노인은, 마비된 몸으로 절뚝거리며, 매번 목발을 짚은 채, 나의 아버지에게 존경심을 표하고 얘기를 나누려고 매번 오곤 하였다.

그가 말할 때의 헌신이나 공경심, 그 슬픈 모습과 머리카락 없는 정수리 옆에 붙은 연회색 곱슬머리는 내 마음속에 깊이 사무쳤다.

"제가 듣기로, 주인님, 주인님 형께서 또 다른 훈장을 받을 거라 여기신다고 들었습니다. 저는 늙어가고 있고, 주인님, 곧 저의 영혼을 신께 바칠 것이지만, 주님은 훈장을 단 주인님 형의 모습을 보도록 저에게 허락하지 않았습니다. 죽기 전에 제가 한 번이라도 리본과 모든 배지를 단 그 명예로운 모습을 보기라도 한다면!"

나는 그 늙은 사람을 바라보았다. 그의 얼굴은 어린아이처럼 솔직하고, 구부정한 모습이나 고통스럽게 일그러진 얼굴, 광택 없는 눈빛과 약한 목소리… 이 모든 것은 확신을 불러일으켰다. 그는 거짓말을 하고 있지 않았다. 그는 아첨하는 게 아니었다. 그는 정말로 죽기 전에 훈장과 배지를 단 그 사람을, 나무 기둥 몇 개 잃었다고 15년이나 그를 용서할 수 없었던 그를 보려고 참으로 갈망했던 것이다. 이 사람은 성인인가, 미치광인가? 어쩌면 그는 성스러움을 획득한 미치광이인가?(27)

스테파노프 노인에게서 게르첸이 보는 것은 어떤 헌신이고 이 헌신의 마음이다. 그것은 삶의 고난에 처하더라도 자기 '주인'으로 알려진 사람에 대한 불변의 충성심이다. 그러나 이 충성심이란 얼마나 맹목적인가? 그의 순결하고 "정직한" 충성심을 그의 주인이 계급과 신분의 합법화된 차등 아래 악용하고 있음은 분명해 보인다. 그런 점에서 비판받을 만하다. 그러나 이 노인에게 체화된 삶의 태도는 계급과 신분이라는 사회정치적 차원을 떠나 여운을 남긴다. 그 여운의 의미는 무엇인가?

스테파노프 노인이 보여주는 것은 사람을 대하는 어떤 자세인지도 모른다. 이 자세에서도 우리는, 앞서 하였듯이, 신분적·계급적 요소를 따져 말할 수 있다. 그러나 삶의 태도는 되풀이하건대 신분적·계급적 차원을 훨씬 넘어선다. 노인이 주인에게서 쫓겨난 것은 단순히 주인 집안의 멀쩡한 기둥을 훔쳐서가 아니다. 전쟁으로 온 마을이 불탔고, 그가 살던 집도 불에 타서 그는 배고픔을 잊기 위해 "몇 개의 나무 기둥(some beam)"을 내다 팔았던 것이다. 이것도 죄라면 물론 죄일 것이다. 그러나 그것은 납득할 만한 것이다. 그래서 충분히 용인할 만한 일이다.

그러나 노인의 이 행동은 주인에게서 이해받지 못한다. 그는 하인으로서의 지위를 잃고 집에서도 쫓겨난다. 그래서 이 마을 저 마을로 돌아다니며 살아간다. 하지만 불평하지 않는다. 오히려 그 주인 가족들이 지나가면 그는 먼저 찾아와 인사한다. 언제나처럼 "마비된 몸으로 절뚝거리며, 매번 목발을 짚은 채" 말이다. 그의 성실함은 주인에 대한 성실함이면서 주어진 삶에 대한, 이 삶의 운명에 대한 순종이다. 그런 점에서 그의 태도는 세속적 차원을 넘어서 있고, 신에 대한 경의로 이어진다. 그는 이렇게 말한다. "저는 늙어가고 있고, 주인님, 곧 저의 영혼을 신께 바칠 것이지만, 주님은 훈장을 단 주인님 형 모습을 보도록 내게 허락하지 않았습니다." 그의 이런 행동에서 게르첸은 어떤 성스러움을 읽는다.

그러나 이 성스러움에는, 게르첸도 적고 있듯이, "미치광이"의 요소도 섞여 있다. 어떤 충성심이나 행동의 일관성은 그 자체로 완전히 옳다기보다는 여러 요소와 뒤섞인 채 착잡하게 자리한다. 우리가 기억해야 할 것은 이 착잡함인지도 모른다. 바로 이 착잡함이 앞서 말한 아포리아고 모순이다. 삶의 깊이와 이 깊은 한계 조건에 자리한 모순 말이다. 인간에게 진실은 모순의 진실일 뿐이다. 우리는 이 모순을 견디면서 동시에 이 모순에 대해 물어야 한다. 이 착잡함에서 진위(眞僞)나 시비(是非)는 뒤섞이기 때문이다. 옳고 그른 것이 없다는 게 아니라, 두 측면이 구분하기 어려울 만큼 뒤섞일 때, 우리는 과연 무엇을 할 수 있는가?

이때 판단의 기준은 흐려진다. 그래서 우리는 자주 길을 잃고 망설인다. 인간이 고통받는 것은 바로 이 흐려진 기준 때문이고, 이 기준 앞에서 경험하는 판단의 불가능성 때문이다. 삶의 복합성은 판단의 단순이분법을 넘어서는 것이다. 내가 판단의 불가능성을 말하는 것은 그 앞에서 우리의 행동이 아무렇게나 되어도 좋다는 뜻에서가 아니다. 그 불가능성은 기존의 행동과 가치의 기준을 다시 돌아보게 만든다. 말하자면 불가능한 판단과의 조우는 재검토의 생산적 계기로 기능할 수도 있다. 그런 점에서 스테파노프 노인의 어리석은 충성심은 하나의 참조할 만한 사례로서 남고, 이 사례는 또 다른 가능성으로 열린다.

두 번째로 말할 것은 요리사 알렉세이다. 그 역시, 앞서 언급한 스테파노프 노인처럼, 아무런 배움 없이 농노제 사회에서 희생되어 간 한 인간의 사례가 될 것이다.

5.2. 요리사 알렉세이 — 빛나는 몸에 사는 우중충한 영혼?

알렉세이에 대해 이렇게 묘사되어 있다.

원로원 의원에게 알렉세이라는 요리사가 한 명 있었다. 그는 침착하고 부지런하며 뛰어난 재주를 가진 사람으로 자기 길을 만들어가고 있었다. 상원의원은 그를 황제의 요리실로 데려갔는데, 여기에는 당시 유명한 프랑스 요리사 하나가 있었다. 그는 기술을 익힌 다음 영국 클럽에서 일자리를 얻었고, 부자가 되어 결혼한 후 신사처럼 살게 되었다. 하지만 농노 신분에 매인 끈 때문에 그는 밤에도 잘 자지 못했고, 그런 처지에 즐거울 수 없었다.

이베르스키 마돈나 댁에서 열린 축하연에서 일한 후 알렉세이는 용기를 내 상원의원에게 갔다. 그리고는 5000루블을 드릴 테니 자유를 달라고 청했다. 상원의원은, '자신의' 화가를 자랑스러워하듯이, '자신'의 요리사도 자랑스러워하면서도 돈을 받으려 하지 않았다. 그러면서 그가 죽는 날 요리사는 아무것도 주지 않아도 자유롭게 될 것이라고 말했다.

요리사는 매우 큰 충격을 받았다. 그는 비통해했고, 여위면서 지쳐갔으며 늙어갔다…. 그리고 러시아인이었기 때문에 술을 마셨다. 그는 게을리 일했다. 영국 클럽은 그를 해고했다. 그는 트루베츠코이 공작부인에게 고용되어 있었는데, 그녀는 쩨쩨하게 굴며 그를 걱정시켰다. 어느 날 그는 공주에게 마음이 아주 상하였고, 스스로 장황하게 표현하길 좋아하는 알렉세이는 위엄 있는 어조로 이렇게 말했다.

"당신의 화사한 몸에 얼마나 우중충한 영혼이 사는지!"

공주는 격분했다. 그녀는 요리사를 돌려보냈고, 러시아 여인에게 흔히 기대할 수 있듯이 그 상원의원에게 불평거리를 써 보냈다. 상원의원은 그한테 아무 일도 하지 않으려 했다. 하지만 정중한 신사로서 요리사를 불러야 한다고 느꼈다. 그래서 그를 기분 좋게 꾸짖고는, 가서 공주의 용서를 구하라고 타일렀다.

요리사는 공작부인에게 가는 대신 선술집으로 갔다. 그는 1년 안에 모든 것을, 그의 몸값으로 모았던 자금부터 마지막 앞치마까지 모든 것을 잃었다. 그의 아내는 그와 싸우고 또 싸웠으며, 그러다 집을 나가 간호사 자리를 얻었다. 그 후 그에 대해서는 오랫동안 아무 소식도 없었다. 그러다가 경찰이 그를 데려왔는데, 거친 모습에 누더기 차림이었다. 그는 거리에서 발견되었는데, 잘 데도 없이 이곳저곳 술집을 떠돌고 있었다. 경찰은 주인이 데려가야 한다고 주장했다. 상원의원은 괴로웠고, 어쩌면 양심의 가책도 느꼈을지 모른다. 그는 요리사를 다정히 받아들여 방을 제공했다. 알렉세이는 계속 술을 마셨고, 취하면 소란스러웠으며, 스스로 시를 쓴다고 상상했다. 물론 그는 아무렇게나 상상했다. 그때 우리는 바실렙스코예에 있었다. 상원의원은 요리사에게 어떻게 해야 할지 모른 채, 나의 아버지가 그를 제정신 차리도록 할 것이라고 여기고, 거기로 보냈다. 하지만 이 남자는 완전히 망가진 상태였다. 나는 농노의 마음에 깃든, 주인에 대한 응어리진 분노와 증오를 보았다. 그는 이를 갈면서, 특히 요리사라면 위험할지도 모를 몸짓을 써가며 얘기하곤 했다. 그는 내 앞에서도 두려움 없이 아무렇게나 말하였다. 그는 나를 좋아했고, 때로는 내 어깨를 친근하게 두드리며 내가 "썩은 나무에 난 멋진 가지"라고 말하곤 했다.

상원의원이 죽은 후, 나의 아버지는 즉각 그에게 자유를 주었다. 하지만 너무 늦어 그것은 단순히 그 일을 끝내는 데 불과했다. 그는 곧 사라져버렸던 것이다.(31-32)

이 글에서 우리가 보는 것은 1820년대 러시아에 살았던 한 농노의 삶이고, 이 삶의 어처구니없고 무지하며 몽매했던 한 경로이며, 이 경로가 남긴 슬프고 아련한 여운이다. 여기에서 묘사된 알렉세이는 재능 있는 요리사였다. 그는 선량한 주인 아래 그런대로, 적어도 처음에는, 열심히 살았다. 나중에는 그 재능을 인정받았다. 이런 인정 속에서 그는 자신의 농노 신분에서 벗어나려 애썼다. 하지만 그런 허락을 받지 못한다. 그는 모든 재능과 부지런과 노력에도 일자리에서 쫓겨나고, 아내로부터도 버림받으며, 결국 이웃으로부터도 따돌림을 당한다. 그 후 그의 삶은 망가져 간다. 그러니까 이 기록은 어느 성실하고 평범한 사내의 부당하게 망가진 삶에 대한 안타까운 기록이다.

요리하는 농노였던 알렉세이는 그렇게 일자리를 잃고 살 곳도 없이, 완전히 망가진 채, 거지가 되어 죽어갔다. 그를 죽인 것은, 게르첸이 보기에, "주인에 대한 응어리진 분노와 증오"였다. 그러나 알렉세이가 이렇게 분노했다고 해서 그 주인인 상원의원이 그렇게 악독했던 사람이었던 것은 아니었다. 상원의원은, 작자에 의하면, 집안 농노에게 그리 억압적이지 않았던 것으로 보인다. 말하자면 때리거나 학대하지 않았다. 이것은 게르첸의 아버지도 마찬가지였다. 상원의원은 몹시 바빴기 때문이다. 그는 거칠고 부당하긴 했으나 집안 농노와 대면할 기회가 거의 없었다. 게르첸의 아버지도 이런저런 잔소리를 늘어놓거나 다른 사람을 지치게 만들기도 했다. 그렇다고 손찌검을 하진 않았다. 매질이나 욕설보다 잔소리나 변덕이 러시아에서는 더 나쁘다고 말해진다. 농노들이 말을 안 듣는 경우 주인들은 군인으로 내보내기도 했다. 이것은 끔찍한 일이어서 농노들은 집안에서 일하기를 더 선호하였다.

주인이 죽은 다음 이 알렉세이에게 마침내 자유가 주어진다. 그러나 그것은, 삶의 많은 것이 그러하듯이, "너무 늦은" 것이었다. 그가 남긴 두 마디 말은 긴 울림을 준다. 그것은 이 요리사를 고용한 어느 공주에게 그가 한 말 — "당신의 화사한 몸에 얼마나 우중충한 영혼이 깃들어 있는지!"다. 이것은 어린 게르첸에게 변주되어 이렇게 표현된다. 너는 "썩은 나무에 난 멋진 가지야". 썩은 나무에 썩은 가지가 되어선 안 될 일이다. 그렇듯이 화사한 몸에는 마땅히 화사한 영혼이 깃들도록 애써야 하는 것인가?

6. 책 읽기와 자연 체험

어린 게르첸에게는 집 거실이나 하인들의 방에서 노는 것 외에 또 다른 소일거리가 있었다. 그것은 책 읽기였다. "나는 수업을 싫어하는 것만큼이나 독서를 사랑하였다. 비체계적인 독서에 대한 나의 열정은 정말이지 진지한 탐구에 대한 주된 방해물의 하나였다."(33) 아버지와 상원의원이 거주하는 방 사이에는 커다란 도서관이 있었고, 이 도서관에는 러시아 책뿐만 아니라 18세기 프랑스 책들이 많았다. 그는 닥치는 대로 소설과 희곡 작품을 읽었다. 그렇게 읽은 것들 가운데는 『라퐁텐의 우화』나 코체부(Kotzebue)의 연극 작품도 있었다.

6.1. 읽고 생각하기

이 가운데 어떤 책들을 게르첸은 10번이고 20번이고 읽는다. 이렇게 읽으며 그 장면과 사건을 떠올리고, 주인공의 몸짓과 옷차림을 상상하며 몰입하기도 한다. 이를테면 보마르셰(Beaumarchais)의 풍자희극인 『피가로의 결혼』이 그랬다. 그는 가끔 프랑스 연극을 직접 보러 가기도 하였는데, 이것은 셋째 큰아버지를 따라간 것이다. 게르첸은 연극 관람을 열광적으로 좋아했지만, 이 즐거움은 기쁨만큼이나 고통을 주었다고 고백한다. 셋째 큰아버지는 연극이 반쯤 끝나갈 때야 공연장에 도착하였고, 저녁에는 자주 초대를 받았으므로 공연이 끝나기도 전에 떠나야 했기 때문이다.

『피가로의 결혼』만큼이나 게르첸을 열광시킨 것은 괴테의 『젊은 베르테르의 슬픔』 같은 작품들이었다. 이 작품은 당시의 어린 그가 이해하기 어려운 것이었다. 그래서 반 이상은 건너뛰어야 했다. 그러다가 결론 부분 ─ 베르테르가 자살하는 장면을 본 후, 그는 "마치 미친 사람처럼 울었다"라고 적는다. 그런 후 한참 세월이 지난 27세 무렵의 어느 날 그는 우연히 이 책을 다시 접하였다. 그러고는 그 마지막 편지를 읽기 시작하였는데, 이때에도 이전처럼 눈물이 쏟아져 내렸다고 한다.

게르첸의 아버지가 아이의 자유를 엄격하게 제한했던 것은 아니었다. 하지만 아들의 건강상태에 대한 그의 걱정은 유별난 것이었다. 아이가 감기에 걸릴까 봐 그는, 아니 하인이나 하녀를 포함하여 집안 사람들 모두는 언제나 주의하였고, 조금이라도 어린 게르첸이 기침을 하거나 두통에 시달릴 때면 야단법석을 떨었다. 아마도 늦게 얻은 자식이라 그럴 것이다. 다행히 게르첸의 몸은 어머니 쪽을 닮아 '강철 같았다'고 한다. 하지만 그녀는 남편이 지닌 편견을 공유하지 않았다. 그래서 게르첸이 하던 놀이는 아버지의 기거 지역에서와는 달리 어머니 쪽에서는 허용되었다.

그럼에도 어린 시절은 대체로 억압적이었다고 게르첸은 회고한다. 그는 독일인 가정교사로부터 독일어 수업을 받았고, 프랑스 가정교사에게서는 프랑스어 교육을 받았다. 그 외에 종교교육도 아버지가 고용한 목사로부터 받았다. 이 종교교육은 대학입학을 대비하기 위한 것이었다. 게르첸은 『성경』 복음서도 열심히 읽었다.

> 나는 복음서를 슬라브 번역판과 루터의 독일어 번역본으로 아주 많이 그리고 사랑의 마음을 가지고 읽었다. 이 책을 나는 누구의 지도 없이 읽었고, 모든 것을 이해하진 못했지만, 내가 읽은 것에 대한 깊고 참된 존경심을 느꼈다. 젊은 시절에 나는 볼테르주의에 영향을 받아서 아이러니와 조롱을 자주 좋아했지만, 이 복음서를 차가운 감정으로 내 손에 든 적은 없었다고 기억한다. 그것은 일평생 똑같았다. 어떤 나이에서든 어떤 다른 환경에서든 나는 복음서를 읽는 데로 돌아갔고, 그때마다 그 말들은 내 영혼에 평화와 온화함을 안겨주었다.(38-39)

나중에 집안 목사가 성경 수업을 할 때, 그는 게르첸이 복음서에 대한 일반적 지식을 가졌을 뿐만 아니라, 그 책에 담긴 문장의 단어 하나하나를 있는 그대로 인용할 수 있다는 사실에 놀란다. 이런 식으로 게르첸의 독서 영역은 시간이 지나면서 자연히 넓어지고 깊어진다. 14세가 지날 무렵, 그때는 1826년 즈음이었는데, 정치가 더 중요해진다. 14세에 불과했는데도 말이다. 그는 프랑스 혁명사도 읽기 시작한다. 그러던 어느 날 어느 러시아 교사로부터 프랑스 혁명과 루이 16세의 처형에 대해 듣는다.

그러나 이처럼 거대한 시대적 사건에 대한 기억보다 더 소중한 것은 게르첸이 만났던 여러 사람들에 대한 기억과 회고일 것이다. 그 가운데 하나가 그의 첫째 큰아버지의 맏이인 표트르의 손녀다. 게르첸은 어릴 때부터 그녀를 알고 있었다. 그녀는 1년에 한 번, 말하자면 크리스마스 때나 사육제 때 모스크바의 게르첸 집으로 와서 머물곤 하였다. 그녀는 게르첸보다 다섯 살 많았다. 하지만 이들은 이내 친구가 되었다. 그녀는 감옥처럼 고립되어 있던 그의 청소년 시절에 따뜻하고 정감 넘친 영향을 미친 것으로 얘기된다. 아버지의 고립과 냉소 때문에 망가져 있던 그의 감정이 그녀 덕분에 회복되었던 것이다. 그래서 그는 속마음을 드러낼 줄 알게 되었고, 친구를 배려하고 사람을 사랑하는 방법을 배우게 되었다고 술회한다.

그런데 게르첸이 이 사촌을 좋아하게 된 이유가 흥미롭다. 그 이유는 그녀가 그를 "하나의 인간으로 대우해 준 첫 번째 사람"이었다는 데 있다. 그 내용은 단순히 "내가 자라나는 것에 대해 놀라움을 계속 표현하거나", "내가 어떤 수업을 받고 있는지, 어떤 수업을 잘하는지", 아니면 "내가 군에 들어가길 원하는지, 또 어떤 연대에 들어가길 원하는지 묻는 것이 아니라, 흔히 사람들이 서로 이야기하는 것처럼 나에게 말하였다"는 점에 있었다.(47) 그러니까 어떤 사안에 대해, 그것이 직업이든 진로든 공부든, 묻는 것보다 더 바람직한 것은 그냥 이야기를 나누는 일일 수도 있다. 이 사촌의 가족에 대한 묘사도 재미있다.

내 사촌의 삶은 장미의 침실이 아니었다.[10] 그녀는 어릴 때 어머니를 잃었다.

---

10 근심 걱정이 없지는 않았다는 뜻이다.

그녀의 아버지는 결사적인 도박꾼이었고, 자기 피에 도박이 들어 있는 모든 사람이 그러하듯이, 그는 수십 차례 가난으로 떨어졌고, 다시 수십 차례 부유해졌으며, 그러다가 역시 완전히 자신을 망가뜨리는 것으로 끝났다. 그는 나머지 재산을 종마 사육장에 쏟아부었는데, 이 일에 모든 생각과 감정을 집중하였다. 울란스(Uhlans)의 소위인 그의 아들은 — 그는 내 사촌의 하나 있는 오빠였고 아주 선량한 청년이었는데 — 파탄을 향하여 쭉 뻗은 길을 가고 있었다. 19세 때 그는 이미 그의 아버지보다 더 열정적인 도박꾼이었던 것이다.(49)

한 가정의 삶이 불과 대여섯 줄 안에 참으로 생생하게 묘사되어 있다. 그것은 도박에 열심인 아버지와 이 아버지의 삶이 보여주는 부침(浮沈)이다. 이런 부침을 기이하게도 그의 아들도 반복한다. 그러면서 그들의 삶은 끝난다. 이런 식으로 사촌의 삶이 왜 "장미의 침실이 아니었는지" 자연스럽게 드러난다.

그러나 게르첸이 어린 시절에 무엇보다 좋아한 것은 시골 생활이었던 것으로 보인다. 수도 모스크바에는 이 도시를 동서로 흐르는 모스크바강이 있는데, 이 강의 길이는 502km다. 이 강 주변으로는 즈베니고로드(Zvenigorod)나 바실렙스코예 같은 큰 도시가 여러 개 있다. 이 강의 경사진 면에는 마을이나 교회 아니면 영주의 오래된 저택들이 많았다. 게르첸의 아버지도 이 언덕 한편에 새로운 집을 지었고, 게르첸은 이곳 집에서 여름을 보낸다.

6.2. 시골집에서의 나날

이 시골집에서 보낸 나날을 게르첸은 즐겼던 것으로 보인다.

11~12세 무렵 그는 아직 어린 아이였다. 이곳으로 갈 때면 그는 어린이 책도 가져갔다. 하지만 그는 책보다는 그의 방 가까이 있던 다락방의 토끼나 다람쥐와 노는 걸 더 좋아했다. 15세가 지나면서 그는 플루타르크나 실러 책을 갖고 가서 읽는다. 아침 일찍 그는 숲속으로 가서, 실러의 『도적떼』에 나오듯이, 보헤미아의 숲속에 있다고 상상하면서 그 구절들을 소리 내어 읊는다.

특히 실러는 괴테와 더불어 게르첸이 일평생 가장 경모했던 작가 가운데 한 명이었다. 17~18세 때 그가 실러의 『발렌슈타인』에 대한 논문을 쓴 이래 이 작가의 희곡에 나오는 인물들은 그에게 단순한 문학적 허구로서가 아니라 현실에서 살아 움직이는 사람들이었다. 그는 이들에 공감하고, 그들을 사랑하고 미워하며 분석한다. 나이가 더 든 후 그는 『발렌슈타인』 같은 작품들을 아들에게 읽혀주었다. 그는 『도적떼』에 나오는 칼 모어(Karl Moor) — 원래는 영주가 될 예정이었지만 모함 때문에 도적단 두목이 되어 싸우는 그의 양심과 정의를 사랑하고, 『돈 카를로스』에 나오는 포자(Posa) 후작의 용기와 충절에 감탄하기도 한다. 그러면서 자신은 니콜라이 황제에게 어떻게 말할 것인지, 이 황제는 어떻게 그를 탄광촌이나 교수대로 보낼 것인지 떠올리곤 하였다. "우리의 거의 모든 한낮 꿈이 시베리아로, 아니면 교수대로 끝나서 결코 승리한 적이 없었다는 사실은 기이한 일이다."(65)

독서와 마찬가지로 시골의 자연 체험은 게르첸에게 중요하였다. 이 자연은, 특이한 것은 바로 이 점인데, 단순히 예찬의 대상으로 끝나지 않는다. 그것은 사회정치적 함의를 지닌 것이었다. 그러면서 이 사회정치적 함의는 다시 자연과 대척점을 이루기보다는 더 자연적인 것 — 물리적 운행이나 신적 법칙의 일부를 포괄하였다. 시골의 저녁 풍경이 그러했다. "… 내가 변하지 않은 열정을 간직했던 또 다른 즐거움은 시골에서 저녁 풍경을 바라보는 일이었다. 그때나 지금이나 그러한 저녁은 내게 여전히 경건함과 평화 그리고 시학의 시간이다. 내 삶에서 고요하게 밝은 마지막 순간의 하나는 그 마을에서의 저녁을 떠올려 준다. 태양은 장엄하고 눈부시게 불의 바다로 가라앉으면서 그 속으로 사라져 갔다. 풍부한 자줏빛 다음에는 깊고 푸른 황혼이 갑자기 잇달았고, 그러면 모든 것이 자욱한 안개로 뒤덮였다…" (56)

6.3. 자연 — 쇄신의 원천

시골집에서의 여름날과 그 풍경을 소년 게르첸은 즐겼을 뿐만 아니라 사랑했다. 그리고 심미적으로 관조했던 것 같다. 이 집에서 보면 주변에는 곡식밭이 파도처럼 물결쳤고, 마을의 농가와 하얀 교회가 보였다. 그 둘레로 여러 색깔의 숲이 펼쳐져 있었고, 모스크바강은 그 사이로 "창백하게 푸른 리본처럼 흘러갔다. 아침이면 일찍 나는 위층 내 방의 창문을 연 후 밖을 내다보고 귀를 기울이며 숨을 내쉬었다." 다음 인용문은 그가 어떻게 자연의 풍경을 하나의 시적 모습으로 지각하고 있는지를 잘 보여준다.

그러나 나는 그 오래된 돌집을 안타깝게 생각하였는데, 그 이유는 거기에서 처음으로 농촌을 알게 되었기 때문인지도 모른다. 나는 그곳으로 가는, 그늘이 드리워진 기나긴 길과 황량하게 자라나던 정원을 몹시 사랑하였다. 그 집은 무너져 황폐해져 갔고, 현관 벽 틈 사이에서 가느다랗고 우아한 자작나무 한 그루가 자라나고 있었다. 왼편으로는 버드나무 길이 강 옆을 따라 나 있었고, 그 위로 갈대가 있었으며, 하얀 모래가 강 아래쪽에 놓여 있었다. 그 모래에서 그리고 갈대 사이에서 나는, 그때는 열한 살, 열두 살 무렵이었는데, 오전 내내 놀곤 하였다. 한 구부정한 노인이, 그는 정원사였는데, 그 집 앞에 거의 언제나 앉아 있곤 했다. 그는 박하향 내 나는 독주를 증류하였고, 딸기잼을 만들었으며, 아무도 모르게 온갖 채소로 융숭하게 내게 대접해 주었다. 거기 정원에는 까마귀가 많았다. 나무 꼭대기는 까마귀 둥지로 차 있었는데, 까마귀들은 이 둥지 주변을 돌며 까악댔다. 가끔, 특히 저녁 무렵 까마귀들은 날갯짓하며 한 번에 수백 마리씩 엄청나게 큰 소리를 내며 서로 경주를 벌였다. 때로는 한 마리가 나무에서 나무로 급하게 날아다녔고, 그러다가 모든 것이 잠잠해졌다… 밤쯤 부엉이 한 마리가 어디선가 멀리에서 마치 아이처럼 흐느끼거나 큰소리로 웃는 듯했다… 나는 이 모든 새들의 울부짖는 소리가 무서웠지만, 그러나 그 소리를 들으러 갔다.(55)

나에게 시골은 언제나 쇄신의 시간이었다. 나는 시골 생활을 열정적으로 좋아했다. 숲과 들녘 그리고 자유, 그것은 벽돌 담장 안에서 애지중지 과보호 속에 키워진, 그래서 허가를 받아 하인을 동행하지 않고는 문밖 너머로 나갈 구실을 감히 갖지 못하던 나 같은 사람에게는 모든 게 새로운 것이었다.(52)

게르첸이 시골을 예찬한다고 해서 그 생활의 고단함을 모른 것은 아니었다. 그는 이런 생활을 지탱해 주던 집안의 일꾼들 — 하인과 하녀들의 삶을 그 주인의 삶만큼이나 자주 또 자세히 묘사하였다. 그 것은 정직하고 핍진한 묘사였다. 이 묘사에는 깊은 공감과 동료적 인간애가 배어 있었다.

자연이 위대하다면, 그것은 그 자체로 위대하다는 데 있다기보다 어떤 가능성을 비유하기 때문일 것이다. 그 가능성이란 무엇인가?

그것은 끊임없이 순환하는 가운데 항구적이라는 데 있다. '순환한다'는 것은 생겨나고 소멸한다는 것이고, '항구적'이라는 것은 이 생성과 소멸에 일정한 '리듬'이 있다는 뜻이다. 그리하여 자연의 위대함은 곧 리듬의 위대함이다. 이 리듬은 생겨나 자라나고 커졌다가 사라지는 것을 되풀이한다. 아마도 역사에 본질이 있다면, 그 본질은 자연 세계에서 보이는 이 변화하는 리듬과 다르지 않을 것이다. 그것은 단순히 무한정한 성장 혹은 발전을 보여주기보다 성장과 쇠퇴를 오고 가는 일정한 패턴에 가깝다. 고대 그리스 로마의 철학자들은 역사가 들고 나는 이런 패턴 외의 다른 무엇이 아니라고 생각했다.

따라서 자연을 경험한다는 것은 깊은 의미에서 성장과 쇠퇴의 패턴을 감지한다는 것이고, 이 패턴의 감각 속에서 삶의 근본을 돌아본다는 뜻이다. 게르첸이 시골 생활을 즐기는 이유도 그런 것이 아닐까? 그것은 "벽돌 담장 안에서 애지중지 과보호 속에 키워진, 그래서 허가를 받아 하인을 동행하지 않고는 문밖 너머로 나갈 구실을 감히 갖지 못하던" 그 같은 사람에게 "모든" "새로운 것"을 경험하게 하기 때문이다. 그러니 시골 경험은 현상적 세계에 그친 게 아니라, 삶과 역사 그리고 문명을 규정하는 근원적 특징 — 생명 순환의 패턴을 경험하는 시간이 된다.

이런 열린 지각으로 게르첸은 시골집과 이 집으로 가는 "그늘이 드리워진 기나긴 길"과 "황량하게 자라나던 정원"을 아주 사랑하였다. 그 황폐해 가던 집과 현관 벽 틈에서 자라나던 가늘고 우아한 자작나무와 강 옆을 따라 나 있던 "버드나무 길과 이 길 위의 갈대와 강 아래쪽으로 놓인 하얀 모래를 그는 사랑하였다. 그때는 11세 무렵이었다. 그 무렵 한 노인이 정원사로 그 집에 살았다. 그는 박하향내 나는

술을 걸렀고, 딸기잼을 만들었으며, 여러 가지 채소를 그에게 갖다
주기도 했다. 정원의 나무들 주변으로는 수백 마리 까마귀가 떼 지어
날아다녔고, 나무 꼭대기에는 그 둥지도 있었다. 그러다 밤에는 부엉
이가 멀리서 울곤 하였다. "나는 이 모든 새들의 울부짖는 소리가 무
서웠지만, 그러나 그 소리를 들으러 갔다." 새로운 경험에는 무서움
이 동반된다. 그러나 무서움보다 큰 것은 호기심이다. 그리하여 시골
생활은 "쇄신의 시간"이 된다.

　게르첸은 20세 이후 바실렙스코예 시골집에 가지 못한다. 그가 유
배를 당하였고, 그 사이에 아버지가 이 집을 팔았기 때문이다. 그러
다가 1843년 그는, 이때 31세였는데, 다시 이 집을 방문한다. 그렇게
가보지 않을 수 없었기 때문이었다. 이때의 기록도 애잔한 여운을 남
긴다. 시골집으로 가는 길에는 여전히 자작나무 숲이 있었고, 그 언
덕은 호두나무로 뒤덮여 있었다. 강과 여울진 곳이 있었고, 졸졸 흐
르는 물과 조약돌이 부딪히는 소리도 있었다. 마부의 외침이나 말의
애쓰는 모습은 20년 전이나 별반 다르지 않았다. 그러나 10년이 지나
가는 사이 이전의 시골집은 사라졌다. 대신 새로운 집이 들어서 있었
다. 다시 찾아간 이곳에서 게르첸은 등 굽은 한 노인을 다시 만난다.
이 노인은 반쯤 정신이 나간, 일흔쯤 되는 할머니였다.

　이 시골집 할머니는 게르첸을 알아보고는 머리를 흔들고 눈물을
흘리며 이렇게 말한다. "오, 어떻게 주인님마저 늙어가는지. 멀리서
걸음걸이만 보고도 벌써 주인님인 줄 알았답니다."(58) 게르첸은 돌
아가면서 마을의 촌장을 만난다. 촌장은 20년 전의 그 사람, 고르스
키(G. Gorsky)였다. 고르스키는 게르첸이 지나갈 때 모자를 벗고 인사
하였는데, 그가 한참 가다가 다시 돌아보니 바로 그 자리 — 옥수수

밭 한가운데 선 채 아직도 인사를 하고 있었다. 인연의 끈은 이토록 질기다. 이토록 질기면서 그것은 불현듯 사라진다.

3장
대학 시절—20세 무렵

1832년을 전후하여 게르첸은 대학 생활을 시작한다. 두어 해 전인 1830년에 프랑스 7월 혁명의 소식이 전해졌다. 당시 시대상에 대해서는 프랑스 왕가를 중심으로 간단한 정리가 필요하다. 그것은 청년 게르첸의 삶에 결정적 영향을 미치기 때문이다.

나폴레옹의 실각 후 빈 체제로 왕정복고가 이뤄지지만, 루이 18세는 아들 없이 죽는다. 이어 루이 16세의 동생 샤를 10세가 등극한다. 그는 절대왕정으로 돌아가려 했지만, 이 반동정책은 극렬한 저항에 부딪힌다. 그렇게 해서 일어난 것이 1830년 7월 혁명이었다. 그러니까 7월 혁명은 귀족계급에 대한 상층 부르주아의 승리라고 할 수 있다. 7월 혁명에서 왕이 된 사람은 루이 필립이었다. 그는 '프랑스의 왕 필립'이 아니라 '국민의 왕 필립'이라는 칭호를 받는다. 그래서 시민왕(the Citizen of King)으로 불렸다.

처음에 루이 필립은 극우 왕당파와 사회주의자·공화주의자 사이에서 중도 노선을 이어간다. 하지만 반란과 암살 시도가 끊이지 않자 그는 억압적 수단을 동원한다. 그러다가 1848년 2월 파리에서 대규모 봉기가 일어난다. 이것이 2월 혁명이다. 2월 혁명으로 루이 필립은 퇴위되었고, 영국으로 망명을 떠난다. 이때 수립된 임시정부는 공화국을 선포하고, 성년 남자의 보통선거제와 노동권을 선포한다.

1830년에서 1848년 사이 유럽은 사회정치적으로 극심한 혼란을 겪는다. 그런 혼란의 중심에는 사회변혁을 위한 혁명의 움직임이 있었다. 이것은 러시아에서도 마찬가지였다. 사회변혁을 요구하는 목소리는 사람들 사이에서 각종 모임과 토론이 뜨겁게 달아올랐다. 시나 소설, 연극에서도 이런 주제들이 광범위하게 다뤄졌다. 7월 혁명의 여파는 특히 그랬다.

1. 참새 언덕에서의 맹세

당시 30세이던 독일 작가 하이네(H. Heine)는 이 혁명에 열광하였고, 18세이던 게르첸도 다르지 않았다. 이들은 외국에서 전해지는 혁명 소식을 자구 하나하나 좇아가며 알아보았고, 그 지도자를 존경하였으며, 크고 작은 사건의 진행 경로에 환호하고 분노하였다.

1830년을 전후로 러시아 지식인들은 독일 쪽에서 나온 지적·철학적 영향력 아래 놓여 있었다. 그들은 새로운 낭만주의 운동의 열렬한 숭배자였다. 학문적 분야뿐만 아니라 사회경제적·정치적 분야에서도 독일의 영향력은 엄청나게 컸다. 이것은 『나의 과거와 사상』에 묘사된 여러 부류의 사람들에게서, 이들이 교수든 보모든 관리든, 어느 정도 드러난다. 모스크바 대학 입학 후, 게르첸은 러시아 문학과 역사를 배운다. 그러면서 괴테와 실러뿐만 아니라 칸트와 헤겔도 읽는다. 이러한 독서는 그 후 생시몽이나 푸리에 같은 프랑스의 유토피아적 사회주의자들의 저작으로 확대된다. 이런 책들은 당시 검열 대상이었다.

게르첸과 오가료프 등 그의 친구들은 이런 금서들을 열심히 읽었고, 그 위험한 생각들을 공유하였다. 그러다가 체포된다. 게르첸의 아버지는 아들의 형량을 줄이기 위해 애쓰지만, 그의 추방은 불가피했다. 게르첸은 결국 지방도시 뱟카로 유배를 당한다. 그러나 그는, 오늘날 흔히 추측하듯이, 감옥에서 지내는 게 아니라, 지방 행정부에서 사무를 본다. 그것은 아마도 그가 명망 있는 귀족 가문의 후손이었기 때문이었을 것이다. 더욱이 러시아 땅은, 앞서 보았듯이, 광대하다. 그 때문에 통제나 감시도 중앙에서 멀어질수록 느슨해질 수밖에 없다. 이런 유배지 생활에서도 그는 지방정부와 관리들이 어떻게 일하고 살아가는지를 관찰하고 기록한다. 나중에 그의 아내가 되는 사촌 나탈리야와의 편지 교류도 이때 시작된다.

이 같은 청년기 활동에서 하나의 의미심장한 사건이 20~21세 때 게르첸이 '참새 언덕(The Sparrow Hills)'에서 친구들과 했던 맹세였다. 참새 언덕에서의 맹세에는 그에 앞선 이야기가 있다. 그것은 1826년에 일어난 데카브리스트 당원들의 교수형이었다. 헌법에 보장된 자유를 위해 투쟁하다가 처형된 이 귀족 청년들의 삶은 14세의 게르첸에게 지울 길 없는 인상을 남긴다. 그들의 부당한 죽음은 그에게뿐만 아니라, 그 시대의 뜻있는 청년들에게도, 또 러시아 지식인들에게도 자유를 위한 투쟁을 상징하는 역사적 사건이었다. 여기에는 더 오래된 이야기도 있다.

훨씬 더 어렸던 시절의 어느 날 게르첸이 프랑스어 가정교사에게 '왜 루이 16세가 처형되었는가'를 물었던 적이 있었다. 이 물음에 대하여 그 가정교사는 "그가 나라를 배반했기 때문"이라고 대답했다. 아마도 이 무렵 게르첸은 인간의 자유와 평등을 알게 되었을 것이고, 이때 이후 인간 품위에 대한 고귀한 감각을 자신의 영혼에 새겼는지도 모른다. 그가 아버지의 서재에서 프랑스 계몽주의 관련 책을 더 열심히 읽은 것도 그런 이유에서일 것이다.

'참새 언덕'은, 지금 구글 어스(http://earth.google.com)로 검색해 보면, 모스크바 대학 안에 위치한 것으로 나타난다. 어린 시절 게르첸은 건너편 루즈니키(Luzhniki)에서[1] 몇몇 친구들과 어울려, 또 아버지와 함께 배를 타고 모스크바강을 건넜다. 그리고 건너편 참새 언덕에 올라 젊은 예술가로 죽었던 비트베르크(Vitberg)를[2] 추모하는 사원에 들러 돌을 놓은 적이 있다. 이 언덕에서 시내를 바라보면, 모스크바시의 전체 정경이, 『나의 과거와 사상』에 따르면, "시선이 가 닿는 곳 너머까지"(62) 펼쳐진다. 싱그러운 바람이 얼굴을 스치자, 그는 오가료프와 얼싸안으며 "우리가 선택한 싸움을 위해 목숨을 바치겠노라"라고 맹세한다.(62) 그 맹세는 인간 권리를 위한 싸움을 향한 것이었다. 게르첸과 그 친구들은, 마치 데카브리스트 당원들이 입헌군주정을 위해 싸우다가 죽은 것처럼, 자신들도 숭고한 대의(大義)를 위해 몸 바치겠다고 다짐했던 것이다.

---

1   루즈니키는 모스크바 시내에서 남서쪽으로 7~8km 정도 되는 거리에 있다.
2   알렉산드르 비트베르크(A. Vitberg)는 예술적 뜻을 굽히지 않다가 죽은 젊은 화가다. Herzen, *My Past and Thoughts*, 199-209 참조.

그때 이후 참새 언덕은 1년에 한두 번씩 게르첸이 가곤 하던 숭배의 장소가 되었다. 친구 오가료프가 자신의 시적 재능을 믿느냐면서 그에게 보낸 편지의 일부는 바로 이때의 맹세를 잘 보여준다.

나는 멀리 떠나와 슬픔을 느낀다네. 이전에 결코 느낀 적이 없는 슬픔 말일세. 그것은 참새 언덕 때문이라네. 오랫동안 나는 내 속에 있던 열정을 숨겨왔네. 수줍음 때문인지 그 밖의 무엇 때문인지 나 자신도 모르겠지만, 난 말할 수 없었다네. 그러나 참새 언덕에서 그 열정은 고독의 짐을 지고 있지 않았네. 자네가 그 짐을 나와 함께 나눠졌기 때문이지. 그 순간을 잊을 수 없었다네. 지나간 행복의 기억처럼 그것은 내가 가는 곳이면 어디든 나를 따라왔다네. 반면 내 주변에는 숲 외에 아무것도 없다네. 모든 게 파랗고, 어두울 정도로 파랗다네. 내 영혼에는 어둠, 어둠이 있다네.

때가 되면 나에게, 이 자리에서 — 이곳은 참새 언덕인데 — 우리 삶의 이야기가, 자네와 나의 삶이 어떻게 펼쳐지기 시작했는지 적어 보내게.(63)

데카브리스트 당원들의 사건 이후 이들의 대의에 공감하는 청년 지식인들이 늘어난다. 그에 따라 러시아 대학에서의 검열도 심해진다. 많은 학생들이 소리 소문 없이 사라지기 시작하는 것도 이 무렵이다. 누군가는 강의실에서 말하다가 잡혀가고, 누군가는 한밤중에 자고 있다가 잡혀갔다. 누군가는 논문 때문에 잡혀가고, 누군가는 신문을 발간하고 책자를 편집하다가 잡혀갔다. 많은 사람들이 매일 체포되거나 해고되었다. 모임이나 집회는 해산되었다. 모두들 언제라도 유배당할지 모른다는 극심한 위험과 불안 속에서 전전긍긍하며 살아야 했다. 이 시절의 우울한 이야기 가운데 하나가 이때 잡혀간

폴레자예프(Polezhayev)에 대한 것이다.

2. 폴레자예프

폴레자예프는 게르첸의 여러 친구 가운데 한 명이었다. 그는 뛰어
난 시로 유명해진 대학생이었다. 1826년 니콜라이 황제의 즉위식 후,
그는 '조국의 적을 타도하는' 데 골몰하였다. 그러던 어느 날 비밀경
찰이 그의 시를 문제 삼아 황제에게 보고하였다. 그래서 그는 군 복
무라는 처벌을 받았다. 황제가 그의 어깨에 손을 얹고 "네 운명은 내
손에 달려 있네. 만약 내가 잊으면 편지해도 좋네"라고 말했기 때문
에 그는 그 후 서너 차례 편지를 황제에게 보냈다. 하지만 답장은 없
었다.

폴레자예프는 카프카즈로 보내졌다. 그는 임관은 되지 않은 장교
로 진급했다. 그러나 수년이 지나는 동안 그는 따분한 유배지 현실에
서 점차 망가졌다. 니콜라이 황제의 영광을 노래했다면, 그는 그 상
황에서 벗어날 수도 있었을 것이다. 하지만 그렇게 할 수 없었다. 이
현실에서 벗어날 수 있는 다른 한 가지 방법은 술이었다. 그는 현실
을 잊으려고 술을 마셨다. 이 무렵 그는 이런 시를 썼다.(120)

나는 홀로 죽었고,

어떤 도움도 옆에 없었네.

나의 악령은

조롱하듯 지나갔네.

나중에서야 폴레자예프는 모스크바 부근의 연대로 전출되었지만, 그때에는 이미 악성 폐결핵이 그를 갉아먹고 있었다. 게르첸이 그를 알게 된 것도 1833년 이 무렵이었다. 몸은 점차 쇠약해졌고, 그러다 가 그는 군 병원에서 죽는다. 여기에 대해 게르첸은 적는다.

그의 친구 중 한 사람이 나타나 시신을 묻어주려고 수소문해 보았지만, 그가 어디에 있는지 아무도 몰랐다. 군 병원은 시신을 밀거래했다. 그것을 대학과 의대병원에 팔았고, 뼈가 남을 때까지 끓이는 등의 일을 저질렀다. 마침내 그는 어느 지하 저장고에서 폴레자예프의 몸을 발견했다. 그는 다른 사람들의 시체 더미 아래 놓여 있었고, 쥐가 그의 한쪽 발을 갉아 먹고 있었다.

그의 죽음 이후 그의 시가 출간되었고, 민간 옷차림을 한 그의 초상화가 그 책에 실릴 예정이었다. 하지만 검열관은 이것이 부적절하다고 생각했다. 그래서 이 가련한 순교자는 장교의 견장을 한 채 그려졌다. 그는 병원에서야 진급했던 것이다.(120)

한 재능 있는 시인은 이런 식으로 생애를 마감한다. 그가 보낸 여러 편지는 황제에게 도달되지 못한다. 그러다가 그는 술에 의지하고, 이 술에 기댄 채 시를 쓰다가 병들어 죽는다. 그러나 그렇게 죽은 몸도 안식처를 찾지 못하는 것은 살아 있을 때와 다르지 않았다. 그의 시체는 밀거래되었기 때문이다.

이제 폴레자예프의 죽음에 대한 기록은 게르첸의 이 글 외에 없다. 그의 시체가 어디에 있는지 처음에는 아무도 몰랐다. 이것은 그가 살아 있을 때 그의 시를 아무도 이해하지 못했던 사실과 비슷한지도 모른다. 시인은, 죽든 살아 있든, 이해받지 못한다. 시인이 이해받는다면, 그것은 예외적인 경우다. 어쩌면 시는 인간 세상의 것이 아닐지도 모른다. 시는 인간만이 부를 수 있는 노래이지만, 그러나 이 노래는 사람들 사이에 이해되기 어렵다. 무엇이 인간을 노래할 수 있을까? 인간이 노래할 수 있고, 노래해도 좋은 것은 무엇일까? 어쩌면 예술은 인간이라는 종(種)에게는 사치스러운 형식일지도 모른다. 폴레자예프의 시신은 "지하 저장고"에서 발견된다. 죽은 그의 몸 옆에는 쥐들만 서성거린다.

이렇듯이 게르첸의 『나의 과거와 사상』에는 적지 않은 사람들의 놀라운 삶이 기록되어 있다. 이름이 있거나 없거나 이 같은 기록이 없었다면, 그들은 아마 영원히 망각되었을 것이다. 그러니 글은 그 자체로 망각을 거스르는, 망각을 거슬러 죽은 자를 지금 여기로 불러들이는 소환(召喚)과 호명(呼名)의 행위다. 글은 죽은 영혼을 위로하는 일 ─ 위령(慰靈)의 실천이 아닐 수 없다.

3. 바딤

게르첸이 청년 시절 만난 친구들은 여러 가지로 흥미롭지만, 그들은 대개 비슷한 환경 아래 비슷한 생각과 기질을 공유했다. 하지만 전혀 다른 환경에서 태어나고 자라난 친구도 있었다. 그런 친구가 전혀 다른 성향임에도 서로 통할 뿐만 아니라, 여느 다른 친구들보다 더 많은 자극을 줄 수도 있다. 신기한 일이 아닐 수 없다. 그중 하나가 시베리아에서 온 바딤이었다.

우리에게 새로운 많은 것들이 바딤에게 있었다. 약간의 차이는 있지만 우리 모두는 비슷한 방식으로 발전해 갔다. 말하자면 우리는 모스크바나 시골 영지 외에 아무것도 몰랐다. 우리는 비슷한 책에서 모든 것을 익혔고, 비슷한 선생으로부터 수업을 받았으며, 대학에 들어가기 전의 준비로 집이나 기숙학교에서 교육을 받았다. 바딤은 시베리아에서 그의 아버지가 추방되었던 기간에 가난과 궁핍의 한 가운데서 태어났다. 그의 아버지가 그에게는 선생이었다. 형과 누이가 있는 큰 가정에서 그는 가난의 참담한 무게 아래, 그러나 완전한 자유 속에서 자라났다. 시베리아는 우리의 지방적인 낙인(烙印)과는 완전히 다른 그만의 흔적을 남겼다. 그것은 천박하고 옹졸한 것과 거리가 멀었다. 그것은 훨씬 더한 건강성과 더 나은 기질을 보여주었다. 바딤은 우리와 비교하면 사나웠다. 그의 대담함은 종류가 달랐고 우리 같지 않았다. 그것은 전설적 영웅인 보가티르(bogatyr)를 닮았고, 때로는 거만했다. 이 불운한 귀족은 자기 안에 독특한 자존감을 키우고 있었다. 하지만 그는 다른 사람을 사랑할 줄 알았고, 아낌없이 헌신하였다. 그는 대담하였고, 심지어 지나칠 만큼 무모했다. 시베리아에 태어난 사람은, 더욱이 추방된 가정에서 태어난 그는 시베리아를 두려워하지 않는다는 점에서 우리보다 우월했다.

바딤은 가족 전통에 따라 혼신의 영혼으로 전제정치를 증오하였고, 그 때문에 그는 만나자마자 우리의 마음을 사로잡았다.(103)

바딤의 예에서 보듯이, 전혀 다른 환경에서 태어나고 자라나도 사람은 어떤 올바른 삶을 추구할 수 있다. 그리고 이 방향에서 다른 사람들의 공감을 불러일으킬 수 있다. 흥미로운 일이 아닐 수 없다. 그 환경이란, 바딤의 경우, 가족이고 시베리아다. 그의 아버지는 추방된 사람이었고, 그의 유배지는 혹한이 휘몰아치는 "가난과 궁핍의 한가운데"였다.

절대적으로 불리한 이 같은 공간에서도 인간의 심성이 반드시 불리하게 자라나는 건 아니다. 바딤은 사납고 거칠었지만, 게르첸이 보기에 "가난의 참담한 무게 아래, 그러나 완전한 자유 속에서, 자라났다. 시베리아는 우리의 지방적인 낙인과는 완전히 다른 그만의 흔적을 남겼다. 그것은 천박하고 옹졸한 것과는 거리가 멀었다. 그것은 훨씬 더한 건강성과 더 나은 기질을 보여주었다." 이처럼 더 나은 건강성과 기질이 바딤으로 하여금 정치에 대해서도 올바른 방향으로 가게 했을 것이다. "바딤은 가족 전통에 따라 혼신의 영혼으로 전제정치를 증오하였고, 그 때문에 그는 만나자마자 우리의 마음을 사로잡았다."

이때 게르첸은 19세였다. 바딤과의 만남 이후 둘은 서로 떼려야 뗄 수 없는 친구 사이가 되었다. 그의 웃음과 외침, 친절과 분노는 그 후 맞닥뜨리게 되는 모든 모험의 시간마다 되울렸다고 게르첸은 회고한다. 이렇듯이 그가 어린 시절부터 청년 시절을 거쳐 만나게 되었고, 수감과 유배의 경험 속에서 알게 된 사람들의 계층이나 직업의 종류는 무척이나 많다. 놀라운 것은 이들에 대한 그의 관점이 어디서나 열려 있고, 상당할 정도의 균형감각을 가지고 있다는 점이다. 이것은 그를 감시하고 유배를 보낸 경찰이나 군인을 언급할 때도 다르지 않다.

세상에는 어떤 다른 직업을 찾을 수 없어 경찰이나 군인이 된 경우도 적지 않다. 그런 경우 이들은 이 직업을 스스로 선택한 것이고, 그 직업은 그의 생업이 될 것이므로 그는 그 일에 헌신적으로 종사한다. 이것은 그 자체로 하나의 윤리라고 할 수 있다. 직업에의 헌신적 복무는 그가 군인이나 경찰로서 행한 '서약'과 '맹세'에의 충실이고, '의무'의 수행이기 때문이다. 그러나 이런 맹세의 현실과 이 맹세가 낳는 결과 사이에는 간극이 있다. 이 간극은 때때로 혹은 예상하는 것보다 더 자주 나타나기도 하고, 그 폐해는 드물지 않게 혹독할 수도 있다.

그리하여 의무와 현실의 간극이 불가피한 것처럼, 간극으로 인한 고통도 불가피하다. 그래서 적지 않은 당사자가 죄의식을 갖는다. 그러나 이 같은 죄의식이 가해자라고 없는 것은 아니다. 이런 이유로 우리는 직무에 대한 이들의 전념을 무작정 지탄할 수 없다. 그래서 게르첸은 이렇게 생각하는 듯하다. "사람들의 전체 계급을 딱지로, 도덕적 카드 색인으로, 그들 일의 주된 특성으로 통째 비난하는 것보다 더 협소하고 더 비인간적인 일은 이 세상에 없다. 이름이란 끔찍한 것이다… 명칭을 넘어서는 수고를 할 수 없거나 하지 않으려는, 그래서 죄의 장벽을 넘어서고, 혼란스럽고 잘못된 입장을 넘어서는 대신, 오히려 그런 수고에서 점잖게 벗어나 그 모든 것을 내던져버리는 사람들을 나는 혐오한다."(152) 예리한 분석이자 폭넓은 통찰이 아닐 수 없다.

4. 육체의 구제 ─ 여성해방

여성해방에 대한 게르첸의 언급도 흥미롭다.

한편으로 '여성해방'이 왔는데, 이것은 공동의 노동에 참여하라는 부름이었고, 여성의 운명을 그녀 자신의 손에 부여하는 일이었으며, 여성을 동등한 존재로서 연합하는 일이었다.

다른 한편으로 정당화 ─ '육체의 구제(réhabilitation de la chair)'가 왔다!

인류 사이에 새로운 관계라는 온전한 세계를 담은 위대한 말들이었다. 그것은 건강의 세계였고, 정신의 세계였으며, 아름다움의 세계이자 자연적 도덕성의 세계였다. 그러므로 그것은 도덕적 순수성의 세계였다. 많은 사람들이 해방된 여성과 육체의 권리에 대한 인정을 비웃으며, 이것에 더럽고 천박한 의미를 부여하였다. 수도원처럼 타락한 우리의 상상력은 육체를 두려워하고 여성을 두려워한다. 예민한 사람들은 '육체를 정화하는 세례'가 기독교의 종말을 알리는 조짐임을 파악하였다. 삶의 종교는 죽음의 종교를 대체하게 되었고, 미의 종교는 기도와 단식에 의한 채찍과 고행의 종교를 대체하기에 이르렀다. 십자가에 못 박혔던 몸은 다시 일어나 더 이상 자신을 부끄러워하지 않았다. 인간은 하나의 조화로운 통일성을 획득하였고, 그가 온전한 존재이기 때문에 서로를 제약하는 두 가지 다른 쇠 저울처럼 이뤄진 게 아니라는 것을, 그래서 자신에게 붙은 적(敵)이 사라져버렸음을 직감하였다.(115)

게르첸의 언어는 선명하다. 하지만 선명한 언어는 대체로 단정적(斷定的)이기 쉽다. 그래서 사실의 복잡성을 왜곡한다. 그러나 어떤 선명한 언어는 단순화하지 않는다. 철저하게 사고된 경우가 그렇다. 그래서 그 언어는 다른 가능성으로 열려 있다. 게르첸의 언어가 그렇다. 그는 열린 시야로 대상의 '전체'를 염두에 둔다. 그러면서 최대한 선명하게 대상의 특성을 추출해 낸다. 이것이 어떻게 가능한지 더 구체적으로 살펴보자.

4.1. 여성-육체-건강-도덕성

윗글의 출발점은 여성해방이고, 이 여성해방은 '육체의 구제'에서 온다. 우리가 가진 몸 혹은 육체 혹은 살의 중요성을 인식한 것이다. 육체의 중요성에 대한 이 같은 인식은, 이것이 중요한데 — 그러나 육체적인 차원에만 머무르지 않는다. 이 육체는 "정신"과 "아름다움" 그리고 "도덕성"에 이어져 있다. 그래서 종교의 차원으로 나아간다. 그렇다면 육체의 억압은 정신과 신성의 억압이다.

그러므로 육체의 찬미는 곧 삶의 찬미와 다르지 않다. 반면에 육체의 경멸은 삶의 억압이고 죽음의 예찬이다. 그래서 게르첸은 쓴다. "삶의 종교는 죽음의 종교를 대체하게 되었고, 미의 종교는 기도와 단식에 의한 채찍과 고행의 종교를 대체하기에 이르렀다." 그러니까 여성의 해방에서 그가 복권시키고자 하는 것은 단순히 여성이 아니다. 또 육체에만 해당되는 것도 아니다. 그가 옹호하려는 것은 육체에 의해 대변되는 삶과 생명이고, 이 삶과 생명을 구성하는 건강과 아름다움 그리고 "자연적 도덕성의 세계"다.

여성의 권리에 대한 게르첸의 관심은, 앞서 살펴보았듯이, 집안에서 그와 그의 어머니가 가졌던 기이한 자각 — 16세의 독일 처녀로서 고향을 떠나 러시아라는 낯선 나라로 오게 된, 그래서 이 거대한 나라의 어느 귀족 집안에서 결혼식도 올리지 못한 채, 이 집의 한구석에서 자신의 염원과 갈망을 억누르고 살아야만 했던 어머니의 고통에 대한 자각에서 비롯되었을 것이다. 어머니의 삶에 대한 이러한 자각은 이 집안에서의 자기 위치에 대한 자각과 이어져 있다. 그 자각은 그의 출생과 관련된 뿌리 깊은 사안이었고, 혈육의 기원에 관계된 본능적인 것이었다.

이런 개인적 삶의 불우는, 앞서 보았듯이, 농노나 농민의 불우한 삶과 사회적으로 이어지는 문제이기도 하였다. 『나의 과거와 사상』의 여러 군데서 여성의 고통과 그 희생에 대한 자연스러운 공감이 보이는 것은 그런 이유에서일 것이다. 두어 군데만 더 살펴보자.

> 여성의 교육에 자리한 관습적 편견을 무너뜨리기 위하여 누가 진지하고도 정직한 시도를 하였던가? 그 편견들은 경험으로 망가졌고, 그래서 고통받는 것은 삶이지 관습이 아니다.(438)
>
> 간단히 말해 여성의 전체 훈련은, 부정적이든 긍정적이든, 성적 관계에 대한 훈련으로 남아 있다. 그녀의 이어지는 모든 삶은 그 관계를 중심으로 돈다. 그 관계로부터 그녀는 달아나고, 그 관계를 향해 달려가며, 그 관계로 망신당하며, 그 관계로 자부심을 갖는다…
>
> 신부나 아내 그리고 어머니는 노인의 나이가 되어서야 '할머니'로서 성적 삶으로부터 해방되고, 특히 할아버지가 죽게 되면 하나의 독립적 존재가 된다. 사랑 때문에 자국이 남은 여성은 그로부터 곧 벗어나지 못한다… 임신과 수유 그리고 양육은 모두 동일한 신비의 진화이고, 사랑의 동일한 행위이다. 그것은 여성에게 기억 속에서뿐만 아니라 피와 몸속에서도 계속되고, 그녀 속에서 발효하고 익으면서, 그 결속을 끊지 않은 채, 떨어져 나간다.(440)

게르첸은 "여성의 전체 훈련이, 부정적이든 긍정적이든, 성적 관계에 대한 훈련으로 남아 있다"는 엄혹한 사실을 직시한다. "그녀의 이어지는 모든 삶은 그 관계를 중심으로 돈다. 그 관계로부터 그녀는 달아나고, 그 관계를 향해 달려가며, 그 관계로 그녀는 망신당하며, 그 관계로 자부심을 갖는다." 그만큼 성적 관계는 여성의 삶에서 절대적이다. 아무도 말하지 않은, 누구도 말하기를 꺼렸던 삶의 은폐된 사실에 대한 가차 없는 폭로가 아닐 수 없다.

사실 여성의 역할과 가능성은 얼마나 육체적으로, 혹은 더 구체적으로 말해 성적으로 제한되어 있는가? 거꾸로 "하나의 독립적 존재"로서의 여성은 여성의 가능성을 성적 차원에서만 보기를 그만두는 것, 그래서 성적 차원을 넘어 보는 데서 시작될지도 모른다. 그러나 이 관습적 편견들(conventional prejudices)은 어떤 슬로건이나 주장으로 극복되기 어렵다. 강고한 편견들은 경험 속에서 무너진다. "그 편견들은 경험으로 망가졌다." 그러나 '그때까지', 중요한 것은 바로 이러한 사실인데, "고통받는 것은 삶이지 관습이 아니다"는 점이다. 그러니까 여성들의 개별적 삶은, 적어도 관습적 편견들이 지배하는 한, 계속 망가지고, 따라서 고통은 계속된다.

　어쩌면 관습도, 그것이 고통을 주는 게 아니라면, 고칠 필요가 없을 것이다. 우리가 관습을 고쳐야 한다면, 그것이 개개인에게 아픔을 야기하는 악이기 때문이다. 그러니까 관습보다 중요한 것은 매일의 건강한 삶이다. 그렇다면 교육의 목표는 고통 없는 삶이다. 아니 삶에 어떤 고통은 불가피하다면, 이 고통을 최대한으로 줄이는 것, 적어도 인위적 고통은 야기하지 않는 일이다. 그러나 이 같은 관습과 관습 속의 편견 때문에 삶의 고통은 여전히 이어진다.

　여성의 고통은, 게르첸이 지적한 대로, 임신이나 출산 그리고 양육이라는 몸과 관련된 문제이기 때문에, 더 직접적이다. 그녀의 고통은 남성의 그것보다 더 혹독하고, 시간적으로 더 넓게 걸쳐 있다. 그리하여 이 고통으로부터 벗어나는 것은 아주 드물다. "여성이 이러한 혼란으로부터 벗어나는 것은 하나의 영웅적 위업이다. 단지 드물고 예외적인 본성이 그것을 해낸다." 이 드문 여성을 게르첸은 찬탄한다. 그래서 이렇게 묻는다. "여성에게는, 그녀가 사로잡힌 모든 울타리와 모든 절벽을 넘어설 수 있는 얼마만 한 넓이와 얼마만 한 아름다움과 인간 본성의 힘과 발전이 있는가?"(440) 이런 드문 여성과는 달리 대부분의 사람들은, "위협적 충격이나 충돌을 만날 때도 아무렇지도 않게, 그래서 하루에서 하루로, 우연에서 우연으로, 모순에서 모순으로 아무런 생각 없이 지나가면서 산다."(440)

아마도 그럴 것이다. 이제 필요한 것은 "온전한 존재" ― "하나의 조화로운 통일성"이다. 이 온전한 존재이자 조화로운 통일성은 무엇보다 육체와 정신을 외면하지 않는 데 있다. 그것은 이 둘을 "서로를 제약하는 두 가지 다른 쇠 저울"로 간주하는 것이 아니라, 서로를 보완하는 영역으로 받아들이는 일이다.

이때 육체의 인정은 단순히 여성해방에만 그치지 않을 것이다. 그것은 여성해방을 포함하는 인간해방이 될 것이다. 모든 인간이 해방되는 세계에서 정신이나 도덕 그리고 미는 온전하게 구현되어 있을지도 모른다. 근대 세계, 특히 1789년 프랑스 혁명이 쟁취한 가치는 바로 이런 것들이었다고 게르첸은 판단한다. 이런 가치들은 혁명으로 전복되지만, 완전히 극복되기보다는 프티 부르주아(petit bourgeois) 계층에 의해 '수습'되면서 오히려 '강화'되어 버렸다고 그는 진단한다. 그의 부르주아에 대한 비판은 이처럼 신랄하다.

4.2. 여성해방에서 인간해방으로

해방에 대한 관심이 여성해방에 그치지 않고 인간 일반으로 나아가는 것은 게르첸의 보편적 관심 때문일 것이다. 이 보편적 관심은 인간이라면 누구나 처해 있는 삶의 근본적 한계 조건에 대한 성찰에서 나온다. 다음 구절은 그의 아버지가 죽기 전의 모습이다. 이 모습에 대한 서술은 삶의 한계 조건에 대한 성찰적 예로 보인다.

그때만큼은 내가 그의 음산한 삶을 제대로 알아보았다. 이 외롭게 내버려진 존재의, 그 스스로 만들어낸 무미건조하고 가혹하며 돌처럼 차가운 황량함 속에서 죽어가는 존재의 우울한 중요성을 나는 비통한 마음으로 바라보았다. 그러나 그에게는 이것을 바꾸려는 의지가 없었다. 그는 이 점을 알았다. 그는 죽음이 다가오는 것을 보았고, 자신의 허약함과 병약함을 이겨내면서 빈틈없이 그리고 고집스럽게 자신을 제어했다. 나는 이 노인에게 끔찍할 정도로 죄송스러웠지만, 할 수 있는 게 없었다. 그는 다가가기 어려웠다.

가끔 나는 그의 서재를 조용히 지나갔다. 이 서재의 딱딱하고 푹 꺼져 불편한 팔걸이의자에 앉아 그는 홀로 개들에게 둘러싸인 채 세 살짜리 내 아들과 놀았다. 이 노인의 꽉 쥔 손과 얼어버린 신경은 아이를 보면 풀어지는 것처럼 보였다. 죽어가는 손으로 아이의 요람을 만지면서 그는 자신이 가진 끊임없는 불안과 갈등 그리고 속상함에서 벗어나는 휴식을 발견했다.(79)

게르첸이 두 번째 추방에서 돌아온 것은 1842년이다. 30세 때였다. 이때 그의 아버지는 75세의 노인이었다. 그의 아버지는 10년 전이나 20년 전이나 뭔가 박탈당한 사람들 사이에서 오랫동안 산 사람처럼 아무도 가까이 하지 않았고, 누구와도 화해하려 하지 않았다. 그는 지상의 모든 사람과 적대적인 관계를 유지했다. 그것은 외롭고 쓸쓸한 일이었다. 이러한 고독은 상원의원 형이 죽은 후 더욱 심해진다. 이 황량한 분위기는 아버지가 세상을 떠날 때까지 계속된다.

이 장면에서 우리가 보는 것은 한 인간의 말년 삶이 보여주는 어떤 한계다. 이 한계는, 그의 지위가 어떠하고, 그의 재산이나 권력이 얼마만 했는가에 관계없이, 사실 모든 인간에게 정도의 차이가 있는 채 나타난다. 공통된 것이란 "외롭게 버려진 존재"로서의 인간이다. 이 존재는 "무미건조하고 가혹하며 돌처럼 차가운 황량함"에서 오지만, 그는 이 황량함을 스스로 만들기도 한다. 그리하여 이 조건은 실존적 한계상황을 이룬다.

실존적 한계상황을 구성하는 핵심 인자는 아마도 외로움일 것이다. 혹은 '홀로 내버려짐'이라고 말할 수도 있다. 이 내버려진 존재가 느끼는 감정이 곧 외로움이다. 외로움 앞에서 게르첸은 "비통한 마음으로 쳐다본다". 하지만 그가 할 수 있는 것은 없다. "나는 이 노인에게 끔찍할 정도로 죄송스러웠지만, 할 수 있는 것이 없었다. 그는 다가가기 어려웠다." 내버려진 인간에게 다른 한 인간이 해줄 것은, 적어도 궁극적으로는, 없다. 다른 인간 역시 외로운 존재이고, 그가 지금 외롭지 않다면 머지않아 외로워질 것이기 때문이다. 그리하여 모든 인간은, 궁극적으로, 모든 인간으로부터 버려진다. 따라서 외로움은 홀로 감당해야 한다.

아마도 삶의 많은 것은 바로 이것 — "다가가기 어려움"에 있을 것이다. 다가가기 어려움은 1차적으로 물리적 접근의 불가능성을 말하지만, 2차적으로 소통의 불가능성이기도 하다. 그래서 게르첸은 아무 말도 건네지 못한 채 "가끔 그의 서재를 조용히 지나"간다. 그러면서 그가 "이 서재의 딱딱하고 깊숙이 꺼져서 불편한 팔걸이의자에 앉아", 그리고 "개들에게 둘러싸인 채 세 살짜리 내 아들과 홀로 노는" 것을 본다. "노인의 꽉 쥔 손과 얼어버린 신경이 아이를 보면 풀어지는 것처럼 보였다." "죽어가는 손으로 아이의 요람을 만지면서 그는 자신이 가진 끊임없는 불안과 갈등 그리고 속상함에서 벗어나는 휴식을 발견하였다."

삶의 외로움 속에서 우리가 할 수 있는 것은 자신에 대한 다독거림이다. 이 다독거림은, 거듭 말하여, '각자 행해진다'. 따라서 그 정확한 주어는 '우리'가 아니다. 그 주체는 '나' 혹은 '개인'이다. 각자는 자신만 다독일 수 있을 뿐이다. 이 소통의 방식은 말로 이뤄지기 어렵다. 노인의 옆에 사람이 아니라 "개들"이 있는 것은 그런 이유에서일 것이다. 각자는 아무런 말 없이, 오직 침묵이라는 원시적 방식으로만 위로를 주고받을 수 있다. 그것은, 냉정하게 보면, 위로이면서 위로이기 어렵다. 그러므로 인간이 주고받을 수 있는 것은 위로일 수도 없는 위로일 뿐이다.

이런 점에서 게르첸은 단순히 '러시아 사회주의 혁명의 아버지'이거나 '19세기의 대표적 러시아 지식인'에 그치는 게 아니다. 이런 명칭은 지나치게 상투적이고 허술하며 안이하다. 나는 그렇게 생각한다. 이런 점도 물론 있다. 하지만 게르첸은 삶의 가능성을 그 한계까지 밀고 가면서 묻고 천착한 거대한 영혼의 인간이 아닐 수 없다. 더 나은 삶의 가능성은 어두운 일상의 심연과 대결하지 않고는 불가능하다.

4장
감옥과 추방, 귀환과 또 한 번의 추방
(1834~1847)

최후의 것은 아직 뒤에서 보이지 않고, 새로운 것에 대해서는 소문만 있다. 우리는 지도자의 부재 기간(interregnum)에 있다. 계승자가 도착할 때까지 경찰이 모든 것을 외적 질서의 이름으로 쥐고 있다. 권리에 대해서는 아무런 언급이 있을 수 없다. 그것이 역사의 사적 형벌(lynch law)이다.

— 게르첸, 『나의 과거와 사상』(1982: 455)

근대적 관료체제의 기틀을 마련한 표트르 1세의 재임 이후 러시아에서는 여러 후계자가 잇달았고(1725~1762), 그 후 예카테리나 여제의 치세(1762~1796)가 이어진다. 1800년 알렉산드르 1세의 집권 이후 그는 1812년 나폴레옹의 침략전쟁을 막는다. 그는 이 군사적 승리를 발판으로 농노제를 포함하여 기존 질서의 유지에 집중하는 보수

정책을 편다. 게르첸은 알렉산드르 치하에서 정치적 억압은 드물었다고 쓰고 있다. 예를 들어 황제가 푸시킨을 추방하긴 해도 일반 백성을 박해하진 않았다. 그때까지 비밀경찰이 독립적 조직으로 성장하지 않았기 때문이다.

하지만 알렉산드르 치하에서 교육받은 청년들의 수는 점차 늘어났고, 그들은 서구 유럽의 지적·문화적 영향 아래 개혁을 요구하기 시작한다. 1820년을 전후하여 여러 형태의 비밀결사조직도 활발해진다. 저 유명한 데카브리스트 사건이 일어난 것도 이 무렵이었다. 데카브리스트들은 알렉산드르 1세의 사망 소식이 알려진 1825년 12월에 거사를 모의하였다. 그러나 이 음모는 사전에 들켰고, 그 주동자들은 체포되었다. 그 가운데 5명은 이듬해 사형되고, 나머지는 수감되거나 유배당한다.

데카브리스트 반란의 충격 속에서 니콜라이 1세는 1825년에 즉위한다. 그는 30년 통치 기간 동안(1825~1855) 강권과 억압의 정책을 폈다. 그는 기본적으로 보수 반동적이었고, 어떤 정치적 변화에도 반대한다. 그는 러시아 정교와 민족주의 그리고 전제정치를 내걸면서 유럽에서 밀려오는 사회정치적·문화적 영향으로부터, 또 계몽주의적 사상운동으로부터 완벽한 단절을 꾀한다. 그는 통치 조직을 강화하여 강력한 전제주의를 실현하려 했다. 그는 이 조직 아래 이른바 '제3부(The Third Section, The Third Department of Ministry)'를 두었다. 이것은 벤켄도르프(A. Benckendorff) 장군이 이끄는 악명 높은 비밀경찰부였다. 이 조직으로 러시아 인민에 대한 감시와 체포, 통제와 검열을 담당하였다. 게르첸도 이 3부를 자주 언급한다. 니콜라이 1세가 흔히 '몽둥이 차르'로 불리는 것은 이런 이유에서다.

니콜라이 1세는 잔혹하리만큼 냉정했다. 그는 사소한 일에 까탈스럽고 옹졸한 데다가 복수심마저 강한 인물이었던 것으로 알려져 있다. 그에게는 어떤 관대함도 자비심도 없었다. 그는 사형제도도 도입하였다. 프로이센 모델에 따른 반개혁적 슬라브주의적 보수성향은 1848년 무렵 유럽 각국에서 일어났던 여러 혁명 이후에 더 심해진다.[1] 그는 외국으로부터의 모든 영향에 적대적이었을 뿐만 아니라 여하한의 변화 조짐에도 경계하였고, 온건한 자유주의 사상마저 의심하고 검열하였다. 그는 결국 크림전쟁에서 패배한 충격에서 헤어나지 못한 채 1855년에 죽는다.

이어 알렉산드르 2세(1818~1881)가 1855년부터 집권하였다. 그의 재위 기간은 1881년까지 이어진다. 그는 사회 전반에 걸친 대대적인 개혁정책을 실시하면서 러시아 제국의 후진성을 극복하고자 애썼다. 이것이 러시아의 대개혁기다.

알렉산드르 2세는 1861년 2월 19일 농노해방령을 통해 농노 폐지를 선언하는 등 국방과 재정, 교육과 지방자치 그리고 사법 분야에서 과감한 근대화를 주도한다. 하지만, 많은 일이 그러하듯이, 개혁의 범위와 절차, 수준과 결과를 놓고 크고 작은 이념적 갈등이 심화되었다. 1866년 혁명 세력에 의한 황제 암살 미수사건이 일어났다.

---

[1] 니콜라이 1세가 프로이센 모델에 따라 반개혁적 정책을 추구했다고 하지만, 게르첸이 1847년 프로이센 지역인 쾨니히스베르크를 여행했을 때, 프로이센에 품었던 그의 의혹은 사라진다. 책방 진열대에 니콜라이 1세를 희화화한 그림들이 전시되어 있었고, 극장에서는 노동자와 젊은이로 이뤄진 관객들이 자유롭게 이야기하는 것을 보고 그는 큰 감명을 받는다. 이들이 보여준 자유와 활기 그리고 생활상의 편안함은 러시아 정부의 고압적인 폭정과는 너무도 대비되었기 때문이다. 게르첸은 쓴다. "상트페테르부르크 황제에게 공적 질서의 이상이란 대기실이나 병영 막사다."(321)

이 사건 이후 개혁정책은 반동으로 선회한다. 그러나 바로 이런 이유로 1866년 이후 15년 동안 12차례 테러가 일어났다. 알렉산드르 2세는 결국 1881년 상트페테르부르크 예카테리나 운하 부근에서 '인민의 의지' 당원이 던진 폭탄으로 중상을 입고 숨을 거둔다.

러시아에서의 민족의식은 1812년 나폴레옹 전쟁 때 생겨나기 시작하지만, 1825년 데카브리스트 운동 이후 니콜라이 1세의 전제정치 아래 가속화된다. 그것은 더디게 진행되었다. 증오가 불안에서 시작된다면, 이 증오는 국가단위에서든 개인단위에서든 마찬가지다. 자신감이 없을 때, 타자적인 것을 인정하기 어렵다. 많은 사람들의 노력과 집권자의 선의로 사회개혁이 이뤄졌다고 해도 그것이 곧 사회의식적으로 확산되고 제도적으로 정착되는 것은 아니다. 러시아 사회에서 제대로 된 개혁은 아직도 시간을 필요로 했다. 19세기 전반 많은 사람들이 농노제 개혁운동이나 그런 개혁의식을 갖고 있었지만, 그 대안은 마땅치 않았다. 니콜라이 1세 치하에서는 귀족계급의 독립성마저 사라졌다.

19세기 중엽 러시아의 총인구는 약 7000만 명이었고, 그 가운데 농노는 4700만 명으로 추정된다. 농노 소유자는 대개 농노제의 존속을 주장하였다. 농노를 해방시키면 다수가 경제적 피해를 입을 것이라고 여겼기 때문이다. 농부는 선량하지만 게을렀고, 많은 경우 주정뱅이였다. 이 때문에 이들이 해방되면 더 이상 일하지 않을 것이라고, 그래서 귀족과 농민 모두 굶어 죽어갈 것이라고 여기는 사람들이 많았다.

농노제는 1861년 알렉산드르 2세(1855~1881) 때 마침내 폐지된다. 그리하여 농노들도 자영농의 권리를 갖는다. 하지만 알렉산드르 2세는 암살된다. 그 후 러시아의 사회주의는 농민 공동체를 기초로 하느냐, 공업화와 노동자 계급을 중시하느냐에 따라 갈라진다. 앞의 것을 내세운 것이 사회혁명당이었다면, 뒤의 것을 내세운 것은 사회민주노동당이었다. 사회민주노동당은 잘 알려져 있듯이 다시 레닌의 볼셰비키파와 멘셰비키파로 나뉜다. 볼셰비키파가 엄격한 규율 아래 농민층으로 기울어졌다면, 멘셰비키파는 대규모 노동운동을 중시하면서 서구 유럽의 자유주의자들과 적극 연대하고자 했다.

어떻든 니콜라이 1세 정부에 대한 게르첸의 평가는 좋지 않다. 사회 분위기가 바뀌면서 도덕적 타락이 심해지고, 귀족 사이에서도 개인의 존엄에 대한 감각이 없어졌기 때문이다. 그 무렵 분위기에 대하여 그는 쓴다. "여성들 외에 누구도 친지나 친구에 대한 따뜻한 말 한마디 건네려 하지 않았다. 어느 날 경찰에 끌려가기 전에만 그들은 서로 악수하였다. 반대로 노예제에 찬성하는 사나운 광신도도 있었는데, 그 몇몇은 비굴함 때문에, 다른 몇몇은, 이것은 더 나쁜데, 무신경한 이유로 그랬다."(42)

그리하여 수많은 사람들이 체포되었다. 그 가운데 가장 흔한 이유는 체제 전복이라는 정치적 이유에서였다. 이렇게 체포되면, 남자는 노역형(勞役刑)을 선고받은 후 시베리아 동토로 영원히 추방되었다. 남편이나 아버지가 쫓겨난 후 여성은 시민적 권리를 박탈당했고, 재산과 사회적 지위를 잃었다. 많은 집에서 아버지는 유배를 갔고, 어머니는 감옥으로 보내졌으며, 아들은 군대로 끌려갔다. 남편을 따라가지 못한 사람들은 어디에도 하소연하지 못한 채, 러시아를 떠나야 했다.

이 같은 불운한 일은 게르첸에게도 닥친다. 그는 1834년 오가료프와 같이 체포된다. 어느 모임에서 차르 황제에 대한 무례한 시를 낭독했다는 이유에서였다. 그는 1835년에 뱟카로 유배된다. 뱟카의 현재 이름은 키로프(Kirov)다. 여기에서 그는 2년을 보낸다. 이 유배자가 '신사'처럼 행동하는 것을 어떤 사람이 보고 나서, 이 사람(게르첸)이 상트페테르부르크로 여행할 수 있는 허락을 받을 수 있도록 황제에게 부탁하였고, 이 부탁이 받아들여져 그는 마침내 뱟카에서 블라디미르로 옮겨간다. 이곳 블라디미르가 그의 고향에 700베르스타(verst) 정도 더 가까웠기 때문이다.[2] 블라디미르에서 그는 이 도시의 공식 책자를 발간하는 편집자로 일하였다. 그가 사촌 나탈리야와 비밀 결혼을 한 것도 이 무렵이다.

1839년 게르첸은 풀려나 그 이듬해 모스크바로 돌아온다. 그는 비평가 벨린스키를 만난다. 그는 스트로가노프(Stroganov) 백작의 비서로 임명되어 상트페테르부르크 내무부에서 일한다. 그러다가 어느 날 한 경찰 관리가 저지른 살인사건을 불평했다는 이유로 그는 다시 고발된다. 그래서 노브고로드로 추방된다. 이 도시에서 그는 1842년까지 지방의회 의원(state councillor)으로 일하였다. 이 무렵 그가 발표한 글의 주제는, 벌린에 따르자면, "개인의 억압, 정치적·개인적 독재에 의한 인간의 모욕과 수모, 사회적 관습의 멍에, 어두운 무지 그리고 잔혹하고 끔찍한 러시아 제국에서 인간존재를 파괴하고 불구로 만드는 야만적이고 자의적인 악정" 같은 것이었다.[3]

참고로 말하자면, 19세기 말 러시아에서 대학교를 졸업한 사람은 전 인구의 0.1%에도 못 미쳤다. 그나마 그 대부분은 귀족이나 공무원

---

2 1베르스타는 약 1.067km다.
3 Berlin, "Introduction," xxiv.

의 자제들이었다. 이 무렵 게르첸은 한 살 위의 벨린스키 외에 20대의 젊은 시인이자 소설가 투르게네프를 만난다. 그리고 평생지기 오가료프를 만난다. 이들과 어울려 그는 한편으로 독일의 형이상학적 전통 — 칸트와 셸링과 헤겔을 읽고, 다른 한편으로 생시몽 같은 프랑스 사회학 이론과 역사를 읽는다. 그러면서 역사적·철학적 에세이를 적고, 여러 가지 사회적 이슈들에 대한 글을 발표한다.

한 가지 언급해야 할 사실은 게르첸이 도스토옙스키나 바쿠닌 같은 유죄 선고를 받은 기결수가 아니었다는 점이다. 그는 유형을 갔지만, 앞서 보았듯이, 감옥 생활을 한 것은 아니었다. 그렇게 유형을 가게 된 곳도 우랄강을 중심으로 한 오른쪽의 멀고 먼 시베리아가 아니라, 그 왼쪽인, 그러니까 서구와 가까운 문명화된 곳이었다.[4] 그가 머물렀던 페름이나 뱟카, 블라디미르나 노브고로드는 모두 이 왼쪽 지역에 자리한다. 이곳에 있는 작은 마을에서 그는 하급 관리로 봉사했다. 그것은 아마도 그가 명망 있던 귀족 집안 출신이었기 때문일 것이다. 게다가 그는 큰 부자였다. 아버지가 세상을 떠나면서 많은 유산을 남겨주었기 때문이다. 이 유산을 가지고 그는 "이 세상에서 뭔가를 하기 위해"[5] 이민을 결정한다. 1852년 이후 런던에서 망명 생활을 시작할 때, 그는 가장 부유한 혁명가의 한 사람이었다. 그래서 집

---

4 이런 이유로 마르크스주의자들은 게르첸의 '시베리아 유형'이 잘못된 것이라고 비판하기도 했다. 그러나 이것은, 맥도널드가 지적하듯이, "좁게는 맞지만, 깊게 보면 틀린(narrowly true and deeply false)" 견해다. 『나의 과거와 사상』의 2장 제목은 「감옥과 유형(1834~1838)」이었는데, 이 제목은 게르첸이 붙인 게 아니라, 영어판 편집자가 아무렇게나 붙인 것이기 때문이다. 더욱이 『나의 과거와 사상』에는 게르첸이 머문 장소가 구체적으로 나온다. Herzen, *My Past and Thoughts*, 483f, 각주 19번 참조.

5 Berlin, "Introduction," xxv.

을 구해서 생활할 수 있었다.

게르첸은 유형지에서 일반 농민들이 어떻게 생활하고 고통받는지를 직접 체험한다. 그는 니콜라이 1세 이후 사회정치적 분위기 앞에서 자신이 "산탄(散彈)과 승리, 감옥과 쇠사슬과 같은 편이 아니라는 것"을 점차 느낀다.(42)

1. 체포와 수감 그리고 유배의 나날

당시 러시아에서 사람들이 체포되면, 대체로 반은 풀려나고 반은 수감되었다고 한다. 그래서 경찰서 서장들은 매일 아침 그들을 서너 시간씩 조사하고 심문하였다. 때로 매질하거나 손찌검을 하였다. 끌려온 사람들은 소리치고 울부짖고 신음하며 애원하였다. 그래서 게르첸은 이들의 아우성을 들을 수 있었다. 그것은 견디기 힘든 것이었다. 그는 꿈속에서도 이 고함 소리에 깨어났고, 등이 찢겨지고 두 팔다리가 쇠사슬에 묶인 채 사람들이 쓰러져 있다고 여겼다. 하지만 그들은 죄 없는 사람들이었다. 러시아의 감옥과 법과 경찰을 알려면 '농민'이 되어보아야 한다고 게르첸은 강조한다.

러시아의 감옥과 러시아의 법정, 그리고 러시아의 경찰이 어떠한지 알기 위해서는 농민이 되어야 한다. 집안의 농노나 장인(匠人) 혹은 도시의 노동자가 되어야 한다. 정치범들은 대부분 상류계층에 속하기 때문에 가까이서 관리되어 잔혹하게 벌을 받지만, 이들의 운명이 가난한 사람들의 운명과 비교될 수 없다. 이 가난한 이들에게 경찰은 격식을 차리지 않는다. 농민이나 노동자가 불평하려면 누구에게 갈 수 있는가? 어디에서 그는 정의를 찾을 수 있는가?

러시아의 정의나 러시아의 경찰들이 가진 혼란과 잔혹성, 자의성과 부패는 너무도 끔찍하여 법의 손에 놓인 비천한 신분의 사람이라면 법적 처벌보다 법 자체의 경로를 더 두려워한다. 그는 시베리아로 보내질 시간을 초조하게 기다린다. 그의 순교자적 고통은 처벌의 시작과 함께 끝난다. 혐의를 받고 경찰에게 체포된 4분의 3이 법원에서 풀려나지만, 그들은 유죄판결과 마찬가지의 고문을 통과하게 된다는 것을 기억하자.(142)

한 나라의 제도가 대개 그러하듯이, 법률과 행정의 체계도 잘 실행되기 어렵다. 러시아의 법체계도 여러 시행착오를 거쳤고, 이 착오 속에서 여러 가지로 미비했다. 고문의 경우 표트르 3세와 예카테리나 2세 그리고 그에 이은 알렉산드르 1세까지 거듭 철폐하였지만, 완전히 사라지진 않는다. 그리하여 고문은 계속된다.

그러나 러시아 전역에 걸쳐 베링 해협에서부터 타우로겐(Taurogen)에 이르기까지 사람들은 고문을 받았다. 매질 고문이 위험한 경우 그들은 견디기 힘든 열이나 갈증 혹은 소금 친 음식으로 고문받았다. 모스크바에서 경찰은 어느 고발된 죄수에게 영하 10도 되는 금속 복도(metal floor)에서 맨발로 걷게 하였다. 그는 병들어 있었고, 메셰르스키(Meshchersky) 공작이 감독하던 어느 병원에서 죽었는데, 이 공작이 분개하면서 이 이야기를 해주었다. 정부는 이 모든 것을 알고 있었고, 지사는 숨겼으며, 상원은 묵인했고, 장관들은 아무것도 말하지 않았다. 황제와 종교회의, 지주와 경찰 모두 셀리판(Selifan)에[6] 동의한 것이다. "왜 농부

6   셀리판은 고골(Gogol)의 『죽은 혼』에 나오는 주인공 치치코프를 따라다니는 마부 이

에게 매질하지 않겠는가? 농부는 때때로 매질할 필요가 있다!"(142-143)

편재하는 부당성에 대해 러시아 지배층은, 황제든 귀족이든, 성직자든 지주든, 무감각했다. 정치제도나 사회규범은 이런 무감각 아래 마음대로 폭력을 행사했다. 곳곳에서 사람들이 매 맞고 처벌받아 유배를 떠났고, 소리 소문 없이 죽어갔다. 아마도 러시아 전역에서 농부들이 주인집의 창고와 집 그리고 마구간을 불 지른 것도 이런 맥락에서였을 것이다. 1834년 모스크바의 저 유명한 화재의 원인도 이런 사회정치적 혼란과 제도적 미비에 있을 것이다.

2. 관료 계급 비판

러시아 관료주의에 대해 게르첸은 적는다.

인위적이고 배고프고 교양 없는 이 계급은 '모시는 것' 외에 아무것도 할 줄 몰

름이다. 당시 러시아에서 지주는 자신이 소유한 농노에 대해 인두세를 지불해야 했고, 인구조사는 10년에 한 번 실시되었다. 그래서 농노 명부에는 들어 있지만, 그 사이에 죽은 농노도 많았다. 치치코프가 '죽은 농노' — 책의 제목 '죽은 혼'은 죽은 농노를 뜻한다 — 를 사들인 것은 이를 담보로 돈을 대출받기 위해서다. 죽은 농노를 싼 값으로 사들이려고 여기저기 찾아다니는 그를 마을 지주나 관리는 감찰관으로 오해한다. 이 주인을 아무 생각 없이 따라다니며 돕는 사람이 셀리판이다. 그러니까 '죽은 혼'은 죽은 농노를 지칭하면서 죽은 농노로 돈을 버는 치치코프나 이 치치코프를 따라다니는 셀리판의 모습 — 인간 일반의 허황한 속성이기도 하다. 이것은 뱟카 지사였던 키릴 야코블레비치 튜파예프(K. Y. Tyufyayev, 1777~1845)의 경우에도 잘 나타난다.

랐고, 공식적 형식 외에 아무것도 몰랐으므로, 그것은 일종의 민간 성직자를 이루었다. 그들은 법정이나 경찰서에서 신성한 봉사를 거행하였고, 수천 개의 더럽고 탐욕스러운 입으로 인민의 피를 빨았다.

고골은 커튼의 한구석을 들어 올려 러시아 관료 집단의 모든 더러움을 우리에게 보여주었다. 하지만 고골은 우리를 웃음으로 달래주지 않을 수 없었다. 그의 엄청난 희극적 재능은 그의 분노를 압도한다. 더욱이 러시아 검열의 족쇄 아래 그는 러시아 인민의 끔찍한 운명이 만들어지는 더러운 지하 세계의 음울한 측면을 건드릴 수 없었을 것이다.(185)

관료제의 폐해는 물론 1800년대 러시아 전역에 있었지만, 시베리아 지방에서 특히 심했다. 여기는 중심부 모스크바로부터 너무도 멀리 떨어진 곳이어서 어떤 제재나 억압 그리고 부패도 아무런 감시 없이 번창할 수 있었기 때문이다. 관리들은 누구나 이익을 공유했고, 전부 도둑질에 관계했다. "정부의 모든 수단들이 약했고, 그 모든 의도가 왜곡되었다. 속이고 우롱하고 기만하고 파는 것, 이 모든 것이 충성스러운 굴종의 외양 아래, 그리고 모든 공적 형식의 준수 아래 행해졌다."(185-186)

하지만 모든 관리가 무능하고 부패했던 건 아니다. 그렇지 않은 경우도 드물지 않았다. 하지만 선정(善政)을 편 경우에도 그것이 백성에게 반드시 좋게 받아들여졌던 것은 아니다. 이런 일을 게르첸은 뱟카에서 관리로서 유배 생활하던 무렵에 겪었다. 그 좋은 예가 관리 튜파예프다.

한 시간 안에 우리가 알게 된 사실은 그가 '아무런 말 없이(sans phrase)' 해고

되었다는 것이었다.

모든 마을 사람들이 지사의 몰락을 기뻐했다. 그의 통치에는 숨 막힐 듯 불순한 무엇이 있었다. 그것은 관공서 일의 악취였다. 하지만 이 모든 것에도 불구하고 관리들의 환호를 바라보는 것은 끔찍하였다.

그렇다. 모든 당나귀들이 이 상처 입은 멧돼지한테 작별의 발길질을 했다. 이것은, 비록 재앙의 크기는 달랐지만, 나폴레옹의 몰락에 즈음하여 사람들의 비열함이 명백히 나타났던 것과 같았다. 최근에 나는 그와 공공연히 적대적인 사이였고, 그래서 그는 그가 멀리 가지 않는 경우 나를 카이(Kay)와 같은 몇몇 알려지지 않은 작은 마을로 보냈다. 나는 그에게 거리를 두었고, 내 행동을 바꿀 이유가 없었다. 그렇지만 다른 사람들 — 그 사람에게 하루 전만 해도 공손했고, … 그가 바라는 것을 열심히 알아차리고, 그의 개에게 알랑거리며, 그 하인에게도 코담배를 건네던 사람들이 이제는 인사도 하지 않고, 마을 전체가 그의 비행(非行)에 격렬하게 항의하였는데, 그 죄과는 그와 '그들'이 나눠 가진 것이었다. 이것은 새로운 게 아니었다. 그것은 모든 나이와 모든 장소에서 끊임없이 되풀이되는 것이어서 우리는 이 비열함을 인간성의 공통된 특성으로 받아들여야 하고, 어쨌건 그 점에 놀라선 안 된다.(214-215)

보이는 현상을 생각 없이 좇는 것은 보통 사람들에게는 공통된 것이다. 이 사람들이란 누구인가? 이들은 '인민(people)'일 수도 있고, '못 배운 사람들(the uneducated)'일 수도 있다. 또 '가난한 사람들' — 농부나 농민일 수도 있다. 그것은, 더 정확하게 말하자면, 아무런 물음이나 의심 없이 무리지어 다니는 사람들 — 군중(crowd)에 가까울 것이다.

무리지음은 비열함을 낳는다. 비열함을 게르첸은 "인간성의 공통된 특성"으로 간주한다. 그는 관리 튜파예프를 좋게 보지도 않았지만, 하루아침에 몰락한 이 관리에 대하여 표변한 사람들의 태도에 대해서는 더 나쁘다고 여겼다. 무리로서의 군중이 역사적으로 힘을 발휘한 때가 1800년대였고, 그 주역은 부르주아 계층이었다. 이들은 '아래로부터 위의 전복'이라는 인류사적 과업을 성취했으면서도 이 과업의 내용에 대해서는 고민하지 않았다. 그리하여 그들의 혁명적 시도는 또 다른 폭력으로 변질된다. 이런 전락(轉落)의 바탕에는 비열함이 있었다. 그것은 스스로 반성할 줄 모르는 무신경이었고, 대상을 비판하고 회의하는 정신의 부재였다.

그리하여 부르주아는 '프티 부르주아' — 소시민으로 지칭된다. 소부르주아에 대한 게르첸의 비판은 『나의 과거와 사상』의 전체에 걸쳐 되풀이되어 나타날 뿐만 아니라, 그 어조도 유난히 격렬하다. 프랑스와 이탈리아 그리고 영국에서의 경험을 서술할 때 특히 그렇게 보인다.

3. 비트베르크

비트베르크는 체제 비판적인 화가였다. 그래서 추방되었다. 게르첸은 1846년 겨울, 그러니까 그가 34세였을 때 비트베르크를 마지막으로 본다. 게르첸은 그의 분노를 좋아했지만, 비트베르크는 자신이 처한 상황으로부터 빠져나오기 어려웠다. 그는 희망을 잃은 채 죽어가기 시작한다.

비트베르크 모임은 뱟카에서 내게 큰 위안이었다. 그의 태도에 있는 진지한 고요와 엄숙성은 신부(神父) 같은 분위기를 풍겨주었다. 그는 아주 순수한 도덕의 인간이었고, 일반적으로 탐닉보다 절제의 성향을 갖고 있었다. 그의 엄격성은 자신의 예술적 본성이 지닌 넉넉함과 풍부함을 벗어나지 않았다. 그는 자신의 신비주의에 지극히 조형적인 형식과 정교한 색채를 부여할 줄 알았고, 그래서 그에 대한 비판마저 입술에서 사라지게 만들었다. 사람들은 그의 상상력이 빚어낸 번득이는 이미지와 안개 같은 그림들을 분석하고 해부하는 걸 미안해했다.

비트베르크의 신비주의 가운데 일부는 그의 스칸디나비아 쪽 혈통에서 온 것이었다. 그것은 우리가 스베덴보리(Swedenborg)에게서 보는 차갑게 사유해 낸 비전과 같은 것이었고, 마치 노르웨이의 얼음산이나 눈에서 반짝이는 태양빛의 맹렬한 반사 같은 것이었다.

나는 비트베르크의 영향으로 흔들렸지만, 그럼에도 내 현실적 기질은 우위를 점하였다. 나는 제3의 하늘로 날아오를 운명은 아니었다. 나는 지극히 지상적인 인간으로 태어났다… 나에게는 생각의 햇빛이 환상의 달빛보다 더 가까웠다.(208)

여기에서 보는 것은 어떤 영향에 대한 게르첸의 반응이다. 그가 고백하듯이, 그는 현실주의적 인간이다. 그는 환상보다는 사실을 중시하기 때문이다. 그러나 그 대척점 ― 현실의 대척점을 이루는 환상에 그가 적대적인 것은 아니다. 흥미로운 점은 바로 이것이다.

윗글에서 그 대척 지점은 비트베르크의 신비주의다. 이것은, 신비주의 사상가 스베덴보리의 입장에서 보면, '비전'에 가깝다. 이 비전은 비트베르크에게 "상상력이 빚어낸 번득이는 이미지와 안개 같은 그림"처럼 나타난다. 그러나 이 이미지와 그림은 모호하거나 불투명하지 않다. "그는 자신의 신비주의에 지극히 조형적인 형식과 정교한 색채를 부여할 줄 알기" 때문이다. 이런 형식과 색채는 그의 "절제"에서 오고, 이 절제 덕분에 그는 "도덕의 인간"이 된다.

결국 비트베르크의 예술이 현실주의를 넘어 현실로 나아가고, 신비주의를 넘어선 윤리적 비전으로 나아가는 것은 그의 절제 때문이다. 게르첸은 바로 이 점에 주목한다. 그리하여 그 역시 윤리적 절제를 자기의 현실 원칙으로 삼는다. 절제는 게르첸의 윤리적 바탕이 된다.

4. 동시대의 거장들

게르첸의 모스크바 생활은 1843년을 지나면서 본격적으로 시작된다. 31세 때였다. 상트페테르부르크와 노브고로드에서 보냈던 과도한 정열의 시기 ― 자기 자신과 다른 사람에 대한 고통스러운 분석이 이뤄지던 2년을 폭풍처럼 보내면서 그는 좀 더 차분하고 성숙한 시기를 맞는다. 자기의 절대성에 대한 이전의 믿음이 흔들리면서 삶이 지닌 좀 더 진실한 면모에 다가서게 되었다고나 할까? 이 시기는 아버지의 죽음 때까지 이어진다.

게르첸은 이 무렵에도 여전히 경찰의 감시를 받고 있었다. 그와 가장 친하던 오가료프는 외국에 있었다. 친구들 모임의 좌장은 그라놉스키(Granovsky)였다. 이들은 모두 학업에 바빴고, 다들 열심히 일했다. 누구는 대학에서 강의하였고, 누구는 논평을 쓰며 잡지에 기고하였다. 또 누구는 러시아 역사와 문화를 공부하기도 했다. 그러면서 자주 모여 서로 토론하며 지냈다.

게르첸의 모임은 여러 친구들의 집을 돌아가며 열렸지만, 주로 그의 집에서 열렸다고 한다. 이렇게 모여 그들은 얘기하고 농담하면서 식사하고 포도주도 마셨다. 그 열기는 늘 뜨거웠다. 그때까지 각자 읽은 책들에 대한 서로 같거나 다른 생각들과 지식들이 활발하게 교환되었고, 최근 뉴스나 경험에서 배운 내용을 그들은 나누었다. 때로는 격렬한 토론과 논증을 통해 각자의 의견이 수정되거나 보완되기도 하였다. 그러면서 모두의 지적 자산으로 공유되었다. 문학이나 예술 혹은 지식의 영역에서 그들이 토론하지 않은 주제는 없었다. "우리는 주르바란(Zurbaran: 1800년대 스페인 화가─저자 주)이 그린 수척한 수도사와 달랐다. 우리는 이 세상의 죄악을 한탄하지 않았다. 우리는 단지 그 고통에 공감했고, 웃으면서 무엇에나 준비되어 있었으며, 우리의 다가오는 운명을 미리 맛본다고 침울해하지 않았다."(286)

이러한 토론에서 게르첸의 모임이 가장 경계한 것은 이른바 슬라브주의자들이었다. 그들은 러시아의 인민과 민족을 내세우면서도 그 역사는 몰랐기 때문이다. 그들은 종교적 이상을 내세우고, 이 이상을 기리는 제의(祭儀)를 행했다. 하지만 예배 때 생겨나는 연기 때문에 인민의 현실과 마을의 토대를 제대로 파악하지 못하였다. 슬라브주의자들의 정통 신앙은 지나치게 편협했고, 그 편협성은 과도한 애국주의나 과잉 민족주의로 무장되어 있었다. 그리하여 그들의 원리 원칙은 차르의 전제정치와 폭압 체제를 정당화하는 신선한 향료로 기능했다. 그것은 인간의 사유를 옥죄이고, 그 양심을 굴종적 교회에 예속시켰다. 여기에서 보듯이, 슬라브주의와 애국주의, 민족주의와 러시아 종교의 맹목성 그리고 차르의 폭압은 깊은 의미에서 서로 얽혀 있었다.

게르첸은 이때 만난 친구들이 그가 그 후 세계 여러 곳을 다니면서 만난 다양한 사람들보다도 더 재능 있고 순정하며 교양 있는 사람들이라고 회고한다. 그가 만난 서구 지식인은 대체로 너무 자족적이어서, "처음에는 그 전공으로 놀라게 했고, 다음에는 그 편향성으로 놀라게 했기" 때문이다. "그들은 개인적 관점을 결코 잊지 않았고, 그 입장은 일반적으로 갑갑하였으며, 그 도덕은 쓸데없는 주변 환경을 끌어들였다."(285) 이렇게 그는 토로한다. 서구 지식인들의 자족적이고 독립적인 성격이 그의 눈에는 지나치게 지엽적으로 보였던 것이다.

모스크바 대학 시절 이후 게르첸의 주변에는 지식인이 많았다. 이들 가운데 적지 않은 사람들이 문학이나 사상, 예술과 문화의 역사에서 나중에 걸출한 인물로 남는다. 비평가 차다예프(P. J. Chaadayev, 1794~1856)와 소설가 푸시킨(A. S. Pushkin, 1799~1837)이 있고, 비평가 벨린스키(Belinsky, 1811~1848)와 혁명가 바쿠닌(M. A. Bakunin, 1814~1876)이 있으며, 소설가 투르게네프(I. S. Turgenev, 1818~1883)와 도스토옙스키(P. M. Dostoevskii, 1821~1881) 그리고 톨스토이(L. N. Tolstoi, 1828~1910)도 있다. 이들은 모두, 사람에 따라 문제의식의 정도의 차이는 있는 채로, 문명화된 근대적 사회를 지향했다고 할 수 있다.

『나의 과거와 사상』에는 이 거장들에 대한 흥미진진한 스케치가 곳곳에 흩어져 있다. 나에게 가장 인상 깊었던 이 무렵의 두 사람을 꼽는다면, 그것은 벨린스키와 차다예프였다. 먼저 벨린스키부터 보자.

4.1. 벨린스키 ― 검투사의 정신

벨린스키는 1800년대 전반기 러시아 최고의 비평가로 이름을 날렸다. 그의 문학적 활동이나 비평적 지향에 대해서는 그의 글과 동시대 지인들이 남긴 기록을 통해 잘 알려져 있다. 그와 친하였던 게르첸의 기록은, 그것이 인간 됨됨이에 대한 내밀한 스케치라는 점에서, 흥미롭다.

벨린스키는 아주 수줍어서 친숙하지 않은 모임이나 여러 사람이 모이는 곳에서는 당황하였다. 그도 이것을 알았고, 이 점을 숨기려는 마음에서 매우 엉뚱한 행동을 했다. 케체르(Ketscher)라는 사람이 그를 설득하여 한 여인을 방문하도록 했다. 그들이 그 여인의 집에 가까워질수록 벨린스키의 얼굴은 점점 어두워졌다. 그는 다른 날에 가면 안 되느냐고 물었고, 두통이 있다고 말했다. 케체르는 그를 알고 있었기에 이 변명을 받아들이지 않았다. 그들이 도착했을 때, 벨린스키는 썰매에서 내리자마자 달아났다. 하지만 케체르가 그의 코트를 붙잡고, 그를 끌고 그 여인한테 데려갔던 것이다.

그는 가끔 오도옙스키(Odoyevsky) 공작이 개최하는 문학 외교의 밤에 얼굴을 내밀었다. 이날 모인 사람들은 서로에 대한 어느 정도의 두려움이나 혐오감 외에 아무것도 공통으로 가진 게 없었다. 대사관에서 나온 직원과 고고학자 샤하로프와 화가들 그리고 지방의회 의원 등이었다… 여주인은 자기 남편의 속된 취미에 대한 괴로움을 숨긴 채, 마치 루이 필립이 집권 초에 자기 선거인을 튀일리(Tuileries) 궁전 무도회로 초대한 다음 마음대로 하게 한 것과 똑같이, 그에 굴복하여 그 취미를 따랐다…

벨린스키는 그날 저녁, 러시아 말을 한마디도 이해하지 못하는 작센의 어느 대사와, 언급 안 된 말조차 이해하는 제3분과의 한 관리 사이에서, 완전히 자취를 감추었다. 그 후 그는 대개 이틀이나 사흘 아팠고, 그곳으로 가자고 그를 설득했던 사람을 저주하였다…

… 그러나 저 수줍은 사람, 저 허약한 몸에는 강력한 정신과 검투사의 정신이 살아 있었다! 그렇다. 그는 강력한 투사였다! 그는 설교를 하거나 강연을 할 수 없다. 그가 필요로 한 것은 싸움이었다. 대상을 만나지 않거나 누가 화를 부추기지 않으면, 그는 말하지 않았다. 하지만 누가 자신을 찌른다고 느끼거나 자신이 품은 신념이 의문시될 때, 그래서 뺨의 근육이 떨리고 그 목소리가 튀어나오기 시작하면, 그는 그때 볼만했다. 그는 자신의 반대자를 표범처럼 덮치고, 산산조각 내어 그를 조롱거리로, 가련한 존재로 만들었다. 그러면서 뜻하지 않게 자신의 사고를 유례없는 힘과 시학으로 발전시켰다. 이러한 논쟁은 종종 피로 끝났는데, 이 피는 아픈 사람의 목에서 흘러나왔다. 창백하게, 숨을 헐떡이며, 그가 말을 걸고 있는 사람에게 두 눈을 고정시킨 채, 그는 떨리는 손으로 자기 손수건을 입에 갖다 대면서, 몹시 억제하며, 자신의 허약한 몸에 망가진 채, 말을 멈추었다. 이런 순간에 나는 그를 얼마나 사랑하며 가엾게 여겼는지!(240-242)

이러한 기록은 아마 공식적 서류 — 비평문이나 논쟁서에는 있지 않을 것이다. 그것은 절친했던 친구 게르첸의 회상으로부터 나오니만큼 기본적으로 사랑과 공감의 뉘앙스를 갖고 있다. 그래서 냉정하고 비판적이다. 하지만 그 이상으로 우호적이고 다정다감하다. 이 다감한 회상에서 그는 벨린스키의 비평적 재능뿐만 아니라, 이 재능을 지탱하던 그의 "수줍음"과 주저 그리고 정직성을 칭송한다.

4.1.1. 수줍음과 정직성

그러나 벨린스키의 수줍음과 주저에는, 게르첸이 보기에, "강력한 정신과 검투사의 정신"이 "살아 있"다. 그는 이런저런 논쟁을 통해 "자신의 사고를 유례없는 힘과 시학으로 발전"시켜 가기 때문이다. 이렇게 발전된 비평적 사유는 "그의 허약한 몸" 때문에 "망가진다". 정신의 힘도 약한 몸 앞에서 지탱되지 못한다. 그가 벨린스키를 안타까워하는 것은 이런 이유에서다. 아래 인용은 벨린스키의 정직성을 좀 더 명료하게 보여준다.

재정적으로는 문학 사기꾼들 때문에 핍박받고, 도덕적으로는 검열 때문에 핍박받으며, 상트페테르부르크에서 아무런 공감도 하지 못하는 사람들에게 둘러싸인 채, 발틱해 기후가 일으키는 치명적인 병에 고갈되면서 그는 점점 더 과민해졌다. 그는 밖의 사람들을 피하였고, 길들여지지 않았으며(farouche), 때로는 우울한 무력감 속에서 수 주일을 보냈다. 그러다가 출판업자들이 잇달아 글을 요청하는 연락을 보냈고, 그러면 포로가 된 이 작가는 이를 갈며 펜을 집어든 채 원한에 찬 논문과 고발장을 분노로 떨며 썼는데, 이 글들은 독자들에게 깊은 인상을 남겼다.

종종 그는 완전히 녹초가 된 채 우리 집에 쉬러 오곤 하였는데, 그럴 때면 두 살짜리 아이와 함께 바닥에 누워 있곤 하였다. 그는 아이와 몇 시간이나 같이 놀았다. 우리 셋뿐이었으므로 시간은 수영하듯 지나갔지만, 종이 울리면 경련하듯 얼굴이 찡그러지면서 그는 모자를 집으려고 불안스레 주변을 살폈다. 그런 다음 슬라브 사람들 특유의 허약한 몸으로 그는 그렇게 남아 있었다….

한번은 그가 성(聖) 주간[7]에 어느 문학가와 저녁식사를 하러 갔는데, 사순절의

---

7   예수의 마지막 일주일을 묵상하는 기독교 절기로서 예수의 예루살렘 입성을 기념하

채소 요리[8]가 나왔다.

그가 물었다. "당신이 그렇게 독실하게 된 게 오래되지요?"

"우리는 사순절 요리를 그저 하인들을 위해서만 먹지요." 그 문학하는 신사가 대답하였다.

"하인들을 위해", 벨린스키가 말하면서 얼굴이 창백해졌다. "하인들을 위해", 그가 반복하고는 냅킨을 내던졌다. "당신의 하인이 어디 있소? 난 그들이 속고 있다고 그들에게 말하겠소. 약하고 교육받지 못한 사람들에 대한 이런 모욕보다는 차라리 드러내놓고 하는 악이 더 낫고 더 인간적이오. 무지에서 나온 이런 위선보다는. 당신은 스스로 자유로운 사람이라 여기오? 당신은 모든 황제나 성직자나 노예 소유자와 똑같은 위치에 있소. 잘 있으시오. 나 다른 사람들을 교화시킨다고 이 사순절 채소 요리를 먹진 않소. 내겐 하인이 없으니까!"(242)

벨린스키가 진실을 소중하게 여겼다면, 그것은 진리를 주장함으로써가 아니라 거짓과 싸우면서 시작되었다. 진리는 진리의 주장에서가 아니라, 허영과의 싸움에서 만들어지기 때문이다. 허영으로 변질될 가능성을 경계하지 않는다면, 진리도 획득되기 어렵다. 그리하여 그는 어떤 '교화'의 말 — 정신을 고양한다고 선전되는 말의 거짓을 서슴없이 폭로한다.

위에 나오는 한 문학자의 말 — "하인들을 위해" 채소 요리를 먹는

는 수난 주일부터 시작하여 부활 전날에 끝난다.

8 채소 요리(Lenten fare)는 사순절 요리를 뜻한다. 사순(四旬)이란 40일을 말한다. 사순절은 예수 그리스도가 광야에서 금식한 것을 본떠 일요일을 제외한 40일을 금식 기간으로 정한 데서 생겨났다. 따라서 사순절 요리란 예수의 이런 금식을 기념하여 고기를 넣지 않고 만든 채소 요리다.

다는 말이 그러했다. "무지에서 나온 이런 위선(this hypocrisy in support of ignorance)"이라고 할 때, 이 위선은 문학하는 자 그 자신의 무지에 '지탱되어' 나온다. 그것은 자신의 위선을 의식하지 못하기 때문이다. 숨겨진 악은 드러난 악보다 더 위험하고 더 나쁘다고 벨린스키는 지적한다. "약하고 교육받지 못한 사람들에 대한 이런 모욕보다는 차라리 드러내놓고 하는 악이 더 낫고 더 인간적이오." 그는 사안의 핵심을 직시했다.

하지만 그 같은 정직성은 주목받지 못한다. 2022년 오늘의 한국 현실도 그렇지만, 200년 전 러시아의 현실은 더 낙후하였다. 그 현실은 여전히 비판과 투쟁과 논쟁의 도전을 필요로 했다. 한편에서 '표현의 자유'를 외치면 다른 한편에서는 '조국의 통일성'을 강조하였고, 한편에서 개인의 위엄을 말하면 다른 한편에서는 국가와 사회의 불가침한 신성성이 내세워졌다. 정당한 주장과 선언도 통일성과 신성성을 침해하는 뻔뻔스러운 것으로 탄압되었다. 수많은 사람들이 매 맞으며 시베리아로 추방된 것도 그런 이유에서였다.

4.1.2. 핍박과 무기력

벨린스키의 비평도 여러 겹의 핍박 — 재정적이고 도덕적인 핍박을 받았다. 여기에 허약한 건강도 한몫하였다. "재정적으로는 문학 사기꾼들 때문에 핍박받고, 도덕적으로는 검열 때문에 핍박받으면서, 상트페테르부르크에서 아무런 공감도 하지 못하는 사람들에게 둘러싸인 채, 발틱해 기후가 일으키는 치명적인 병에 고갈되면서 그는 점점 더 과민해졌다. 그는 밖의 사람들을 피하였고, 길들여지지 않았으며, 때로는 우울한 무력감 속에서 수 주일을 보냈다."

여러 겹의 이런 어려움에는 벨린스키 자신의 성정 — 때로는 열정적이었지만 때로는 거칠어 너그럽지 못하고, 나아가 가혹하기도 했던 그의 성향이 일정하게 작용했을 것이다. 세세한 규칙에 얽매이는 학자나 교조주의자들은 그에게 큰 반감을 느꼈다. 아마도 벨린스키의 우울은 이런 핍박 때문에 나왔을 것이다. 그는 현실의 위선을 받아들이기에는 너무 정직했는지도 모른다. 하지만 그런 핍박을 넘어서기에는 너무 순정했다. 그러나 이 순정함 덕분에 그는 아이들과 천진하게 어울려 지낼 수 있었을 것이다.

하지만 이 같은 천진함으로 현실의 파도를 넘어서긴 어렵다. 그리하여 벨린스키의 영혼과 육체는 점차 고갈되어 간다. 결국 승리하는 것은 현실이고, 패배하는 것은 원칙이다. 패배하는 것은 순정한 원칙을 가진 인간이고 이 인간의 심성이다. 게르첸은 1847년 파리에서 벨린스키를 마지막으로 만난다. 그 무렵 벨린스키는 가난과 병으로 고통받고 있었다. 그는 말하는 것조차 어려웠다. 그러다가 이듬해 세상을 떠난다.

4.2. 차다예프의 우울

차다예프가 활동하던 1835년은 데카브리스트 운동이 있던 시기로부터 10년이 지날 무렵이었다. 러시아 사회는, 앞서 적었듯이, 니콜라이 1세 치하에서 전제적이고 슬라브적인 경향을 가속화시켰다. 그래서 민족주의와 정교적 독단이 성행했다. 체포되거나 수감되거나 유형 가는 사람들은 더욱 늘어났다. 하지만 아무도 말하지 못했다. 자유롭게 말하는 것 자체가 참으로 위험한 일이었기 때문이다. 이때 발표된 글이 차다예프의 「편지」다.

차다예프의 「편지」는 러시아인이 썼지만 익명으로 출간되었다. 또 러시아어가 아니라 프랑스어로 쓰였다. 아마도 검열을 피하기 위해 서일 것이다. 그 구체적 내용이 무엇인지 『나의 과거와 사상』에는 나와 있지 않다. 하지만 니콜라이 1세 치하에서 얼마나 많은 사람들이 고통과 압제 속에 있는가를 고발한 것이었다. 게르첸의 평가는 이렇다. "모든 사람이 억압을 느끼고 있었고, 모든 사람이 가슴을 짓누르는 뭔가를 가졌지만, 모두 침묵했다. 마침내 한 사람이 나타나 자기 식으로 그게 무엇인지를 말한 것이다. 그는 고통에 대해서만 말했다. 그의 말이나 관점에는 빛줄기가 없었다. 차다예프의 '편지'는 표트르 러시아에 대한 고통의 무자비한 외침이었고 비난이었다. 그것은 고발장이라고 할 만했다."(294)

차다예프는 데카브리스트 모임의 한 사람이었다. 그의 글에서 많은 사람이 놀라고, 또 많은 사람이 불쾌감과 위기의식을 느꼈다. 지배계층 사람들이 특히 그랬다. 그에 반해 다른 사람들은, 아마 더 나은 러시아를 고민하던 사람일 터인데, 이 '편지'의 저자를 환호했다.

게르첸도 그런 공감을 가진 사람들 가운데 한 사람이었다. 차다예프는 게르첸이 "언제나 좋아하고 존경하였으며, 차다예프도 그를 좋아하였다."(243) 차다예프는 좌익이 아니라 우익이었다. 그러나 그는 억압적 정치체제를 비판하고, 권력의 타락을 경계했다. 게르첸은 뱟카에 유형을 가 있을 당시 《텔레스코프(Telescope)》에 실린 이 글을 처음 보았는데, 이때 느꼈던 감동이 이렇게 적혀 있다. "비통할 정도로 진지한 어조에 나는 충격을 받았다. 모든 단어는 늘어진 고통의 숨을 쉬고 있었는데, 그것은 지금까지 잠잠하였으니 여전히 고통스러운 것이었다. 그것은 오랜 세월 생각해 온 사람이, 이론이 아니라 삶으로부터 많은 것을 배우고 생각한 사람이 쓴 것이었다… 그 편지는 러시아에 대한 어두운 비난이었고, 그가 견뎌낸 것에 대하여 그 마음속에 쌓인 일부를 말하고자 갈망하는 항의였다."(293)

차다예프의 「편지」는 곧 금지되었다. 그뿐만 아니라 그 원고를 허용한 검열관은 해고되었고, 출판업자는 유배를 가야 했다. 황제 니콜라이 1세는 차다예프가 정신병자라고 선언하였고, 다시는 글을 쓰지 못하도록 명령했다. 경찰서장과 의사가 그를 정기적으로 방문하였고, 그는 보고서를 제출해야 했다. 이런 권력의 책략과 폭력의 자의성에 대해 차다예프는 경멸 어린 눈빛으로 바라보았다. 게르첸이 차다예프를 본 것은 그가 유형을 떠나기 전이었다. 그것은 친구 오가료프가 체포된 바로 그날이었다. "그는 범상치 않은 외모로 잘 생기고 눈에 띄는 독자적인 분위기를 갖고 있어서 모든 사람의 주의를 끌 만했다… 그는 언제나 차갑고 진지하며 현명하고 적의에 찬 모습이었다."(295) 아랫글은 좀 더 상세한 묘사다.

차다예프의 우울과 독특한 모습은 모스크바의 '상류 생활'이라는 시들고 지루한 배경에 대항하는 하나의 애절한 책망으로 선명하게 두드러졌다. 지저분한 귀족 사회와 얼간이 같은 상원의원들, 반백(半白)의 밥벌레들과 존경할 만한 평범한 사람들 사이에 있는 그를 바라보는 것을 나는 좋아했다. 아무리 군중이 빽빽하게 있어도 그는 즉각 눈에 띄었다. 그의 우아한 모습은 세월도 손상시키지 못했다. 그는 옷차림에 아주 세심했고, 창백하고 여린 얼굴은 그가 침묵할 때면 왁스나 대리석으로 된 것처럼 전혀 요동하지 않았다. "그의 이마는 민머리 두개골 같았다." 그의 회색빛 푸른 눈은 우울했고, 그러면서도 거기에는, 비록 얇은 입술은 반어적으로 웃고 있었지만, 친절한 무엇이 있었다. 10년 동안 그는 팔짱을 낀 채 기둥 옆에서, 대로변 나무 옆에서, 거실이나 극장에서, 또는 클럽에 서서, 구현된 거부권(veto)으로, 살아 있는 저항으로, 주변에서 아무런 생각 없이 빙빙 도는 얼굴들의 소용돌이를 응시하였다. 그는 변덕스럽고 기이하게 되어 사회로부터 멀찌감치 물러나 있었지만 사회를 떠날 순 없었고, 그러다가 그 모습으로 얼음 피부 아래 정열을 숨긴 것처럼 완전히 숨겼던 메시지를 말하였다. 그는 다시 침묵하였고, 다시 자신을 변덕스럽게, 만족하지 못하고 화가 난 듯이, 드러내었다. 그리하여 그는 다시 모스크바 사교계의 반대파에서 영향력 있는 인물이 되었고, 다시 떠날 수도 없었다. 나이든 사람이나 젊은 사람이나 그에게 다 같이 서툴렀고, 그를 불편해했다. 이들은 그의 표정 없는 얼굴과 정면 응시, 슬픈 조롱과 악의에 찬 겸손에 당황해했지만, 그 이유는 아무도 알지 못했다.(295-296)

윗글에는 차다예프라는, 러시아 지성사의 한 독립적 인물에 대하여 참으로 생생하고 다채롭게 묘사되어 있다. 그 특징을 이루는 것은 "우울"과 "애절한 책망", "우아한 모습"과 "세심함"과 "창백하고 여린 얼굴", 그리고 "침묵"과 "반어적" 웃음 같은 것들이다. 그는 자주 "팔짱을 낀 채" 대상을 "응시"하고, "얼음 피부 아래 정열을 숨긴 것처럼" 말없이 지내다가 "숨겼던 메시지를 말하기도" 한다. 그의 얼굴은 "표정이 없"고, 눈은 "정면을 응시"하며, 그렇게 응시하는 모습에는 "슬픈 조롱과 악의에 찬 겸손"이 깃들어 있다.

성격상의 이 여러 특징들을 서너 가지로 줄이면 어떻게 될까? 그것은 응시와 우울, 반어와 침묵이 될지도 모른다. 현실을 직시하면 할수록 사람은 실상을 알게 되고, 그 실상은 우리를 기쁘게 하기보다는 슬프게 만든다. 곳곳에서 삶의 균열과 허위가 드러나기 때문이다.

자각된 균열은 우울을 만든다. 포착된 허위는 슬픔을 낳는다. 지식인이 우울해지는 것은 현실에 깃든 균열과 허위의 자각 때문이다. 그러나 우울만으로 살 수 없다. 우울은 우울 너머의 무엇을 예감하고 희망할 수 있어야 한다. 반어 ― 아이러니(irony)란 이런 역설에서 태어나고, 이렇게 태어난 역설의 정신이다.

아이러니는 현실과 실상 사이의 간극을 의식하는 데서 생겨난다. 그 간극은, 위에서 적었듯이, 슬픔을 낳는다. 우리는 이 간극을, 이 간극이 낳는 한계의 슬픔을 받아들여야 한다. 침묵은 한계의 수용에서 생겨난다. 한계를 안다면, 쉽게 말할 수 없기 때문이다. 현실의 한계 앞에서 우리는 쉽게 떠들거나 주장하기 어렵다. 그리하여 입을 열기보다는 차라리 다문다. 그리고 그렇게 입을 다무는 횟수는 나이가 듦에 따라 더 늘어난다.

다른 한편으로 응시와 우울, 반어와 침묵의 과정은 어떤 정신의 소산이기도 하다. 이 정신은 오래 단련하지 않으면 얻어지기 어렵다. 조롱과 악의에도 불구하고 차다예프의 비판에 "겸손"이 서려 있는 것은 그런 이유에서일지도 모른다. 그런 특이한 성격과 모습 때문에 그는 어디서나 눈에 띈다. 아니다. 누구나 그를 눈에 띄는 사람으로 포착하는 것은 아니다. 그에게 주목하는 이는 게르첸이다. 그는 대상의 특징을, 사람이든 사물이든, 잘 포착한다. 드러나는 사람의 장점뿐만 아니라, 드러나지 않는 사람들의 맹점도 폭로한다. "지저분한 귀족사회와 얼간이 같은 상원의원들, 반백의 밥벌레들과 존경할 만한 평범한 사람들 사이에 있는 그를 바라보는 것을 나는 좋아하였다. 아무리 군중이 빽빽하게 있어도 그는 즉각 눈에 띄었다. 그의 우아한 모습은 세월도 손상시키지 못했다."

아마도 차다예프를 지탱하는 것은 이런 정신 — 지식인의 독립성 혹은 독립적 지식인의 모습일 것이다. 그는 나중에 독일로 가서 셸링(Schelling)과 친교하였고, 그의 영향을 받아 신비주의로 빠져든다. 이 신비주의는 혁명적 가톨릭주의로 발전한다. 그는 죽을 때까지 이 이념에 충실했던 것으로 전해진다. '혁명적 가톨릭주의'라는 이념도, 자세히 보면, 형용모순이다. 어떻게 혁명적인 것과 가톨릭주의가 어울릴 수 있는가? 그러나 지식인은 이런 모순을 외면하는 것이 아니라, 바로 그 모순과 씨름하는 직업군(職業群)의 명칭이다. 민중의 고통이 너무나 크고, 그 고통이 오래 이어지는 현실 앞에서 차다예프는 그 나름으로 '영혼의 안식'을 구하였고, 그렇게 구한 이념적 이름이 혁명적 가톨릭주의였는지도 모른다. 이 이념은 오늘날 어떤 형태로 남아 있을까?

이렇게 절망한 차다예프를 시인 푸시킨은 시를 지어 위로한다. 새벽이 밝아서 러시아가 오랜 잠에서 마침내 깨어나 그 무너진 전제정치의 파편 위에 우리의 이름이 기록될 것이라고 그는 차다예프를 다독인다.(299) 그러나 니콜라이 1세가 즉위하면서 시인의 그 꿈은 좌절된다. 현실의 억압성과 불합리성은 고쳐지지 않는다. 그렇다고 슬라브주의자들이 주장하는 것처럼, 무작정 옛 시절을 그리며 과거로 돌아갈 수도 없었다. 과거는 공허하고 현재는 견디기 어려웠고, 러시아의 미래도 있기 어려웠던 것이다.

지금까지 나는 게르첸의 동시대적 거장으로 벨린스키와 차다예프의 경우를 언급하였다. 그들의 시대 진단과 통찰 그리고 그 능력을 언급했을 뿐만 아니라, 그 결함도 지적했다. 아마도 그들의 현실 이해에서 나타나는 차이는 크다고 말할 수 없을지도 모른다. 그것은 큰

줄기나 방향에서 차라리 비슷하였다. 그들의 고민은 결국 더 나은 세상에 대한 염원이고, 그 사랑의 표현일 것이다. 그렇다면 그들의 차이란 세상을 사랑하는 방식의 차이일지도 모른다.

5장
혁명의 현장
(1847~1852)

영구적 해결책이 늘 가능하다고 믿는 것은 천박함
이자 때로는 범죄다.

— 이사야 벌린, 『러시아 사상가』(1977)

아버지의 죽음 이후 게르첸은 많은 재산을 상속받는다. 이듬해 그
는 아내와 아이들 그리고 어머니와 함께 외국으로 이주한다. 그리고
다시는 러시아로 돌아가지 못한다. 1848년 그는 이탈리아에서 혁명
소식을 듣고 난 후 서둘러 파리로 간다. 그는 혁명을 지지하였지만,
혁명의 실패 후 유럽사회주의운동에 깊이 실망한다.

1847년에서 1852년 사이, 그러니까 35세가 되던 해에서 40세 되던
해까지 게르첸은 6년 동안 파리와 이탈리아를 오고 갔다. 당시 유럽
은 혁명을 포함하는 큼직한 역사적 사건이 무시로 일어나던 정치적
소용돌이의 현장이었다. 파리는 특히 그랬다. 이런 시대적 사건만큼

이나 게르첸 개인의 삶도 격변에 시달렸다. 그들 부부에게는 네 아이가 있었다. 이 아이들 중 한 명과 게르첸의 어머니는 1851년 타고 가던 배가 난파되어 죽었고, 그의 아내는 독일 시인 헤르베그와 염문을 일으킨다. 그의 아내는 결국 1852년 폐결핵으로 죽는다. 시대사적 사건의 추이에서 야기된 그의 좌절감은 가정사 안에서의 불행 때문에 가중되었을 것이다.

게르첸은 파리에 도착한 후 여러 편의 격정적인 글을 발표한다. 이 글들은 그의 모스크바 친구들이 발행하던 간행지에 실렸다. 그것은 당시 일어난 혁명과 사회정치적·문화적 조건에 대한 신랄한 논평이었다. 그 논평의 중심에는 프랑스 부르주아의 타락에 대한 비판적 분석이 자리했다. 그는 1848년 혁명이 실패한 것은 프랑스의 과격파 정치인들이 허약하고 허영에 찬 데다가 부르주아 정당이 배신했기 때문이라고 판단했다. 그의 이 논평을 러시아 친구들은 달갑게 여기지 않았다. 러시아는 서구 중산층의 진보적 상태에 비해 여러 가지 점에서 낙후된 사회였고, 이런 사회적 진보와 개혁을 위해 많은 것이 감수되어야 한다고 그들은 믿었기 때문이다.

게르첸의 글은 신선하고 명쾌하지만, 여담이 많은 데다 갖가지 인용이나 신조어까지 들어 있다. 그것은 정직한 현실 관찰과 신랄하고도 비판적인 어조를 가졌지만, 폭포수처럼 이어지는 까닭에 민족주의적 성향을 가진 친구들을 화나게 만들기도 했다. 그럼에도 그의 글은 혁명의 현장에서 무슨 일이 일어났고, 어떤 사람들이 어떤 생각으로 어떻게 행동했는가에 대한 냉정한 보고가 아닐 수 없었다. 아래에서 자세히 다루게 될 이런 대목은 아마도 지금의 한국사회에서도 매우 귀중한 반성적 자료가 되지 않을까 여겨진다.

1. 혁명 성가 대원의 허풍스러운 쇼

프랑스의 혁명 현장에 나타난 사람들과 사건들의 행태는 다양하였다. 그것은 크게 두 가지 — 혁명의 주체가 지닌 일반적 성격과 그 담당자로서의 프티 부르주아가 갖는 특징에 대한 것이다. 게르첸의 언어는 정확하고 예리하다. 그러면서 곳곳에 통찰을 담고 있다.

국가가 그들의 평상시 습관을 용서해 주는 사회적 폭풍과 재건의 어려운 시기에 새 세대의 사람들이 자라나서 혁명의 성가 대원으로 불린다. 요동치는 화산토에서 자라나, 모든 종류의 일이 유예되는 경보음의 분위기 속에서 키워진 채, 그들은 가장 이른 시기부터 정치적 소요의 환경에 길들여진다. 그들은 그런 환경의 연극적 측면을, 말하자면 화려하고 허풍스러운 '연출'을 좋아한다. 니콜라이 황제에게는 행진하는 연습이 군인 일의 가장 중요한 부분인 것처럼, 그들에게는 모든 연회나 데모, 시위와 모임, 건배나 현수막이 혁명의 가장 중요한 부분이다.

그들 가운데 선하고 용기 있는 사람도 있고, 총알을 맞을 준비가 된 참으로 헌신적인 사람도 있다. 하지만 대개의 경우 그들은 아주 제한되고 지나칠 정도로 세세한 것에 얽매여 있다. 혁명적인 모든 일에서 요지부동의 보수파로서 그들은 어떤 프로그램에서 곧장 멈추고 더 나아가지 않는다….

단순한 사람들과 혁명적 교조주의자들 외에 인정받지 못한 예술가나 성공하지 못한 문학가, 그리고 자기 공부를 끝내지 못한 학생들, 인기 없는 변호사, 재능 없는 배우, 그리고 허영은 크지만 능력은 보잘것없는 사람, 허세는 대단하나 일 능력이나 인내심은 없는 사람, 이 모두는 자연히 이런 환경 속으로 빠져든다. 평상시에 사람 무리를 한꺼번에 안내하고 방목하는 외적 능력이 혁명의 시기에는 약해진다. 그들 자신에게 맡겨두면, 이들은 무엇을 해야 할지 모른다. 더 젊은 세대들은 이 편안함에 충격을 받는데, 이 분명한 편안함으로 유명한 사람들은 혁명의 시기에 꼭대기까지 흘러가며, 쓸데없는 선동으로 뛰어든다. 이것이 젊은이들을 부추겨 폭력적으로 흥분시키고, 일하는 습관을 파괴시킨다. 클럽과 카페에서의 생활은 매력적이고, 운동으로 차 있으며, 허영을 갖도록 알랑거리고, 절제에서 벗어나게 만든다. 누구라도 뒤에 남아선 안 된다. 일할 필요가 없기 때문이다. 오늘 행하지 않은 것은 내일 해도 좋거나 전혀 하지 않아도 된다.(349-350)

사회적 혼란과 재건의 시기에 사람들이 갖게 되는 무책임이나 자기기만을 이처럼 분명하고 정확하게 지적한 사례도 별로 없을 것이다. 그 대표적 예가 혁명과 같은 사회적 급변기의 전후다. 이들을 게르첸은 "혁명의 성가 대원"이라고 부른다. 그들은 혁명의 슬로건을 마치 복음처럼 떠받들고 외치면서 다니기 때문이다.

이들이 사는 사회에서는 안정성과 지속성이 부족하다. 그들은 "요동치는 화산토에서 자라나, 모든 종류의 일이 유예되는 경보음(alarm)의 분위기 속에서 키워진 채, 가장 이른 시기부터 정치적 소요의 환경에 길들여진다." 그래서 사실의 내용에 충실하거나 맡은 일을 책임 있게 해내지 못한다. 오히려 그들은 "그런 환경의 연극적 측면을, 말하자면 화려하고 허풍 떠는 '연출(mis en scène)'을 좋아한다." 미장센이 무대 위에 만들어진 세트라면, 그들이 좋아하는 것은 이 세트장에서 일어나는 인위적인 쇼다. 이 '보여진 것들'에 그들은 탄복하고 열광한다. 그래서 군인이 전투보다 퍼레이드를 좋아하듯이, 혁명적인 청춘 세대는 "모든 연회나 데모, 시위와 모임, 건배나 현수막"을 중시한다.

하지만 이들의 능력이나 인내심은 그 허영이나 허세에 못 미친다.

스스로 결정하고, 이렇게 결정한 것을 책임 있게 해나가지 못하기 때문이다. "그들 자신에게 맡겨두면, 이들은 무엇을 해야 할지 알지 못한다." 그들은 "쓸데없는 선동"을 일삼고, "일하는 습관을 파괴하는" 가운데 "폭력적으로 흥분"하는 것이다. 그래서 "클럽"이나 "카페의 생활"을 좋아하고, 운동이나 허영은 일삼지만, "절제"나 "일"은 도외시한다. 그러므로 혁명 세대에게 가장 필요한 것은 소극적으로는 허영과 연출의 과장으로부터 거리를 유지하는 일이고, 적극적으로는 일과 책임과 절제의 덕목을 배우는 일이다. 그러나 현실은 그렇지 않았다.

2. 우쭐댐과 기고만장

1848년 2월 혁명이 좌초되는 현장을 게르첸은 파리에서 목격했다. 그것은 그에게나 그 친구들에게 큰 충격이었다. 혁명은 실패했지만, 이 실패한 것들 — 무너지고 좌절한 것들에 어떤 선의가 있을 것이라고 그는 처음에 믿었다. 그리고 이 선의로 삶의 기존 질서가 도덕적으로 재건될 수 있을 것이라고 그는 판단했다. 하지만 이 믿음은 근거 없는 것이었다. 시간이 지날수록 혁명은 그저 실패한 데 그친 게 아니라, 어쩌면 처음부터 '실패하게 되어 있었다'고 여겨졌다. 혁명 주체들이 보여준 어리석고 맹목적인 면모가 도처에서 발견되었기 때문이다. 그는 이렇게 평가한다.

혁명은 아그리피나(Agrippina)처럼 자기 아이들이 휘두른 타격 때문에 무너졌는데, 어떤 것보다 더 나쁜 것은 그러한 사실을 의식하지 못했다는 점이었다. 잘 판단하기보다는 영웅주의와 젊은이의 자기희생이 더 많았다. 순수하고 고귀한 희생자가 쓰러졌지만, 이것이 무엇을 위한 것인지 알지 못했다. 살아남은 자의 운명은 더 비통했다. 그들 사이의 싸움과 개인적 논쟁 그리고 음울한 자기기만에 빠진 채, 또 억제되지 못한 허영에 사로잡힌 채, 그들은 승리하게 될 뜻밖의 나날을 계속 곱씹었고, 그들을 속인 것은 신부(新婦)가 아니었지만, 자신의 시들어진 월계관과 예복을 벗으려 하지 않았다.

불운과 게으름 그리고 필요 때문에 옹졸함과 고집 그리고 분노가 생겨났다…
망명자들은 작은 그룹으로 분산되었고, 이 그룹들은 원칙이 아니라 이름이나 증오 아래 결집하였다…

환멸은 속되고 진부한 단어이며 베일에 불과하다. 이 베일 아래 마음의 나태와 사랑을 가장한 이기주의, 그리고 모든 것에 허세를 부리지만 아무런 힘도 없는 허영의 소란스러운 공허감이 숨어 있다. 이 모든 의기양양하고 인정받지 못한 인물들은, 시기심으로 시들고 허세로 비참해진 채, 삶이나 소설에서 우리를 오랫동안 지치게 만들었다.(384-385)

뛰어난 서술이다. 위의 언급에서 혁명을 좌절시킨 많은 요소들이 지적되고 있지만, 그 핵심은 무엇이 될까? 그 하나를 꼽자면, 무엇일까? 그것은, 내가 보기에, 자기기만이 아닐까 싶다. 혁명 실패의 원인이 혁명의 외적 요소로부터 온 것이 아니라, 혁명 자체에서 온 것이라는 사실 말이다. 이것을 게르첸은 이렇게 적었다. "혁명은 아그리피나처럼 자신의 아이들이 휘두른 타격 때문에 무너졌다."

아그리피나(Julia Agrippina Minor)는 로마 네로 황제의 어머니다. 그녀는 남편을 독살하고 네로를 제위(帝位)에 오르게 하였지만, 바로 이

아들에 의해 피살되었다. 그와 같은 논리로, 혁명 실패의 원인도 다름 아닌 그 내부에 있다는 것이다. 그리하여 혁명이 실패한 것에는 "그들 사이의 싸움과 개인적 논쟁 그리고 음울한 자기기만"이 들어 있다. 혁명의 당사자들은 현실을 직시하려 하지 않았고, 사실도 존중하지 않았다. 그들은 열정적이고 모험심에 가득 찬 채 계획을 짜고 사업을 벌이기를 좋아했지만, 그러나 실제로 그 일을 책임 있게 해나가지 못했다. 그들은 현실의 고통에 대해 아무것도 몰랐기 때문이다. "이름이나 증오"를 중시할 뿐, 생활의 실질에 대해 그들은 무지했다. 게다가 그들은 게으르고 옹졸하며 고집스러웠다. 아니 게으르고 옹졸하며 고집스럽기 때문에 현실을 외면하고 명분을 중시했을 것이다.

그리하여 혁명의 담당자들은 결국 현실에서 무너질 수밖에 없었다. 이 같은 실패는 혁명에 기대를 걸었던 게르첸에게 크나큰 고통을 야기한다. 그는 역사의 진실 앞에서 자신의 마음이 무너져 내리는 참담함을 겪는다. 모든 것이 암울하게 보였다. 그는 무릎을 꿇고 울며 기도하고 싶은 마음까지 느낀다. 위의 인용에 나타나는 환멸은 바로 이러한 절망적 심정에서 나온 것일 것이다.

그러나 게르첸은 시간이 지나면서 좀 더 차분한 마음으로 사안을 하나하나 다시 검토하기 시작한다. 그러면서 이 베일 아래 숨어 있는 실상이 어떠한지 해명해 보고자 그는 애쓴다. 그런 검토 후에 그가 도달한 결론은 이렇다. "이 베일 아래에는 마음의 나태와 사랑을 가장하는 이기주의, 그리고 모든 것에게 허세를 부리지만 아무런 힘도 없는 허영의 소란스러운 공허감이 숨어 있다." 이것은, 더 줄이면, 허세와 우쭐댐이다.

허영(vanity)은 자기를 직시하지 못하는 데서 생겨난다. 그래서 어떤 가 부풀어져 있고, 그래서 소란스럽다. 허영의 인간은 모든 것에 기고 만장하다. 하지만 이 기고만장에는 아무런 현실적·사실적 근거가 없다. 그래서 "텅 비어(empty)" 있다. 허영이 공허한 것은 그런 이유에서다. 이 허세, 이 허영이 아마도 혁명의 주체를 '작고 사소하며 쩨쩨한(petit)' 부르주아 — 프티 부르주아(petits bourgeois)로 만들었을 것이다. 이처럼 현실의 많은 것은, 인간에 대한 많은 용어가 그러하듯이, 케케묵은 단어이고 진부한 베일에 불과하다. 그만큼 삶의 실상에서 떨어져 있는 것이다. 게르첸 비판의 주된 대상은 '소시민'으로서의 이 프티 부르주아, 이 프티 부르주아의 환멸스러운 허영을 향해 있다.

3. 프티 부르주아 비판

> 삶은 증권거래소의 도박이 되어버렸다. 모든 것이,
> 신문의 출판이나 선거, 입법부는 모두 환전인 가게
> 이자 시장이 되었다.
>
> — 게르첸, 『나의 과거와 사상』(1982: 394)

서구의 근대적 역사에서 부르주아 시민계층의 출현이나 그 역사적 성격 그리고 그 한계를 점검하는 것은 매우 중요해 보인다. 근대사는 거두절미하고 부르주아의 역사이기 때문이다. 게르첸은 이렇게 쓰고 있다. "1830년 이후의 정치적 문제는 오직 프티 부르주아의 문제가 되어왔다."(394)

그러나 부르주아의 특성을 일목요연하게 알아보기란 쉽지 않다.

그 활동적 특성은, 최대한 간단하게 말하여, 상업적이고 무역적인 영역에 있다고 말할 수 있을까? 거듭 말하여 근대 이후의 역사는 근본적으로 '부르주아 자본주의의 역사'다. 이 자본주의의 역사는 1989년 동구 사회주의의 몰락까지 19세기 이후 200여 년 동안 서구 역사의 지배적인 추세가 되었다. 그 후 부르주아 자본주의적 흐름이나 그 성격은 이전보다 더 강화된 독점적인 형태를 띠고 있고, 오늘날에는 전 지구적인 면모를 보인다고 할 것이다. 게르첸의 분석이 흥미로운 것은 그가 부르주아 계급이 형성되기 시작하던 바로 그 초창기의 사회 문화적 병폐를 포착하고 있다는 점에 있지 않나 싶다. 그리고 이러한 병폐는 오늘날의 현대 자본주의 사회에서도 사라진 게 아니라, 여전히 변주 확대되면서 이어지고 있다. 그 때문에 중요한 것이다.

3.1. 새로 태어난 아이의 멍청함

1830년과 1848년 두 차례의 혁명과 그 좌절을 겪으면서 게르첸은, 앞서 적었듯이, 격심한 환멸을 겪는다. 이 무너진 현실 앞에서 그는 한편으로 당혹감과 모욕을 느끼면서도 다른 한편으로 더 냉정해지고 진지해진다. 프티 부르주아에 대한 비판적 검토는 이런 냉철한 시각 아래 행해진다.

게르첸의 언어는 그침이 없다. 그것은 명쾌하고 신랄하지만 거칠거나 상스럽지 않다. 정직하고 자연스러워 어디에서도 가식이 느껴지지 않는다. 그러면서도 그는, 흔히 그러하듯이, 한두 가지 항목의 지적에 그치는 게 아니라, 사안의 앞과 뒤, 전경과 배경을 두루 살핀다. 그의 글이 갖는 복합적 비전, 이 비전의 치밀성은 이렇게 해서 나올 것이다. 특이한 점은 그가 경쾌함을 잃지 않는다는 사실이다. 그는 자신의 견해를 종횡무진으로 펼치지만 흥분하는 법은 없다. 그의 시각은 어디서나 열려 있어 유연하게 느껴지지만, 그렇다고 독단적으로 치닫는 듯한 인상을 주지 않는다.

아마도 이 모든 것은 게르첸이 추구하는 어떤 가치 — 선의를 향한 도덕적 감정 덕분일 것이다. 독립적 의지가 자율성에서 나오고, 이 의지란 선의를 향하는 것이라면, 결국 그 의지는 '윤리적 의지'다. 모든 자율성이란 깊은 의미에서 윤리적 자율성이다. 그리고 이 자율성은 주체의 독립을 지향한다. 그의 정치적 급진주의가 중화(中和)되는 것도 이런 윤리적 선의의 분위기 덕분이 아닐까? 나는 그렇게 생각한다. 이런 식으로 그의 인문주의는 새로운 내용을 얻는다. 이를테면 아래의 문장을 읽어보자.

절망적인 갈등이 지속되는 한, 위그노 교도의[1] 찬가와 마르세예즈 찬가의 선율에 맞춰 나무더미가 불타고 피가 흐르는 한, 이 불평등은 언급되지 않았다. 하지만 마침내 봉건군주제의 억압 조직이 허물어지고, 그 벽이 천천히 흔들렸고, 자물쇠가 제거되었다. 더 많이 때리고 더 많은 벽을 부수며 용감한 사람이 나아가고 문이 열리자 군중이 밀려 들어갔다. 하지만 이들은 사람들이 기대했던 군중이 아니었다. 이들은 누구인가? 그들은 몇 살인가? 그들은 스파르타인도 아니고, 위대한 로마인(populus Romanus)도 아니었다. 저항할 수 없는 추잡한 물결이 모든 것에 흘렀다. 자코뱅 당원의 내적 공포는 1793년과 1794년의 테러에서 표현되었다. 그들은 자신의 무서운 과오를 보았고, 그래서 그 과오를 단두대로 고치려 했다. 그

---

1 위그노 교도(Huguenots)는 16~17세기경의 프랑스 신교도를 말한다.

러나 그들은 얼마나 많은 머리를 절단했는가. 그들은 여전히 떠오르는 사회계층의 권력 앞에서 자신의 머리를 숙여야 했다. 모든 것은 그 앞에 길을 내주었다. 그것은 혁명과 그 반동을 압도하였다…

… 프티 부르주아는 혁명으로 생겨나지 않았다… 그들은 귀족계급에 억눌려 있었고, 배경에 자리 잡고 있었다. 그들은 풀려나자 자신들을 해방시켜 준 자들의 몸을 밟고 다녔고, 자신들의 정권을 수립하였다. 소수자들은 부서지거나 프티 부르주아 속에서 해체되었다.

… 이런 사실의 부당성에, 그 합당치 않음에 우리는 화가 났고 분노하였다. 비록 누군가는 (우리는 아니지만), 이 세상의 모든 것은 정당하고 우아하며, 따라서 태엽장치처럼 작동해야 한다고 약속했다. 우리는 자연과 역사적 발전의 추상적 지혜에 충분히 놀랐다. 역사에서처럼 자연에서도 우연적이고 어리석으며 성공하지 못한 혼란스러운 일이 많다는 것을 지각할 시간이다. 결국 완전히 발전한 사고로서의 이성이 왔다. 모든 것은 새로 태어난 아이들의 멍청함과 함께 시작한다. 잠재력과 열망이 선천적이지만, 그러나 발전하고 의식하기 전에 그는 일련의 외적이고 내적인 영향과 굴절 그리고 점검에 노출된다. 누구는 뇌수종(腦水腫)을 앓고 있고, 다른 누구는 넘어져 머리를 깨부순다. 두 사람은 백치가 된다. 세 번째 사람은 넘어지지도 않고, 성홍열로 죽지도 않는다. 그는 시인이, 군대 지휘관이나 노상강도 혹은 판사가 된다. 전체적으로 우리는, 자연에서든 역사에서든, 삶에서든, 진보와 성공을 잘 안다. 그저 모든 카드가 우리가 생각했던 것만큼 미리 잘 정돈되어 있지 못함을 이제야 느끼기 시작하고 있다. 우리는 스스로 하나의 낙오자요, 저버린 패(a losing card)이기 때문이다.

이념이란 무력하고 진리란 실제의 세계에 대해 구속력을 갖지 않는다는 사실을 깨닫는 것은 당혹스럽다… 우리는 합리적 선을 믿는 것과 마찬가지로 홧김에(par dépit) 합리적 악을 믿을 준비가 되어 있다. 그것은 우리가 이상주의에 바치는 마

지막 헌사다.(387-388)

여기에는 여러 가지 요소들이 지적되어 있지만, 핵심은 혁명의 주체, 그 정체성에 대한 문제제기에 있다. 혁명의 주체는 누구인가? 이물음에 대하여 게르첸은 적는다. "하지만 이들은 사람들이 기대한 군중이 아니었다. 이들은 누구인가? 그들은 몇 살인가? 그들은 스파르타인도 아니고, 위대한 로마인도 아니었다."

이렇게 생겨난 주체의 이름은 프티 부르주아다. 그들은 "혁명으로 생겨나지 않았다… 그들은 귀족계급에 의해 억눌려 있었"지만, 혁명에 의해 "풀려나자 그들을 해방시켜 준 자들의 몸을 밟고 다녔"다. "이러한 사실의 부당성에, 그 합당치 않음에 우리는 화가 났고 분노하였다." 이때 '우리'란 게르첸을 포함하는 귀족계급이거나 이런 계급 출신의 개혁적 지식인들일 것이다. 그들은 "역사에서처럼 자연에서도 우연적이고 어리석으며 성공하지 못한 혼란스러운 일이 많다는 것"을 깨닫는다. 그러면서 새 시대의 새 주체인 프티 부르주아를 이렇게 비판한다. "모든 것은 새로 태어난 아이들의 멍청함과 함께 시작한다."

이런 식으로 게르첸은 이 새로운 역사의 주체를 냉정하게 파악한다. 부르주아에 대한 그의 맹렬한 비판은 마르크스에 비견할 만해 보인다. 프랑스와 영국의 중류계층이 특히 그러했다. 이들의 옹졸하고 쩨쩨하며 계산에 능한 모습에서 그는 역겨움을 느꼈다. 그에 비해 이탈리아 중산층은 그보다 더 나아 보였다. "새로 태어난 아이들의 멍청함", 이것이 게르첸이 파악한 프티 부르주아의 역사적 성격이다.

프티 부르주아의 재능이나 잠재력이 없었던 것은 물론 아닐 것이다. 그러나 이 같은 재능과 잠재력이 충분히 발전하기 전에 그들은 너무도 많은 "외적이고 내적인 영향과 굴절 그리고 점검에 노출된다." 그래서 실패는 피하기 어렵다. "그저 모든 카드가 우리가 생각했던 것만큼 잘 미리 정돈되어 있지 못하다는 것을 이제야 느끼기 시작하고 있다." 이 체험에서 게르첸이 갖게 된 다음의 생각은 중대해 보인다. "이념이란 무력하고 진리란 실제의 세계에 대해 구속력을 갖고 있지 않다…" "우리는 합리적 선을 믿는 것과 마찬가지로 홧김에 합리적 악을 믿을 준비가 되어 있다. 그것은 우리가 이상주의에 바치는 마지막 헌사다." 진리나 이념은 현실에 크게 작용하지 못한다. "합리적 선" 이상으로 현실을 압도하는 것은 "합리적 악"이기 때문이다. 악은 스스로 살아남을 수 있는 적실성을 갖는다.

그러므로 진리와 현실 사이의 간극은 불가피하다. 이 간극 때문에 이념은 무기력해진다. 합리적 선만큼이나 합리적 악에 대한 믿음이 생겨나는 것도 이 무기력 때문이다. 하지만 프티 부르주아 자체는 이 같은 간극에 무감각하다. 그들은 계산의 인간이고, 그들의 목표는 눈앞의 돈과 수익이기 때문이다.

3.2. 부르주아 ― 돈을 위한 항구적 투쟁

부르주아가 추구하는 가치 요소는 많다. 게르첸은 어떻게 파악하고 있을까? 흥미롭게도 그는 부르주아 계급의 성격이 무엇 자체가 아니라, 이 무엇과 무엇 '사이에 있는' 중간적인 존재로 파악한다. 중간적 존재로서 그들은 무엇을 하는가? 이 부르주아 계급은 중간적·중개적 위치에서 재산에 골몰한다. 이것을 게르첸은 "얄팍한" 측면이라고 부른다.

진리의 요소들이 우리가 만들었던 이상(理想) 안으로 들어왔지만, 이 이상은 더 이상 남아 있지 않거나 완전히 변해버렸다. 기사도의 용기, 귀족적 태도의 우아함, 프로테스탄트의 근엄한 예의, 영국인의 자랑스러운 독립심, 이탈리아 예술가의 화려한 삶, 백과전서파의 번득이는 기지와 테러리스트의 우울한 에너지 — 이 모든 것은 녹아 서로 다른 지배적 행동의 어떤 완전한 조합체 — 부르주아적 태도가 되었다.

… 기사가 봉건 세계의 원형이었듯이, 상인은 새로운 세계의 원형이 되었다. 봉건 영주가 고용주로 바뀐 것이다. 상인은 아무런 색채가 없는 중개적 인물이다. 그는 생산자와 소비자 사이의 중간인물이다. 그는 소통의 수단이라는 본성 — 운반이라는 어떤 것을 지닌다. 기사는 좀 더 자기 자신이고, 한 인격의 더 많은 것을 지니며, 그래서 인격을 이해할 때 자기 위엄을 지닌다. 그에 반해 그는 부나 지위에 본질적으로 의존하지 않는다. 그의 인격이 중요하기 때문이다. 프티 부르주아에게서 인격은 감춰져 있거나 드러나지 않는다. 그것은 중요하지 않기 때문이다. 중요한 것은 상품이며 생산이고 물건이다. 중요한 것은 '재산'이다.

… 프티 부르주아의 영향 아래 유럽에서는 모든 것이 변했다. 기사도적 명예는 회계 담당자의 정직으로 대체되었고, 우아한 태도는 적절성으로, 정중함은 꾸밈으로, 자부심은 언제라도 남을 불쾌하게 만들 수 있는 자세로, 공원은 부엌 정원으로, 궁전은 '모두'에게 열린 호텔로 대체되었다. ('모두'란 돈을 가진 사람이다.)

사람들 사이에 존재하는, 시대에는 맞지 않으나 일관된 이전의 생각이 흔들렸지만, 사람들 사이의 '진정한' 관계에 대한 새로운 의식은 발견되지 않았다. 이 혼란스러운 자유는 무분별한 습득의 전지전능한 영향 아래 프티 부르주아의 모든 얄팍하고 나쁜 측면이 발전하는 데 크게 기여하였다.(392-393)

1830년대를 지나면서 서구 사회가 전체적으로 보아 '부르주아적'으로 되었다면, 이 부르주아적 세계는 기존의 세계상을 근본적으로 뒤바꾼다. "진리의 요소들이 우리가 만들었던 이상 안으로 들어왔지만, 그러나 이 이상은 더 이상 남아 있지 않거나 완전히 변해버렸다." 기존 세계의 이상적 가치에는, 게르첸이 보기에, "기사도의 용기, 귀족적 태도의 우아함, 프로테스탄트의 근엄한 예의, 영국인의 자랑스러운 독립심, 이탈리아 예술가의 화려한 삶, 백과전서파의 번득이는 기지와 테러리스트의 우울한 에너지" 등이 속한다. 부르주아적 가치는 이 모든 전통적 가치들이 녹아 사라지면서 전혀 다르게 만들어진 "어떤 완전한 조합체"다.

따라서 그런 가치들의 조합체로서의 부르주아는 기본적으로 "중개적 인물"이다. 그는 생산자와 소비자 사이에 '끼어 있고', 이렇게 낀 채로 생산된 물건을 소비자에게 '운반하여 이어주는' 역할을 한다. 그러니 그에게는 "아무런 색채가 없"다. '색채'란 인물(person)이고, 이 인물의 됨됨이, 즉 인격(personality)이며 개성이다. "위엄"은 이 인격으로부터 나온다. 그렇다면 한 인간에게 색채가 없다는 것은 인격이 없고 위엄이 없다는 뜻이다. 그런데 상인에게 인격이나 위엄이 중요하지 않다. 그가 중시하는 것은 "재산"이기 때문이다.

그리하여 중세에서 근대로의 변화란, 게르첸이 명료하게 보여주듯이, 봉건 세계의 "기사"가 근대 세계의 "상인"으로 변한 것이다. 이에 따라 이전 세계를 구성하던 긍정적인 가치들 — 기사도의 용기나 귀족의 우아한 태도, 프로테스탄트의 근엄함이나 영국인의 독립심, 이탈리아 예술가의 멋진 삶, 백과전서파의 기지와 테러리스트의 개혁적 에너지는 사라진다. (테러리스트에게도, 적어도 근대 이전의 혁명기에는, "우울한 에너지"가 있었다! 그리고 이 우울은, 마치 시인의 우울처럼, 더 나은 세상을 향한 것이었고, 그래서 사회적으로도 중요한 가치의 하나였다.) 그 대신 "소통"과 "운반"과 "재산"이 들어선다. 이것을 게르첸은 다음과 같이 집약적으로 표현한다. "프티 부르주아의 영향 아래 유럽에서는 모든 것이 변했다. 기사도적 명예는 회계 담당자의 정직으로 대체되었고, 우아한 태도는 적절성(propriety)으로, 정중함은 꾸밈으로, 자부심은 언제라도 남을 불쾌하게 할 수 있는 자세로, 공원은 부엌 정원으로, 궁전은 '모두'에게 열린 호텔로 대체되었다."

이 대목에서 나는 그 어느 사회학자나 정치학자에게도 없는, 서구 부르주아의 역사적 의미에 대한 명료하고 정확한 분석을 읽는다. 이것은 물론 내가 아는 것이 미천하고, 내 독서 이력이 좁은 탓이겠지만, 그러나 게르첸의 서술은 유례없이 출중해 보인다.

이 새로운 세계를 지배하는 것은, 게르첸이 지적하듯이, "프티 부르주아의 모든 얄팍하고 나쁜 측면"이다. 이 나쁜 측면이란 예의를 가장한 "적절성"과 "꾸밈" 그리고 "남을 불쾌하게 할 수 있는 자세"다. 여기에 도덕적 성격이 없는 것은 아니다. 그렇다는 것은 얄팍하게 나빠진 것이 다름 아닌 도덕성이라는 뜻이다. 그리하여 근대 이후 우리가 잃게 된 것은 전통적 의미의 미덕들 — 명예와 우아, 예의와 자부심, 그리고 인격과 위엄 같은 것이고, 우리가 얻게 된 것은 얕고 나쁜 도덕성이다.

이런 도덕적 타락의 중심에는 돈이 있다. 게르첸은 이렇게 명료하게 분석한다. "사람은 사실상 재산의 부속품이 되었다. 삶은 돈을 위한 항구적 투쟁으로 환원되었다."(394) 아마도 오늘날의 현대 세계가 한마디로 '무한 이익을 위한 이전투구의 마당'이라면, 이러한 싸움은,

역사적으로 보아, 아마도 이 무렵 — 바로 1850년부터 시작되었을 것이다. 이처럼 게르첸이 시종일관 비판하는 것은 좁고 이기적인 마음 — 계산적이고 상업적이며 쩨쩨하고 옹졸한 태도다. 이것은 그 자체로 새로운 시대의 주체 — 부르주아 계층의 미덕을 이룬다. 따라서 '부르주아적'이란 '좁고 옹졸하며 이기적이고 외양적이며 계산적인 모든 것'을 뜻한다.

3.3. 사회적 의무의 외면

문제는 부르주아의 이 같은 태도가, 미시적 차원에서 보면, 거의 모든 가정에서 그대로 반복된다는 사실에 있다. 게르첸은 지적한다. "부르주아의 타락은 가정과 사적 삶의 모든 비밀스러운 장소 속으로 몰래 기어 들어갔다. 가톨릭교도, 또 기사도의 사상도 부르주아의 사고만큼 그렇게 깊고 다양하게 인간에게 주입되지 못하였다."(396)

부르주아적 태도의 이 미시 생활적 파급이 초래하는 가장 큰 폐단은 사회적 의무의 방기에 있다. 기존의 지배층인 귀족계급이나 가톨릭 교인들에게는 일정한 의무가 있었다. 그것은 사회적 규범에 대한 의무다. 예를 들어 귀족에게는 기사도의 명예와 용기 그리고 태도의 우아함이 있었다. 그렇듯이 가톨릭 교인에게는 신 앞에서의 겸손과 정중하고 엄격한 예의가 있었다. 이런 규범이 물론 늘 지켜진 것은 아니었다. 하지만 그런 의무 의식은 사회 전반에, 의식적이든 무의식적이든, 스며들어 있었다. 그래서 그 규범적 토대는 하나의 공동체가 무법천지로 변질되는 것을 막아주는 역할로 기능했다. 하지만 프티 부르주아는 이 같은 의무를 모른다. "그들의 의무는, '옳든 그르든(per fas et nefas)', 재산을 갖는 것이다. 그들의 찬송가는 간단하다. '바다의 모래처럼 될 때까지 네 재산을 늘려라.'"(396)

1800년대에 들어와 기성 세계의 가치를 거부한 인물들 가운데는 여러 선각자가 있었다. 기사 울리히 폰 후텐(U. v. Hutten)이 있었고, 볼테르 같은 신사가 있었다. 루소 같은 시계 기술자 조수도 있었고, 군의무관이던 실러와 상인 아들 괴테도 있었다. 프티 부르주아는 이 자유로운 근대인들의 작품을 이용했지만, 사실 이들과 무관했다. 이 위대한 근대인들은 전제군주와 노예 상태로부터 해방되고자 애썼던 반면, 프티 부르주아는 자신의 지위를 보장하는 정부의 고용에 도움을 주는 반면에 사회적 의무는 외면하였던 것이다.(397)

그리하여 도덕의 얄팍함과 나쁨 그리고 사회적 의무의 방기는 부르주아적 태도의 가장 큰 결함으로 남는다. 그들은 돈이나 수익 혹은 이윤이 보장되지 않으면, 어떤 일에도 나서지 않는다. 이 얄팍한 행동은 이들이 사는 사회의 문화적 얄팍함으로 이어진다. "무역 활동과 사회적 지위의 부당한 이용, 그 외의 어떤 것도 프티 부르주아 세계에서는 본질적이지 않기 때문에 그들의 교육은 제한되기 마련이다…. 교활함과 위선은 생각한 것처럼 전체적으로 그리 현명하거나 선견지명이 있는 게 아니다. 그들의 인내심은 빈약하여 그들은 곧 깊이를 잃는다."(395)

지금까지 살펴보았듯이, 새 시대와 새 역사를 내건 혁명의 담당 계층으로서 부르주아가 보여준 한계는 여러 가지다. 그들은 "새로 태어난 아이의 멍청함"을 가지고 "돈을 위한 항구적 투쟁"을 일삼을 뿐만 아니라, 무엇보다 사회적 의무를 외면한다. 그래서 혁명과 복고의 위태로운 시대에 대중의 의견은 끝없이 요동치고, 도덕적 무관심은 넓게 퍼져간다. 그리하여 어제까지 '미덕'이니 '영웅'이니 칭찬하던 것이 오늘이면 '죄악'이 되어 수감되고 유형에 처해지는 일이 자주 일어나는 것이다. 한 사람의 머리에서도 수없이 다른 판단이 일어나고, 이 판단에 따른 변덕스러운 결정으로 많은 사람들이 고통받는다. 이것이 혁명의 여파다.

앞서 언급했던 혁명에의 환멸은 이런 이유로 생겨난 것이었다. 환멸이란 어떤 행동도 현실에 개입하기 어렵다는 자각과 믿음의 결과다. 아마도 여기에서 근대인 특유의 회의와 비관주의가 생겨날 것이다. 이 회의와 비관주의를 '근대인의 아이러니 감각'이라고 말할 수 있을까? 환멸과 아이러니의 감각은 인간의 생각이 생각대로 구현되기 어렵다는 뼈아픈 자각에서 온다. 그리하여 당혹과 좌절과 거리두기가 시작된다. 자기 내면으로의 근대적 성찰이 일어나는 것도 이런 맥락에서다. 그런 점에서 내면적 성찰은 '근본적으로 근대적인' 행위다. 아래의 글 역시 이 거리두기의 감각에서 생겨난 성찰의 결과일 것이다.

4. 자유에의 무능

게르첸의 체험 반경은 저 광대한 러시아 전역에 그치는 게 아니다. 그는 1847년 이래, 그러니까 35세 이후 유럽 각지를 떠돈다. 앞서 보았듯이, 그는 1848년 파리에서 일어난 사회정치적 격변을 겪으면서 깊은 절망과 회의를 겪는다. 이 혁명에서 그는 너무도 많은 분노와 싸움, 피비린내 나는 몰락과 배반과 불화를 직접 확인했다. 이러한 체험은 그에게 쓰라린 고통과 피로와 권태를 남긴다.

　격변의 시기를 겪은 사람은 이전과 같은 성정(性情)을 더 이상 갖기 어렵다. 게르첸은 점차 웃음과 농담을 잃는다. 이제 그에게는 휴식이 필요하다. 그는 정원에서 앉아 있거나, 숲과 나무를 즐겨 바라본다. 아니면 잠자고 있는 아이의 침대 옆에 우두커니 서 있거나 아이들이 노는 것을 가만히 바라보고 싶어 한다. 아니면 조용한 오후 시간에 시를 읽으며 푸른 나무의 그늘과 이 그늘의 신선함처럼 영혼의 자족과 평화를 구한다.

　이따금 게르첸은 파리를 떠나 제네바로 가기도 했다. 그러나 여기에서도 상황은 크게 다르지 않았다. 사람들의 인적 구성은 달랐지만, 북적이는 분위기는 비슷하였다. 여기에도 각 나라에서 온 여러 망명객이 있었고, 이들은 서로 모여 토론을 벌였다. 모임은 여러 파로 나뉜 채 정치적 논쟁을 일삼았다. 참으로 지루하고 무미건조한 일이었다. 아마도 다음 글을 그가 쓴 것도 허망하게 이어지는 이 지루한 날의 끝 무렵이었을 것이다. "살아 있는 사람은 천 번이고 되풀이하여 숨 쉰 적 없는 공기를 갈망한다. 그것은 삶에서 뼈를 발라낸 냄새가 나지 않고, 신경에 거슬리는 쨍그랑대는 소리가 울리지 않아 아무런 기름기도 없어서 썩은 악취와 끊임없는 소음이 없다."(383)

　그리하여 게르첸은 제네바를 떠나 레만호숫가를 걷기도 하고, 몽블랑의 산자락을 산책하기도 한다. 그러면서 이 산의 압도하는 풍경과 만년 빙하 앞에서 몸과 영혼의 생기를 되찾는다. 그가 모든 허영의 헛됨을 생각한 것은 그즈음이었을 것이다. 그는 여기 스위스 산골에 사는 사람들이 비록 가난하지만 불행한 것은 아니며, 큰 결핍 없이 독립적인 삶을 견고하게 살아가는 데 익숙하다고 여긴다.

이 무렵 프랑스와 이탈리아, 독일과 영국은 근대의 격변기를 맞고 있었다. 그러니만큼 게르첸의 외국 관찰은 오늘날의 관점에서 보아도 흥미로운 데가 많다. 프랑스나 영국인들은, 적어도 독일인에 비해 "삶에서 좀 더 일관되는" 것으로 보인다.(376) 이에 반해 독일인은 어떤 나라의 국민보다 이론적 측면에서 발전한 나라였다. 그들은 가톨릭의 열광주의를 지나 초월 철학의 프로테스탄트적 경건주의로, 그리고 또 학문의 낭만주의로 발전해 갔고, 그러다가 정밀과학으로 옮겨갔다. 하지만 이 이론적 성취는 큰 성과를 내지 못했다. 교육받지 못한 민중은 상당한 고통을 받고 있었기 때문이다. 더욱이 학자라는 사람들도 일상적 삶에서는 속물적이라고 그는 비판한다. 그들의 논리나 이론이 아무리 대담해도 실천에서 일관성을 보여주지 못한다. 그들은 보편적 관념을 구상하고 개념화하는 데는 뛰어났지만, 이 관념이 현실적으로 어떻게 구현되는가에 대해 등한시한 것이다.

독일의 혁명가는 위대한 세계시민이지만, 그래서 "민족성의 관점을 극복하였지만", 그럼에도 "가장 민감하고 가장 고집스러운 애국주의로 가득 차 있다"는 사실은 더 큰 문제였다. 그래서 그들은, 다음 구절이 보여주듯이, 다른 나라를 침략하는 것도 마다하지 않는다. "그들은 보편적 공화국을 받아들이고, 국가 사이의 경계를 철폐할 준비가 되어 있으나, 트리에스테(Trieste)와 단치히(Danzig)는 독일 것이어야 했다. 빈 대학생들은 롬바르디 평원을 지키기 위해 출발하거나 라데츠키의 지휘를 받는 것을 거부하지 않았다."(377)

이렇게 독일인들은 이념적으로 보편주의를 내세웠지만, 현실적으로 국가주의나 민족주의의 이익을 따랐다. 그럴듯한 이념이나 선의도 국가와 민족의 이익 앞에 휘발되었던 것이다. 그리하여 명망 있는 교수와 물리학자, 신학자와 문헌학자 들도 다르지 않았다. 당대의 많은 지식인들은 이른바 독일주의(Teutschthum)라는 관점 아래 호전적 애국주의를 지지했기 때문이다. 이것을 게르첸은 다음과 같이 쓴다. "그는 연구실에서 호사스러운 방이나 침실로 가면서… 사상의 자유를 희생시키며 자기 드레스를 걸친다."(376) 바로 이 점에서 그는 "자유에의 무능력(incapacity for freedom)"을 본다.(377)

'자유의 필요'나 '자유의 당위성'에 대한 사람들 사이의 강조는 수도 없이 많다. 그러나 '자유의 무능'에 대한 언급은 드물다. 인간의 실상은, 게르첸이 지적하고 있듯이, 자유에 유능하다기보다는 무능한 것으로 보인다. 이것이 사실 인간 본성의 진짜 모습 — 실상(實相)에 더 가깝지 않나 여겨진다. 그 점에서 흥미롭다. 다시 정리해 보자.

인간이 자유에 무능하다면, 그 이유는 무엇일까? 그것은 인간이 언제나 "새로운 우상"을 갈구하기 때문이 아닌가 싶다. 그는 버릇처럼 거대한 추상물을 내세운다. 거대한 이념, 거대한 도덕 그리고 장기적 구상도 중요하다. 그러나 그 이전에 전제되어야 할 것은 현실 감각이다. 이념은 현실 감각 속에서 내실화되기 때문이다. 이 현실 감각은 '차이에 대한 감각'에서 생겨난다. 어떤 차이인가? 말하자면 사실과 진리, 언어와 실체, 이념과 실재, 그리고 나와 너 등등의 사이에서 자리하는 차이 말이다. 이 같은 차이는 곳곳에, 영역과 성질을 달리하면서 정도의 차이는 있는 채로 널려 있다.

인간은 차이 감각 속에서 비로소 현실의 모순과 균열을 자각하고, 이 착잡한 모순 의식 속에서 그런대로 진리를 추구할 수 있을 것이다. '그런대로'라는 것은 정도(程度)에 있어서 '조금'이라는 뜻이고, 시간에 있어 '잠시'라는 뜻이다. 그만큼 진리의 추구는 조금씩 그리고 잠정적으로만 가능하기 때문이다. 이것이 "진리의 자기희생적 수용"
이다.

4.1. 새로운 우상 — 거대 추상물의 위험

벌린의 다음 글은 인간이 지닌 자유의 무능을 잘 보여준다. 그 원
인은, 복잡한 논의를 다시 요약하건대, 거대한 추상물을 절대시하는
데 있다. 이러한 추상물은 말이나 목표, 이념이나 슬로건이나 프로그
램이다.

이 에세이에서 게르첸이 가진 전망은 낙관적 이상주의 — 여기에는 사회적이
고 지적이며 도덕적으로 자유로운 사회에 대한 비전(이런 사회의 시작을 그는, 프
루동이나 마르크스 그리고 루이 블랑과 마찬가지로, 프랑스 노동계급에서 보았다)
과 노동계급의 해방을 위한 조건을 만들어줄 수 있는 급진적 혁명에 대한 믿음이
있었는데 — 와, 그 자체로서의 모든 일반적 정식과 프로그램, 모든 정치적 당파의
싸움 소리, 그리고 진보나 자유, 평등과 민족 단합, 역사적 권리와 인간적 유대 같
은 거대하고 공식적인 역사적 목표들에 대한 깊은 불신 — 그러나 이 불신을 그의
대부분의 동료는 공유하지 않았는데 — 이 결합되어 있다. 이런 원칙과 슬로건의
이름으로 사람들은 침해당했고 학살되었으며, 또 의심 없이 앞으로도 다시 그렇
게 될 뿐만 아니라, 그들 삶의 형식들도 저주받고 파괴되었기 때문이었다. 헤겔의
좌파 사도들 가운데 더 극단적인 인물들과 마찬가지로, 특히 아나키스트인 막스
슈티르너(M. Stirner)처럼, 게르첸은 거대하고 장엄한 추상물 속에서 위험을 보
았는데, 그런 추상성의 단순한 소리만으로도 사람들은 폭력적이고 의미 없는 학
살로 치닫기 때문이다. 그 점에서 그것은 새로운 우상인데, 이 우상의 제단 위에서

인간의 피가, 어제 혹은 하루 전날 희생자들의 피처럼, 비합리적이고 쓸모없이 쏟아질 수 있는 것으로 여겨졌다. 이들은 좀 더 오래된 신성의 명예 속에서, 이를테면 교회나 왕조 혹은 봉건 질서나 종족의 신성한 관습 속에서 희생되었는데, 그 우상들은 이제 인류의 진보에 대한 방해물로 불신받았다. 그 자체로 추상적인 이상의 의미와 가치에 대한 이 같은 회의주의와 더불어, 또 이와 함께 확인할 수 있는 살아 있는 개인의 구체적이고 단기간적이며 즉각적인 목표 — 이를테면 특별한 자유와 하루 노동에 대한 보상 같은 목표와 비교하여, 게르첸은 우리를 훨씬 불안하게 만드는 것에 대해 말하였는데, 그것은 상대적으로 자유롭고 개화된 엘리트 — 그도 여기에 속했다 — 의 인간적 가치와, 목소리 없는 다수 인류의 실질적 필요와 욕구와 취미 사이에 자리하는, 점점 넓어져 메울 수 없게 된 격차(gulf)에 대한, 뇌리를 떠나지 않는 감각… 이었다.[2]

윗글에서 벌린의 문장은 복잡할 뿐만 아니라, 문법적으로도 완전하지 않다. 주어나 동사가 빠진 채 명사와 명사로 이어지는 데가 많다. 그러나 전체 요지는 그리 어렵지 않다. 핵심은 게르첸이 여느 혁명가처럼 프랑스 혁명에서 노동계급의 해방으로 자유로운 사회가 실현되기를 열망하였으나, 이 열망은 좌초되었다는 것이다. 그러나 이 요지보다 더 중요한 것은 역사와 이념, 혁명과 지향에 대한 그의 주된 문제의식이 거의 다 스케치되어 있다는 사실이다. 그가 갖게 된 자각은 크게 세 가지로 줄일 수 있다.

첫째, "그 자체로서의 모든 일반적 정식(定式)"이나 "모든 정치적 파당의 싸움 소리나 프로그램", 그리고 "진보와 자유, 평등과 민족적

2   Berlin, "Introduction," xxvi–xxvii.

단합, 역사적 권리, 인간적 연대와 같은 위대하고 공식적인 역사적 목표에 대한 깊은 불신"이다. 이런 원칙과 슬로건 아래 삶은 침해받기 때문이다.

둘째, 모든 "거대하고 장엄한 추상물"이 가진 "위험"이다. 이 추상성의 이름 아래 사람들은 폭력적으로 죽어가기 때문이다. 그런 점에서 모든 추상화된 슬로건과 프로그램 그리고 역사적 목표는 "새로운 우상"일 수 있다.

셋째, 그러므로 중요한 것은 "확인할 수 있는 살아 있는 개인의 구체적이고 단기간적이며 즉각적인 목표"다. 이때 결정적인 것은 '격차 (gulf)에 대한 감각'이다. 이 격차란 물론 간극이나 균열이다. 어떤 간극인가? 이 감각은 앞서 말한 차이에 대한 감각과 이어진다. 그것은 "상대적으로 자유롭고 개화된 엘리트의 인간적 가치와, 목소리 없는 다수 인류의 실질적 필요와 욕구와 취미 사이에 자리하는, 점점 넓어져 메울 수 없게 되어버린 격차에 대한, 뇌리를 떠나지 않는 감각"이다.

말하자면 아무리 자유롭고 개화된 엘리트라고 해도 그가 익명의 다수 인류가 가진 "실질적 필요와 욕구와 취미"를 헤아리지 못한다면, 그가 지닌 가치는 결코 인간적일 수 없다는 것이다. 이 말은 거꾸로 아무리 노력한다고 해도 각성된 몇몇 사람들과 익명의 다수 대중 사이에는 필요나 욕구나 취향에 있어 크고 작은 간극을 피할 수 없다는 뜻이기도 하다.

4.2. 균열 의식은 현실 감각

삶을 구성하는 것이 크게 두 개의 축이라면, 이 두 축은 구체와 추상, 개체와 보편 사이에서 움직인다. 두 축은 만나기도 하지만, 만나지 못하기도 한다. 아니 만나지 못할 때가 현실에서는 더 많다. 아니다. 이렇게 적으면 부정확한 서술이다. 구체와 추상, 개체와 보편은 매 순간순간 만나면서 동시에 나눠지고, 인간은 이 분리와 얽힘의 변증법을 쉽게 지각하지 못한다.

그리하여 그런 간극에의 의식은 드물다. 두 축 사이의 간극 혹은 균열 혹은 격차를 미화하지 않는 것은, 그래서 간극의 실상을 직시하는 것은 현실 감각의 핵심이 아닐 수 없다. 벌린이 지적하는 격차에 대한 의식은 곧 게르첸의 현실 의식이요 현실 감각이다. 이 간극 의식은 그의 "뇌리에서 떠나지 않는다". 이 균열 의식 덕분에 그는, 벌린이 언급하듯이, 사회의 변화란 느리고, 전통의 힘은 중요하며, 인간은 '자유'보다는 '안전'이나 '만족'을 더 바란다는 사실을 인정한다.

모든 진정한 변화는, 그는 1847년에 이렇게 생각하기 시작했는데, 필연적으로 느리며, 전통의 힘이란 — 이 전통을 그는 한때 영국에서 놀리면서 찬탄하였는데 — 매우 크다. 인간은 18세기에 생각한 것보다는 훨씬 적게 영향받으며, 참으로 자유를 추구하는 것도 아니고, 단지 안전과 만족을 구할 뿐이다. 그리하여 공산주의란 거꾸로 선 전제군주제에 불과하고, 하나의 멍에를 또 다른 멍에로 대체한 것일 뿐이다. 정치의 이상과 표어는, 조사해 보면, 독실한 광신자들이 수많은 동료의 대학살을 기꺼이 자행하는 공허한 정식(定式)으로 판명난다. 그는 계몽된 엘리트와 대중 사이의 간극이 항상 메꿔질 수 있을 것이라고 더 이상 느끼지 않는다. (이런 사실은 나중에 러시아 사상에서 하나의 강박적 불평거리가 되었다.) 깨어 있는 인민들은 변할 수 없는 심리적이거나 사회학적 이유에서 그들에게 결코 충분한 것을 의미하지 않는 문명의 선물을 무시하거나 거부하기 때문이다. 만약 이 모든 것이 작은 부분에서라도 진실하다면, 급진적 변혁은 실천 가능한가, 혹은 바람직한가?[3]

"그들은 참으로 자유를 추구하는 것도 아니고, 단지 안전과 만족을 구할 뿐이다." 벌린의 이 문장은 아마도 인간 현실의 실상에 대한 가장 정직하면서도 통절(痛切)한 진술의 하나일 것이다. 이런 점에서 인간 최고의 가치는 자유가 아닐 수도 있다. 인간은 자유를 추구하지 않기 때문이다. 만약 그가 자유를 추구한다면, 그것은 '안전과 만족을 추구한 다음'일 것이다. 그러니 자유보다 중요한 것은 안전과 만족이라고 우리는 말해야 한다.

인간은 자유라는 이름으로, 자유라는 원대한 비전의 이름 아래 다른 인간을 억압하고, 그 삶을 억압한다. 그것은 또 다른 전제정치요, 독재체제다. 여기에서 벌린의 다음 통찰이 이어진다. "공산주의란 거꾸로 선 전제군주제에 불과하며, 하나의 멍에를 또 다른 멍에로 대체한 것일 뿐이다." 아마도 그렇다고 해야 할 것 같다. 많은 정치의 이상이나 표어는 사실 "독실한 광신자들이 수많은 동료의 대학살을 기꺼이 자행하는 공허한 정식(定式)으로 판명난다." 이것은, 게르첸이 보기에, 프랑스를 포함한 라틴 세계에서도 다르지 않았다. 그래서 그는 쓴다. "라틴 세계는 자유를 좋아하지 않는다. 그것은 그저 자유를

---

3 *Ibid.*, xxxviii.

위해 소송걸기를 좋아한다. 그것은 때때로 해방(liberation)을 위한 힘을 발견지지만, 그러나 자유(freedom)는 결코 아니다."(431)

결론적으로 우리는 이렇게 쓸 수 있다. 인간은 자유보다 안전과 만족을 더 좋아한다고. 설령 자유를 원한다고 해도 이 자유가 반성되지 않는다면, 그것은 언제라도 억압으로 변질될 수 있다. 어떤 자유도 부자유로 타락할 수 있기 때문이다. 그래서 벌린은 "계몽된 엘리트와 대중 사이의 간극이 항상 메꿔질 수 있을 것이라고 더 이상 느끼지 않는다." 이것은 게르첸을 해석하는 벌린의 생각일 뿐만 아니라, 이 벌린이 공감하는 게르첸 그 자신의 생각인 것으로도 보인다.

현실과 이상 사이에 언제나 간극이 있다. 이 간극은 큰일에서뿐만 아니라, 작은 일에서 일어난다. 그리고 이렇게 일어나는 것은 너무도 미미하기에 당사자가 미처 느끼거나 생각하지 못할 수도 있다. 아니 작은 일에서의 간극은 더 자주 출몰하는 것이라고 말해야 할 것이다. 그렇다면 우리는 무엇보다 이 작은 일에서의 작은 간극에 거짓되지 않아야 한다. 이 작은 부분의 균열을 외면하거나 무심해선 안 된다. 거대 기획이 실패하는 것은 작은 일에서의 이 미미한 균열에서 이미 시작하기 때문이다.

그러므로 간극에의 의식은 진정한 현실주의의 출발점이다. 현실의 간극은 우리를 쉽 없이 절망시키고 환멸하게 만들지만, 이 간극을 인식하고 인정하는 것, 그리고 이 인정 속에서도 간극의 지양 가능성을 부단히 모색하는 것은 생활의 어떤 변화를 위한 출발점이 될 수도 있다. 아마도 게르첸의 현실주의는 이 같은 간극 의식에서 나올 것이다. 나아가 이 간극 의식은 그의 도덕 의식을 지탱하는 바탕이 된다.

4.3. 진리의 자기희생적 수용

이 무렵 게르첸이 읽게 된 또 하나의 책은 이탈리아의 시인 자코모 레오파르디(Giacomo Leopardi, 1798~1837)의 시였다. 그는 레오파르디의 시에 깊이 공감하며 열정적으로 읽는다. 레오파르디의 시는 낙담과 우유부단 그리고 애통으로 차 있다. 하지만 정치가는 이 같은 우울과 비관주의를 좋아하지 않는다. 그들은 대중을 움직여야 하고, 이움직임을 위한 선전이 필요하기 때문이다. 이탈리아의 독립투사 마치니가 그랬다. 그는 레오파르디의 시에 공감하지 않았다. 그는 이시인을 신랄하게 공격했다. 자연에 대한 게르첸의 통찰은 레오파르디의 시에 대한 찬탄에서 나올 것이다.

우리는 자연이 어떻게 개인을 처리하는지 안다. 자연은 먼저든 나중이든 희생자에 대하여, 혹은 시체 더미에 대하여 신경 쓰지 않는다. 그것은 자기 길을 가거나, 변하는 어떤 길이라도 간다. 자연은 산호초를 만드는 데 수만 년을 보내고, 매년 봄이면 지나치게 앞서 달린 사람들을 죽음으로 보낸다. 폴립들은[4] 자신이 암초의 '발달'에 기여했다는 사실을 믿어 의심치 않으며 죽어간다.

우리 역시 무엇인가에 기여한다. 미래의 한 요소로서 미래 속으로 들어선다는 것은 미래가 우리의 이상을 실현해 주리라는 뜻이 아니다. 로마는 플라톤의 공화국 이념도 수행하지 못했고, 그리스의 사상 일반도 수행하지 못했다. 중세시대는 로마의 발전된 모습이 아니었다. 근대 서구 사상은 역사의 일부가 될 것이고, 역사속에 구현될 것이며, 마치 우리 몸이 풀과 양과 고깃덩어리와 인간의 구성물이 되

---

4 폴립(polyps)이란 산호류나 히드라 같은 원통형 해양식물을 말한다.

는 것처럼, 역사에서 그 영향력과 그 자리를 가질 것이다. 우리는 그런 종류의 불멸성을 좋아하지 않지만, 그러나 그와 관련하여 무엇이 이뤄질 것인가?(390)

게르첸의 사상이 뛰어난 것은 위와 같은 구절 때문일 것이다. 그는 분명 진보적 사회주의 사상가이지만, 더욱이 그는 개혁적 급진파이지만, 그럼에도 개인의 자유와 인간성의 위엄을 잊는 법이 없다. 그는 자신이 경험한 현실을 있는 그대로 느끼고 생각한 대로 서술한다. 그런 '있는 그대로'의 서술이란 그러나, 흔히 일어나듯이, 상투적이지 않다. 그는 사실에 충실하고자 할 뿐, 좌우의 어느 이념이나 강령을 내세우지 않는다. 그의 진실은 사실 충실에서 오지 내세워진 슬로건에서 오지 않는다. 그는 추상적 이념을 자신과 결코 동일시하지 않는다. 나아가 그는, 윗글이 보여주듯이, 자연과 역사를 거시적으로 조감할 줄 안다.

윗글에서 언급되는 사항은 크게 두 가지다. 첫 번째 요소는 자연의 무심함이다. "우리는 자연이 어떻게 개인을 처리하는지 안다. 자연은 먼저든 나중이든 희생자에 대하여, 혹은 시체 더미에 대하여 신경 쓰지 않는다. 그것은 자기 길을 가거나, 변하는 어떤 길이라도 간다." 이처럼 자연은 인간의 역사와 그 현실에 둔감하다. 그러나 이렇게 둔감하다고 그것이 아무런 일도 하지 않는 것은 아니다. 그것은 '오랜 시간에 걸쳐' 일한다. "자연은 산호초를 만드는 데 수만 년을 보내고, 매년 봄이면 지나치게 앞서 달린 사람들을 죽음으로 보낸다." 자연의 일은 너무도 오랜 시일에 걸쳐 행해지기에, 역설적으로 짧은 시간 — 이를테면 인간학적 시간의 관점에서 보면, 아무 일도 하지 않은 것처럼 보일 뿐이다. 식물의 작디작은 폴립이 암초를 만드는 데로 이어지려면, 얼마나 장구한 시간이 필요한가?

두 번째 요소는, 다시 한번 더 되풀이하건대, 현실과 생각의 간극이다. 삶의 현실은 인간의 바람대로 되지 않는다. "하나의 요소로서 미래 속으로 들어선다는 것은 미래가 우리의 이상을 실현해 주리라는 뜻이 아니다. 로마는 플라톤의 공화국 이념도 수행하지 못했고, 그리스의 사상 일반도 수행하지 못했다." 이념과 역사의 실제 경과는 별개로 진행되기 때문이다. 그리하여 어떤 이념이 내세워졌다고 하여 그 이념이 현실에 실현되는 것은 더더욱 아니다. 따라서 결핍은, 인간에서든 역사에서든 현실에서든, 불가피하다. 그러니 우리는 결핍을 인정하고 인식할 뿐만 아니라, 그 결핍에 너그러워야 한다.

그러므로 인간의 역사는 일정한 결핍 속에서의 무한정한 반복이라고 할 수 있다. 그리고 이 결핍이 있는 채로 서로서로 작용한다. 인간과 인간이, 인간과 사물이, 사물과 사물이 서로 관계하는 것이다. 그래서 사물들은 일정한 간극에도 불구하고, 마치 산호초와 수만 년 사이의 시간적 관계처럼, 혹은 폴립과 암초 사이의 관계처럼, 참으로 유구한 시간에 걸쳐 보이게, 보이지 않게 작용하는 것이다. 인간성의 많은 가치도 다르지 않다. 인간의 역사는 마치 자연의 역사처럼 이런 우여곡절을 겪으며 산산조각 났다가 다시 만들어진다. 그리하여 인류사에 진실이 있다면 그것은 파편화된 진실이다. 인간의 사상과 이상도 이런 관점에서 재조정되어야 한다.

하지만 이런 생각도, 적어도 1849년의 게르첸은, 그러니까 그가 37세 되던 무렵에는 갖지 못했다고 고백한다. 당시만 해도 그는 혁명의 실패에서 오는 좌절 때문에 괴로워하였고, 그 고통으로부터 벗어날 출구를 "미친 듯이 찾아다녔기" 때문이다.(391) 하지만 누구를 만나

묻더라도, 또 어떤 모임이나 토의에 참석하여 이야기를 하더라도 결론은 다르지 않았다. 그 결론이란 "'진실' 앞에서의 '온순함(meekness)'"이었고, "그 진실에 대한 자기희생적 수용"이었다.(391)

이런 깨달음을 게르첸은, 3년 전 아내가 아파서 병상에 누워 있을 때, 그래서 죽음이 그녀를 무자비하게 무덤으로 끌고 갈 때, 섣부른 "희망으로 자신을 위로하지 않으려 했던" 것과 또 "무덤 너머의 만남을 멍청하게 생각함으로써 한순간이라도 자신의 슬픔을 배반하지 않았던" 일과 연결 짓는다. 고통 앞에서 거짓으로 위로하지 않는 것, 그래서 자신의 슬픔을 과장하지 않는 것은 중요해 보인다. 감정을 과장하지 않을 때, 고통과 슬픔은 우리를 더 넓은 삶의 지평으로 이끌어주기 때문이다. 그런 점에서 슬픔도 날것 그대로 만날 필요가 있다. 날것 그대로의 슬픔과 만나는 용기야말로 정직한 의식이다. '꿈'으로 삶을 시작했지만, 삶에는 아무런 '출구'가 없고, 삶의 마지막 말은 '어둠'이었던 시인 바이런의 용기를 그가 칭송하는 것은 그런 이유에서일 것이다.

결국 남는 것은, 역사 앞에서든, 자연 앞에서든, 혁명에서든, 아니면 사랑하는 사람의 죽음 앞에서든, 자신의 슬픔을 배반하지 않고, 헛된 희망으로 스스로 위로하지 않는 일이다. 섣불리 출구를 말하기보다는 진리 앞에서 온순해져서 그 진리를 자기희생적으로 받아들이는 것, 그것이 삶에 대한 정직한 태도일 것이다. 그것이야말로 역사와 자연에 충실하면서 자기 삶을 바로 사는 일이다.

5. 프루동과의 만남

사람을 만나는 일은 끊임없이 일어난다. 하지만 그렇게 만난다고 서로 잘 알게 되는 것은 아니다. 그렇게 만난 사람이 사상가나 이론가 혹은 작가 같은 특별한 인물인 경우는 드물다. 설사 그런 인물이라고 해도 그 인물에 대한 묘사가 신뢰할 만한 수준에 이르는 경우는 더욱 드물다.

게르첸은 19세기 격동기를 살았던 인물이었던 만큼 만난 사람도 많았다. 게다가 그의 필력은 동시대 어느 작가에 비해서도 손색없을 만큼 뛰어났다. 그리하여 그가 남긴 인물평은 그 자체로 하나의 흥미로운 개인적 인상기이면서 동시에 사회역사적 기록물이 아닐 수 없다. 이것은 앞의 4장 4절 「동시대의 거장들」에서 다뤄진 벨린스키와 차다예프에 대한 인물 논평에서 어느 정도 확인된 사실이다. 그의 인물 묘사는 자세하고 생생하면서도 어느 한편으로 치우치지 않을 만큼 균형 잡혀 있다. 프루동에 대한 글도 그렇다.

5.1. 대담한 개작(改作) 능력

프랑스의 아나키스트 철학자이자 언론인이었던 프루동을 이루는 특징에는 무엇이 있는가?

프루동은 일련의 새로운 프랑스 사상가들 가운데 첫 번째 사람이다. 그의 작업은 단순히 사회주의의 역사에서뿐 아니라 프랑스 논리의 역사에서도 하나의 혁명을 이룬다. 그의 변증법적 견고함에는 그 나라에서 가장 재능 있는 동료들보다 더

한 힘과 유창함이 있다… 그 동료들은 이미 정리된 카드를 가지고 놀 때처럼 생각을 갖고 놀면서, 일정한 옷을 입고 포장된 도로를 따라 익숙한 지역을 걷는 데 익숙하다. 프루동은 그 길에 있는 것을 별 두려움 없이 부수고, 그가 만나는 어떤 것을 덮치거나 멀리 나아가는 데 아무런 후회 없이, 종종 몸 전체로 앞서 나간다. 그는 프랑스에서 프로테스탄트 경건주의의 자리를 갖는 혁명의 수사적 순결성이나 세심함의 어떤 것도 갖고 있지 않다. 그것이 바로 그가 그 국민에게 고독한 인물로 남은 이유다…

사람들은 프루동이 독일적 심성을 가지고 있다고 말한다. 그건 사실이 아니다. 반대로 그의 마음은 절대적으로 프랑스적이다. 그는 조상 대대로 내려오는 프랑스적이고 서유럽적인 천재성을 갖는데, 이 천재성은 라블레와 몽테뉴, 볼테르나 디드로, 심지어 파스칼에게도 나타난다. 그가 가톨릭 논쟁의 모든 방법을 흡수한 것은 헤겔의 변증법적 방법을 통해서다. 하지만 헤겔 철학도 가톨릭 신학도 그의 글의 내용이나 성격을 부여하지 않았다. 이것들은 그에게 자기의 주제를 시험하는 무기일 뿐, 이 무기를 그는 마치 프랑스어를 개작하여 힘 있고 활기찬 자기사상으로 만든 것처럼 똑바로 펴서 자기식으로 개작했다. 그러한 사람들은 자기 발 위에 너무도 확고히 서 있어서 어떤 것에도 체념하지 않고, 누군가에게 올가미로 잡히지도 않는다.(416-417)

프루동은 기본적으로 경제학자이고 사회학자다. 하지만 무정부주의의 연대성을 역설한 첫 번째 대표적 인물이기도 하다. 게르첸은 프랑스 망명 시절 이후 그와 절친한 정치적 협력자였다. 그리고 크고 작은 차이에도 그를 따르고 존경하였다. 그가 프루동에게 주목한 것은 무엇일까? 그의 사상가적 면모인가? 그의 변증법적 사고인가? 아니면 그의 유창함과 에너지인가? 물론 그런 면도 있다.

그러나 이 모든 것을 가능하게 한 요소는 무엇일까? 프루동 사고의 혁명성을 지탱하는 가장 근본적인 요소는 무엇일까? 그것은, 게르첸의 표현을 빌리자면, "똑바로 펴서 자기식으로 개작하는(squared and adapted in his own way)" 능력에 있지 않나 싶다. 대상이 무엇이고 무엇을 배우든지, 그리고 이렇게 배운 내용이 헤겔 철학이든 가톨릭 신학이든 관계없이, 그는 이 모든 대상을 자기식으로 개작하고 각색하면서 재조정하여 사용하였다. 그것은 한마디로 '자기식으로 전유(專有)하는' 능력이다.

이 자기 전유의 능력 — 개작의 능력으로 프루동은, 대부분의 동료들이 "이미 정리된 카드를 가지고 놀 때처럼 생각을 갖고 놀면서 일정한 옷을 입고, 포장된 도로를 따라 익숙한 지역을 걷는 데" 만족하는 반면, "그 길에 있는 것을 별 두려움 없이 부수고, 그가 만나는 어떤 것을 덮치거나 멀리 나아가는 데 아무런 후회 없이, 종종 몸 전체로 앞서 나간다." 그에게는 아무런 두려움이 없다. 그는 낯선 것이나 다른 것을 만나도 물러서지 않는다. 대신 조금도 주저 않고 "몸 전체로 앞서 나간다(drives ahead bodily)". 이 전진을 가능하게 하는 물리적 요소가 "힘과 유창함"이라면, 그 정신적 요소는 "변증법적 사고"일 것이다.

이 변증법적 사고는 프루동이 헤겔에게 배운 것이다. 그러나 헤겔의 철학이 사변적 사유의 고고한 지평 위에서 펼쳐진 것이라면, 프루동의 변증법은 여러 상이한 모임과 계파가 부딪히는 싸움의 현장에서 얻어낸 것이다. 그리하여 그의 변증법은, 게르첸의 평가에 의하면, "단순히 사회주의의 역사에서뿐만 아니라 프랑스 논리의 역사에서도 하나의 혁명을 구성한다." 아마도 우리가 프루동으로부터 배울 수 있는 미덕은 현장 밀착의 이 이론화 능력일 것이다. 그는 구체적 경험 속에서 자신의 이념을 추출해 낼 수 있었다. 앞서 말한 자기 개작의 능력도 이런 경험의 이념화 작업에서 온다.

기존의 사유를 자기 나름의 방식으로 흡수하고 맞춰서 재구성해 내는 것, 여기로부터 창조성이 나온다. 창조적 사유는 기존의 지적 성취를 독자적으로 전유하는 데 있다. 그러니 자기화란 곧 전유의 개작 능력이고 독자적 재구성의 능력이다. 자기화의 이 전유 방식에서 프루동은 그 누구보다 힘 있고 활기찬 사상가였다. 이 독창적 방식 아래 그는 인간에 의한 인간의 착취가 도둑질인 것과 마찬가지로, 인간에 의한 인간의 지배는 노예제라고 일갈하였다.[5] 제대로 된 시대 비판이

5 이런 문제의식을 담은 책이 1840년에 출간된 프루동의 『소유란 무엇인가?』였다[피에르 조제프 프루동, 『소유란 무엇인가』, 이용재 역(파주: 아카넷, 2003 참조)]. 당대 사람들은 이 책에서 깊은 인상을 받았는데, 마르크스도 그 가운데 한 사람이었다. 1846년 브뤼셀에 있던 그는 프루동에게 편지를 보내, 자기와 엥겔스가 여러 나라 공산주의자들을 연결하기 위한 모임을 준비하는데, 이 모임에 참여해 달라고 요청했다. 그러면서 '진정한 사회주의자'라는 어떤 언론인을 경계하라며 악의적인 비난을 퍼부었다. 여기에 대하여 프루동은 자신이 참여는 하겠지만, "타고난 게으름"에다가 다른 일까지 겹쳐 자신은 큰 도움이 되지 못할 것이라면서 다음 내용을 덧붙였다. 이 내용은 그 자체로 프루동의 문제의식적 특징을 보여주면서 마르크스 비판으로도 유용해 보이고, 더 넓게는 삶의 되새길 만한 원칙으로서도 훌륭해 보인다.

"우리 어쨌든 서로 협력하여 사회의 법칙과 이 법칙이 전개되는 방식, 이 법칙을 연구하는 가장 좋은 방법을 찾아내도록 합시다. 그러나 부디 우리가 선험적 독단론들을 모조리 분쇄하고 나서, 우리 손으로 또 다른 이론을 사람들에게 주입하려고 하는 일은 없도록 합시다. 당신 동포인 마르틴 루터는 가톨릭 신학을 뒤엎고 나서 곧바로 파문과 저주라는 거대한 무기를 가지고 개신교 신학을 세우는 일에 착수했습니다만, 우리는 그런 모순에 빠지지 않도록 합시다. 지금 독일은 루터가 재건한 것을 없애는 문제만으로도 3백 년째 골머리를 앓고 있습니다. 그런 복고 운동을 획책해 인류에게 또다시 짐을 떠안기는 일이 있어서는 안 됩니다. 나는 모든 다양한 견해를 명쾌하게 해명하자는 당신 구상에는 진심으로 박수를 보내는 바입니다. 우리 유익하고 진지한 논쟁을 한번 벌여봅시다. 학식과 선견지명을 두루 갖춘 관용의 본보기를 만천하에 보

나 현실 비판도 자기식의 사유 방식에 대한 의지 없이 불가능하다.

그러나 창조성은 사상가를 고독하게 만든다. 프루동은 자기 나라의 국민으로부터는 말할 것도 없고, 자신의 동료들로부터 잘 이해받지 못하였다. 어쩌면 고독은 창조적 작업에서 불가피할지도 모른다. 창조적 행위 자체가 개별적으로, 그래서 낱낱의 유일무이한 방식으로 행해지기 때문이다. 창조성이란 오직 고독을 통해서만 발현될 것이다.

1848년 프루동은 동산(動産)과 부동산(不動産)에 대하여 수익의 3분의 1을 세금으로 내는 혁신적인, 어쩌면 거의 유토피아적이라고 말할 수 있는 법을 제출하였고, 7월 13일 프랑스의 제헌국민의회는 이 법안을 토론하였다.[6] 하지만 이 법안은 의회 다수파인 부르주아와 이 부르주아 계급을 지지하는 대다수 언론을 분노케 한다. 의원들은 그의 연설을 방해하였고, 마침내 그를 정신병원으로 보내야 한다고 소리 질렀다. 마르크스는 프루동의 연설이 '남성다움의 고결한 행동'이라고 칭찬했다. 프루동의 제안에 찬성한 표는 두 개에 불과했다. 그 중 하나는 프루동 자신의 것이었다고 한다. 그만큼 프랑스 국민의회에서 프루동을 위한 자리는 그 당시에 없었던 것이다. 그는 이 외로

여쭙시다. 그러나 단지 우리가 어떤 한 운동의 선두에 서 있다고 해서 새로운 편협성의 지도자로 자처하거나 새로운 종교의 사도 행세를 해서는 안 됩니다. 설령 이 종교가 논리의 종교, 이성 자체의 종교라 할지라도 말입니다. 우리는 모든 반대의견을 환영하고 장려합시다. 우리는 모든 배타적 태도와 모든 신비주의를 비난합시다. 우리는 어떤 질문도 종결된 것으로 치부하지 말 것이며, 마지막 논증까지 다한 뒤에도 필요하다면 웅변과 풍자를 가지고 처음부터 다시 시작합시다. 그런 조건이라면 나는 기꺼이 당신네 협회에 참여하겠습니다. 그렇지만 이런 조건이 아니라면, 참여는 없습니다." 에드먼드 윌슨, 『핀란드 역으로』, 241-243.

6 Herzen, *My Past and Thoughts*, 419, 각주 6번 참조.

움을 『한 혁명가의 고백』에서 토로한다.

다시 묻자. 프루동의 혁명적 열망을 좌절시킨 것은 무엇인가? 사람의 성정이나 행동에서 나타나는 몇 가지 특징에서 보면, 그 요인에는 어떤 것이 있는가? 아래에서 이런 물음을 다뤄보려 한다.

5.2. 평등화와 군대적 대열에 대한 편애

프루동이 비판한 것은 무엇인가?

실제로 프루동의 천재성은 수사적인 프랑스인들의 비위에 맞지 않았다. 그의 언어는 그들에게 불쾌했다. 혁명은 그 나름의 특이한 청교도주의 ― 편협하고 비관용적인 그들 자신의 의무적 특수용어를 발전시켰다. 애국자는 러시아 재판관들이 하듯이 공식적 형태로 쓰이지 않은 것은 무엇이든 거부했다. 그들의 비판은 '사회계약설'이나 '인권헌장' 같은 상징적 저작에서는 곧 중단되었다. 그들은 신념의 인간이므로 분석과 의심을 증오했다. 그들은 공모하는 자이기에 모든 것을 공동으로 했고, 모든 것을 당의 문제로 돌렸다. 독립적 정신은 그들에게 규율의 방해자로 가증스러운 것이었고, 그들은 과거에서조차 독창적 사상을 싫어했다. 루이 블랑은 몽테뉴의 기이한 천재성을 짜증스러워했다. 개인성을 무리에 종속시키고자 하는 것, '평등화'나 군대적 대열의 통일성이나 중앙화에 대한 그들의 편애는 ― 이것은 모두 전제정치를 위한 것인데 ― 프랑스 사람 특유의 이런 감정 위에서다.(421)

이 글에서 게르첸이 프랑스와 프랑스 사람들을 "수사적(修辭的, rhetorical)"이라고 하고, "프랑스 사람 특유의 감정"이라고 부른 것은 일반화의 오류일 수 있다. 그러나 그 대상을 1800년대 프랑스 혁명의 주체인 부르주아 계층으로 제한한다면, 그 지적이 크게 틀린 것은 아닐 것이다.

이들 계층의 행동적 결함에 대한 게르첸의 지적은 간결하면서도 예리하다. 그 결함의 핵심에는 "편협하고 비관용적인" 성격이 있다. 이것은 완고한 "청교도주의"에 가깝다. "애국자는 러시아 재판관들이 하듯이 공식적 형태로 쓰이지 않은 것은 무엇이든 거부했다… 그들은 신념의 인간이므로 분석과 의심을 증오했다. 그들은 공모하는 자들이므로 모든 것을 공동으로 했고, 모든 것을 당의 문제로 돌렸다. 독립적 정신은 그들에게 규율의 방해자로 가증스러운 것이었고, 그들은 과거에서조차 독창적 사상을 싫어했다."

여기에는 두 개의 대립되는 가치가 있다. 한편에 "공식"과 "신념"이 있다면, 다른 한편에 "분석"과 "의심"이 있다. 한편에 "공모"와 "공동"이 있다면, 다른 한편에 "독립"과 비공식이 있다. 독창적 사상은 정해진 규율에 대립한다. 부르주아 계층이 싫어하는 것은 분석이고 의심이다. 이 때문에 그들은 독립적 정신이나 개인성 그리고 기이한 천재성을 달가워하지 않는다. 반면 그들은 "공식적인" 것을 선호한다. 부르주아가 내세우는 것은 공동이고 당이기 때문이다. 그리하여 그들은 "평등화"와 "군대적 대열의 통일성(the uniformity of military formation)" 그리고 "중앙화"를 편애한다. 하지만 이런 요소들은 전제정치로 기울어질 수 있다.

더 강조되어야 할 사실은 프루동이 비판한 태도 — 옹졸하고 참을 줄 모르는 태도는 단순히 프티 부르주아의 성격에만 해당되는 게 아니다. 그것은 21세기 오늘날의 사회에서도 상당 부분 확인되는 현상이다. 아니 단순히 '상당 부분' 확인되는 정도에 그치는 게 아니라, 사실은 인간 사회의 '항구적인 병리' 가운데 하나로 보인다.

우리는 공식적 문서의 중요성을 인정하면서도 동시에 그 허례허식적 위험도 고려하는가? 어떤 믿음을 가지는 것이 분석이나 의심을 두려워하는 일로 이어지지 않는가? 우리는 한편으로 기율을 존중하면서도 다른 한편으로 인격의 독자성과 사고의 창조성에 열려 있을 수 있는가? 그리하여 때로는 천재들의 기이함에 대해 짜증을 내지 않고 인내하며 주목하는가? 사회에서의 '결속'이나 '유대'도 말할 것도 없이 중요하다. 하지만 '단합'이나 '통일성' 그리고 '평등'의 이름 아래 개인성을 혹시 억압하고 있는 것은 아닌가? 그래서 모든 것을 공동으로 결정하고, 모든 사안을 집단의 문제로 돌리지는 않는가?… 이런 식으로 우리는 계속 물어볼 수 있다.

아마도 이런 물음은, 결국 한 가지로 줄이면, 앞서 말했던 차이에 대한 감각과 존중으로 수렴될 것이다. 아니면 자유의 정신에 대한 존중일 수도 있다. 옹졸한 정신을 비판하는 것은 우리 각자가 서로 비슷하면서도 다르기 때문이다. 우리가 서로에게 너그러워야 하는 것은 스스로 자유로워지기 위해서다. 거꾸로, 자유로운 정신을 갖기 위해서는 일반적으로 통용되는 우상을, 그것이 가치의 우상이든, 돈의 우상이든, 믿음의 우상이든, 의심하고 질의할 수 있어야 한다. 몽테뉴나 프루동이 이해받지 못한 것은 그들이 옹졸하지 않은, 그래서 너그럽게 열린 시각으로 현실과 인간을 다각도로 고찰했기 때문이다. 즉 자유로웠기 때문이다. 그들은 결국 자유의 정신 때문에 핍박받은 것이다.

루이 블랑은 『역사』라는 저서에서 지도자를 두 가지의 성서적 범주

아래 나눈 바 있다. 그래서 한편에는 형제애를 지닌 '양'의 무리가 있고, 다른 한편에는 탐욕과 이기주의를 지닌 '숫염소'의 무리가 자리하고, '이기주의자' 몽테뉴에 대하여 그는 아무런 자비도 품지 않았다고 게르첸은 적고 있다. 이것은 블랑의 협소한 시각을 그대로 보여준다. 그렇다고 그의 업적이 없었던 것은 물론 아니다. 게르첸은 블랑의 이 같은 한계에도 그를 정직하고 두려움 모르는 민주주의자로 간주하여 따랐던 것으로 전해진다.

게르첸은 바쿠닌의 숙소에서 프루동을 두 번 만난다. 프루동은 바쿠닌과 아주 친하였다. 그는 파리의 부르고뉴 거리(Rue de Bourgogne) 부근을 지나가는 세느강 건너편의 한 수수한 집에서 아돌프 라이헬 (Adolf Reichel, 1816~1896)과 같이 살고 있었다. 라이헬은, 독일어판 위키피디아에 보면, 1844년 이후 파리에서 피아노 교사로 살았다고 되어 있다. 그는 1842년 드레스덴에서 바쿠닌을 알게 되었고, 이 직업 혁명가이자 무정부주의자와 평생 동안 우정을 맺었던 것이다. 이들의 모임에서는 세계 각지에서 온 반체제주의자들, 이를테면 시인 헤르베그나 게르첸, 프루동이나 리하르트 바그너 등이 어울렸다. 라이헬이 결혼한 카스파로브나 에른(M. Kasparowna Ern)은 게르첸의 동지이기도 했다.

프루동은 라이헬의 베토벤 연주와 바쿠닌의 헤겔 강연을 듣기 위해 이곳에 자주 갔다. 그러다가 게르첸을 만났다. 게르첸은 이렇게 쓰고 있다. "철학적 토론이 교향곡보다 더 오래 이어졌다."(422) 그는 프루동에게 관심을 가졌지만, "러시아 동향인들의 변변찮은 역할이 두려워서", 또 "위대한 사람에 의해 후원받는 데 대한 부담 때문에" 프루동과 친해지려고 애쓰지 않았다고 고백한다. 그가 보낸 편지에 대한 프루동의 답변도, 아니나 다를까 "정중했지만, 그러나 차갑고, 다소 유보적이었다"라고 되어 있다.(422) 거장 사이의 관계란 각자가 원하는 기대치와 수준이 높은 만큼 쉽게 이뤄지지 않는다. 독창적 인간들 사이의 교류는 어려워 보인다.

5.3. 탁월성과 평등 — 그 모순

1849년 프루동은 자신의 개혁 프로그램을 실행하기 위해 가난한 사람들에게 무담보로 돈을 빌려주는 '민간 은행(Volksbank)'을 설립하고자 애쓴다. 그러나 이것은 실패한다. 발표한 글이 문제되어 그가 곧 체포되기 때문이다. 그는 3년 동안 감옥 생활을 해야 했다. 이 무렵 프루동에 대해 게르첸은 적고 있다.

> 그는 끔찍한 방으로, 말하자면 전보다 훨씬 나쁜 방으로 이감되었다. 창문은 반쯤 판자로 가려져 하늘 외에 아무것도 볼 수 없었다. 면회는 누구에게도 허락되지 않았고, 특별 보초 한 명이 문 앞에 서 있었다. 16세의 버릇없는 아이를 고치는 데도 부적절한 이런 조치가 우리 시대의 가장 위대한 사상가 한 명에게 7년 전에 행해졌던 것이다. 인간들은 소크라테스 시대 이래 더 현명해지지 않았고, 갈릴레오 시절 이래 더 현명해지지도 않았다. 그들은 그저 더 쪼잔해졌다(petty). 그러나 천재에 대한 이런 무례는 지난 10년 동안 다시 나타난 하나의 새로운 현상이다. 르네상스 시대 이래 재능은 어느 정도 하나의 보호물이 되었다. 스피노자도 레싱도 어두운 방에 차단되거나 구석에 있지 않았다. 그러한 사람들은 때때로 박해받고 죽기도 했지만, 그러나 하찮은 방식으로 창피당하진 않았다. 그들은 교수대로 보내졌지 구빈원으로 보내진 것은 아니었다.

부르주아 제국 프랑스는 평등을 좋아한다.

프루동은, 비록 박해받았지만, 쇠사슬에 묶인 채 여전히 싸웠다. 그는 1850년 '민중의 소리(Voix du Peuple)'를 발간하기 위해 여전히 애쓰고 있었다. 하지만 이 시도는 단번에 교살되었다. 나의 보증금은 마지막 한 푼까지 몰수되었다. 아직 할 말이 있던 프랑스 사람에게는 침묵 외에 아무런 선택권도 없었다.(425-426)

윗글에서 게르첸이 비판하고 있는 것은 프루동에 대한 동시대인들의 대응방식이다. 이 대응은 단순히 오해의 차원을 넘어 무례에 가깝다. 이 무례의 근저에는 부르주아가 내세우는 '평등화'의 요구가 있다.

그러나 지난 시대에는, 적어도 게르첸이 판단하기에, 그리 무례하지 않았다. 이전 시대에는 그 시대를 지탱하던 전통적이고 고전적인 이상이 사회의 일반적 규범으로 살아 있었기 때문이다. '명예'나 '우아', '책임'이나 '절제'는 그런 덕목의 몇 가지 예였다. 이 같은 덕목들은 18세기 말과 19세기 초 사이에 일어난 몇 번의 혁명을 거치면서 휘발되었다. 시간이 지나간다고 해서 현실이 자동적으로 나아지는 것은 아니다. 그는 쓴다. "인간들은 소크라테스 시대 이래 더 현명해지지도 않았고, 갈릴레오 시절 이래 더 현명해지지도 않았다. 그들은 그저 더욱 쪼잔해졌다. 그러나 천재에 대한 이러한 무례는 지난 10년 동안 다시 나타난 하나의 새로운 현상이다." 아마도 정확한 지적일 것이다.

그러므로 우리의 1차 과제는 무례함과 쩨쩨함을 넘어서는 것이다. 그러나 이것은 문제에 대한 소극적 대응 방법에 불과하다. 더 중요한 핵심은 '평등화에 대한 일반적 요구'와 함께 '탁월성에 대한 존중'이라는 상호 모순된 두 요구를 '동시에 끌고 가는' 것이다. 그러기 위해서는, 마치 프루동이 그러했던 것처럼, 박해 속에서도 '여전히 싸우는' 게 필요하다. 이런 프루동의 싸움에 게르첸은 동참했다. 《민중의 소리》는 프루동의 책임 아래 프랑스에서 발간되던 잡지였고, 게르첸은 몇 가지 조건 아래 그 발간 비용을 대고 있었다. '몇 가지 조건'이란 이 잡지에 자신이나 다른 사람의 글을 싣고, 외국 분야의 글에 대한 감독 권리나 편집자 추천 권리 등을 갖는다는 것이었다. 이 간행물의 발간을 통해 두 사람은 나폴레옹 체제에 대항하여, 또 왕정파나 가톨릭교도 혹은 반동주의자에 대항하여 자유와 혁명을 위한 싸움을 시도했다.

이 잡지는 커다란 반향을 일으켰다. 그것은 하루에 3만 5000부에서 4만 부가 팔렸다. 더욱이 프루동의 글이 게재될 때, 판매 수는 훨씬 늘어났다. 그래서 5만 부에서 6만 부 정도 인쇄되고 팔렸다.(424) 그러나 이런 비판 활동도, 위의 인용문에 있듯이, "갑자기 교살되었다." 그래서 실패한다.

5.4. '정의'라는 차가운 신 — 프루동의 한계

> 정의는 그들을 만족시키지만, 기쁨을 주진 않았다.
> — 투르게네프, 『처녀지』(1877)

이어지는 것은 프루동의 마지막 모습에 대한 게르첸의 회고다. 이 회고에는 담대하고 혁신적인 혁명가 프루동이 어떤 점에서 취약했던 가가 담겨 있다. 흥미로운 대목이 아닐 수 없다.

나는 스테 펠라기(Ste Pélagie)에서 프루동을 마지막으로 보았다. 나는 프랑스에서 추방되었고, 그동안 그는 여전히 감옥에서 2년을 보내고 있었다. 그것은 애통할 만한 작별이었다. 가까운 미래에는 어떤 희망의 그림자도 없었다. 프루동은 결연한 침묵을 유지했고, 나는 화가 나 들끓고 있었다. 우리 둘은 많은 생각을 마음속에 갖고 있었지만, 말하고 싶은 열망이 없었다.

… 나의 어머니와 콜랴(Kolya)를 덮친 재앙에 대하여 미슐레로부터 듣고 나서 그는 스테 펠라기에서, 여러 다른 사항도 있었지만, 내게 편지를 썼다. "운명이 우리를 그런 방향에서도 공격한다는 게 가능한가요? 이 끔찍한 고요를 나는 이겨낼 수 없습니다. 나는 당신을 사랑하고, 당신의 모습을, 그렇게 많은 사람들이 돌 같다고 여기는 여기 이 가슴에, 깊이 담고 다닙니다."(426)

두 사람이 마지막으로 만난 것은 1850년이었고, 이때 게르첸의 나이는 38세였다. 프루동은 41세였다. 이 두 사람의 만남에는 흥미롭게도 역사가 미슐레(J. Michelet, 1798~1874)도 등장한다. 게르첸은 미슐레도 좋아하고 그를 찬탄하였다. 미슐레는 이 게르첸에게 일어난 개인적 불행의 사연을 프루동에게 전해주는 역할을 한 것이다.

'개인적 불행'이란, 앞서 적었듯이, 1851년 배의 침몰로 인하여 게르첸이 어머니와 한 아이를 잃은 일을 말한다. 그 아이는 네 아이들 가운데 하나였고, 그 이름은 콜랴였다. 프루동은 거친 행동과 단호함으로 알려진 사람이었다. 그래서 사람들은 그의 엄격한 태도에서 '투사'의 모습을 보기도 하였다. 게르첸도 그에게서 "잔당(the Rump)을 조롱하는 격노한 루터나 크롬웰을 연상시켰다"라고 고백하기도 했지만, 윗글에서 보여주듯이, 그는 다정하고 섬세한 사람이기도 했던 것 같다. "나는 당신을 사랑하고, 당신의 모습을, 그렇게 많은 사람들이

돌 같다고 여기는 여기 이 가슴에, 깊이 담고 다닙니다."

이 같은 장점에도 프루동의 단점은 미화되지 않는다. 이 점은 아마도 자서전 서술에서 우리가 유념해야 할 사항일 것이다. 프루동은 가족관계나 여성의 의미에 대해서 보수적이고 전통적이었을 뿐만 아니라, 어떤 점에서는 반동적이었다고 전해진다. 그는 뛰어난 투사였지만, 많은 가치가 전방위적으로 해체되어 가던 시대의 분위기 속에서, 아마 가장 강한 자라고 하더라도, 망연자실하지 않을 수 없었을 것이다. 그리하여 게르첸은 『교회와 혁명에서의 정의』라는 그의 책을 보면서, 리어왕이 "자신의 이성을 회복하길 바라면서도 점점 더 미친 듯이" 이 왕에게 "소리를 지르게 되는 켄트 백작처럼" "프루동을 쳐다보았다"라고 고백한다.(427)

그의 책에서는 종교의 거친 이원주의뿐만 아니라 철학의 미묘한 이원주의가 내버려진다. 마음은 천상적 망령으로부터 자유로울 뿐만 아니라, 땅의 망령으로부터도 자유로워서 인간성의 감상적 신격화를 넘어 그리고 진보의 운명론을 넘어 성큼성큼 걸어가며, 형제애와 민주주의 그리고 진보라는 변치 않는 장황스러운 이야기의 어떤 것도 없었다. 그런 진보란 논쟁과 폭력의 한가운데서 가련하리만큼 지루한 것이었다. 프루동은 혁명을 이해하기 위해 혁명의 언어나 우상을 희생시켰고, 도덕성을 그 유일한 실질 바탕인 인간의 마음으로 옮겼으며, 오직 이성만 인정했고, 이성 외에 어떤 다른 신도 인정하지 않았다.

그리고 무엇보다 저 위대한 우상 파괴자는 인간 본성이 해방되는 것에 두려움을 느꼈다. 그는 인간 본성을 추상적으로 해방시켰기 때문에 다시 한번 형이상학으로 빠져버렸고, 이 형이상학에 '허구적 의지'를 부여하면서 그것을 다룰 수 없었다. 그래서 이 의지는 희생되어 하나의 비인간적 신 ― '정의'라는 차가운 신이자 균형의 신이며, 고요와 평온의 신이자 브라만교도의 신으로 되었다. 그런데 브라만교도들은 개인적인 것은 모두 없애고자 했고, 해체된 채 무한한 무의 세계에서 쉬고자 애썼다.(427-428)

앞의 단락이 전체적으로 프루동에 대한 긍정적 서술이라면, 뒤의 단락은 부정적 서술이라고 할 수 있다. 그의 사유의 장점은 종교와 철학의 이원주의를 넘어서고, 천상적·지상적 망령으로부터 자유로울 뿐만 아니라, "인간성의 감상적 신격화를 넘어, 그리고 진보의 운명론을 넘어 성큼성큼 걸어가"는 용기를 지녔음에도 불구하고, "형제애와 민주주의 그리고 진보라는 변치 않는 장황스러운 이야기의 어떤 것도" 늘어놓지 않았다는 점에 있다. 그에게는 도덕성의 "실질적 바탕"인 "인간의 마음"이 중요했고, 그래서 그는 "이성만" "인정"했기 때문이다.

그에 반하여 프루동에게 단점도 있었다. 그는 "위대한 우상 파괴자"임에도 "인간 본성이 해방되는 것에 두려움을 느꼈다." 그는 "인간 본성을 추상적으로 해방시켰기 때문에" "형이상학으로 빠져버렸"고, "이 형이상학에 '허구적 의지'를 부여하면서" "하나의 비인간적 신 — '정의'라는 차가운 신"을 섬기게 되었다. 프루동이 개인적 감정을 무시하는 것도 이런 맥락 때문인 것으로 보인다.

여기에서 드러나듯이, 게르첸의 언어 사용은 자유자재하다. 윗글에서 특별히 확인되는 것은 사변 언어의 구사 능력이다. 그는 철학적 관념어도 일상어처럼 물 흐르듯이 자연스럽게 사용한다. 그러나 그렇게 사용되는 언어가, 흔히 그러하듯이, 개념어로 뒤엉킨 모호하고 건조한 서술이 아니다. 그의 인물 묘사는 소설가의 언어처럼 생기가 넘친다. 아래 단락은 앞의 문장들보다 훨씬 간결하다.

그는 자기 안의 모든 개인적 열정을, 의무 밖의 모든 것을 죽였음에 틀림없다. 그는 그 자신이 아니기 때문이다. 그의 의미나 본질은 자신의 밖에 있다. 그는 정의의 도구다. 그는 마치 마리아처럼 고통의 생각을 품기로 예정되어 있고, 그래서 그 생각을 세상 속으로 넣어 나라를 구제하려고 한다.

… 기독교는 가족생활을 너무 약화시켰다. 그것은 마리아(Maria)를 마르타(Martha)보다, 꿈꾸는 사람을 가정주부보다 선호하였다. 그것은 죄인을 용서하여 회개하는 사람한테 한 손을 뻗었다. 기독교는 너무 사랑하기 때문이다. 그러나 프루동의 가정에서 필요한 것은 적게 사랑하는(to love little) 것이다. 이게 전부는 아니다. 기독교는 개인을 가족관계보다 훨씬 높게 보았다. 아들에게 이렇게 말해졌다. "아버지와 어머니를 용서하고, 나를 따라라."(428)

게르첸의 지적에서 핵심은 프루동이 혁명의 '정의'를 전면에 내세우고, 이 정의를 수립하는 데 필요한 '의무'를 배타적으로 강조하였다는 데 있다. 그 밖의 모든 감정은 사적이고 개인적인 것이기 때문에 쓸모없는 것으로 그는 간주했다. 그리하여 그는 "정의의 도구"가 된다. 인간은 결국 정의를 위한 도구로 쓰인다. 앞에서 쓴 '정의의 차가운 신'이라는 말은 바로 이런 상태를 뜻할 것이다.

정의를 삶의 목표로 두는 것도 물론 필요하다. 그리고 또 중요하다. 정의는 사회공동체의 합리적 구성에서 필수 불가결한 덕목이기 때문이다. 그러나 그렇게 세워지는 정의 — 사회에 실현되는 정의는 저절로 세워지는 게 아니다. 홀로 실현되는 것도 아니다. 그것은 무엇보다 인간의 실천적 개입을 필요로 한다.

이때 인간이란 '종(種)'으로서의 인간 일반이면서 동시에, 그리고 무엇보다 '개인'으로서 각 인간이다. 구체적 삶의 현장에서 움직이는 것은 종적 존재의 인간이라기보다는 개별적 존재의 특수한 인간이다. 이런 점에서 개인적 감정은, 프루동이 상정한 것과는 달리, '의무'와 무관한 게 아니다. 아니 의무란 '오직 개인적으로 발생한다'고 할 수 있다. 그렇다면 개개인의 주관적 열정은 사회의 공적 차원과 구분할 수 없다. 개인적 차원과 사회적 차원은 나누기 어려울 만큼 서로 긴밀하게 얽혀 있기 때문이다. 삶의 일반적 의미나 인간의 사회적 본질은 개개인의 그 자신 안에서 이미 꿈틀대기 시작한다.

공적 사안의 이 개인적 토대가 갖는 의미는, 다시 기독교적 차원에서 보면, 마리아와 마르타를 똑같이 중시하는 데서 거듭 확인할 수 있다고 우리는 말할 수 없을까? 꿈꾸는 자와 일하는 자, 믿는 자와 가정주부 가운데 우리는 어느 한 편도 경시할 수 없다. 기독교가 알려주는 가장 큰 가르침의 하나는 사랑이라는 지극히 사적이고 개인적인 일이 단순히 사적 감정의 차원에 머무는 게 아니라, 인류 일반의 공적 사건이라는 점에 있을 것이다. 마찬가지로 의미나 본질은 인간의 밖이 아니라, 그 안에 있다. 이 '안'이란 인간의 내면이고 마음이며 심리이고 감정이다. 프루동의 정의론과 혁명관이 놓치고 있는 점은 바로 이 대목 ─ 인간 개개인의 지극히 사적이고 특수하며, 바로 이 때문에 환원 불가능한 고유성으로부터 점차 퍼져가는 사회정치적·역사적 차원의 매개 가능성이다.

6. 감정과 시와 색채와 음조 — 개인적인 것의 옹호

이런 식으로 게르첸의 프루동 비판은 계속 나아간다. 그것은 절차적으로 전개되면서 심화되고 확장된다. 그 결론에 있는 것은 "명석한 투사"이자 "위대한 우상 파괴자"인 프루동이 무엇을 누락하고 있는가에 대한 냉정한 지적이다. 이렇게 누락된 항목을 나는 『나의 과거와 사상』을 꼼꼼하게 읽으며 네 가지로 추출해 냈다. 네 가지란 말하자면 '감정'과 '시' 그리고 '색채'와 '음조(tone)'다. 이 네 가지는 결국 개인적인 것의 주된 구성요소가 될 것이다.

> 감정은 추방되고, 모든 것은 얼어붙으며, 색채는 사라지고, 오늘날 프롤레타리아트가 행하는 따분하고 기진맥진하게 만들며 빠져나갈 수도 없는 고역 외에 어떤 것도 남지 않는다. 적어도 고대 로마의 귀족 가문은 노예제의 바탕 위에서 이런 고역으로부터 자유로웠다. 교회의 시적 아름다움은 더 이상 없고, 믿음의 망상도 없으며, 낙원의 희망도 없다. 심지어 시도 그때까지는 "더 이상 쓰이지 않을 것이다"라고 프루동은 주장하지만, 그러나 그 대신 일은 '증가할 것이다'. 개인적 자유나 주도(initiative)의 권리를 위하여, 또 독립성을 위하여 사람이 종교의 자장가를 희생하는 것은 당연할지도 모른다. 그러나 정의의 이념을 육화하기 위해 모든 것을 희생시키는 것, 그것은 얼마나 난센스인가?(428-429)

윗글에서 추론할 수 있는 것은 두 가지다. 첫째, 프루동에게 중요한 것은 "정의라는 이념의 육화"다. 이 정의의 이념을 구현하려고 그는 "모든 것을 희생시켰다". 게르첸은, 이것은 두 번째 사실인데, 정의의 이름 아래 희생되는 요소들이 무엇인지 주목한다.

정의의 이름 아래 망실되는 목록 중에는 개인적 감정이나 색채, 시의 아름다움이나 낙원에의 희망 같은 것이 있다. 이것은 게르첸에게 중요하다. 예를 들어 감정은, 마치 육체가 그러하였듯이, 1800년대의 지성사에서는 광범위하게 평가절하되었다. 감정을 찬양하거나 감정에 일정한 능력이 있다고 말하는 것을 그 당시 대부분의 지식인들은 못 견뎌 했다. 그래서 감정을 돌보는 일도 금기시했다. 이것은 1850년대 영국의 공리주의자들 — 벤담을 비롯한 공리주의자들이 시나 상상력의 가치를 과소평가한 데서도 잘 확인된다. 벤담은 모든 시가 '그릇된 관념'이라고 비판했다. 그에 반해 밀은 — 동시대인이었던 밀에 대하여 게르첸도 주목하였는데 — 처음에 그 의미를 알지 못했다. 하지만 나중에는 정신적 발전 과정에서 시와 예술이 매우 중요했다고 그는 『자서전』에서 고백하였다. 워즈워스의 시를 읽은 것은 그에게 일생의 중대한 사건이 되었다.

고대 로마의 귀족계급에게 풍족한 삶이 가능했던 것은 그들의 삶이 노예의 노동으로 지탱되었다는 사실을 게르첸은 잘 안다. 그러나 그 삶이 주는 여유가 무조건 나쁜 것이었던 것은 아니다. 또 없어져야 할 것도 아니었다. 시와 감성과 예술은 인간성의 발전에 필요불가결한 요소이기 때문이다. 그것은 삶의 더 높고 깊은 가능성을 열어준다. 이런 가능성을 열어 보이는 데는 상상력 외에 망상이나 공상이 있다. 그리하여 "낙원의 희망" 만큼 "믿음의 망상(delirium of faith)"도 게르첸에게 중요하다. 사실 창조력은 망상 같은 믿음에서 나오지 않는가?

가장 중요한 사실은, 이것이 세 번째 항목인데, 게르첸이 '정의 이념의 육화'보다 "개인적 자유나 주도의 권리" 그리고 "독립성"을 중시하였다는 점일 것이다. 종교는 중요하지만, 이렇게 중요한 종교도 개인적 자유나 주도의 권리 그리고 독립성이 없다면, 존립할 수 있을까? 모든 가치의 분별도 개인에게서, 다시 말해 개인의 독립적 사고와 주도권에서 나오기 때문이다. 그렇다면 정의의 이름으로 개인적 자유나 주도권을 희생시키는 것은, 게르첸의 지적대로, "난센스"다.

프루동은 이성의 이름으로 정의를 외쳤지만, 그는 이성 외에는 어떤 것에도 주의하지 않았다. 그는 혁명의 주체와 이 주체의 태도, 그리고 이 태도에 녹아 있는 색채와 뉘앙스에 대해 고민하지 않았다. 게르첸은 그가 "인간성의 감상적 신격화를 넘어, 그리고 진보의 운명론을 넘어 성큼성큼 걸어갔다"라고 썼지만, 프루동 역시 넓은 의미에서는, 적어도 궁극적인 의미에서는 "인간성의 감상적 신격화"에 빠져들었다고 해야 할 듯싶다. 그래서 게르첸은 프루동론의 마지막에서 '세상을 잃더라도 정의를 실천하라(pereat mundus, fiat justitia)!'는 라틴어 구호가 "비인간적"이며, 이 비인간적 구호의 신격화에 프루동이 관련되어 있다고 지적한다. 아랫글은 프루동론의 대단원으로 삼을 만해 보인다.

헤겔의 절대적이고 '모든 것을 껴안는' 정신은 프루동에게 와서 정의라는 위협적 생각으로 대체되었다.

하지만 정열의 문제는 어느 쪽으로도 해결되는 것 같지 않다. 정열은 본질적으로 부당하다. 정의는 인격적인 것으로부터 추출되었고, '상호 개인적(interpersonal)'이다. 정열은 오직 개인적이다.

여기에서 해결책은 법정에 있지 않고, 개인적 성격의 인간적 전개에 있다. 그것은 감정적 자기중심성으로부터 낮의 햇빛으로, 공동의 이해관계를 발전시키면서 옮아가는 데 있다.

질투의 과격한 제거는 개인을 위한 사랑의 제거를 함축한다. 그것은 질투를 여성 혹은 남성에 대한 사랑으로, 또 일반적으로 섹스의 사랑으로 대체하면서 이뤄진다. 하지만 우리를 즐겁게 만드는 것은 개인적인 것(the personal)이고 개인이다. 우리 삶의 전체에 색채와 음조 그리고 감각성을 부여하는 것은 바로 그것이다. 우리의 감정은 개인적이고, 우리의 행복과 불행은 개인적 행복이고 불행이다.(433-434)

위의 논평은 물론 프루동의 정의관을 염두에 두고 있다. 그러면서 게르첸이 반복하여, 그리고 최종적으로 강조하는 것은 '개인' 혹은 '개인적인 것'이다. 프루동이 내세우는 정의 개념 역시 인간의 감정으로부터 나온다. 정의는, 그것이 격한 정서라는 점에서, '열정'의 형태를 띤다. 그러나 바로 그 때문에 그것은 부당해질 가능성이 높다. "정열은 본질적으로 부당하다."

그렇다면 해결책은 어디에 있는가? 그것은 개별적 정열의 소산인 정의를 가능한 한 객관화하는 데 있을 것이다. 게르첸은 이것을 "개인적 성격의 인간적 전개"라고 부른다. 이것은 "감정적 자기중심성으로부터 낮의 햇빛으로, 공동의 이해관계를 발전시키면서 옮아가는" 것이다. 아마도 그렇게 옮겨가는 것, 그렇게 옮기면서 자신의 감정과 정신을 연마하는 과정이 곧 교양과 교육의 연마 과정일 것이다. 그러나 그래도 여전히 중요한 사실은 개인적이고 감정적이며 정열적인 것을 무시하거나 억압하지 않는 일이다. "우리를 즐겁게 만드는 것은", 게르첸의 통찰이 보여주듯이, "개인적인 것(the personal)이고 개인"이기 때문이다. "우리 삶의 전체에 색채와 음조 그리고 감각성을 부여하는 것은 바로 그것이다."

한번 더 주의하자. 이때 개인 혹은 개인적인 것이라는 것은 단순히 사적이고 자폐적이라는 뜻은 아닐 것이다. 그것은 한 개인으로 하여금 그 자신이게 하는 고유한 특성이고, 그래서 그의 정체성(identity)을 이룬다. 이때 개인적 정체성이란, 그것이 제대로 된 것이라면, 그 이외의 것 — 개인적인 것을 넘어 사회적인 차원으로 나아간다. 그래서 사회역사적이고 정치적인 차원들과 만난다. 그러므로 개인의 자유도 개인의 독자성처럼 정치를 떠날 수 없다. 개인의 자유 역시 사회의 제도적 보장이 없다면 실현되기 어렵기 때문이다. 인간 개개인의 자유는 개인의 것이면서 사회정치적으로 걸쳐 있고, 또 겹쳐 있는 것이다.

아마도 평생 절친했던 친구로 지내던 투르게네프가 게르첸을 혁명적 언론인으로서뿐만 아니라 무엇보다 작가로서 칭찬한 것도, 또 그토록 전투적이었던 비평가 벨린스키가 게르첸의 문학적 재능을 인정한 것도 이런 작고 사소하며 개별적이고 특수한 인간 개개인의 굴곡에 대한 그의 주의와 존중 때문일 것이다. 나아가 톨스토이가 게르첸을 경외했을 뿐만 아니라, 성급하고 의심 많은 도스토옙스키마저 그의 글을 인정한 것도 비슷한 이유에서일 것이다. 도스토옙스키는, 마치 시인에 대한 플라톤의 관점이 그러하듯이, 혁명가는 평범한 사람들의 심성을 사탄적 광기로 오염시킨다고 말한 바 있다. 혁명은 그에게 거짓과 타락과 죽음으로 이뤄진 자기 파괴로 나아가는 비인간적인 길이었던 것이다.

그런 착잡한 면이 혁명에는 분명 있다. 심지어 시에도 그런 위험이 없지 않다. 하지만 시는, 집단과 명분을 내세우는 혁명과는 달리, 개인에 주목하고 개인성을 존중한다. 그러면서 개인적 차원을 넘어선다. 시가 정의보다 더 넓은 세계로 열려 있는 것은 그런 이유에서다.

게르첸은 사회정치적 현실의 개혁을 추구하면서도 이 현실을 구성하는 인간의 개별적 사연을, 이 사연의 고유한 독자성을, 마치 사고의 독자성처럼, 늘 참작하고 존중하려고 했다. 이사야 벌린이 게르첸의 『나의 과거와 사상』을 일러, "그의 동시대인이자 동향인인 톨스토이와 투르게네프 그리고 도스토옙스키의 소설과 나란히 놓을 수 있는 가치를 지닌 문학적 걸작"이라고 칭찬한 것도 같은 이유에서일 것이다.[7]

---

7   Berlin, "Introduction," xx.

6장
영국에서의 언론 활동
(1852~1862)

'인간성'은 가장 불쾌한 단어다. 그것은 확실한 어떤 것도 표현하지 않고, 그저 남아 있는 모든 개념의 혼란에 얼룩진 신격화된 인간만 보탤 뿐이다.
― 게르첸, 『나의 과거와 사상』(1982: 523)

근대문학이 우리의 세계관에 기여한 중요한 한 요소가 있다면, 그것은 비인간화의 의식이다.
― 스타이너(G. Steiner),
『톨스토이냐 도스토예프스키냐』(1959)

게르첸은 1852년 8월 제네바에서 런던으로 거주지를 옮긴다. 40세 되던 해다. 그는 1853년 자유러시아언론을 설립하였고, 이 기관을 통해 잡지를 발간한다. 이 간행물로 러시아 사회에 영향을 주고, 이 나라 농민들의 상황을 개선시키기 위해서였다. 3년 후 친구 오가료프와 힘을 합쳐 정기간행물 《종(鐘)》을 러시아어로 발행한다. 이 무렵 그는 오가료프의 아내 투치코바(Tuchkova)와 연정을 맺었고, 그녀는 세 아이를 낳는다. 오가료프도 새 아내를 만난다. 이러한 사건에도 게르첸과 오가료프의 우정 관계는 변치 않고 이어진다.

처음 런던에 도착했을 때, 게르첸은 한 달 이상 머물 거라고 생각하지 않았다. 그러나 시간이 지나면서 달리 가야 할 곳도 없었다. 그렇게 해야 할 이유도 그는 발견하지 못한다. 그는 은자처럼 조용히 지내는 데 런던만큼 적절한 도시가 없다는 것을 느꼈기 때문이다.

게르첸은 런던 중심부에서 북서쪽으로 떨어진 한적한 프림로즈힐(Primrose Hill) 부근에서, 여기서 가까운 리젠트 공원(Regent's Park) 주변에 살 곳을 마련한다. 그것은 3층짜리 집이었다. 여자아이들은 파리에 놔두고, 아들 사샤(Sasha)만 데리고 와서 그는 산다. 거실과 서재는 2층이었다.

이 거실과 서재에서 게르첸은 주로 머문다. 그러다가 집 주변으로 산보를 나가기도 하고, 런던으로 가서 돌이 깔린 길과 숨 막히는 통행로를 거닐기도 한다. 그러다가 젖빛 투명한 안개 속에서 달려오는 사람들의 그림자와 부딪힐 때도 있었다. 저녁이 되어 아들이 잠을 자러 가면, 그는 집 밖으로 나와 어슬렁거리기도 했다. 누구를 만나기 위해서가 아니라, 그저 술집에서 신문을 읽거나 이곳에 온 영국인을 쳐다보면서 술을 마셨다. 그러다가 템스강을 가로지르는 다리 부근을 왔다 갔다 할 때도 있었다.

1. 과오 후의 '자기 혁명'

게르첸은, 앞서 살펴보았듯이, 프랑스와 이탈리아를 비롯하여 유럽 각국에서 혁명의 시대와 그 사건을 겪어왔고, 여러 혁명가와 망명객들, 이론가와 학자 등 다양한 사람들을 만난다. 그러면서 여러 가지 얘기를 나누고 토론한다. 하지만 그가 염원했던 정치체제의 혁명이나 사회변혁은 실현되지 못하였다. 이 무렵의 현실을 이해하려면 시대적 분위기에 대한 스케치가 필요하다.

1700년대 말을 지나면서 인간은 역사상 처음으로 봉건체제의 억압과 신학적 독단의 무지로부터 벗어나 사회의 체제를 자신의 의식과 의지로 만들 수 있다고 믿게 된다. 그래서 이 믿음 아래 이성적 국가를 건설하고자 애쓴다. 1789년 프랑스 혁명의 시작도 그런 문제의식으로부터 나왔다고 할 수 있다. 이제 국가는 이성의 기반 위에 서 있어야 했다. 이성의 힘으로 중세적 미신과 노예적 억압 체제를 해체시켜야 했다.

그러나 이것은 쉽지 않았다. 정치개혁의 시도는 마치 종교개혁의 시도처럼 여러 가지 요인에 의해 조건 지어진다. 어떤 사람들의 부패와 또 다른 사람들의 무능, 그리고 어떤 집단의 위선과 또 다른 조직의 방만함은 그런 여러 조건들 가운데 몇몇 사례다. 그리하여 개혁의 시도는 수많은 형태의 사실적 착종과 수사적(修辭的) 소란 속에서 점차 휘발된다. 여기에다가 삶의 전체 속도는 1800년대를 지나면서 더 빨라진다. 이른바 근대의 시간이 본격적으로 진행되기 때문이다. 그것은 근본적으로 과학과 기술과 기계에 의해 야기된 변화였다.

이 급격한 변화의 가속도는 게르첸의 중요한 체험이 있게 되는

1830년과 1848년 혁명 사이에 현저하게 나타난다. 이전에는 새로웠던 것들이 10~20년 지나는 사이에 상투적인 것이 되고, 옛날에는 얼토당토않게 보였던 것들이 공공의 상식적 견해가 되기도 했다. 재산의 3분의 1을 세금으로 내야 한다고 주장하던 프루동의 1848년 법안은, 2022년 오늘의 현실에서 보면, 한국을 포함하여 OECD의 여러 나라가 대체로 채택한 것으로 보인다. 그러나 이 법안이 발의되던 170여 년 전에는 허무맹랑한 과격파의 공허한 주장에 불과하다고 폄하되었다. 하지만 그것은 지금에 와서 적어도 유토피아적이라고 간주되지 않는다.

게르첸은 혁명의 주체인 부르주아의 부패를 목도했을 뿐만 아니라, 그 지도자인 혁명가의 무능도 확인했다. 그것은 고통스러운 체험이었다. 그러면서 헤어나기 어려운 환멸을 야기한다. 그는 정신적으로나 육체적으로 더없이 피폐해진다. 그는 과연 무엇을 하고 있는가 스스로 묻지 않을 수 없었다. 아래는 그런 정황을 담고 있다.

오랫동안 내가 알았거나 알아야만 했던 나의 믿음을 새롭게 하기 위해 친숙한 진리와 물리적 접촉을 다시 해야 할 필요가 있는 것처럼 여겨졌다.

나는 내 자신의 논리에서 잘못되었고, 오늘날 사람들이 의견과 행동에서 얼마나 다른지, 그들은 얼마나 시끌벅적하게 일을 시작하면서도 얼마나 별 대수롭지 않게 프로그램을 행하는지, 또 그 욕구는 얼마나 얌전하고, 그 근육은 얼마나 약해빠졌는지 잊어버렸다.

두 달의 시간은 불필요한 만남과 성과 없는 탐색, 고통스럽고 전혀 쓸모없는 대화로 채워졌고, 나는 여전히 뭔가를 기대하고 있었다. 하지만 나의 진짜 본성은 그런 유령의 세계에 오랫동안 머무를 수 없었다. 나는 내가 들어 올리던 건물 아래 아무런 굳건한 토대가 없음을, 그래서 그것이 어쩔 수 없이 허물어져 폐허로 되리라는 사실을 파악하기 시작했다.

나는 수치스러웠고, 나의 자존심은 분노하였으며, 나는 자신에게 화가 났다. 신성을 모독하리만큼 악화된 나의 비탄(the sacrilegious deterioration of my grief) 때문에, 헛된 걱정의 시절 때문에 나의 양심은 나를 갉아대었다. 나는 말로 표현할 수 없이 두려운 피로를 느꼈다. 그때 나는 아무런 판단이나 비난 없이 나의 고백을 받아주고, 내 불행을 나눌 친구의 마음을 얼마나 필요로 했던가. 하지만 내 주변의 사막은 점점 더 넓어졌다. 내 가까이에는 누구도, 어떤 인간도 없었다… 아마도 그것이 최선이었을 것이다.(445)

게르첸은 자신의 과오를 인정한다. "나는 내 자신의 논리에서 잘못되었다." 그러면서 자기와 요즘 세대의 차이점도 인정한다. "오늘날의 사람들이 의견과 행동에서 얼마나 다른지", "또 그 욕구는 얼마나 얌전하고 그의 근육은 얼마나 약해 빠졌는지 잊어버렸다." 그러면서 자신의 "믿음을 새롭게 하고자" 애쓴다.

그러나 런던에서 새로 가졌던 만남과 대화는 별다른 도움을 주지 못한다. 그는 자기 믿음의 토대가 허약함을 절감한다. "나는 내가 들어 올리던 건물 아래 아무런 굳건한 토대가 없음을, 그래서 그것은 어쩔 수 없이 허물어져 폐허로 되리라는 사실을 파악하기 시작하였다." 이 현실 앞에서 그는 수치를 느낀다. 무너진 자존감 때문에 화를 내기도 한다. 이런 그에게 자신의 고민을 알아주고 그 "불행을 나눌 친구의 마음"이 필요했다. 하지만 아무도 없었다. 그렇다고 그가 그대로 주저앉지 않는다.

오전 내내 나는 완전히 홀로 앉아 있곤 했고, 때로는 아무것도 하지 않았으며, 심지어 책도 읽지 않았다. 사샤가 가끔 들어왔지만, 내 고독을 방해하지 않았다… 이런 휴식에서 나는 지난 과거를, 글과 편지와 다른 사람들과 나 자신을 사실별로 하나씩 돌아보았다. 나는 오른편에서도 과오를 발견했고, 왼편에서도 과오를 발견했으며, 망설임과 나약함, 우유부단 때문에 행동을 방해하고, 다른 사람에게 지나치게 좌지우지되는 일을 살펴보았다. 이런 분석의 과정에서 어떤 혁명이 내 안에서 차츰 일어났다… 고통스러운 순간이 있었고, 눈물이 내 뺨에 여러 번 흘러내렸다. 하지만 다른 순간들 — 기쁨이 아닌 용기의 순간도 있었다. 나는 내 자신 안에 있는 힘을 의식했다. 나는 더 이상 다른 사람에게 기대지 않았고, 내 자신에 대한 나의 확신은 점차 더 강하게 자라났다. 나는 모든 사람들로부터 점점 더 독립적으로 되었다.

나에 대한 공허감은 나를 강하게 만들어주었고, 나 자신을 모으는 시간을 주었다. 나는 다른 사람들에게 익숙하지 않게 되었다. 말하자면 나는 그들과의 참된 친밀성을 구하지 않았다. 나는 어떤 사람도 피하지 않았지만, 그러나 사람들은 내게 무심해졌다. 나는 진지하고 심오한 감정에 바탕한 어떤 결속도 내가 갖고 있지 않음을 보았다. 나는 아웃사이더 가운데 한 이방인이었다. 나는 다른 사람들보다 몇 사람들에게 더 많은 연민을 가졌지만, 누구와도 깊은 친밀성을 갖지 않았다. 그것은 과거에도 그랬지만, 그러나 이전에 나는 나 자신의 생각에 끌려다녔기 때문에 알아차리지 못했다. 그러나 이제 가장무도회는 끝났고, 도미노 패는 치워졌으며, 머리에서 화환이 떨어졌고, 얼굴의 마스크는 벗겨졌으므로 나는 내가 추측했던 것들과 다른 모습을 보았다.(446)

게르첸은 완전히 혼자된 상태에서 자기 점검을 시작한다. "이러한 휴식에서 나는 지난 과거를, 글과 편지와 다른 사람들과 나 자신을,

사실별로 하나씩 돌아보았다." 그러면서 자신의 과오를 찾아낸다. "나는 오른편에서도 과오를 발견했고, 왼편에서도 과오를 발견했으며, 망설임과 나약함, 우유부단 때문에 행동을 방해하고, 다른 사람에게 지나치게 좌지우지되는 일을 살펴보았다." 이렇게 '내적 혁명'이 일어난다. "이러한 분석의 과정에서 차츰 어떤 혁명이 내 안에서 일어났다… 고통스러운 순간이 있었고, 눈물이 내 뺨에 여러 번 흘러내렸다."

이 내적 혁명 속에서 게르첸은 주저앉지 않는다. 오히려 독립적으로 변해간다. 자신 안에 있는 힘을 확인하게 되었기 때문이다. "나는 더 이상 다른 사람에게 기대지 않았고, 내 자신에 대한 나의 확신은 점차 더 강하게 자라났다. 나는 모든 사람들로부터 점점 더 독립적으로 되었다."

게르첸이 말하는 내적 혁명은 흔히 말해지는 단순한 심리적·심정적 전환과는 무관해 보인다. 그것은 현실이 사상(捨象)된 영혼만의 일은 아니기 때문이다. 그의 고민은 시대적·역사적 현실 속에서 이뤄지는 개인적·실존적 체험의 각성으로부터 나온다. 그런 체험의 중심에는 "공허감"이 있다. 이 공허감은 사회정치적인 것이면서 개인적이고, 역사적이고 시대적이면서 실존적이다. 그리하여 이 환멸의 체험은 그를 도덕적으로 무책임하게 만드는 게 아니라 오히려 더욱 책임 있게 만든다. 이 책임 속에서 그는 현실 응전적으로 변모한다. 그것은 그를 "강하게 만들어주고", 그 "자신을 모으는 시간을 주었다."

그리하여 내적 혁명 ─ 의미 있는 마음의 전환은 자기 수집의 시간이 된다. 무도회는 끝났다. 이렇게 끝난 잔치는 사람을 낙담케 할 수도 있다. 현실의 직시는 환멸을 일으킬 수도 있다. 그러나 이 환멸은 게르첸에게 절망으로 귀결되지 않는다. 그것은 현실 패배로 끝나는 낙담의 시간이 아니라, 새로운 활력을 모으는 갱생적 계기가 된다. 이 활력은, "도미노 패는 치워졌고, 머리에서 화환이 떨어졌으며, 얼굴의 마스크는 벗겨진" 후 찾아드는 현실의 직시에서 생겨난다. 우리는 현실의 "다른 모습"을 외면하지 말아야 한다….

이렇게 게르첸은 강조한다. 그래서 그의 고백은 진정성 있게 들린다. "나는 어떤 사람도 피하지 않았지만, 그러나 사람들은 내게 무심해졌다… 나는 아웃사이더들 가운데 한 이방인이었다. 나는 다른 사람들보다는 몇 사람들에게 더 많은 연민을 가졌지만, 그러나 누구와도 깊은 친밀성을 갖지 않았다." 이리하여 독립적 삶을 추구하는 그의 의지는 더욱 독립적으로 변해간다. 그리고 이 독립적 삶에서 글은, 크게 말하여 문필 활동은 너무도 중요한 형성적 기능을 했을 것이다. 말하자면 글쓰기의 스토아주의적 모델 — 주체의 자기와의 관계를 변형시키는 사유 형식이자 수양 형식이고 나아가 향유 형식으로 작용했을 것이다.

2. 상처 입은 자만심의 쩨쩨함

1848년 무렵 런던에는 유럽 각국에서 피신해 온 망명객들이 있었다. 게르첸도 그들 가운데 한 사람이었다. 그는 이 망명객들과 만나 얘기하고 토론하며 자주 어울린다. 하지만 그 관계는 오래가지 못한다. 순정한 마음으로 혁명이라는 사업에 복무한 사람이 있는 반면에 야심을 숨긴 채 권력과 지위와 명성을 차지하려는 사람도 많았기 때문이다.

그 무렵 유럽의 여러 나라를 들썩이던 '공화국' 같은 단어는 더 이상 얘기되지 않았다. 사람들의 가슴을 뛰게 만들던 프랑스의 국가(國歌) 마르세예즈(Marseillaise)도 불리지 않는다. 망명객들에게조차 혁명은, 게르첸에 의하면, 그저 "사무실이었고, 사회적 지위(position sociale)를 뜻했다."(449) 많은 사람들이 서로 만나 얘기 나누고 토론을 벌였지만, 같은 사람으로 이뤄진 같은 그룹에서는 같은 주장이 되풀이하여 이어졌다. 똑같은 사람들이 서로 만나 비난하면서 자기 입장의 정당성을 내세웠다. 그러면서 그들은 점점 늙고 앙상해져 갔다. 그들의 외투는 더 추레해져 갔고, 그 표정은 더 어두워져 갔다. "그리하여 여전히 같은 일들이 되풀이하여 말해지고 있었다."(449)

이 진부하고 타성적인 일상의 반복에서 게르첸은 지식인의 협소한 생각과 천박함 그리고 지성의 나태를 절감한다. 망명객들은 이해력에서도 부족했고, 논리에서도 완고했으며, 다들 지나치게 신경질적이었다. 그들은 늘 팽팽하게 긴장되어 있었다. 그래서 건드리면 언제라도 폭발할 상태에 있었다. 그들은 원하는 대로 되지 않으면 쉽게 짜증을 냈고, 마땅한 '자리'가 주어지지 않으면 금방 분노했다.

그런 사람들이 현실 탐구에서 성실하긴 어려울 것이다. 진실해지기란 더더욱 어려울 것이다. 대부분의 망명객들은 현실 인식에서도 게을렀고, 지적 작업이나 의식적 사안에서도 안이했다. 무엇보다 그들에게는 납득할 만한 목표가 없었다. 그래서 게르첸은 적는다. "그 무슨 상처 입은 자만심의 쩨쩨함이란 말인가(What pettiness of wounded vanity)!"(448)

아마도 "상처 입은 자만심의 쩨쩨함"이야말로 당시 영국의 망명객들뿐만 아니라, 혁명의 주체였던 부르주아의 결함이었고, 나아가 오늘날을 살아가는 적지 않은 사람들 ─ 그런대로 '생각이 있다'고 자부하는 사람들이 가진 치명적 결함일지도 모른다. 사람은, 열심히 살아갈수록, 자부심을 갖는다. 그러나 이 자부심은 현실 앞에서, 이 현실에 의해 쉽게 그리고 자주 상처 입는다. 이런 경우 당사자는 자기 상처를 드러내기 쉽다. 나아가 그 상처를 자랑하기도 한다. 이때 자부심은 자만심으로 변질된다. 자만심은 허영심과 다르지 않다. 상처 입은 허영심은 쉽게 쩨쩨하고 옹졸하며 편협해진다.

그러므로 한 사회를 이끄는 것이 '성실하고 열심히 산다고 여기는' 사람들이라면, 이들을 추동하는 것은 '상처 입은 자만심의 쩨쩨함'이라고 할 것이다. ('성실하고 열심히 산다고 여기는' 사람들이란, '실제로 이들이 정말 그리고 어느 정도로 성실하고 열심히 사는지는 알 수 없는'이라는 뜻이다. 대부분의 사람들은 놀랍게도 자신이 성실하고 열심히 산다고 여기는 축에 속한다.) 사람들은 흔히 '정의'나 '진리'를 내세우지만, 이렇게 내세워지는 정의나 진리의 이름 아래 상처 입은 하나의 자만심과 또 하나의 상처 입은 다른 자만심이 서로 충돌하는 것인지도 모른다. 그래서 그 싸움은 쩨쩨하고 옹졸하게 된다. 이 옹졸한 허영심이 지적 힘의 빈곤함 ─ 완고한 고집과 이해력의 결핍을 이룬다.

3. '범속성(凡俗性)' 비판 — 밀

> 독창성이란 독창적이지 않은 사람들이 그 용도를
> 느낄 수 없는 유일한 것이다. 그들은 독창성이 그들
> 을 위해 무엇을 해주는지 알 수 없다… 독창성이 그
> 들에게 해줄 수 있는 첫 번째 봉사는 그들의 눈을 뜨
> 게 해주는 것이다.
>
> — 밀, 『자유론』(1859)

게르첸이 망명객들의 지적 나태와 무책임을 절감하면서도 자기 과
오의 직시 속에서 내적 혁명을 시도하고 있을 때, 희망의 싹을 보여
주는 한 권의 책이 발간된다. 그것은 프루동 같은 혁명가나 사회주의
망명객이 쓴 글이 아니었다. 그것은 35년 동안 동인도 회사의 직원으
로 근무했던 어느 알려지지 않은 정치경제학자 — 존 스튜어트 밀이
라는 사람이 쓴 『자유론』(1859)이었다.

밀의 생각에 대한 게르첸 논평은, 간략하게 줄이면, 두 가지로 요약
된다. 첫째, 인성(人性, personalities) 혹은 개인성(individuality)의 타락이
다. 둘째, 오늘날의 모든 것이 범속화(凡俗化, 평범화)되고 있고, 이 범
속화 경향이 '덩어리져' 있다는 사실이다. 첫 번째 사항부터 살펴보자.

3.1. 당신의 영혼은 썰물처럼 빠져나가고 있다

그 사람은 존 스튜어트 밀이다.

한 달 전 그는 '사상과 말 그리고 개인의 자유'를 옹호하면서 이상한 책을 한 권

출간하였다. 내가 '이상한'이라고 말하는 것은 그것이, 밀턴이 200년 전에 똑같은 것에 대해 썼던 곳에서 '자유에 대하여' 다시 한번 목소리를 높여야 할 필요가 있었다는 사실이 이상하지 않은가라는 이유에서다. 하지만 밀과 같은 사람은, 당신도 알다시피, 만족해서 쓸 수 없다. 그의 책 모두는 심오한 슬픔으로 조마조마해하는 것이 아니라 남성적이고 대단히 비판적인 타키투스적 정신으로 차 있다. 그가 목소리를 높인 것은 악이 더 나빠졌기 때문이다. 밀턴은 권위의 공격에 거슬러, 또 폭력에 거슬러 말의 자유를 옹호하였고, 고귀하고 활기찬 것은 모두 그의 편이었다. 밀의 적(敵)은 아주 다르다. 그가 자유를 옹호하는 것은 교육받은 정부에 거슬러서가 아니라, '사회'에 거슬러서고, 관습에 거슬러서이며, 무관심의 치명적 힘에 거슬러서이고, 옹졸한 불관용에 거슬러서며, '평범함'에 거슬러서다.(459)

그러니까 자유에 대한 옹호의 역사는, 1850년 영국을 기준으로 보면, 200년이 되었다. 200년 전에 밀턴의 글이 있었기 때문이다. 이 밀턴에 이어 밀의 글이 출간되었다. 밀의 저항은, 게르첸이 보여주듯이, 더 이상 '정부'가 아니다. 그것은 '사회'를 겨냥한다. 그가 비판하는 것은 이 사회를 이루는 관습과 이 관습의 하나로서의 무관심과 불관용이고, 이 무관심과 불관용 속에서 자라나는 범속성이다.

여기에서 범속성(mediocrity)이라는 단어의 뜻은 단순히 '평범성' 혹은 '보통의 수준'에 그치는 게 아니다. 그런 의미도 물론 있지만, 그보다는 지나치게 평범하여 차라리 상투적이고 진부하며 흔해 빠진 것이어서 '더 이상 쓸모가 없는'이라는 뜻이다. 따라서 거칠고 상스러우며 조야한 것들이다. 밀의 자유론에서 무게중심은 이 상투적이고 흔해 빠진 것들의 무책임과 저속성에 놓여 있다. 1850년대 군중은 이 거친 범속성 아래 '익사하고' 있다고 그는 진단한다.

그는 개인성이나 취향 그리고 스타일의 지속적 타락에, 인간의 관심사와 그들의 활기 결여에 경악하였다. 그는 모든 것이 얄팍해지고 흔해 빠지며 조잡하고 닳아빠져 더 '어엿하게(respectable)' 보일지 모르지만, 더 상투적으로 되고 있다는 사실을 자세히 살피고 분명하게 본다. 그는 영국에서, 마치 프랑스에서 토크빌이 관찰하였듯이, 구별할 수 없는 유형이 기준으로 펼쳐지고 있어서, 자기 머리를 심각하게 흔들며 동시대인들에게 이렇게 말한다. "그만두시오! 다시 생각해 보시오! 당신은 어디로 가고 있는지 아시오? 보시오. 당신의 영혼이 썰물처럼 빠져나가고 있어요."

그러나 왜 그가 잠자는 사람을 깨우려는가? 이들을 위해 그가 고안해 낸 길은, 출구는 무엇인가?… 밀은, 마치 타키투스가 그의 동시대인에게 수치를 알라고 외쳤듯이, 그 동시대인들에게 수치를 알라고 외쳤다. 하지만 이런 수단으로 그가 타키투스가 한 것보다 더 많이 막으려 하지 않는다. 몇몇 슬픈 질책도 '영혼의 썰물'을 막지 못할 것이고, 세상의 어떤 댐도 그렇게 하지 못할 것이다.(460)

밀이 우려하는 것은 사회 전체의 평준화 ― 범속화이자 통속화다. 그것은 "개인성이나 취향 그리고 스타일의 지속적 타락"에서 오고, 그들의 활기를 고갈시킨다. 그는 "모든 것이 얄팍해지고 흔해 빠지며 조잡하고 닳아빠졌다(become shallow, commonplace, shoddy, trite)"라고 진단한다.

이렇게 평준화되고 조잡하며 범속화되어 버린 것들의 중심에는 정신이 있고, 도덕이 있다. 이 같은 타락은 개인성이나 인성 혹은 인격이 '얇아진' 데 있다. 게르첸이 지적한 "영혼의 썰물화(the ebbing of the soul)"는 곧 얄팍해진 인격이요, 상투화된 개인성이다. 이것은 좁게는 1800년대 이후 본격적으로 펼쳐지는 근대사회의 가장 핵심적인 병폐다. 하지만 거시적 시각에서 보면, 그것은 오늘날까지 이어져 온 병폐이기도 하다. 그는 쓴다. "어떤 원칙 위에서 우리는 잠자는 사람을 깨워야 하는가? 어떤 이름으로 사소한 것에 매료된 무기력한 인성에게 영감을 주어 철도와 전신, 신문과 값싼 상품의 현재 삶에 만족하지 않게 할 수 있는가?"(463)

그 당시 사람들은 "철도와 전신, 신문과 값싼 상품"에 "만족하며" 지냈다. 그렇다면 오늘날에는? 현대의 인간에게 그것은 비행기나 크루즈 선박이 될 수 있고, "전신" 대신에 이들은 인터넷이나 스마트폰, 페이스북이나 인스타그램에 만족하며 산다고 할 수 있을 것이다. 그런 점에서 영혼의 썰물화 — 얄팍하고 조잡하며 닳아빠진 개인성의 문제는 오늘날 사회에서도 중대한 현안이다.

3.2. 얄팍해진 도덕과 정신

문제는 이 얄팍함 혹은 경박성이다. 얄팍함이란 도덕과 정신의 얄팍함이면서 생활과 태도의 얄팍함이다. 아마도 삶 전반의 피상화야말로 근대사회의 가장 큰 상실의 목록이다.

개인성이 지워지기 시작할 때, 그것은 군중 사이에서 우연히 사라진다. 그것은 주어진 관습에 모든 것이 종속되고, 선악의 개념들이 주어진 것에 대한 순응 혹은 비순응의 개념과 뒤섞일 때다. 발전이 '좀 더 나은 것'에 대한 포부로 적절하게 이뤄진다면, 관습이 주는 억압은 이런 발전을 막아 관습적인 것을 발전에서 멀어지게 한다. 전체 역사란 이런 투쟁으로 구성되어 있다. 만약 인간성의 더 위대한 부분이 아무런 역사를 갖고 있지 않다면, 그 이유는 삶이 관습에 완전히 종속되어 있기 때문이다.

　이제 우리의 작가(밀–저자 주)가 교육받은 세계의 현 상태를 어떻게 생각하는지 살펴보자. 우리 시대의 지적 탁월성에도 불구하고 모든 것이 범속성을 향해 나아가고 있다고, 그래서 그 얼굴들을 군중 속에서 잃어가고 있다고 그는 말한다. 이 '덩어리진 범속성(conglomerated mediocrity)'은 예리하게 정의된, 창조적이고 뛰어난 모든 것을 증오한다. 그리하여 사람의 평균 분야와 마찬가지로 여기에는 많은 지성과 많은 열망이 없고, 그저 잡다한 평범성만 있다. 이 잡다한 평범성은 끈적거리는 늪지처럼 한편으로 자기로부터 벗어나려는 모든 것을 물속에 집어넣고, 다른 한편으로 똑같이 맥 빠진 평범성으로 새 세대를 교육시키면서 특이한 개인의 무질서를 미리 방지한다.(462)

　위의 글이 가진 의미를 이해하려면 게르첸의 문장을 천천히 곱씹으면서 읽어야 한다. 아마도 밀이 비판하는 범속성이라는 가치는 혁명의 시대에 부르주아 계급이 주장해 온 '평등화'의 가치와 비슷할 것이다. 물론 범속성이라는 말에도, 그것이 그저 '평범'이나 '보통'을 뜻한다면, 마치 평등의 의미가 그러하듯이, 수긍할 만한 측면이 있다. 그러나 범속성 비판에서 초점은 '평범이라는 이름 아래 자행되는 조잡화나 피상화' 현상이다. 즉 밀의 범속성 비판은 곧 삶의 조잡화 비판이자 피상화 비판이다. 그렇다면 그의 비판은 곧 부르주아적 저속성에 대한 게르첸의 비판과 상통한다고 볼 수 있다.

　우리는 평범성이나 평등화에 대하여 다시 한번 유보적으로 대할 수 있다. 거듭 말하여, 모든 평범성과 평등화가 무조건 나쁜 것은 아니다. 그것은 때때로 필요하고 또 중요한 가치이기도 하다. 가령 '일상의 평범성'에서의 평범이나, '인권과 계급의 평등'에서의 평등은 중요한 가치이자 덕목이다. 그러나 이 평범이 관습적인 것과 일치할 때, 혹은 관습적인 것의 이름으로 모든 특이하고 개별적이며 창의적인 것까지 억누른다면, 그것은 "발전을 가로막는" 일이다. 역사가 곧 발전은 아니다. 그러나 역사에 발전이 있다면, 그것은 우연하고 특이하며 예기치 않게, 그래서 어떤 틈이나 간극과 차이의 계기 속에서 발생한다. 따라서 역사의 발전은 발전 자체에 대한 존중에서보다는 차라리 차이에 대한 존중에서 시작된다. 그리고 이 차이는 일체의 범속성을 넘어서 있고, 또 그런 점에서 전혀 평범한 것이 아니다.

마찬가지로 범속성이나 평범성은 중요하다. 하지만 그것이 군중 속에서 "예리하게 정의된, 창조적이고 뛰어난 모든 것을 증오"하면 곤란하다. 그것은 개개인의 개성과 본성과 스타일을 억압할 뿐만 아니라, 모든 탁월성과 수월성을 무시할 수도 있다. "자기 자신으로부터 벗어나려는" 모든 시도 — "특이한 개인의 무질서"는 그런 이유로 중요하다. 사실 많은 진리는 무질서한 혼돈에서 나오고, 이 혼돈에는 오류도 뒤섞여 있다. 그렇다면 무질서와 혼돈이야말로 창조성의 진정한 기원이다.

그러므로 인간은 계급의 굴레로부터 해방되어야 하듯이, 범속성의 굴레로부터도 해방될 필요가 있다. 우리는 정치적 압제로부터 벗어나야 하듯이, 관습적인 것이 강요하는 범속성의 순응 고리를 잘라낼 수 있어야 한다. 그런 점에서 평범성이나 평등의 가치는 더 세심하게 정의되어야 한다. 오늘날 사라지고 있는 것이 "이러한 권리와 이러한 자유를 사용할 수 있는 능력"이라고 게르첸은 지적한다.(467) 결국 밀의 범속성 비판은 평범이라는 이름 아래 진행되는 상투적 의식의 안이함에 대한 비판이고, 이 안이한 상투성을 대변하는 근대적 대중사

회에 대한 비판이다. 이런 비판의 실행은 아마도 각 개인이 자기의
자유를 사용하고, 그에 대한 책임을 배우는 데 있을 것이다.

4. '60년'의 헌신 — 오언

> 내가 오언을 만났을 때, 그는 81세였다. (그는 1771
> 년에 태어났다.) '60년' 동안 그는 경기장을 떠나지
> 않았다.
>
> ─ 게르첸, 『나의 과거와 사상』 (1982: 488)

런던에 도착한 1852년 게르첸의 삶은 어두웠다. 그 무렵 아내 나
탈리야가 세상을 떠났기 때문이다. 그녀는 죽기 전에, 앞서 언급했듯
이, 독일 시인 헤르베그와 정분이 나서 게르첸을 떠나 있었다.

4.1. 단순한 태도와 강인함

어느 날 게르첸은 이탈리아에서 알고 지냈던 한 여성으로부터 초
대를 받는다. 그것은 세븐오크스(Sevenoaks)에 있는 그녀의 시골집에
며칠 동안 머물러 달라는 내용이었다. 세븐오크스는 런던 남동쪽에
있는 시골 지역이다. 그녀의 가족은 민주적 성향을 지닌 여러 망명객
들과 친하게 지냈는데, 게르첸과는 특히 그러했다. 이 시골집에 머물
면서 그는 13세 무렵에 모스크바 부근 바실렙스코예의 오래된 고향
정원에 있을었 때처럼 편안함을 느낀다. 그는 바다나 산보다는 숲과

나무에서 깊은 동류의식을 느낀다. 그가 공상적 사회주의자 로버트 오언을 만난 곳도 세븐오크스에서다. 다음은 그 첫 장면이다.

나는 자식이 가지는 존경의 감정으로 그의 손을 잡았다. 좀 더 젊었더라면, 나는 아마도 무릎을 꿇고, 그 노인에게 그의 손을 내 머리에 얹어달라고 청했을 것이다.

이것이 그가 그 친절하고 밝은 눈으로 다가온 방식이다. 이것이 아이들이 그를 사랑하는 이유다… 이것이 그이고, 그는, 아리스토텔레스가 한때 아낙사고라스에게 말한 것처럼, '술 취한 사람들 가운데' 있는 멀쩡하고 용기 있는 한 배심원 ― 인류에게 '죄가 없다'고, 죄인에게 '죄가 없다'고 감연히 선언한 배심원이었다. 이 사람이 바로, 술집 주인을 위해 슬퍼하고, 넘어진 사람에게 연민을 가졌던, 그리고 비록 바다 위는 아닐지라도 영국적 삶의 저속한 늪 위를 가라앉지 않고, 단순히 가라앉지 않을 뿐만 아니라 더럽혀지지도 않은 채 걸어갔던 두 번째 괴짜였다.

… 오언의 태도는 매우 단순했다. 하지만 그에게는 가리발디에게서처럼 친절함으로부터 강인함과 권위를 가진 의식 같은 게 비쳤다. 그의 상냥함에는 그 자신의 뛰어남에 대한 감정이 있었다. 그것은 아마도 좌초한 동료들을 끝없이 대해 본 결과일 것이다. 그는 전체적으로 평민이나 사회주의자라기보다는 몰락한 귀족에, 위대한 가문의 어느 젊은 아들에 더 닮아 있었다.(487)

게르첸이 오언을 만났을 때, 오언은 81세였다. 그는 늙었고 자그마했으며, 눈처럼 흰 머리에 더없이 선량한 표정을 지닌 노인이었다. 그가 스코틀랜드의 스트래스클라이드(Strathclyde)주(州)에 있는 클라이드강 강가에 방적공장을 세운 것은 28세 때인 1799년이었다. 그는 이 공장을 1799년부터 1829년까지 운영했고, 이 공장을 토대로 산업 공동체를 꾸려나가고자 했다. 이것이 저 유명한 뉴 래나크(New Lanark) 운동이다. 이 방적공장은 2001년 유네스코 문화유산으로 지정되었다.

1850년대는, 『나의 과거와 사상』의 곳곳에서도 언급되지만, 이와 같은 유토피아적 사회 실험이 인류 역사상 가장 활발하고 다양하게 시도된 시기이기도 했다. 오언 역시 이런 뜻을 실현시키기 위해 대서양을 10번 이상 건넜고 ─ 그 시절에! ─, 1824년에는 미국 인디애나 주에 뉴 하모니(New Harmony)라는 노동 공동체를 세우기도 했다. 하지만 이런 공동체 열망은 실패로 돌아간다. 이 시도는 4~5년밖에 이어지지 못한다. 하지만 그는, 게르첸이 쓴 대로, "'술 취한 사람들 가운데' 있는 멀쩡하고 용기 있는 한 배심원"으로서, "술집 주인을 위해 슬퍼하고, 넘어진 사람에게 연민을 가졌던, 그리고 비록 바다 위는 아닐지라도 영국적 삶의 저속한 늪 위를 가라앉지 않고, 단순히 가라앉지 않을 뿐만 아니라, 더럽혀지지 않은 채 걸어갔던 두 번째 괴짜였다."

어떤 의미 있는 뜻을 갖고 산다는 것은 얼마나 어려운가? 그러나 더 어려운 것은, 이 뜻이 좌절되었다고 해서 낙담하거나 분노하는 게 아니라, 그래서 다른 사람을 질책하는 게 아니라, 그 한계를 받아들이면서도, 그러나 동시에 그 한계 속에서 자기 뜻을 계속 끌고 가는 일일 것이다. 일이 좌절되었다고 해서 푸념하고 불평하는 게 아니라, 이런 좌절에도, 아니 이 좌절 때문에라도 그 뜻을 견지해 가는 일이다. 오언이 "영국적 삶의 저속한 늪"에 가라앉지 않을 뿐만 아니라, 더러워지지도 않은 채 계속 나아가게 된 것은 바로 그처럼 내면화된 결기(決氣) 때문일 것이다.

4.2. 할 수 있는 것을 하는 것

결국 남는 것은 오언의 "단순한 태도"다. 이 단순한 태도는 그러나 결코 단순한 게 아니다. 그것은 엄청난 시련과 이 시련 속에서 행해진 자기 단련의 오랜 시간을 포함하기 때문이다. 그가 "친절"하면서도 "강인함과 권위"를 지니고, 이 "상냥함" 속에도 "자신의 뛰어남에 대한 감정"을 가진 것은 그런 이유에서일 것이다. 오언은 이렇게 말했다.

"살아 있는 동안 누구도 절망해선 안 됩니다. 수많은 종류의 일이 영혼 앞에 열린 채 놓여 있기 때문입니다. 그러니 내 편지가 제대로 된 게 아니라면, 그 편지를 던져버릴 것이고, 그게 무슨 해가 되겠습니까? 나는 내가 할 수 있는 것을 하게 될 것입니다. 사람을 양육하는 일, 그가 사는 환경 때문에 진리를 이해하지 못한다면, 그것은 그의 과오가 아닙니다. 그런 경우 우리는 화를 내는 게 아니라, 연민을 느껴야 합니다."

이런 식으로 이 노인은 죄에 대하여 모든 것을 껴안는 용서의 태도를 단순히 도둑이나 범죄자에게뿐만 아니라, 심지어 니콜라이 황제에게까지 확대하였다. 나는 잠시 부끄러움을 느꼈다.

… 세븐오크스에서의 일이 있은 후 3년이 지나 나는 오언을 다시 한번 잠시 보았다. 그의 몸은 피폐해져 있었고, 그 정신은 둔했으며, 때로는 귀신이나 그림자 같은 신비스러운 영역에 대해 아무런 점검 없이 횡설수설하기도 했다. 하지만 똑같은 에너지가 있었고, 어린아이 같은 선함이 배인 똑같은 푸른 눈빛의 응시와 사람에 대한 똑같은 희망이 있었다. 그는 어떤 원한도 품지 않았고, 옛날 상처는 잊었으며, 뉴 래나크의 창설자이자 열광적 지지자였다. 그는 잘 듣지 못했고, 머리가

세고 힘은 없었으나 여전히 형벌의 철폐와 공동체적 노동의 조화로운 삶을 설파했다. 이 노인이 불안한 걸음으로 천천히 걸어서, 그가 '한때' 훌륭한 청중의 열렬한 갈채를 받으며 환영받았던 연단으로 나아가는 것을 어느 누구도 깊은 존경 없이 바라볼 순 없었다. 그러나 이제 그의 누렇고 흰 머리카락은 무관심한 귓속말과 반어적 웃음만 일으켰다. 이 놀라운 노인은 봉인된 죽음을 얼굴에 담은 채 아무런 화도 내지 않고, 그리고 그들 시대의 시간에 대한 사랑을 가진 채, 온화하게 물으며 서 있었다.(488-489)

놀랍고 감동적인 서술이 아닐 수 없다. 1815년 니콜라이는 러시아 황태자의 신분으로 오언의 방적공장이 있는 뉴 래나크를 방문한다. 그는 오언에게 러시아로 이주할 것을 간청하면서 러시아 정부의 지원을 약속한다. 하지만 오언은 이 제의를 거절한다.

게르첸은 니콜라이 황제에게 비판적이었다. 하지만 말년의 오언은 인간에게 절망하기보다는 그 "영혼 앞에 놓인" 가능성을 믿는다. 그는 잘못하는 사람들에 대해 "화를 내는 게 아니라 연민을 느낀"다. 오언의 이런 태도 앞에서 게르첸은 "부끄러움"을 느낀다. 그러면서 용서의 태도를 니콜라이 황제에게도 적용시키는 그의 너그러움을 경외한다. 오언의 이런 믿음은 너그러움과 연민으로 가능했다. 그리고 그 믿음은 생애의 끝까지 견지된다. "그는 어떤 원한도 품지 않았고, 옛날 상처는 잊었으며, 뉴 래나크의 창설자이자 열광적인 지지자였다. 잘 듣지 못하였고 머리가 세고 힘이 없었으나, 여전히 형벌의 철폐와 공동체적 노동의 조화로운 삶을 설파하였다."

인간의 현실은 흔히 아는 것보다 훨씬 거칠고 상스러우며 야비하고 천하다. 그것은 단순히 무지한 것이 아니라 위선적이며, 어리석기보다는 옹졸하다. 그러니 일일이 분노하거나 절망해선 안 된다. 이것을 오언은 자신의 삶에서 무려 60년 이상 실제로 보여주었다. 이처럼 열린 그의 태도에서 게르첸은 "몰락한 귀족"을 떠올린다. 오언에 대한 이러한 평가는 아마도 그 자신에게도 어느 정도 해당될 것이다. 『나의 과거와 사상』의 영어판을 요약하고 그 '서문'을 쓴 맥도널드(D. Macdonald)는 "이상주의적이고 도덕적이며 무정부주의적이고 인본주의적인 게르첸 정치철학의 고귀한 진술을 — 이것은 바로 모든 소비에트 과학위원회 사람들이 비난하는 것이고, 이른바 '진보적'이라고 말해지는 것의 정반대이기도 한데 — 본다"라고 적는다.[1]

용서나 포용이 없다면, 현실의 진보도 어렵다. 상처나 원한 혹은 분노 속에서는 어떤 것도 나아가기 어렵다. 그렇다면 필요한 것은 부당한 것들에 항의하면서도 용서하고, 연민 속에서도 여전히 인간 영혼의 가능성을 믿으며, 이 믿음 속에서 계속 전진하는 일일 것이다. 교육은 이 같은 전진 속에서 행하는 실천의 방식이 될 것이다.

5. 젊은 망명객들과의 이질감

1852년에 시작된 영국에서의 생활은 게르첸에게 힘겨웠다. 그는 곧 글쓰기 활동을 시작한다. 그것은 조국 러시아를 대상으로 《북극성》이나 《종》 같은 신문과 책자를 발행하는 것이었다. 쉽지 않았다. 이 책들은 수천 킬로 떨어진 러시아의 청년들과 진보세력을 향

---

1   Herzen, *My Past and Thoughts*, 485, 각주 1번 참조.

해 있었고, 그의 주변에는 아는 사람도 없었다. 하지만 그는 포기하지 않는다. 이 자유언론의 활동을 그는 "평생의 일"로 여겼기 때문이다.(532)

게르첸은 관련 자료들을 찾거나 주변 친구들로부터 모은다. 러시아나 러시아 밖의 식민지에서 일어난 사건뿐만 아니라, 폴란드 같은 다른 억압받는 나라의 소식도 이 책자에 곁들인다. 자신이 받는 개인적 편지나 친구들의 정보뿐만 아니라, 그에게 전달된 이런저런 보고들 ― 러시아 정부의 관료주의나 지방에서 일어나는 크고 작은 비행(非行)과 추문 그리고 고위관리나 정치인의 뇌물과 폭행도 자세하고 풍부하게 기록한다. 《종》은 해당 사건의 당사자 이름도 공개하면서 러시아 삶의 부패하고 낙후된 실상을 드러내는 풍부한 증거를 제공한다.

처음에는 아무런 반응이 없었다. 한 마디의 평도, 한 통의 편지도 게르첸은 받지 못한다. 그러나 책자의 발행이 거듭될수록 독자 대중의 호응은 늘어난다. 많은 사람들이 그의 신문과 책자를 읽고 또 읽는다. 어떤 경우에는 서로 돌려가며 읽기에 책자는 누더기처럼 너덜해지기도 했다. 그러면서 《종》은 광범위한 공감을 얻는다. 귀족이든 반체제주의자이든, 관료든 장군이든, 각계각층의 다양한 사람들이 차르 정부에 맞선 이 혁명적 언론인을 만나기 위해, 이렇게 만나 존경과 공감과 찬탄을 표하기 위해 런던으로 찾아온다. 때로는 사무실로 직접 찾아오기도 한다. 이런 상황을 일컬어 게르첸은 《종》이 "시민권을 얻었다"라고 적고 있다.(534) 《종》이 가장 많이 발행되던 시기는 1857년에서 1862년 사이였다.

이 언론 활동에는 당시 런던에 있던 러시아의 여러 망명 지식인들이 참여했다. 게르첸은 그 활동의 중심에 있었다. 1853년 어느 러시아의 공작이 자기 비서를 총으로 쏘았지만, 아무런 처벌도 받지 않는 사건이 일어났다. 그 공작은 판사를 매수하여 오히려 그 비서를 수감시킨다. 이 권력남용의 소식을 접한 후, 게르첸은 이 사건을 《종》에 폭로하였다. 이 기사를 러시아 황제는 우연히 읽게 되었고, 마침내 이 사건의 재심을 지시한다. 이 비서는 결국 풀려난다.[2] 이 정도로 《종》의 영향력이 확대된 것이다.

이처럼 《종》과 게르첸의 영향력이 커지다 보니, 차르 정부 쪽에서의 경계와 중상모략도 이어졌다. 황제와 정부 관리들 사이에서는 게르첸을 감언이설로 구슬려 공직을 맡겨야 한다는 주장도 나왔다. 1862년 무렵 상트페테르부르크에서는 대화재가 발생하였고, 이 사건을 차르 정부는 반정부 세력을 탄압하기 위한 호기로 삼으려 했다. 그래서 게르첸으로부터 사주를 받은 대학생들이 이 불을 지른 것이라는 거짓 소문을 퍼뜨렸다. 그러면서 혁명적인 청년들과 그 지도자에 대한 증오심을 사회 전반에 퍼트리고자 애썼다.[3] 이 기회를 놓칠세라 보수주의자와 반동주의자들은 게르첸 쪽 사람들을 방화범으로 몰아갔고, 이런 소문을 믿은 일부 청년들은 게르첸과의 작별을 통보하기도 했다. 러시아의 언론 또한 사실관계를 자세히 확인하지도 않은 채 이 같은 소문을 보도하였다. 전혀 일어나지도 않았던 일들이 얼마나 자주 일어나서, 얼마나 많은 사건과 사고로 둔갑하면서 사람들 사이에 끝도 없이 확대되면서 퍼져나갔는지! 그리고 그렇게 퍼져

2   Herzen, *My Past and Thoughts*, 534, 각주 8번 참조.
3   *Ibid*, 536, 각주 11번 참조.

나간 얼토당토않은 일들이 얼마나 사람들의 신경과 뇌와 마음을 고 갈시켜갔는지!

이 무렵 게르첸에게 두드러지는 일 가운데 하나는 젊은 세대와의 갈등이다. '젊은 세대'라는 것은 구체적으로 1850~1860년대 런던으로 망명해 온 러시아 출신의 청년들을 말한다. 이들의 사회적 출신 성분은 뒤섞여 있었다. 그들은 서구 사회의 자유에 대해 환상을 갖지 않았다. 그들은 지지부진한 조국에 대하여, 그리고 무자비한 통치자에 대하여 무자비하게 대응해야 한다고 주장했다. 그들은 게르첸을 포함하는 1840년대 세대의 '부드러운' 입장에 적대적이었고, 이들의 자유주의와 이 자유주의가 바탕한 서구적 가치를 경멸했다. 젊은 세대 청년들은 게르첸을 "'유순한' 귀족적 딜레탕트, 의지가 박약한 자유주의 기회주의자(trimmer), 혁명의 반역자, 철 지난 과거의 불필요한 잔존물"이라고 비난했다.[4]

1840년대 사람들과 1860년대 사람들 사이에 자리하는 세대적 간극은 이처럼 격심했다. 그 차이에서 갈등은, 적어도 게르첸의 맥락에서 보면, 러시아에 대한 대응 방식이나 이런 대응을 위한 공동기금을 마련하는 데서 주로 나타났다. 이 청년들은 그가 보기에 이론적으로 옳을지 모르지만 실천에 어두웠고, 더욱이 무례하고 호전적이며 잔혹했다. 그들은 개인적 삶의 다양성은 물론이고, 현실의 복잡다기한 층위를 고려하는 데 서툴렀다. 그들의 관심은 그들이 속한 그룹의 관심에 의해 정해졌고, 이렇게 정해진 관심 외에 어떤 주제에도 그들은 주의하지 않았다. 그들은 처음부터 주어진 몇 개의 추상적 구호를 반

---

4   Berlin, *Russian Thinkers*, 118.

복하면서 삶의 구체성을 도외시했다.

그리하여 새로운 세대의 젊은 망명객들은 더 넓은 관심이나 사회적·공적 사안에 대해 관심을 갖지 않았다. 그런 사안을 알려고도 하지 않았다. 그들은, 뉴스든 책자든, 거의 읽지 않았다. 따라서 '나아가지' 못하였다. 그러면서도 그들은 늘 '진보'를 말하였고, 스스로 '진보적'이라고 주장했다. 그들은 늘 이론적이었고, 언제나 일정한 강령에 따랐다. 그래서 게르첸은 이들과 제대로 된 토론을 할 수 없었다고 고백한다. "그들은 그들 자신의 견해를 우리가 말해주길 기대했고, 우리가 말한 것이 그들의 견해에 어긋나지 않을 때만 동의했으며", "우리를 존경받는 베테랑으로, 과거의 끝난 무엇으로 간주했다."(557) "모든 것은 반항 속에서 행해졌고, 모든 것은 분노 속에서 이뤄졌다."(563)

그러나 게르첸이 이해의 어려움을 느낀 것은 젊은 세대만이 아니었다. 그는 혁명 동지들 사이에서도 고독을 절감해야 했다. 동지는 동지가 아닐 수도 있었다. 젊은 망명객들의 거친 열정과 무례함 속에서 그는 어느 날 새로운 인물 — 지난 1840년대에 만났던 한 혁명가를 다시 만난다. 그는 바쿠닌이었다.

6. 바쿠닌

1852년 이후 게르첸은 런던에서 두 가지의 언론 활동 — '자유러시아언론'과 '종'을 꾸려나가는 일에 주력했다. 하지만 이 일 외에도 '국제노동자연맹'을 조직하기 위해 애썼다. 그러면서 여러 나라에서 온 혁명가 그룹과 교분을 쌓아간다. 시베리아 감옥에서 탈출한 바쿠닌을 다시 만나게 된 것도 이 무렵이다.

바쿠닌은 무정부 운동의 역사에서 아마도 가장 영향력 있는 사상가이자 활동가이고 조직가라고 해야 할 것이다. 그 점에서 매우 흥미로운 인물이다. 하지만 그 출발은 미미하였다. 그는 러시아의 오래된 귀족 가문에서 태어났다. 포병학교에서 교육을 마친 후 근위대 장교로서 한동안 근무했다. 그 후 백러시아 시골 마을에서 빈둥거리며 지냈다. 그리고 제대를 하면서 그는 다시 모스크바로 돌아왔고, 그 후 수학 교사로 지내기도 한다.

6.1. 집요한 사고의 재능

22세 이후 바쿠닌의 삶은 진지해진다. 그때까지 그는 아무것도 공부하지 않았고, 읽은 것도 없었으며, 어떤 독일인도 알지 못하였다. 그러다가 마침내 그의 놀라운 공부가 시작된다. 여기에 대해 게르첸은 이렇게 적고 있다.

> 대단한 변증법적 능력으로, 또 고집스럽고 집요한 사고의 재능으로 그는 아무런 지도나 컴퍼스 없이, 환상적 기획과 자기 자신을 교육시키는 노력의 세계로 들어선다. 스탄케비치(Stankevich)는 그의 재능을 알아보고, 철학으로 난 길을 정해준다. 바쿠닌은 칸트와 피히테로부터 독일어를 배웠고, 그런 다음 헤겔 공부에 착수하였다. 그는 헤겔의 방법과 논리를 완벽해질 정도로 익혔다. 그런 후 그가 누구를 가르쳤겠는가? 그는 우리와 벨린스키 그리고 여성들과 프루동을 가르쳤다.(253)

게르첸이 포착한 바쿠닌 능력의 핵심에는 "변증법적 능력"이 있다. 이 변증법적 능력은 "고집스럽고 집요한 사고의 재능"에서 드러난다. 그의 이 같은 재능을 알아본 사람이 니콜라이 스탄케비치(N. Stankevich, 1813~1840)였다. 스탄케비치는 모스크바 대학의 학생들을 중심으로 한 철학과 문학 서클인 이른바 스탄케비치 서클의 지도자였다. 이 서클에는 바쿠닌 이외에도 벨린스키나 투르게네프 등이 참여하였다. 그는 이른 나이에 죽었지만, 동시대 지식인들에게 큰 영향을 미쳤다.

이 변증법적 사고력으로 바쿠닌은 "아무런 지도 없이" 스스로 "자기 자신을 교육시킨다". 스스로 해낸 것이다. 교육은 근본적으로 자기교육이다. 적어도 '자기'로부터 교육은 시작한다. 혹은 가장 깊은 교육은 자기 깨달음에 있다. 바쿠닌은 스스로의 노력 속에서 "헤겔의 방법과 논리를 완벽해질 정도로 익혔다". 그런 다음 게르첸뿐만 아니라, "벨린스키 그리고 여성들과 프루동을 가르쳤다."

자발적 자기교육의 이 같은 능력도 놀랍지만, 바쿠닌의 삶은 그 자체로 한 편의 드라마라고 말하지 않을 수 없다. 그는 34세 때이던 1848년 파리와 프라하의 소요에 참여하였다. 1849년에는 독일 드레스덴의 봉기를 주도하였다. 그러다가 체포되어 교수형을 선고받는다. 이 교수형은 무기징역으로 완화된다. 하지만 그는 감옥에서 8년 동안 지냈다. 그러다가 다시 시베리아 유형을 선고받고 4년을 더 보낸다. 그 후 탈출에 성공한다. 이 탈출 때문에 남아 있던 수감자와 그 지역의 지사는 관리 소홀의 이유로 차르 정부로부터 엄청난 핍박을 받는다. 이 핍박을 받던 사람들 가운데는 시베리아로 보내져 쇠사슬에 묶인 채 강제 노역을 하다가 소리 소문도 없이 죽어간 사람도 있다.

바쿠닌은 1861년 일본을 거쳐 미국 캘리포니아로 탈출한다. 그 후 그의 혁명적 활동은 유럽의 여러 나라에서 다시 이어진다. 그는 폴란드나 이탈리아의 독립에 참여한다. 이 무렵 그는 국제노동자협회에서 지도적인 인물이었다. 하지만 마르크스와 갈등을 일으킨다. 이 두 사람의 갈등 때문에 인터내셔널은 와해된다. 그리하여 바쿠닌을 중심으로 한 아나키즘 운동도 마침내 공산주의 운동이나 사회민주주의 이념과 결별한다.

크고 작은 갈등과 이념의 충돌 그리고 개인적 곤경 속에서도 바쿠닌의 이상은 변하지 않는다. 계속되던 감옥과 유형(流刑)과 탈출의 고통스러운 시간도 그의 염원을 훼손시키지 못한다. 그는 '다가오는 혁명의 시간'을 믿었기 때문이다. 그러다가 게르첸 앞에 나타난 것이 1858년 즈음이다. 이때의 바쿠닌에 대하여 게르첸은, "마치 시베리아의 눈에 묻혀 있던 데카브리스트 당원들이 돌아온 것처럼"(567) 반기면서 이렇게 적는다.

바쿠닌은 똑같았다. 그는 몸만 좀 더 늙었지, 그의 정신은 모스크바에서 호먀코프와[5] 밤새워 토론하던 날만큼 젊고 열정적이었다. 그는 하나의 이념에 헌신할 만큼 정당하였고, 그 이념으로 나갈 능력이 있을 만큼 옳았으며, 모든 일에서 자신의 열망과 이상이 실현되는 것을 보면서, 심지어 모든 경험과 모든 희생에 대하여 더

5   알렉세이 호먀코프(Aleksey Khomyakov, 1804~1860)는 러시아의 신학자이자 철학자이고 시인이다. 그는 자본주의와 사회주의를 서구의 타락한 유산으로 보았다. 서구인들은 경쟁을 강조하고 협력을 희생시키면서 인간의 영적인 문제를 해결하지 못했기 때문이었다. 가톨릭, 보편성, 동정심에 해당되는 단어인 '소보르노스트(sobornost)'를 중시한 그는 러시아의 농촌공동체(mir)를 이 소보르노스트의 완벽한 예로 보았다. 이 점에서 그의 생각은 게르첸과 만나는 것으로 보인다.

욱 준비된 태도를 가진 채, 자기 앞의 삶이 그리 많이 남아 있지 않다고 느끼면서, 그런 이유로 서둘러야 하고, 어떤 기회도 빠져나가게 해선 안 된다고 여겼다. 그는 계속되는 연구 때문에, 또 찬반양론의 무게를 재면서 초조해했고, 그 어느 때보다 확신에 차서 이론적으로, 혁명의 폭풍우 한가운데서, 파괴와 위험의 한가운데서 무슨 행동이든 하려고 열망하였다.(566)

위에 묘사된 것은 혁명가로서 바쿠닌이 보여준 일관됨이다. 말하자면 혁명적 청년의 열정을 그는 20대나 40대에서도 다르지 않게 보여준다. 그러면서 그 결의는 이전보다 더 초조한 모습을 보인다. 그는 "모든 경험과 모든 희생에 대하여 더욱 준비된 태도를 가진 채, 자기 앞의 삶이 그렇게 많이 남아 있지 않다고 느끼면서", "혁명의 폭풍우 한가운데서, 파괴와 위험의 한가운데서, 무슨 행동이든 하려고 열망"한다. 아마도 바쿠닌을 '직업 혁명가'라고 일컫는 것은 평생에 걸쳐 이어진, 이 일관된 변혁에의 열정 때문일 것이다.

6.2. 사자가 걸음을 낭비하듯이

혁명적 열망에서 앞서는 것은 건설이 아니라 파괴다. 기존의 세계는 먼저 파괴되어야 한다. 제대로 파괴된다면, 그것은 창조와 다르지 않다… 이렇게 바쿠닌은 생각한 듯하다. 그가 반복해서 강조한 말도 이 구절이었다. "파괴의 욕구는 창조적 욕구다(Die Lust der Zerstörung ist eine schaffende Lust)."(566) 이것을 게르첸은 독일어 그대로 인용한다. 그러나 바쿠닌의 위대함은 다른 데 있었다.

그의 본성은 역사의 과정이 보여주는 일에서 벗어난 영웅적인 것이었다. 그는 때때로 쓸데없는 일에 자기 힘을 낭비했고, 마치 사자가 걸음을 낭비하듯이, 우리 안에서, 이곳으로부터 빠져나가리라는 것을 늘 생각하며, 있었다. 그러나 바쿠닌은 자기 말에 따라 행동하는 것을 두려워하거나, 자기 이론을 실천으로 옮기는 것을 회피하는 단순한 수사가(修辭家)가 아니었다…

바쿠닌은 많은 결점을 가졌다. 하지만 그 결점은 약간이고 그 강점은 크다… 운명 때문에 어디로 던져지건, 그를 에워싼 주변의 두세 개 특징들을 포착하자마자 그가 혁명적 경향을 뽑아내었고, 그래서 바로 일에 착수해 나갔으며, 그 일을 확대시켜 삶의 불타는 문제로 만들었던 것은 그 자체로 위대함의 표시가 아닌가?

투르게네프가 루딘(Rudin)이라는 인물로 바쿠닌의 초상을 그려내고자 했다고 말해진다. 하지만 루딘은 바쿠닌이 지닌 일정한 특징을 보여주지 않는다. 투르게네프는 신의 성서적 습관에 따라 자신의 이미지와 유사성 속에서 루딘을 창조해 냈다. 투르게네프의 루딘은 철학의 은어(jargon)로 적셔진 청년 바쿠닌이다.(571-572)

혁명가 바쿠닌이 영웅적이라면, 그 영웅성은, 게르첸이 지적한 대로, "많은 결점" 위에 있다. 그 결점이란 그가 아이처럼 무책임하다거나 성급하고 충동적이라는 것이다. 더욱이 그는 "반란의 소동과 클럽의 소음, 시장(市場)과 바리케이드만 사랑한 게 아니었다. 그는 선동을 준비하거나, 음모나 협의, 잠 없는 밤들, 회의(會議)와 동의, 암호의 교정과 보이지 않는 잉크와 비밀스러운 표시 사이에서 보낸, 흥분되면서도 동시에 억제된 삶을 사랑하였다."[6] 바쿠닌은 끝없이 움직이

---

6   Grimes, "Rediscovering Alexander Herzen" 게르첸의 말을 재인용.

고 준비하며 예상하고 기획하는 인간이었다. 그는 한마디로 '활동가' 였던 것이다.

그러나 바쿠닌의 이 같은 결점은 강점에 비하면 사소하다고 말해야 할지도 모른다. 그에게는 무엇보다 사안의 핵심을 포착해 내는 힘, 이렇게 포착하여 현실의 파도를 넘어서는 위대한 힘이 있었기 때문이다. "운명 때문에 어디로 던져지건, 그를 에워싼 주변의 두세 개 특징들을 포착하자마자 그는 혁명적 경향을 뽑아내었고, 그래서 바로 일에 착수해서 나갔으며, 그것을 확대시켜 삶의 불타는 문제로 만들었던 것은 그 자체로 위대함의 표시가 아닌가?" 이렇게 게르첸은 바쿠닌의 위대한 힘을 인정한다.

6.3. 바쿠닌과 게르첸의 공통점과 차이

사실 바쿠닌은 어느 혁명가의 경우보다 게르첸과 비슷한 점을 많이 가졌다고 할 수 있다. 그는, 마치 투르게네프가 그러하였듯이, 게르첸이 평생 가까이 지낸 동료였다. 그럼에도 차이가 없었던 게 아니다. 아래에서 이사야 벌린은 두 사람의 공통점과 차이점을 명료하게 정식화한다. 이것은 여타의 혁명가들, 이를테면 마르크스와의 관계에서 보아도 흥미롭다.

> 그들(바쿠닌과 게르첸—저자 주)은 마르크스주의와 그 창시자들에게 신랄한 반감을 가졌다. 그들은 폭정을 행하는 한 계급을 다른 계급으로 대체하는 게 무익하다고 보았다. 그들은 프롤레타리아 자체의 미덕을 믿지 않았다. 그러나 적어도 게르첸은 진짜 정치적 문제들, 이를테면 사회적 평등이나 최소한의 사회조직과 권

위가 무제한 개인의 자유에 대하여 지니는 양립 불가능성 같은 문제들에 직면하였다. 이를테면 개인주의적 '원자화'의 스킬라(Scylla)와 집단적 억압의 카리브디스(Charybdis) 사이에서, 위태롭게 항해해야 하는 필요성, 비슷하고 고귀한 수많은 인간적 이상들 사이에 자리한 슬픈 불일치와 모순, 강제 또는 강제에 대한 저항을 정당화하는 '객관적이고' 영원하며 보편적인 도덕적·정치적 기준의 부재, 먼 목표의 신기루, 그런 목표 없이 전적으로 행동하는 것의 불가능성이 그것이다.[7]

인간의 삶에는 여러 가지 중대한 문제들이 있지만, 그리고 이 같은 문제들 가운데 '민생(民生)' — 먹고 사는 문제만큼 절박한 것은 없지만, 이 민생의 문제를 제외한다면 아마도 가장 큰 문제는 이념의 문제라고 할 것이다. 말하자면 '어떤 가치 아래 인간의 공동체를 조직해 갈 것인가'의 문제다. 위의 글에는 복잡하기 그지없는 이 이념의 문제에 대하여 참으로 명쾌한 논리가 담겨져 있다. 아마도 이사야 벌린을 20세기의 가장 뛰어난 정치철학자로 볼 수 있는 것은 그런 이유에서인지 않나 싶다.

벌린이 보기에 바쿠닌과 게르첸은, 이들이 모두 마르크스주의자들을 매우 불신했다는 점에서, 동일하다. 그들은 "프롤레타리아 계급 자체를 믿지 않았다." 이들은 "한 계급을 다른 계급으로 대체하는 것을 무익하다고 보았기" 때문이다.

계급 자체에 대한 이러한 불신은 게르첸에게서 좀 더 심각하게 다른 난관과 이어져 있다. 그는, 바쿠닌과는 달리, 서로 모순되는 두 가지 축들의 "양립 불가능성"을, 이 두 축이 개인과 집단이든, 자유와

---

7   Berlin, *Russian Thinkers*, 119f.

평등이든, 심각하게 받아들였다. 그는, 벌린의 논평에 의하면, "개인적 원자화의 스킬라"와 "집단적 억압의 카리브디스" 사이에서 "위태롭게 항해하는 것이 필요"하며,[8] 이런 항해 속에서 "수많은 고귀한 인간적 이상들 사이에 자리하는 슬픈 불일치와 모순"을 바쿠닌보다 더 예민하게 직시하였다.

이 양립 불가능성이나 불일치 그리고 모순에 대한 자의식은 매우 중요하다. 이것은 거듭 강조될 필요가 있다. 삶은 이처럼 크고 작은 불일치와 해소될 수 없는 모순으로 구성되기 때문이다. 아무리 선의에 차 있고 아무리 고귀한 이상이라고 해도, 이 모순과 불일치 앞에서 인간은 언제 어느 때라도 무너질 수 있다. 게르첸은 "객관적이고 영원하며 보편적인 도덕적·정치적 기준"이 없으며, "먼 목표"는 "신기루"에 불과하지만, 이 "목표 없이 전적으로 행동하는 것" 역시 "불가능"하다는 것도 알았다. 그는 삶의 근본적 착종성을 절감했던 것이다.

이와는 달리 바쿠닌에게는 이 같은 모순 의식이 없었다. 그는 게르첸을 특징짓는 불일치와 모순 혹은 양립 불가능성을 중시하지 않았다. 그는 혁명적 수사학으로 대중을 선동하고, 온갖 형태의 제도화된 권위에 저항하면서 이런 저항에서 일어나는 기쁨과 환희를 즐겼다. 그는 억압받고 모욕받는 피지배계층의 권리를 위해 끊임없이 싸웠다. 또 이런 싸움에서 그의 유창하고 명쾌하며 파괴적인 논변은 독보적이었다. 하지만 그의 사고는 현실의 이면으로 파고들지 못하였

---

8 스킬라는 그리스 신화에 나오는 머리가 여섯이고 발은 12개인 괴물을 뜻한다. 그에 반해 카리브디스는 가이아(Gaea)와 포세이돈(Poseidon)의 딸로서 시실리(Sicily)섬 앞 바다의 큰 소용돌이를 뜻한다. 그래서 '스킬라와 카리브디스 사이에서'라는 것은 '진퇴양난 속에서'를 뜻한다.

다. 그것은 "천재적 사고를 담은 정합적 구조라기보다는 공허한 감정적 관련성이나 수사적 영감에 의해 결합된, 떠들썩한 상투어들의 단순한 묶음으로 드러났다."[9] 설득력 있는 지적이 아닐 수 없다. 그리하여 "절대적 자유의 공식적 친구인 바쿠닌은 그 자체로 고려해 볼 만한 가치가 있는 단 하나의 사상도 남기지 못하였고", 그 때문에 그는 "도덕적으로 경솔하고, 지적으로 무책임한" 인물로 남아 있다.[10] 벌린의 놀랍도록 선명하고 설득력 있는 판단이 아닐 수 없다.

그러므로 현실을 이겨내려면 단순히 억압이나 착취에 대한 저항만으로 부족하다. 사회를 변화시키려면 권력이나 특권에 대한 혐오로는 어림없다. 그것은 여러 가치들의 상호 모순성을 직시해야 하고, 이 같은 현실 직시 속에서도 영원하고 보편적인 정식에 기대기보다는 현실에 밀착하여 가치의 우선순위를 정하면서 그때그때 문제에 대응할 수 있어야 한다. 아마도 이렇게 대응하려면 복합적 비전이 필요할 것이다. 그리고 이 비전은 그 자체로 이율배반적일 가능성이 높을 것이다. 그 안에는 여러 모순되는 요소가 공존하기 때문이다. 그러면서 복합적 비전을 향한 개혁적 시도는 지금 여기 개인의 자유를 침해해선 안 된다. 스스로 독립적이고, 이 독립성 속에서 반성하지 못한다면, 어떤 혁명적 시도도 폭정으로 변질될 수 있는 까닭이다. 혁명과 폭력, 선의와 범죄 사이의 거리는 현기증이 날 정도로 짧다.

이처럼 무책임하고 경솔하며 깊지 못한 바쿠닌의 특징은, 흔히 말하는 것과는 달리, 투르게네프의 소설 『루딘』(1856)에 나오는 주인공

---

9 Berlin, *Russian Thinkers*, 120.
10 *Ibid.*, 129.

루딘에게 투영되어 있지 않다고 게르첸은 진단한다. 오히려 투르게 네프는 "신의 성서적 습관에 따라 자기 자신의 이미지와 유사성 속에 서 루딘을 창조해 냈다." 그리하여 투르게네프의 루딘이 바쿠닌의 특 징을 가지고 있다면, 그것은 "청년 바쿠닌"일 뿐이다.

이와 관련하여 게르첸은 투르게네프의 소설 『아버지와 아들』에 나 오는 니힐리스트 주인공인 바자로프(Bazarov)가 일종의 "반(反)영웅 (Anti-hero)"으로서 피사레프(D. I. Pisarev, 1840~1868)를 더 닮아 있다 고 적고 있다.[11] 피사레프는 1860년대 러시아 급진파 청년 가운데 한 사람이었다. 그는 게르첸을 "정치적으로 보수적이고, 문화적으로 부 르주아적"이라고 비난한 바 있다. 이 피사레프는 바자로프처럼 28세 에 죽는다. 바쿠닌과 피사레프, 그리고 투르게네프의 인물인 바자로 프를 서로 비교하면서 1850년대 러시아 사회에 나타난 기성세대와 젊은 세대 사이의 의견 차이와 이념 대결의 의미를 살펴보는 것은 흥 미로운 하나의 주제가 될 것이다.

6.4. 혁명가의 초연함과 천진함과 고독

『나의 과거와 사상』에는, 지금까지 살펴보았듯이, 몇몇 혁명가의 사례가 나오지만, 그들에 대한 게르첸의 평가는 냉정하고 객관적으 로 보인다. 그에 반해 바쿠닌에 대한 그의 평가는 전체적으로 후해 보인다. 아랫글 역시 바쿠닌의 혁명가적 열정과 부지런함을 보여주 지만, 이 특징은 물질적 초연함과 이어져 있다. 이 초연함은 어린아

---

11 Herzen, *My Past and Thoughts*, 629, 각주 3번 참조.

이의 천진함으로 이어진다.

이들(여러 부류의 동료들−저자 주)과 더불어 바쿠닌은 9년 동안의 침묵과 고독을 벌충하였다. 그는 하루 종일 그리고 밤새 내내, 그래서 여러 날과 밤을 통틀어 토론하고 강의하고 배열하고 소리쳤으며, 결정하고 지시하고 조직하고 격려했다. 잠시 자유로운 시간이면, 그는 책상으로 달려가 그 좁은 공간에서 담뱃재를 치우고 일에 착수하여, 세미팔라틴스크(Semipalatinsk)와 아라드(Arad), 벨그라드(Belgrade)와 차르그라드(Tsargrad), 베사라비아(Bessarabia), 몰다비아(Moldavia) 그리고 벨로크리니차(Belokrinitsa)로 보내는 편지를 다섯 통, 열 통, 열다섯 통씩 썼다…

그의 활동, 그의 게으름, 그의 식욕 그리고 그 밖의 모든 것은, 그의 거대한 키와 그가 늘 흘리는 땀처럼, 사실 그 자신처럼 초인적인 규모였다. 그는 스스로 사자의 머리와 헝클어진 머리털을 가진 거인이었다.

50세일 때도 그는 정확히 마로세이카(Maroseyka) 출신의 똑같이 방황하는 대학생이었고, 부르고뉴가에서 올라온 똑같이 집 없는 보헤미안이었다. 다음날에 대한 아무런 생각 없이, 그는 돈에 무신경하여, 돈이 있으면 없애버리고, 돈이 없으면 좌든 우든 가리지 않고 빌렸는데, 그것은 마치 아이들이 갚는 것을 신경 쓰지 않고 부모로부터 돈을 받는 것과 같았다. 그는 담배와 차(茶) 사는 데 필요한 것만 남긴 채, 마지막 남은 돈은 누구에게라도 줘버리곤 했다. 이런 삶의 방식을 그는 걱정하지 않았다. 그는 위대한 부랑자이자 위대한 유목민으로 태어났다… 그에게는 어린아이처럼 단순하여 악으로부터 벗어난 무엇이 있었고, 이 때문에 그는 보기 드문 매력을 가졌으며, 약한 자든 강한 자든 누구라도 그에게 매력을 느꼈고, 젠체하는 프티 부르주아 외에 어느 누구도 그는 물리치지 않았다.(572-573)

윗글에는 바쿠닌이 지닌 놀라울 정도의 혁명가적 열성이 실감나게 묘사되어 있다. 그의 특징을 묘사하는 게르첸의 언어는 너무도 생생하여, 이것은 그 자체로 그의 뛰어난 소설가적 재능과 표현력을 증거해 주는 듯하다. 탁월성은 오직 탁월성 속에서만 이해되고, 탁월성에 의해서만 전해지는 것인가? 독창성이란 독창적이지 않은 사람이 알아보기 어려운 것이라고 존 스튜어트 밀은 썼다.

바쿠닌의 면모는 아마도 게르첸 같은 거대한 인물에 의해서만 그런대로 온전하게 부각될 수 있을지도 모른다. 그리고 그런 면모에는 게르첸의 특성도 들어 있을 것이다. 하나의 탁월성과 조우할 수 있는 것은 오직 또 하나의 다른 탁월성이기 때문이다. 탁월성은 탁월성에 의해서만 계승되기 때문이다. 그러나 바쿠닌의 그런 위대함에는, 위에서 보듯이, 어떤 단점이나 누락이 없는 게 아니다. 그렇다면 진정 위대함이란 결핍이 전혀 없다는 게 아니라, 바로 이 결핍을 딛고 얻어지는 것인가? 아니, 인간의 위대함에는 그 어떤 것에라도 단점과 그늘이 자리하는 것인가? 아마도 그렇다고 해야 하지 싶다. 인간의 모든 위대함은 결핍을 동반한다.

혁명가 바쿠닌을 특징짓는 또 하나의 다른 특징은 무심함이라 할 것이다. 무심함이란 물질적 부(富)에 대한 초연함에서 온다. 이 초연함은 아이의 마음과 이어진다. "그는 위대한 부랑자이자 위대한 유목민으로 태어났다." 이런 매력 때문에 힘센 사람이든 약한 사람이든 두루 그를 찾아왔다. 실제로 바쿠닌은 "젠체하는 프티 부르주아 외의 누구도 물리치지 않았다." 이러한 성격적 관대함은 물론 바쿠닌 자신이 노력해서 얻는 것이겠지만, 수감(收監)과 사형선고, 감형(減刑) 그리고 이어진 유형(流刑)과 그 후의 탈출 같은 모험에 찬 삶에서 연유할 것이다. 혹독하기 그지없는 경험이 세간적 일체에 대하여, 그것이 물질이든 권력이든, 초연하게 하도록 만들었을 것이다.

바쿠닌은 농민봉기를 믿었고, 러시아-폴란드 관계와 관련하여 인민의 자기결정권을 신뢰하였다. 자신의 운명을 스스로 결정할 권리는 개인에게나 민족에게나 가장 절실한 문제이기도 했다. 그러나 그런 문제가 사회정치적이고 제도적으로 구현되기에는 아직도 시간이 필요했다. 개개인의 인성에서 그것이 발휘되기에는 더 많은 노력이 요구되었다. 어쩌면 현실의 변화는 저항과 투쟁 속에서 아주 미미하게 성취되면서 그 완전한 실현은 항구적으로 유예될 뿐인지도 모른다.

보론 2: 게르첸과 마르크스의 관계

게르첸과 마르크스(K. Marx, 1818~1883)의 관계에 대해서는 좀 더 상세한 논의가 필요하다. 그것은 크게 보아 평생의 적대관계와 견해의 불일치로 특징지어진다고 할 수 있다. 하지만 그렇게 된 원인에 대해서는 간단치 않은 사연이 있을 것이다. 우리 논의의 초점을 게르첸의 『나의 과거와 사상』으로 제한하자. 게르첸과 마르크스의 관계를 암시하거나 서술하는 대목은 이 책의 곳곳에 있다. 그리고 그 끝에는 두 사람의 관계에 대한 맥도널드가 쓴 짧은 「부록(Appendix)」도 들어 있다.[12] 다음 글은 필자 자신의 공부를 위해 정리

---

12 Dwight Macdonald, "Appendix: Marx v. Herzen," Alexander Herzen, *My Past and Thoughts*(Berkeley: University of California Press), pp. 677-684.

해 본 것이다.

게르첸과 마르크스는 1850년에서 1860년 사이에 런던에서 살았다. 하지만 교류하지 않았다. 이들의 사회적 환경과 출신 배경은 확연히 다르다. 게르첸이 러시아의 명망 높은 귀족 가문 출신이라면, 마르크스는 독일 트리어(Trier)시에 살던 한 유대인의 기독교 집안에서 태어났다. 변호사였던 마르크스의 아버지는 칸트 철학의 신봉자였고, 그 때문에 7남매 자식들은 어릴 때부터 계몽주의적 휴머니즘 교육을 받았다. 게르첸도 이 같은 휴머니즘의 정신 아래 있었다. 하지만 그가 살았던 러시아 사회는 여전히 농노 사회였다. 낙후된 봉건주의적 농노제 사회에서 자본주의는 발전하기 어려웠다. 그렇다는 것은 게르첸이 혁명적 프롤레타리아를 말하기에는 너무도 귀족적인 개인적 환경과 비자본주의적인 사회적 환경 속에서 살았다는 뜻이기도 하다.

게르첸은 흔히 러시아 사회주의의 설립자로 불리지만, 그는 러시아 진보 사상의 발전에 지대한 영향을 미쳤다. 하지만 그는 '역사적 유물론' 같은 체계적 이론을 갖지 않았다. 마르크스와 엥겔스는 시대적 격변 속에서 사회주의 혁명의 '과학적 역할'과 '역사적 임무'를 느꼈다. 하지만 게르첸에게는 이런 과학적 사회주의가 없었다. 이 말은 그가 과학적이지 않다거나 논리적이지 않았다는 뜻이 아니다. 그것은 그가 이념적 틀 — 일반화된 공식(公式) 자체를 불신했다는 뜻에 가깝다. 그런 점에서 그는 기본적으로 아나키스트에 가깝다.

게르첸은 기질적으로 아나키스트라고 할 수 있다. 그가 프루동이나 바쿠닌의 입장을 고수한 반면 마르크스의 입장에 반대한 것도 그런 이유에서일 것이다. 그는 서구에서의 혁명 운동을 회의적으로 보았다. 유럽의 썩은 구체제는 농민 공동체에서 혹은 범슬라브주의(Panslavism)에 의해 새롭게 재건되어야 하는지도 몰랐다. 하지만 그가 염원한 정치체제의 형식이 구체적으로 무엇이었는지 분명히 말하기는 어렵다. 그는 모든 형태의 파벌주의와 민족주의 그리고 국가주의에 깃든 제국주의적 폭력성이나 그 옹졸함을 비판하였다. 이것은 독일 망명객들이나 프티 부르주아에 대한 그의 지속적 비판에서 잘 드러난다.

이러한 경향은 1848년 프랑스 혁명을 겪은 다음 더욱 심해진다. 이때 이후 게르첸은 기존의 자코뱅적 급진주의로부터 거리를 두기 시작한다. 그러면서 개인적 자유와 인간적 가치에 대한 존중, 도덕적 관심, 삶의 온전한 양식, 사회적 삶의 개선과 개혁에 대한 믿음을 더 굳건하게 견지해 간다. 그렇다고 그가 자유주의적인 입헌주의자로 변해간 것은 아니다. 그는 '느리고 점진적인 사회 변화'를 옹호하면서도 여전히 운동가로, 그래서 농민 공동체의 평등주의를 지지하는 선동가(agitator)로 남는다. 바로 이 점 때문에 레닌이 그를 경배한 것으로 알려져 있다.[13]

게르첸과 마르크스의 변별성은 1848년 혁명을 겪으면서 첨예하게 나타난다. 이 혁명은 두 사상가에게 큰 좌절을 야기한다. 그러나 반응 방식은 달랐다. 그것이 게르첸에게서 노동계급이나 부르주아 실체에 대한 각성을 일으켰다면, 마르크스에게는 오히려 도약의 계기로 비쳤다. 마르크스는 역사적 유물론의 토대 위에서 유럽의 프롤레타리아가 새로운 투쟁의 힘을 얻어낼 수 있을 것이라고 믿었다. 이에

---

13   Berlin, "Introduction," xli.

반해 게르첸에게 그 사건은 혁명이라는 마법에서 깨어나는 각성과 환멸의 계기였다. 이러한 전환에는, 앞서 적었듯이, 그 무렵 일어난 그의 부인과 헤르베그 사이의 부정(不貞) 사건도 한몫했을 것이다.

어떻든 게르첸은 혁명이 일어나기 위해서는 여러 가지 준비 과정이 필요하다고 판단했다. 그 과정이란 교육과 교육을 통한 각성이다. 벌린이 정확하게 논평하듯이, "사람들이 준비하기 전에, 말하자면 자유 속에서 어떻게 사는지를 알기 전에 하나의 혁명을 일으키는 것은, 그들이 죄수의 낡은 습관을 유지한다는 것을 뜻하고, 그래서 아무런 얻을 것이 없다는 것을 뜻한다."[14] 스스로의 각성과 이 각성을 위한 교육이 없다면, 구체제의 악은 새로운 악으로 되풀이될 따름이다. 오랜 예비 과정이 없다면, 혁명도, 아니 혁명마저도 쓸모없는 것이다.

게르첸은 낙관적이기보다는 비관적이고, 신뢰하기보다는 회의하는 쪽에 가깝다. 이런 비관과 회의 속에서 그는 그때그때 일어나는 사건과 그에 대한 느낌에 충실하다. 그런 점에서 그의 글은 일관되기보다는 비일관적이고, 체계적이기보다는 비체계적이라고 할 수 있다. 그러나 비일관적이고 비체계적이라고 해서 앞뒤나 논리가 없는 것은 아니다. 그에게 논리가 있다면, 그것은 '숨은 논리'일 것이다. 그의 글에 체계가 있다면, 그것은 '비체계적 체계'일 것이다. 이 숨은 논리나 비체계적 체계성은 무엇보다 삶 자체의 논리가 체계적이면서도 비체계적이기 때문이다. 게르첸의 복합적 언어는 삶을 중시한다.

14 *Ibid.*, 179.

글의 비일관성과 비체계성은 곧 사고의 비일관성이고 비체계성이다. 이 점은 다시 한번 강조되어야 한다. 우발성과 비일관성, 비체계성 그리고 혼란이야말로 아나키스트의 창조적 모티브이기 때문이다. 아나키스트는 비일관성과 비체계성 그리고 혼돈의 창조적 계기를 믿는다. 게르첸이 '삶의 전체성'에 다가가려는 것도 글과 사고의 이런 흐트러진 특징과 잘 이어진다. 그것은 그만큼 포괄적이고 열려 있기 때문이다. 이런 이유에서, "게르첸의 절망은", 맥도날드가 「서문」에서 옳게 지적했듯이, "마르크스의 낙관적 믿음보다는 덜 도취적이고 더 현실적으로 보인다."[15] 1848년 이후보다 1848년 이전의 젊은 마르크스가 더 창조적이라고 평가하는 논자가 있는 것도 이런 이유에서가 아닐까?

그러므로 혁명에 대한 게르첸의 관점은 유연할 뿐만 아니라 복합적이다. 이것은 『나의 과거와 사상』의 곳곳에서 드러나는 문학적 인물 묘사와 서사적 재능에서 잘 드러난다. 미묘한 심리와 사건의 배후에 대한 그의 깊은 통찰 앞에서 나는 자주 그 글을 밑줄 그으며 숙고하곤 하였다. 한 사람의 책에서 거의 모든 쪽마다 밑줄 그을 만한 인상 깊은 구절을 만날 수 있다는 것은 놀라운 일이 아닐 수 없다. 게르첸의 관점이 '유연하다'는 것은, 그가 사회 진보를 위해 프롤레타리아 혁명만 고집하지 않는다는 뜻에서이고, '복합적'이라는 것은 이 진보적 이념에도 불구하고 인간 본성의 근본적 취약까지 고려한다는 뜻에서다. 그만큼 그는 비도식적으로 사고한다. 비도식적 사유란 곧 자유롭고 개방적인 사고다. 비도식적이고 자유롭게 사고

---

15 Macdonald, "Preface," xiii.

하는 게르첸이야말로 참된 의미에서 변증법적으로 사유하는 사람
— 가장 철저한 의미에서의 혁명가인지도 모른다.

이처럼 유연하고 복합적인 관점 때문에 게르첸은 부르주아적이
고 보수적이며 허무주의적이라는 비판을 받았다. 마르크스주의자들
이 특히 그랬다. 어떤 비판가들은 그를 아나키스트라고 비난했다.
실제로 게르첸이 1840년대 말에 만난 혁명가들은, 프루동이나 바쿠
닌을 포함하여, 마르크스의 반대자가 많았다. 게르첸은 귀족적 이
상으로서의 기사도나 명예 혹은 우아 같은 전통적 가치를 중시하였
고, 개인적·실존적 자발성도 중시했다. 이에 반해 마르크스에게 중
요한 것은 정치적 이상이었다. 정치적 이상 — 혁명은 그의 이상의
전부였다고 할 수 있다. 이에 반해 게르첸의 혁명 이해는 온건하다.
그는 볼셰비키적이기보다는 멘셰비키적인 것에 가까워 보인다.(684)

게르첸은 '역사의 법칙'이나 '진보의 불가피성' 같은 말을 쓰지 않
는다. 아마도 '불가피성'은 그가 써본 적이 없는 단어일지도 모른다.
삶의 우발성 앞에서 불가피성은 곧 휘발되기 때문이다. 현실에서는
무엇이나 언제든지 일어날 수 있다. 그는 정치적으로 사고하면서도
'동시에' 실존적으로 사고하였고, 정치가 필요할 때도 유용성보다
개인성을 더 중시했던 것 같다. 아마 그의 글이 풍성한 이유도 그
때문 아닐까? 그는 마르크스처럼 하나의 일목요연한 혁명 이론을
체계적으로 입안하는 대신, 마르크스보다 삶을 더 복합적으로, 그
래서 더 모순적인 구조의 그물망 아래 파악했던 것으로 보인다. 이
것은, 내가 보기에, 개인적 성향이고 태도의 문제와 관련된다. 이 두
사람의 교제 방식에 대해 맥도날드는 이처럼 흥미롭게 적고 있다.

마르크스의 교제가 지역 교구 안에서(parochial) 이뤄진 반면 게르첸이 런던의 동료 망명객들과 맺는 관계는 초(超)교파주의적(ecumenical)이었다. 플레하노프의 회상록이 보여주듯이, 게르첸은, 찬성하든 반대하든, 크든 작든, '마르크스와 그의 작은 서클'을 제외하고, 모든 민족 그룹의 사람들과, 그들을 보고 그들과 기본 생각(platform)을 공유하면서, 인간적 관계를, 친절하고 비판적이며 반어적이지만, 그러나 언제나 즐겨 어울리는 관계를 유지하였다. 그에 반해 마르크스는 그의 동인(cénacle) 밖의 모든 사람들을 미워하고 경멸하며, 이들과 떨어져 지냈다.(680)

이렇듯이 게르첸은 만나는 사람을 가리지 않았다. 마르크스의 교유 관계가 자기 서클 안의 사람에게 국한된 반면에, 그리고 바로 그 때문에 '지역주의적이고 교파주의적인' 성격을 지닌 반면에, 게르첸의 그것은 지역주의를 넘어 '세계교회주의적이고 초교파적인' 성격을 띠었다. 그만큼 게르첸의 교제에는 여러 이질적 요소가 뒤섞여 있었다. 그래서 보편적이었다. 그는 한마디로 열려 있었던 것이다.

그에 반해 마르크스는 주로 독일계 사람들을 만났다. 그것은 그만큼 그의 정치적 이념과 목표에 반하는 사람을 그가 "미워하고 경멸하며, 이들과 떨어져 지냈다"는 뜻이 된다. 1855년 무렵 인터내셔널위원회(The International Committee)가 게르첸을 여러 회원 가운데 한 명으로 뽑아 러시아에 대한 연설을 해달라고 요청하자, 마르크스는 게르첸이 참석한다는 이유로 가지 않았다. 그 후 1864년 런던에서 제1차 인터내셔널이 창립되었을 때도 이 이념의 지도자였던 마르크스는 프루동이나 바쿠닌의 무정부주의적 이념을 철저히 배격한다. 그러나 마르크스는 다른 한편으로 러시아어를 공부할 때, 게르첸의 『나의 과거와 사상』을 보았다고 전해진다.

7. 인간과 역사와 자연에 대하여

인간에게 자신의 불합리성을 지적해 준다면, 그는 그 불합리성에서 스스로 벗어날 수 있을까? 그래서 해방을 실현하게 될까? 오언은 그렇게 될 수 있을 것이라고 여겼다. 그러나 이런 생각은 실수였다고 게르첸은 적었다. 우리는 어떻게 판단할 수 있는가?

아래에서 우리는 삶을 구성하는 몇 가지 요소에 대한 게르첸의 생각을 살펴보고자 한다. 여기에 기록된 생각의 내용은 나의 판단에 『나의 과거와 사상』 전체를 통틀어 가장 빛나는 통찰이지 않나 여겨진다. 여기에서도 물론 많은 것이 서로 복잡하게 얽혀 있다. 나는 세 가지 — '인간'과 '역사'와 '자연'에 대한 그의 생각에 집중하여 정리해 보려 한다. 이러한 주제는 예정설이나 자유의지, 나아가 행동에 대한 책임 등과 관련하여 매우 중요하다.

7.1. 인간의 불합리성

첫 번째는 인간에 대한 게르첸의 생각이다. 인간에게 불합리성은 그가 보기에 거의 본성적이라고 할 만큼 고질적인 것이다. 이때 '본성적'이란 '고칠 수 없다'는 뜻이다.

선택을 하는 대신 어떤 신문이라도 되는 대로 들어보라. 어떤 가족에게라도 당신의 시선을 줘보라. 거기서 로버트 오언이 뭘 도울 수 있겠는가? 불합리한 것들 때문에 사람들은 자기희생에 고통당하고, 불합리한 것들 때문에 죽음으로 나아간다. 불합리한 것들 때문에 그들은 다른 사람을 죽인다. 끊임없는 돌봄과 곤란, 결핍과 경고와 이마의 땀, 휴식이나 목표가 없는 노역 때문에 인간은 심지어 즐기지도 못한다. 만약 일에서 휴식을 갖는다면, 그는 서둘러 가족의 그물을 비틀고, 아무 생각 없이 휘감다가 자신마저 묶이게 되고, 다른 사람도 그렇게 끌어들인다. 만약 갤리선 노예 같은 끝없는 노역 때문에 굶어 죽는 데서 탈출하지 않는다면, 그는 아내와 아이들, 그의 친척을 폭력적으로 박해하기 시작한다. 아니면 그 자신이 그들에게 핍박받는다. 그렇게 사람들은 가족 사랑의 이름으로, 질투의 이름으로, 또 결혼의 이름으로 서로를 억압하고, 가장 성스러운 결속을 가증스럽게 만든다. 언제쯤 인간은 정신을 차릴 수 있는가?(508)

게르첸의 많은 글은, 어떤 주제나 어떤 사건에 대해서건, 그저 천천히 읽는 것만으로도 많은 깨우침과 반성을 불러일으킨다. 그의 글에는 오랫동안 되새겨 읽으며 곱씹을 만한 연륜(年輪)과 혜안(慧眼), 깊은 투시(透視)와 직관이 담겨 있다. 그래서 귀해 보인다.

윗글에서도 드러나듯이, 인간은 자신을 괴롭히며 살아간다. 자기를 괴롭힐 뿐만 아니라, 자기 주변의 사람들 — 가족과 아이와 아내와 친구를 괴롭힌다. 그렇게 타인을 괴롭히는 가운데 이 타인들로부터 그 자신이 괴로움을 당하기도 한다. 인간의 본성은 그 정도로 불합리적이고 비합리적이며 어처구니없다. 이처럼 괴롭히고 괴롭혀지는 항구적 상호 연쇄 속에서 인간은 아무런 의미 없이 죽어간다. "불합리한 것들 때문에 사람들은 자기희생에 고통당하고, 불합리한 것들 때문에 그들은 죽음으로 나아간다."

그런 고통의 겉을 이루는 것은 '좋은 말들' — "사랑"이나 "결혼" 같은 말들이다. 그러나 이 좋은 말들은 인간들 사이에서 선하게 작동하지 않는다. 이것은 특정한 시기에 일어나거나 특정 사람들에게만 생겨나는 게 아니다. 그것은 어느 시대 어느 사회에서나 광범위하게 일어나고, 어떤 가족과 사람들 사이에서도 널리 확인된다. 그래서 게르첸은 쓴다. "선택을 하는 대신 어떤 신문이라도 되는 대로 들어보라. 어떤 가족에게라도 당신의 시선을 줘보라."

이처럼 납득하기 힘든 불합리 상태에 대해서는 오언 같은 현자 같은 사회 운동가도 도움을 주지 못한다. 그래서 게르첸은 쓴다. "언제쯤 인간은 정신을 차릴 수 있는가?" 그러니 인간의 삶은, 그가 지적하듯이, "시각적 환상과 인위적 필요 그리고 상상적 만족의 시리즈로서 나아간다"(508)고 해야 할 것이다. 아마도 인간의 삶에서 항구적인 것은 이처럼 불합리한 것들일지도 모른다. 이 불합리한 것들 때문에 그의 고통은 끝없이 이어지고 전해지며 퍼져나간다.

그러므로 우리가 할 수 있는 것은 불합리의 제거 혹은 지양이 아닐지도 모른다. 인간이라는 종(種)에게 불합리가 불가항력적이라면, 오히려 필요한 것은 그로 인해 야기되는 고통을 외면하지 않는 것, 그래서 그 고통을 직시하는 것인지도 모른다. 그리고 이런 고통의 직시가, 다소 수동적이고 수세적이긴 하지만, 현실의 불합리를 조금 줄여줄 수도 있다.

7.2. 역사의 불합리성과 즉흥성

인간의 본성이 어처구니없이 불합리하다면, 그에 의해 추동되는, 혹은 그가 이 불합리 속에서 살아가면서 상호작용하는 역사도 그렇게 일목요연하기 어렵다. 그래서 역사의 불합리성은 불가피해 보인다.

그것들(불합리성―저자 주)의 파괴하기 힘든 견고함이란 이성이 아니라, 이성의 결여 위에 근거해 있고, 그 견고함은 언덕이나 숲 그리고 절벽처럼 비판에 대해 흔들림이 없다. 역사는 불합리한 것들의 수단에 의해 전개되어 왔다. 사람들은 끊임없이 불합리한 생각에 마음을 두고, 모든 실질적 결과를 성취해 왔다. 깨어 있는 꿈속에서 그들은 무지개를 쫓아갔고, 어느 때는 하늘에서 낙원을 찾았으며, 어느 때는 땅에서 천국을 찾았고, 그 길을 가며 그들은 쉼 없는 노래를 불렀으며, 오래갈 조각으로 사원을 장식하고, 로마와 아테네, 파리와 런던을 세웠다. 하나의 꿈은 다른 꿈에 굴복하기도 했다. 잠은 '때때로' 더 가벼워졌지만, 그러나 결코 완전히 사라지지 않았다. 사람들은 무엇이라도 받아들일 것이고, 무엇이라도 믿을 것이며, 어떤 것에라도 굴복할 것이고, 그래서 많은 것을 희생시킬 준비가 되어 있다. 그러나 그들은 대낮에 들어오는 두 종교 사이의 빈틈을 통해 이성과 비판의 차가운 바람이 분다면, 공포에 질려 움츠려든다.(507)

첫 줄에서 게르첸은 역사의 불합리성이 견고한 것은 "이성이 아니라 이성의 결여 위에 근거해 있다"라고 적고 있다. 그렇다면 우리는 이렇게 물을 수 있다. 이성이 있다면, 역사는 합리적일 것인가? 그렇지는 않을 것이다. 인간이 전적으로 합리적인 것도 어려운 일이지만, 설령 완전히 합리적이라고 해도 역사가 그에 상응하게 합리적이리라는 보장은 없다.

역사는, 게르첸이 보기에, "불합리한 것들의 수단에 의해 전개되어 왔다." 사실 인간의 꿈과 기획, 모든 열망과 시도는 이 불합리한 시도의 소산이다. 그는 쓴다. "사람들은 끊임없이 불합리한 생각에 마음을 두고, 모든 실질적 결과를 성취해 왔다. 깨어 있는 꿈속에서 그들은 무지개를 쫓아갔고, 어느 때는 하늘에서 낙원을 찾았으며, 어느 때는 땅에서 천국을 찾았고, 그 길을 가면서 그들은 쉼 없는 노래를 불렀으며, 오래갈 조각으로 사원을 장식하고, 로마와 아테네, 파리와 런던을 세웠다." 이런 기획은 한편으로 이성적이지만, 다른 한편으로, 그 이성에 일관되지 않았다는 점에서, 비이성적이었다. 어쩌면 그는 그때그때의 시대 상황과 현실 조건에 따라 자신의 이성을 일정하게 '비틀었을' 것이고, 이 왜곡의 정도는 때때로 혹은 매우 자주 '이성'이라고 말하기 어려울 정도에 이르렀다.

그리하여 인간은 결국 이성에 복무한 것만큼이나 비이성에 복무하였고, 그의 감성은 감성 이상으로 감상적(感傷的)이기도 했다. 어쩌면 인간은 이성적이지도 감성적이지도 않은 채, 그저 살아남기 위한 본능적 욕구에만 충실하며 살아왔는지도 모른다. 안정과 요행을 바라는 정서적 착종 상태에서 쉽사리 납득하기 어려운 방식으로 삶의 대부분의 일을 치러왔는지도 모른다. 그것이 인간사의 실상이라고 말해야 할지도 모른다. 인간 삶의 실상을 말하기에는 '이성'이나 '비이성', '감성'이나 '감상' 같은 말들은, 마치 '자유'나 '평등'이란 말처럼, 너무도 빈곤하고 투박하며 사치스러운 수사(修辭)인지도 모른다.

그러므로 인간의 현실 원칙은, 엄격하게 보자면, 현실 무시의 원칙이기도 했다. 그것은 그가 드물지 않게 꿈과 깨어남의 경계에 빠져든 것에 비슷하다고 할 수 있다. 그가 무엇에든 적응하고 자신을 맞출 준비가 되어 있는 것도 그 때문일 것이다. "사람들은 무엇이라도 받아들일 것이고, 무엇이라도 믿을 것이며, 어떤 것에라도 굴복할 것이고, 그래서 많은 것을 희생시킬 준비가 되어 있다." 인간의 이런 능력을 어떤 사람은 '적응력'이나 '탄력성'이라고 칭찬할 것이고, 또 어떤 사람은 '무원칙성'이나 '악마성'이라고 비판할지도 모른다. 이것을 게르첸은, 몇 쪽 뒤에서, "역사의 헝클어진 즉흥극(the dishevelled improv-isation of history)"이라고 지칭한다.(519)

사실 인간의 능력은 그 자체로 무능력이기도 하다. '능력'이라고 말해지는 몇 가지 사안 그 이외에서는 깡그리 무능하기 때문이다. 보편적 무능이야말로 그의 속성인 까닭이다. 그에게 원칙과 무원칙, 선의와 악의는 착잡하게 얽힌 채, 그래서 뭐라 규정하기 어려운 상태로 나타난다. 아마도 이런 규정 불가능성이 인간사의 '헝클어진 즉흥극'을 지금껏 야기해 왔고, 앞으로도 야기할 것이다.

혼란스러운 즉흥극 같은 이 현실에서 어떤 객관적 척도를 마련하기란 참으로 어렵다. 그래서 게르첸은 쓴다. "그러나 그들은 대낮에 들어오는 두 종교 사이의 빈틈을 통해 이성과 비판의 차가운 바람이 분다면, 공포에 질려 움츠러든다." 인간의 합리는 비합리와 뒤섞이고, 그의 꿈은 잠과 얽혀 있기 때문이다. 그렇듯이 그의 이성은 비이성과 같이 자리한다. 이것은 그에게 이성이나 현실의 원칙만 적용할 수 없다는 것, 이런 이성과 현실의 원칙 이외에 무수히 다른 무엇이 적용될 것이라는 뜻이기도 하다. 아마도 인간 현실을 정확하게 지칭하기 위해서는 기존과는 전혀 다른 언어가, 어쩌면 '언어'라고 지칭할 수도 없을 비언어의 언어가 필요할지도 모른다. 그렇듯이 전혀 다른 관점과 이해와 해석이 요구될지도 모른다.

아마도 이 때문에 인간은 역사의 시간적 경과 속에서, 그리고 그 착종된 경험의 축적으로 인해 이성의 원칙도 '순수하게' 고집할 수 없었을 것이다. 그는 "이성과 비판의 차가운 바람" 앞에서 "공포에 질리게" 되어 있다. 이런 이유로 인간의 미래에 대해 예언하는 것은 어렵다.

아마도 미래는 다르게 갈 것이고, 우리에게 알려지지 않은 다른 힘, 다른 요소를 보여줄 것이다. 그리고 그 힘과 요소들은, 좋든 나쁘든, 인류의 운명을, 혹은 그 상당한 일부를 변화시킬 것이다. 미국의 발견은 지질학적 융기에 버금간다. 철도와 전신(電信)은 모든 인간관계를 변형시켰다. 우리가 알지 못하는 것을 우리의 계산에 넣을 권리가 우리에게는 없다. 하지만 우리가 최고의 행운을 갖는다고 해도 인간이 곧 '상식(common sense)'에 대한 필요를 느끼게 될지 아직 예상할 수 없다. 두뇌의 발전은 시간을 필요로 하고, 또 시간이 걸린다. 자연에는 서두름이 없다. 자연은 수천 년, 또 수천 년 동안 돌의 최면 상태에 누워 있을 수 있고, 또 수천 년 동안 새와 지저귈 수 있으며, 짐승이 있는 숲을 만들어내고, 물고기처럼 바다에서 헤엄칠 수도 있다. 역사의 망상은 오랜 시간 동안 지속될 것이고, 그래서 다른 영역에서 고갈된 자연의 조형성을 장대하게 연장시킬 것이다.(507-508)

위 인용에서 핵심은 아마도 "역사의 망상(delirium of history)"일 것이다. 망상(delirium)이란 의식이 혼미한 상태에서 하는 헛소리다. 인간은 이유 없이 타인에게 고통을 주면서 스스로 고통스러워하는 존재다. 이처럼 그가 비합리적인 존재라면, 이 어처구니없는 존재로서의 인간이 만드는 시간 — 역사의 시간이 반듯하게 굴러가긴 어렵다. 역사의 시간이 비이성적인 것은 자연스럽다. 인간의 역사는 헛소리처럼 들쭉날쭉하고, 좌충우돌하며 펼쳐질 것이다.

이 역사의 비합리에 대하여 자연은 무신경하고 무관심하다. "자연에는 서두름이 없다." 이 무관심한 자연은 겉으로 보기에 마치 "최면 상태"에 빠져든 것처럼 보이기도 한다. "자연은 수천 년, 또 수천 년 동안 돌의 최면 상태에 누워 있을 수 있고, 또 수천 년 동안 새와 지저귈 수 있으며, 짐승이 있는 숲을 만들어내고, 물고기처럼 바다에서 헤엄칠 수도 있다." 그리하여 역사의 헛소리는 계속 이어질 것이다. "역사의 망상은 오랜 시간 동안 지속될 것이고, 그래서 그것은 다른 영역에서 고갈된 자연의 조형성(plasticity of nature)을 장대하게 연장시킬 것이다."

혁명의 목적은 역사를 일정한 형태로 만드는 것 — '역사의 조형'일 것이다. 역사의 조형은 곧 현실의 조형이다. 역사가 "자연의 조형성을 장대하게 연장시킨다"라는 것은 무슨 뜻일까? 자연이 스스로 모습을 만들어가는 데 비해, 역사에는 이런 형성의 기술이 없다. 그러나 역사는 혁명을 통해 자연의 조형성을 이어가고자 한다. 하지만 이런 역사의 기획은 망상에 불과하다… 나는 이렇게 해석한다.

이런 맥락에서 인간 사회의 개혁이나 진보의 실현도 '연장시킬' 가능성이 높다. 즉 미뤄질 것이다. 인간이 '상식'을 요구할 가능성은 우리의 바람과는 달리 낮기 때문이다. 이것을 게르첸은 아래와 같이 표현한다. "하지만 우리가 최상의 행운을 갖는다고 해도 인간이 곧 '상식'에 대한 필요를 느끼게 될지 여전히 예상할 수 없다." 인간 사회의 합리적 조직 가능성은 어쩌면 영원히 유예될지도 모른다. 그래서 그 미래를 알기란 어렵다.

7.3. 자연의 무심함

인간은 활동의 주체이지만, 그의 활동은, 앞서 보았듯이, 합리적이지 않다. 이런 주체에 의해 역사는 한편으로 제약되면서 다른 한편으로 이 주체를 제약한다. 그러니 역사도 상당히 비합리적이다. 그렇다면 인간과 역사를 에워싼 물리적 조건으로서의 자연은 어떠한가?

자연과 역사 둘 다 '어디로도 가고 있지 않고', 그래서 그것들은, 가능하다면, 다시 말해 어떤 것도 방해하지 않는다면, 그것이 향하는 '어느 곳이라도' 갈 준비가 되어 있다. 그것들은 '점차(au fur et à mesure)' 서로에게 작용하고 서로 만나는, 그리고 서로서로 점검하고 끌어당기는 부분들의 엄청난 다양성으로 구성되어 있다. 하지만 인간은, 마치 산의 한 모래알갱이처럼, 그 때문에 길을 잃는 게 결코 아니다. 그는 그런 요소들에 종속되는 것도 아니고, 필연성에 꽉 붙잡히는 것도 아니다. 그는 자신의 역경을 이해하는 이성에 기대어 조타수로 자라나, 자기 배를 타고 물결을 자랑스럽게 일궈가며, 바닥없는 심연을 소통의 길로 만들어간다.

어떤 프로그램도 갖지 않고, 어떤 테마도 불가피한 대단원으로 설정하지 않은 채, 역사의 헝클어진 즉흥극은 누구와도 갈 준비가 되어 있다. 누구라도 역사에 자신의 시구를 집어넣을 수 있고, 이 시가 듣기 좋다면, 그것은, 이 시가 버려지기 전까지, 또 과거가 시의 피와 기억 속에서 발효하는 동안, '그'의 구절로 남는다. 역사에서 그리고 자연에서 수많은 가능성들과 삽화들, 발견들이 매번의 발길마다 잠든 채 누워 있다. 바위를 과학으로 건드리자마자 바위에서 물이 흘러나왔다. 어떤 물인가? 주피터가 아니라 인간이 증기와 전기를 손에 넣은 이래 압축된 증기로 혹은 전기로 무엇이 이뤄졌는지 생각해 보라. 여기에서 인간의 몫은 위대한 몫이고, 시학으로 가득 차 있다. 그것은 일종의 창조다. 원소들, 물질은 무심하다. 그것은 천 년 동안 잠들 수 있고, 그래서 결코 깨어날 수 없다. 하지만 인간은 이것들을 끄집어내어 일할 때 사용한다. 그래서 그것들은 움직인다…

자연은 결코 인간에 거슬러 싸우지 않는다. 이것은 치사한 종교적 비방이다. 자연은 싸울 만큼 지적이지 않다. 그것은 무심하다. "자연을 아는 것에 비례하여 인간은 자연을 다스릴 수 있다"라고 베이컨은 말했고, 그는 완전히 옳다. 인간이 자연의 법칙을 좌절시키지 않는 한, 자연은 인간을 좌절시킬 수 없다.(519)

위 인용이 내포하는 내용은 세 가지로 줄일 수 있을 것이다.

첫째, 자연이나 역사는 어느 곳으로도 간다. 자연과 역사의 자의성 혹은 무목적성 때문이다. 역사는 특히 그렇다. '개입된 자연'이 곧 역사이기 때문이다. 그런데 이 역사에는 어떤 "프로그램"이나 "대단원"이 미리 정해져 있는 것은 아니다. "역사의 헝클어진 즉흥극은 누구와도 갈 준비가 되어 있다."

둘째, 인간은 자연과 역사의 이 같은 무목적성에 단순히 굴복하지 않는다. "하지만 인간은 마치 산의 한 모래알갱이처럼 그 때문에 길 잃는 게 결코 아니다." 그는 역사와 자연의 무목적성 앞에서 그 필연성에 포박되는 게 아니라, 자기 의지 아래 그 나름의 길을 간다. "그는 자신의 역경을 이해하는 이성에 의해 조타수로 자라나, 자기 배를 타고 물결을 자랑스럽게 일궈가며, 바닥없는 심연을 소통의 길로 만들어간다."

이러한 게르첸의 언급은 앞서 논의한 '인간 본성의 불합리성'에 대한 그의 진술과 모순된다. 자연과 역사는 무목적적인 데 반해 인간은 이 무목적적인 것의 필연성에 거슬러 자신의 자유의지로 자기 길을 가기 때문이다. 그는 "누구라도 역사에 자신의 시구를 집어넣을 수 있고, 이 시가 듣기 좋다면, 그것은, 이 시가 내버려지기 전까지, 또 과거가 시의 피와 기억 속에서 발효하는 동안, '그'의 구절로 남는다." 역사에서 이뤄지는 지적·문화적 성취는 인간의 그런 적극적 시도의 결과일 것이다. 근대과학의 놀라운 성과도 여기에 포함된다.

그리하여 우리는 이렇게 잠정적으로 정리할 수 있다. 인간의 행동은 불합리하고, 역사도 불합리하지만, 그래서 그것은 마치 "헛소리"나 "즉흥극"처럼 어디로 튈지 알 수 없지만, 그럼에도 인간은 이 역사에 개입한다. 창조적 열정은 특히 그렇다. 인간의 현실에는 잠재된, 그래서 앞으로 실현되길 기다리는 수많은 가능성이 자리한다. "역사에서 그리고 자연에서 수많은 가능성들과 삽화들, 발견들이 매번의 발길마다 잠든 채 누워 있다."

아마도 이런 이유로 게르첸은 어떤 좋은 개념들 — '진보(progress)'나 '혁명' 혹은 '인간성(humanity)' 같은 개념을 섣불리 믿지 않았을 것이다. 그는 어떤 긍정적인 의미를 내포한 단어일수록 끔찍하다는 사실을 분명하게 직시했다. 좋은 것은 실현되기 어렵기 때문이다. 그는 인간성에 대해서도 이렇게 썼다. "'인간성'은 가장 불쾌한 단어다. 그것은 어떤 확실한 것도 표현하지 않고, 그저 남아 있는 모든 개념의 혼란에 얼룩진 신격화된 인간만 보탤 뿐이다."(523) 그는 미래에 대해서도 더 구체적으로 사고하는 게 필요하다고 여겼다. 그는 「영국」이라는 장을 맺으면서 이렇게 썼다.

열망만으로는 아무것도 보장하지 못한다. 우리는 가능한 것과 불가피한 것 사이의 차이에 대해 두려울 정도로 단호하다. 그러저러한 하나의 질서가 우리에게 역겹다는 것을 아는 것으로 충분하지 않다. 우리가 어떤 질서를 원하고, 그 질서의 실현이 가능한지 가능하지 않은지 우리는 알아야 한다.(523-524)

윗글에서 게르첸이 강조하는 것은 세 가지다. 첫째, 단순히 어떤 질서에 반발하는 것으로 그쳐서는 안 된다. 그렇듯이 어떤 질서를 원하는 데서 자족해서도 안 된다. 이를테면 관습에 대한 역겨움이나 좋은 것에 대한 열망만으로 현실의 문제가 해결되지 않기 때문이다. 둘째, 우리는 어떤 질서가 실현될 수 있고, 또 어떤 질서는 실현될 수 없는지를 알아야 한다. 셋째, "가능한 것과 불가피한 것 사이의 차이"에 대해서도 의식해야 한다. 이 차이를 의식할 뿐만 아니라 무시하지 말아야 한다. 차이에 대한 주의와 존중 속에서 차이의 의식 자체도 절대화되지 않기 때문이다.

다시 정리하여 써보자. 가능한 것과 불가능한 것의 차이를 인식하고, 이 차이 가운데 어떤 것은 인정하면서 어떤 것은 고쳐나가는 것, 그러면서 어떤 것의 실현을 갈구하듯이, 어떤 것의 실현은 포기할 줄도 알아야 한다. 열망은 열망의 감성적 차원을 넘어 이성적이어야 하고, 이성은 다시 이성의 논리와 체계를 넘어 이 열망의 정열에 의해 쇄신되어야 한다. 이렇게 해석할 수 있을까?

7장
삶의 막바지
(1860~1870)

> 삶의 모든 것은 뉘앙스들로, 흥망성쇠와 횡류(橫
> 流), 밀물과 썰물로, 그래서 무관하지 않은 것은 없
> 는 파편들로 구성된다. 어느 지점에서 의지의 인간
> 이 지식 없이 존재하는 것을 멈추고, 어느 곳에서
> 지식의 인간은 의지 없이 시작하는가?
> — 게르첸, 『나의 과거와 사상』(1982:641)

『나의 과거와 사상』에 서술된 '말년(the later years)'은 1860년에서
1868년까지의 시기를 뜻한다. 게르첸이 세상을 떠나는 1870년을 고
려하면, 말년이란 그가 48세이던 해에서 58세까지 11년 동안 이어진
다. 이 시기의 글은 여러 나라를 여행한 기록이나, 누군가에게 보낸
편지, 혹은 《종》을 비롯한 간행물에 실렸던 글들로 엮여 있다.
　게르첸의 삶의 막바지라고 할 수 있는 이 시기의 글이 담고 있는

문제의식에 대해서는 여러 가지 관점에서 평가할 수 있을 것이다. 이 것을 나는 두 가지로 요약하고자 한다. 첫째는 1825년 데카브리스트 운동이 남긴 유산이고, 둘째는 이런 유산에도 불구하고 삶은 전반적으로 통속화되고 있다는 진단이다. 이 두 문제를 끌고 가는 나의 문제의식은 하나의 물음 — "이 통속화된 현실에서 오늘의 우리 세대는 무엇을 할 수 있을 것인가"다.

1. 인간 품위의 감정 — 데카브리스트 운동의 유산

데카브리스트 당원들의 봉기는 1825년 12월 상트페테르부르크에서 일어났다. 이 개혁적인 청년들은 서구 자유주의에 대한 신념 아래 뭉쳤고, 이 신념 아래 부당한 정치체제에 저항하면서 인간의 자유와 권리가 보장되는 날을 꿈꾸었다. 하지만 그 시도는 실패한다. 그들은 이듬해인 1826년 7월 12일과 13일에 걸쳐 네바(Neva)강 강가의 페트로파블롭스크(Peter-Paul) 요새에서 처형된다.

데카브리스트 지도자들이 처형되었을 때, 게르첸은 14세였다. 그 후 그가 고백하듯이, 이 사건은 그의 삶에 가장 중대한 전환점이 되었다. 여기에 대해 벌린은 이렇게 쓴다. "러시아의 헌법에 보장된 자유라는 대의(大義)에서 이 귀족 순교자들에 대한 기억은 그의 계급과 세대의 여러 다른 사람들에게서와 마찬가지로 그에게도 하나의 신성한 상징이 되었다."[1] 게르첸이 대학 시절 참새 언덕에서 자유와 권리

---

1   Berlin, "Introduction," xxiii.

를 위한 싸움을 하기로 맹세한 것도 바로 이 데카브리스트적 이념을 구현하기 위해서였다.

그러나 현실은 순탄치 않았다. 이 순교자들이 처형되었다고 해서 동시대의 개혁 정신이 곧장 발휘된 것은 아니었다. 그렇지만 그런 생각이 쉽게 사라진 것도 아니었다. 개혁적·진보적 문제의식은 니콜라이 황제의 억압적 통치 기간에 상당 부분 사라진 것으로 보였지만, 그럼에도 완전히 증발되진 않았다. 이들의 죽음에 대하여 게르첸은 적는다.

> 데카브리스트들은 우리의 위대한 아버지들이고, 바자로프들은 우리의 탕아들이다.
> 우리가 데카브리스트들로부터 받았던 유산은 인간 품위에 대한 깨어 있는 감정이고, 독립심에 대한 추구이며, 노예제의 증오이고, 서유럽과 혁명의 존중이며, 러시아에서의 대변동의 가능성에 대한 믿음이고, 그 가능성에 참여하려는 열정적 갈망이며, 우리의 젊음과 우리의 에너지가 지닌 정직성이다.(639)

데카브리스트 반란은 1825년 러시아에서 일어난 최초의 근대적 혁명의 시도였다. 1812년 나폴레옹 군대는 러시아를 침공했다. 이들은, 톨스토이의 『전쟁과 평화』에서 잘 묘사되어 있듯이, 여러 번의 전투 끝에 모스크바까지 점령하기에 이른다. 그러나 식량 부족과 계속되는 추위 때문에 프랑스군은 점차 사기를 잃었고, 이를 틈타 러시아 군대의 반격이 시작되었다. 러시아군은 파리까지 프랑스군을 추격하였다. 이렇게 퇴각하던 프랑스 군인들 중에는 29세의 스탕달(Stendhal)도 있었다. 프랑스군을 추적하면서 러시아 군대의 젊은 장교들은 서유럽의 정치와 자유주의 사상에 많은 영향을 받는다.

그리하여 러시아의 귀족층 청년 장교들은 1825년 12월 국내의 혼란스러운 시기를 틈타 무장봉기를 일으킨다. 이들은 러시아의 낡은 전제정치와 군주제 폐지를 내세우며 입헌정치를 목표로 삼았다. 그러나 곧 진압된다. 이 사건으로 600여 명이 체포되었고, 5명의 주모자는 처형되었고, 100여 명이 시베리아 유배형을 선고받는다. 그러나 이 시도는 이후 러시아의 사회와 정치 그리고 지적·문화적 풍토에 엄청난 영향을 끼쳤다. 데카브리스트들이 남긴 유산은, 게르첸이 보기에, "인간 품위에 대한 깨어 있는 감정이고, 독립심에 대한 추구이며, 노예제의 증오이고, 서유럽과 혁명에 대한 존중이며, 러시아에서의 대변동의 가능성에 대한 믿음이고, 그 가능성에 참여하려는 열정적 갈망이며, 우리의 젊음과 우리의 에너지가 지닌 정직성"이다. 이 모든 생각은 러시아의 젊은 세대가 "죽은 영혼의 왕국을 가로질러 짊어지고" 가야 할 소중한 가치가 아닐 수 없다.(624)

앞으로 실현될 세계가 이 같은 인간 품위와 독립심이 없다면, 그래서 노예제를 극복하고, 새로운 삶의 가능성에 참여하려는 열정과 에너지가 없다면, 어떻게 올바를 수 있겠는가? 그런 점에서 데카브리스트의 유산은 러시아 청년만의 가치가 아니다. 그것은 다른 나라에 사는 다른 세대의 과제이기도 하다. 그것은 인류의 지금 세대가, 그리고 앞으로의 세대들도 체현해야 할 소중한 가치가 아닐 수 없다. 인간 품위의 감정이나 독립성은 더 나은 세상의 가능성을 희구하는 모든 세대의 모든 인간이 가져야 할 필요불가결한 덕목인 것이다.

그러나 이 역사적 의의와는 별개로 현실은 전혀 다르게 전개되어 갔다. 데카브리스트들의 봉기 이후 니콜라이 황제는 전제정치를 더 강력하게 실행하였다. 그는 거리나 교회 혹은 학교 같은 공공장소에서의 검열을 강화하였고, 사고의 자유와 자유로운 언로(言路)를 통제하였다. 어디에서든 '개혁'이나 '발전' 혹은 '성장'을 말하기 어려웠다. '혁명'이란 단어는 더더욱 죄악시되었다.

1848년 이후 차르 정부의 억압 정책은 더 심해진다. 이에 따라 뜻 있는 사람들은 낙담하였고, 병들어 갔으며, 더 폐쇄적으로 되어갔다. 그들은 무엇을 행하고, 어디로 향해야 할지 몰랐다. 어디에서도 출구를 찾기는 어려웠다. "그들 모두는 심기증(心氣症) 환자가 되었고, 육체적으로 병들었으며, 포도주를 마시지 않았고, 열린 창문을 두려워했다. 모두 학습된 듯한 절망감으로 현재를 쳐다보았다. 그들은 이웃에 대한 사랑 때문에 모든 인간성을 미워하게 되었고, 어떤 일을 축복한다는 이유로 세상의 모든 것을 저주하는 수도승의 한 경우를 떠올렸다."(625)

2. 모든 것의 통속화 — 근대 비판

> 정원은 텃밭으로 바뀌었다.
> — 게르첸, 『나의 과거와 사상』(1982:658)

게르첸의 『나의 과거와 사상』에는 1800년대 삶이 보여주는 혁명과 좌절을 둘러싼 다양한 인간 군상이 전방위적이고 입체적으로 그려져 있다. 그래서 사회정치적이고 역사적인 차원에서뿐만 아니라, 개인적·실존적 차원에서도 검토해 볼 만한 대목이 많다. 그러나 굳이 이런 관점이 아니더라도 곳곳에는 곱씹을 만한 관찰의 낙수(落穗)가 많다. 그중 하나가 삶의 전반적 통속화(通俗化)에 대한 생각들이다.

이때 통속화(vulgarization)란 다른 말로 비속화(卑俗化)이고 천박화다. 통속화란 무엇보다 사람들이 '무리 지어' 다니는 데서 나온다. 군중(crowd)은 이렇게 무리 지은 사람들을 지칭한다. 사람이 무리 짓는 것은 옛날에도 있었지만, 이렇게 무리 지은 채 사회정치적 영향력을 발휘하게 되는 것은 근대에 들어와 생긴 새로운 현상이다. 이를테면 프랑스 혁명은 일반 군중이 지배계층을 전복시킨 하나의 역사적 사건이었다. 그 주도세력을 부르주아라고 한다면, 부르주아 역시 그처럼 무리 지어진 대중의 하나다. 그리하여 근대와 부르주아, 군중의 무리와 천박화 그리고 통속화는 넓게 보면 같은 틀 안에서 움직이는 의미론적으로 상통하는 친족 같은 단어들이다. 이런 점에서 삶의 통속화 비판은 곧 군중 비판이고 부르주아 비판이며, 나아가 대중 비판이기도 하다.

근대 비판으로서의 통속성 비판은 「5장 혁명의 현장」에서 다루었던 프티 부르주아 비판과 연결된다. 나아가 그것은, 이 점이 더 중요한데, 오늘날의 삶이 근대적 삶의 연장이자 심화라는 점에서, 현대성에 대한 비판이기도 하다. 이 점에서도 우리는 게르첸 글의 현재적 중요성을 확인할 수 있다.

2.1. 소유의 폭정

삶의 전반적 통속화는 게르첸이 보기에 니콜라이 황제 치하에서 가속화된다. 그것은 물론 억압적 정치체제에서 오지만, 이 체제를 끌고 가는 것은 최소한의 단위에서는 옹졸한 마음이다. 옹졸하고 쩨쩨한 마음은, 앞서 보았듯이, 근대적 혁명의 주체로서의 프티 부르주아의 근본 특성이기도 했다.

이 부르주아 계급의 특징을 이루는 요소는 많다. 그중에는 물론 좋은 점도 있다. 이를테면 1800년을 지나면서 사람들은 잘 먹고 잘 살게 되었다. 옷도 이전보다 더 좋고 세련된 것을 입게 되었고, 먹는 것의 종류나 질도 더 다양하고 더 나아지게 되었다. 그리하여 프랑스의 샹젤리제나 영국의 켄싱턴 가든에서 휴일을 즐기는 사람들도 생기게 되었다. 사람들이 옷을 차려입고 교회나 성당에 나가거나, 극장에서 연극이나 오페라를 감상하게 된 것도 대략 이 무렵이다.

휴일에 나온 사람들은 떼를 지어 다닌다. 그래서 이 무리는 '군중'이 된다. 이들이 곧 부르주아다. 근대는 간단히 말하여 이 부르주아 계급이 득세하고 지배하는 시대다. 유럽의 모든 사람들은, 적어도 그 대다수는 그 당시 부르주아가 되기 위해 노력했고, 또 이렇게 되기 위해 안달했다. 그러나 여유와 여가를 위해서는 '돈'이 있어야 했다. 돈이란 다른 누군가에게 기대는 것이 아니라, 자기가 벌어 자기가 먹고 살 수 있는 것을 뜻했기 때문이다. 돈만 있다면 그들은 이제 농노로 살거나 거지로 굶어 죽지 않아도 되었고, 더 이상 주인의 눈치를 볼 필요도 없었다. 돈이 있다면 마을에서 행세하는 기사(騎士)나 목사가 굳이 안 되어도 좋았던 것이다. 그래서 그 아들이 일하지 않아도 되고, 그 딸은 술집을 전전하지 않아도 되었다. 이것은 또 집 없는 노동자가 하루살이 일꾼으로 매일 저녁이면 다음 날을 걱정하지 않아도 되는 것을 뜻했다.

이처럼 돈은 생존의 가장 안전한 발판이었다. 그것은 나날이 이어지던 영원한 땀과 노동으로부터 해방된 삶을 보장했던 것이다. 아니 그런 삶을 보장하는 것으로 보였다. 그리하여 사람들은 돈을 벌기 위해 장사를 했고, 장사를 하려면 가게가 있어야 했다. 이런 일에서 '거래'와 '무역', '계약'과 '합의'가 빠져선 안 되었고, 이 같은 용어들이 생활 속에 자리하게 되었다. 부르주아가 된다는 것은 한마디로 '돈을 갖는다'는 뜻이고, '재산을 소유한다'는 뜻이며, '가게를 운영하고 장사한다'는 것을 의미했다. 재산은 거의 절대적인 힘을 의미했다. 그리하여 돈은 근대적 삶에서 신(神)에 버금가는, 유사 신적(類似神的) 의미를 지닌다. 그것은 그때나 지금이나 변함없는 현실의 힘이고 도덕이며 무기이고 도구가 아닐 수 없다.

그러나 재산의 소유는 예측하지 못한 여러 사회적 파장을 일으킨다. 그것은 한편으로 그때까지 불가능하던 여가와 안정감을 부여하지만, 다른 한편으로 크고 작은 병폐를 야기했다. 특히 돈이 절대화되면, 그것은 좁은 마음과 알량한 가치에 자족하게 만든다. 예를 들어 꽃을 키우는 것도 부르주아에게는 감상하거나 음미하기 위해서가 아니다. 그것은 '시장에 내다 팔기' 위해서다. 그래서 부르주아 시대에 오면, "정원은", 이 장의 모토에서 인용하였듯이, "텃밭으로 바뀐다."(658)

텃밭은 상추나 깻잎, 방울토마토 같은 귀한 채소를 제공해 준다. 그러나 정원에는 쓸모 이상의 것이 있다. 정원이 먹거리를 제공하는 텃밭에 불과하다면, 우리는 그 의미를 다시 물어볼 필요가 있다. 삶의 의미는 효용성의 척도로만 고갈될 수 없기 때문이다. 미는 쓸모와 쓸모 너머로 이어진다. 만약 모든 것이 쓸모로만 환산된다면, 우리는 그 세계를 '인간의 세계'라고 부를 수 있을까? 꽃의 감상에도 이윤을 따진다면, 무엇을 할 수 있겠는가? 그러나 부르주아는 묻지 않는다. 삶의 전반적 환산화, 이것이 바로 부르주아적 범속화요, 천박화다. 이것을 게르첸은 "질은 떨어지고 숫자는 올라가는" 현상이라고 표현한다.

> 이러한 언급은 모든 것에 적용될 수 있었다. 극장과 휴일 보내기, 여인숙, 책, 그림 그리고 옷. 모든 것은 질에서 떨어졌고, 수에서 끔찍하게 올라갔다. 내가 말했던 군중이란 성공과 힘 그리고 발전의 최고 증거다. 그것은 모든 둑을 통해 모든 것을 넘어서고 넘쳐흐르면서 터져 나왔다. 그것은 어느 것에나 만족하지만, 결코 충분할 수 없다. 런던은 북적이고, 파리는 갑갑해졌다. 수천 대 객차가 연결되어도 불충분하다. 극장이 마흔 개가 되어도 빈자리는 없다. 런던 관객이 볼 수 있으려면, 연극은 석 달 동안 공연해야 했다.(661)
>
> 1850년 봄 나는 파리에서 숙박할 곳을 찾고 있었다. 그 무렵 나는 유럽에서 살아가는 데 여러 가지 점에서 익숙해져 사람들로 붐비는 일이나 문명의 매력을 증오할 정도가 되었다. 처음 우리 러시아인들은 문명을 아주 좋아했다. 나는 끊임없이 움직이며 떼 지어 다니는 군중이 어떻게 극장에서 내 자리가 될 공간을 반쯤 차지하게 되는지, 또 어떻게 야생 짐승처럼 객차로 부지런히 몰려드는지, 또 어떻게 공기를 뜨겁게 하면서 포화 상태로 만드는지 예상하며, 이들을 벌써 역겨움이 섞인 불안 속에서 바라보았다.(660)

부르주아화란, 되풀이하건대, "질에서 떨어지고, 수에서는 올라가는" 것을 뜻한다. 그렇다는 것은 수의 증가에 비해 질의 하락이 일어난다는 뜻이다. 혹은 수적 상승에 반비례하여 질적 타락이 발생하는 것이다. 이것이 부르주아의 천박화요, 비속화다. "그것은 어느 것에나 만족하지만, 결코 충분할 수 없다."

부르주아는 어떤 것도 받아들이지만, 그 욕심에는 한계가 없다. 그래서 게르첸은 "사람들로 붐비는 것이나 문명의 매력을 증오"한다. 이 군중은 "끊임없이 움직이며 떼 지어 다니면서", "마치 야생 짐승처럼 객차 안으로 들이닥치거나", "공기를 덥히고 포화 상태로 만들기" 때문이다. 그런 점에서 부르주아적으로 된다는 것은 "소유의 절대적 폭정 위에 서 있다는 것이고, 이런 이유로 그것은 귀족계급의 '민주화'이고, 민주주의의 '귀족화'다."(659)

"소유의 폭정(despotism of property)"이란 말 속에는 소유 — 돈과 재산의 소유에 대한 게르첸의 강한 반감이 담겨 있는 것처럼 보인다. 그리고 이런 반감에는, "나는 끊임없이 움직이며 떼 지어 다니는 군중이 어떻게 극장에서 내 자리가 될 공간을 반쯤 차지하게 되는지"에서 나오듯이, 지금까지 귀족의 독점적 소유였던 것이 부르주아 계층으로 넘어간 것에 대한 불만도 없지 않을 것이다. 그런 점에서 우리는 게르첸의 이 비판에서도 거리를 둘 필요가 있다. 그러나 다른 한편으로 이 비판은 그가 단순히 귀족이라서, 그것도 러시아 귀족 가운데 보기 드물게 많은 돈을 가졌기 때문에 나온 것은 아닐 것이다. 그것은 오히려 돈이 가진 무차별적이고 맹목적이며 무조건적인 파괴력을 강조하기 위해서일 것이다.

문제는 부르주아적 소유욕이 지닌 횡포는 돈에만 한정되는 게 아니라는 사실에 있다. 경제의 횡포는 정치의 횡포로 이어진다. 돈의 독재는, 마치 물질의 횡포가 정신의 횡포로 이어지듯이, 정치의 독재로 연결된다. 돈의 독재와 정치의 독재는 더해져 생활의 독재로 자라난다. 이 삶의 독재는 삶 자체의 평준화로 발전해 간다. 평준화란 정확히 '범속화'지만, 더 정확히 말하면 '저질화'다. 그러므로 부르주아의 통속화란 결국 삶의 저질화와 다름없다. 이 저질화의 주체는 물론 무리 지어 다니는 사람들, 즉 군중이다.

2.2. 덩어리진 범속성의 독재적 군중

재산은 사회적 관계에서 물론 중요하다. 그러면서 그것이 횡포를 부리는 것도 사실이다. 아니, 그렇게 횡포를 부르는 일은 드물지 않게 일어나는 게 아니라, 거의 일상화되었다고 말해야 정확할 것이다. 이것을 게르첸은 "덩어리진 범속성의 독재적 군중(the autocratic crowd of conglomerated mediocrity)"이라고 표현한다.(662)

모든 무역은, 특히 영국에서 그것은 이제 양(量)과 싼값에 근거하지 결코 질에 근거해 있지 않다… 모든 것은 대량으로 무더기 등급과 서류철 고려사항(file consideration)이 된다. 모든 게 거의 모든 사람이 다가갈 수 있는 거리 안에 놓여 있지만, 그러나 심미적 완결성이나 개인적 취향은 허용하지 않는다. 수십만 개 머리를 가진 히드라가 구석 주변에서 손 가까이에서 기대하고 기다리며 모든 것에 귀 기울이고, 모든 것을 가리지 않고 쳐다보며, 어떤 것이라도 입으려 하고, 무엇이라도 실컷 먹으려고 하지만, 이것은, 스튜어트 밀의 표현을 빌리자면, 모든 것을 사고, 따라서 모든 것을 소유하는 '덩어리진 범속성'의 독재 군중이다. 군중은 무지하진 않지만, 교육받지 못했다.(662)

나는 '노래하는 카페(café chantant)'에 아무런 반대를 하지 않지만, 심각한 예술적 의미를 부여할 수 없다. 이것은, 영국 사람들이 말하듯이, '평균적 고객

(average customer)'을 만족시키고, 이 평균 고객들은 평균 입찰자이자 수백 개 머리를 가진 중산층 히드라로서, 여기서는 말할 게 더 이상 아무것도 없다.

시골이 없는 이 세계는 도시적 삶에 의해 지배되는 세계이고, 극단으로 치닫는 재산의 권리를 가지고 있지만, 구원의 다른 길은 없다. 그것은 프티 부르주아를 관통해 나가는데, 이 세계는 우리가 보기에는 열등하지만, 농민과 프롤레타리아의 눈에는 문화와 진보를 대표한다. 앞서 나가는 그들은, 그들 벽 밖의 세계에서 일어나는 일에 어떤 관심도 갖지 않은 채 세상 속 수도원처럼 작은 패거리를 이루며 산다.(662-663)

오늘날 군중이 '무더기를 이루는 범속성'을 뜻한다면, 여기에는 다섯 가지 특징이 있다.

첫째, 그것은, 모든 무역이 그러하듯이, "양(量)과 싼값에 근거해 있지, 결코 질에 근거하지 않는다." 그러니 모든 것은 무더기의 도매금으로 넘겨진다.

둘째, 누구나 사고팔 수 있지만, "심미적 완결성이나 개인적 취향"은 없다.

셋째, 그것은 "수십만 개 머리를 가진 히드라가 구석 주위에" 서성대면서 "모든 것에 귀 기울이고, 모든 것을 가리지 않고 쳐다보며, 어떤 것이라도 입으려 하고, 무엇이라도 실컷 먹으려고 하는 "덩어리진 범속성의 독재적 군중"을 닮아 있다.

"덩어리진 범속성의 독재적 군중"이란 무슨 뜻인가? 범속성(mediocrity)이란, 앞서 설명하였듯이, 추상명사로 이해하기보다는 보통명사로 해석될 필요가 있다. 그것은 '평범한 것이 지나쳐서 쓸모없이 되어버린 모든 것'쯤이 될 테다. 그런 점에서 통속화라는 말과 비슷하다. 그것은 지나치게 평이해져서 품위나 품격을 잃게 된 상태다. 군중이란 이 범속성이 '무더기로 뭉쳐진(conglomerated)' 것이고, 이렇게 덩어리져 있다 보니 그 행동은 폭정을 일삼는 독재자를 닮는다. 이것이 바로 '무더기 범속성의 독재 군중'이다. 이 군중은, 게르첸에 의하면, "무지하진 않지만, 교육받지 못했다."

넷째, 그러므로 독재 군중으로서의 프티 부르주아는 오늘날의 자본주의 사회에서 "평균적 고객" 혹은 "평균 입찰자"를 닮아 있다. 흥미로운 분석이 아닐 수 없다.

다섯째, 평균 이하의 못난 존재임에도 불구하고 농민과 프롤레타리아는 이들 부르주아가 "문화와 진보를 대표한다"고 착각한다. 그러면서 이들과 닮고자 애쓴다.

이것은 바람직한 일인가? 게르첸은 그렇지 않다고 생각한다. 부르주아 계급의 인간들은 재산의 소유를 최고의 이상으로 여길 뿐, 그 외의 선의에 대하여, 사회적 책무나 부당한 것에 대한 저항이나 인간성의 옹호 같은 일에 대하여 무관심하기 때문이다. 그들은 오직 돈 앞에서, 마치 축복받는 성물(聖物) 앞에서처럼, 머리를 조아리며 경배할 뿐이다.

필요한 것은 무엇인가? 그것은 아마도 좀 더 오래가는 것 — 변덕이나 편견, 증오나 의심을 넘어서는 것일 것이다. 이것을 게르첸은 "모래 위의 가벼운 발자국" 같은 게 아니라, "바위에 남긴 자국"이라고 쓴다. "신격화와 중상모략, 편애와 시기(猜忌), 이 모든 것은 시들고 날아가 버린다. 모래 위의 가벼운 발자국은 사라진다. 힘과 고집을 가진 흔적은 바위에 자국을 남기며, 정직한 노동자에 의해 빛으로 드러날 것이다."(639) 삶에서 오래가는 자국은 결의나 맹세만으로 되지 않는다. 그것은, 게르첸에 의하면, "정직한 노동자(honest labourer)에 의해 빛으로 드러난다". 정직한 노동만이 시대의 범속한 모래바람을 이겨낼 수 있다.

8장
남은 것들 — 결론

내 생각에는… 개인의 이해에 토대를 두지 않는 활
동은 결코 오래갈 수 없다네.

— 톨스토이, 『안나 카레니나』(1878)

불의, 가난, 노예제, 무지 — 이것들은 개혁이나 혁
명으로 치유될 수 있다. 그러나 인간은 악과 싸우
는 것으로만 살지 않는다.

— 벌린, 『자유론』(1950)

지금껏 필자는 '자서전과 반성적 회고'라는 주제를 게르첸의 회고록
『나의 과거와 사상』에 기대어 살펴보았다. 이제 그 결론에 다다랐다.
이 결론을 나는 두 가지로 나눠 다뤄보려 한다. 첫째는 게르첸이 우리
에게 남긴 유산이다. 둘째는 이 글을 시작하면서 던진 질문 — 자서전
이란 무엇인가에 대한 재정의다. 그리고 여기에 결론이 더해진다.

1. '자유주의적 인문주의' ─ 게르첸의 유산

다시 묻자. 게르첸은 누구인가?

게르첸은 귀족이었고, 급진적 언론인이었으며, 무정부주의자에다가 인민주의자였고, 인간 삶의 이상적 비전을 믿은 진보적 사회주의자였다. 그러면서도 그는 인간의 자유와 평등을 옹호하였고, 부패와 억압이 없는 공동체를 건설하고자 매진했다. 그는 죽는 날까지 러시아에서 혁명의 불가피성을 믿었다. 그렇다고 그가 폭력적 혁명을 지지한 것은 아니었다. 그는 폭력적 혁명을 지탱하는 거대 이념들 ─ 추상화된 이념의 독단을 시종일관 비판했다. 그는 혁명이 아무리 위대한 것이라고 해도 자신을 절대화한다면, 그래서 반성하지 않는다면, 스스로 헌신한 가치마저 없애버릴 수 있음을 잘 알고 있었다.

게르첸은 혁명적 대의와 이 대의의 배반 가능성을 늘 의식했다. 그는 삶의 우발적 가능성과 인간 본성의 허약성을 인식했다. 그는 역사적 프로그램의 정의(正義)와 부정의(不正義)를 동시에 직시했다. 더욱이 그는 사회개혁만큼이나 개개인의 자유가 중요하고, 이 개개인이 현재에 누리는 행복도 양도할 수 없이 소중하다는 점을 역설하였다. 여기에는 아마도 그의 정치적 관심뿐만 아니라, 무엇보다 도덕적 열정이나 시적 감수성 그리고 심미적 취향이 자리할 것이다. 『나의 과거와 사상』의 뒤편에는 실제로 이탈리아 미술과 건축에 대한 인상 깊은 논평도 많다. 그의 인본주의 ─ 인간적 가치와 그 전통에 대한 존중이나 고전에 대한 관심도 이와 관련될 것이다.

아마도 이런 전통적·인본주의적 성향 때문에 게르첸은 그 뒤 세대 ─ 1860년대의 젊은 과격파 세대와 분명하게 구분될지도 모른다. 이들은 사회의 급진적 변화를 요구했고, 이런 변화를 위해서는 혁명이 필요하며, 이 혁명에는 폭력까지도 불가피하다고 여겼다. 그들은 거칠고 무례했으며 교양이 없었다. 그들은 게르첸적 개혁이 전제하는 온건한 점진주의를 불신하였다. 하지만 게르첸은 사회발전의 더딘 과정을 받아들였고, 이렇게 받아들이는 데는 인내가 필요하다고 보았다.

그렇다면 게르첸이 남긴 것은 무엇인가? 이사야 벌린은 「괄목할 만한 10년」 안에 들어 있는 「게르첸」론의 마지막에서, "1917년 10월 이후 좌절된 러시아 사회주의 안에서의 자유주의적 인문주의(libertarian humanism)의 강한 전통은 그의 글에서 유래한다"라고 적은 바 있지만,[1] 우리가 계승해야 할 정신은 아마도 여기 — 자유주의적 휴머니즘에 있지 않은가 여겨진다.

1.1. 6가지 덕목

게르첸이 글과 행동으로 보여준 여러 업적을 현재적 타당성의 관점에서 최대한 요약한다면, 몇 가지가 될까? 나는 여섯 가지로 정리하려고 한다. 이 조감에서 벌린이 쓴 「서문」의 마지막 부분은 의미심장해 보인다. 좀 길지만 그대로 인용해 보자.

그(게르첸—저자 주)는 삶의 궁극적 목표가 삶 자체라는 것을 믿었다. 날이나 시간은 그 자체로 목적이지, 다른 날이나 다른 경험을 위한 수단이 아니다. 멀리 떨어져 있는 목표란 하나의 꿈이며, 그런 목표들에 대한 믿음은 하나의 치명적 환상

---

1   Berlin, *Russian Thinkers*, 239.

이라고 그는 믿었다. 현재를, 혹은 가까이 있거나 예상할 수 있는 미래를 이 먼 목표 때문에 희생시키는 것은 언제나 인간 희생의 잔혹하고 쓸모없는 형식으로 이끌지 않을 수 없다고 그는 믿었다. 가치들이란 비인격적이고 사물적인 영역에서 발견되는 게 아니라, 인간존재에 의해 창조되고 인간 세대에 의해 변한다는 것을 그는 믿었고, 그러나 그럼에도 그것들이 빛 속에 사는 사람들에 대한 표지라는 것도 믿었다. 고통이란 피할 수 없고, 결코 틀리지 않는 지식이란 얻을 수도 없거니와 필요하지도 않다고 그는 믿었다. 그는 이성과 과학적 방법, 개인적 행동과 경험적으로 발견된 진리를 믿었지만, 그러나 일반적 정식에 대한 믿음을 의심하는 경향이 있었다. 인간의 일에 나타나는 법이나 처방은 때때로 재앙적이고 늘 비합리적이어서, 삶의 불확실성과 예측하기 어려운 다양성으로부터 우리 자신의 균형잡힌 환상의 잘못된 확실성으로 도망가려는 하나의 시도일 뿐이다. 그는 자신이 믿는 것을 충분히 의식했다. 그는 이런 지식을 고통스러운, 때로는 의도하지 않은 자기분석의 대가를 치르며 얻었고, 자신이 본 것을 예외적 활력과 정확성과 시학의 언어로 묘사했다. 그의 순수하게 개인적인 믿음은 초기 시절부터 변함없이 그대로 남았다. 이것을 그는 "예술, 그리고 개인적 행복의 여름날 햇볕: 이것이 우리가 가지는 유일하게 현실적인 재산이다"라고 자기를 드러내는 글에서 선언했지만, 이런 종류의 글은 1860년대의 젊고 엄숙한 러시아 혁명가들에게 깊은 충격을 주었다. 하지만 그들이나 그 후배들은 그의 예술적·지적 성취를 거부하지 않았고, 지금도 거부하지 않는다.[2]

위 인용문은 게르첸의 삶과 사유를 구성하는 여러 특징들을 대단히 명료하면서도 동시에 대단히 압축적으로 서술한다. 그런 점에서

2   Berlin, "Introduction," xli–xlii.

이 인용문 자체가 명문(名文)이라고 말하지 않을 수 없다. 이사야 벌린은 뛰어난 정치철학자이기 이전에 뛰어난 문장가다. 그래서 하나하나 따로 떼어 차례대로 그리고 천천히 숙고해 볼 가치가 있다.

(1) 현재의 존중

게르첸은 "날이나 시간이 그 자체로 목적이지, 다른 날이나 다른 경험을 위한 수단이 아니다"고 믿었다. 그래서 "멀리 떨어져 있는 목표란 하나의 꿈"이고, "현재를, 혹은 가까이 있거나 예상할 수 있는 미래를 이 먼 목표 때문에 희생시키는 것은 언제나 인간 희생의 잔혹하고 쓸모없는 형식으로 이끌지 않을 수 없다"고 여겼다. 그는 삶의 현재를 존중했고, 이 현재에 녹아 있는 "삶의 단맛(douceur de vivre)"을 소중히 여겼다.[3] 그만큼 개개인의 자유로운 표현과 자유선택의 권리, 그리고 다양한 개성과 인격 사이에 있을 수 있는 무한한 관계의 가능성을 중시했다.

(2) 최종 해결책의 불신

게르첸은 "일반적 정식에 대한 그러한 믿음을 의심"하였다. 즉 모든 이데올로기화된 가치들 — 통일적 원리를 불신한 것이다. 어떤 정식도 현실의 최종 해결책이 될 수 없기 때문이다. 그러므로 일반적 정식의 불신은 곧 최종 해결책의 불신이다.[4] 그러나 이 말은 그가 모

---

3   Isaiah Berlin, "Political Ideas in the Twentieth Century(1950)," ed. Henry Hardy, *Liberty*(Oxford: Oxford University Press, 2002), p. 91[이사야 벌린, 『자유론』, 박동천 번역(파주: 아카넷, 2014), 220쪽 참조].

4   문광훈, 「휴머니즘은 미신인가? — '최종' 해결책과의 결별」, 네이버 열린 연단,

든 제안이나 해결책을 내팽개쳤다는 뜻이 물론 아니다. 그는 "이성과 과학적 방법, 개인적 행동과 경험적으로 발견된 진리를 믿었다". 그러면서도 이성의 과학적 방법에 대한 이 믿음은 비판주의를 동반하고, 이런 비판에는 회의와 의심도 섞여 있다.

(3) 고통의 불가피성에 대한 수용

게르첸은 "인간의 일에 나타나는 법이나 처방은 때때로 재앙적이고 늘 비합리적이어서", 그 모든 기획이란 하나의 불확실성으로부터 또 하나의 불확실성으로 "도망가려는 하나의 시도"라고 여겼다. 그러니 고통은 불가피하다. 마찬가지로 "틀리지 않는 지식이란 얻을 수도 없다". 하나의 지식이란, 이 지식의 오류 가능성을 전제할 때, 비로소 잠시 믿을 만해지기 때문이다.

(4) 느슨함과 비효율의 허용

이러한 생각에는, 앞서 언급하였듯이, 최종 해결책에 대한 불신이 있다. 이 불신은 소극적으로는 일반화된 정식을 개별적 사안에 적용할 때의 조심스러움을 나타낸 것이지만, 적극적으로는 결정에서의 우연성이나 행동의 실수를 받아들이는 일이다. 이것을 벌린은 이렇게 표현한다. "그러므로 느슨한 짜임새와 최소한의 비효율에 대한 관용, 심지어 하릴없는 잡담이나 게으른 호기심, 그리고 어떤 권위도 없이 이런저런 일을 목적 없이 추구하는 데서 나타나는 얼마간의 탐

2019년 7월 17일 자 참조(https://openlectures.naver.com/contents?contentsId=14
3531&rid=253).

닉 — '분명한 낭비' 자체가 더 자발적이고 개인적인 변주를 허용하고 — 이런 변주에 대하여 개인은 결국 완전히 책임져야 한다 — , 그것은 언제나 가장 말쑥하고 가장 세심하게 짜인 채 강제되는 패턴보다 더 가치 있다."[5]

그러므로 좋은 사회란 개개인에게 표현과 사고와 선택의 자유뿐만 아니라, 이 선택의 실수 가능성까지도 허용하는 사회다. 그래서 어느 정도의 비효용과 방심(放心), 일탈과 게으름도 너그럽게 받아들인다. 물론 이때의 '어느 정도'라는 말이 정말 어느 정도 되어야 하는지 우리는 더 자세히 물어보아야 한다. 확실한 것은 어떤 공동체가 인간적이기 위해서는 일정한 규범이나 원칙만으로 안 된다는 것, 거기에는 느슨한(loose) 무엇이 일종의 통풍구로, 제도적으로나 관습적으로, 뿌리내리고 있어야 한다는 점이다. 이 느슨하고 게으르며 비효율적이고 한가한 "낭비"가, 벌린이 지적한 대로, "보다 자발적이고 개인적인 변주"로 이어질 수 있기 때문이다. 이것 역시 중요한 통찰이라고 나는 생각한다.

열심히 노력한다면, 한 사상가의 논리는 대개 이 정도쯤에서 끝나지 않나 싶다. 그런데 게르첸에게는 '기록 활동'이 있다. 이 기록은 진단과 분석에 치중하는 사회과학적 성격을 띠지도 않고, 논증과 개념을 중시하는 철학적 성격을 띠지도 않는다. 또 예측과 실험 결과 사이의 편차에 주의하는 자연과학적 탐구도 아니다. 게르첸의 글은 이 모든 이질적 요소를 포함한다. 그래서 사회정치적 진단과 철학적 반성, 심리적 분석과 예술적 기억이 그의 글에는 두루 녹아 있다. 이 모

---

5 Berlin, "Political Ideas in the Twentieth Century(1950)," 92.

든 것을 추동하는 것은 무엇인가? 아마도 그것은 도덕적 열정의 선의일 것이다. '시'는 이 선의를 실천하는 매체다. 시는 세계로 열린 채 구체를 담기 때문이다. 이것을 이사야 벌린은 이렇게 표현한 것이 아닐까? 그는 "자신이 본 것을 예외적 활력과 정확성과 시학의 언어로 묘사하였다."

(5) 시적 감수성

아마도 게르첸의 사회정치적 진단과 철학적 반성 그리고 자연과학적 엄밀성을 추동하는 것은, 궁극적으로 보면, 문학예술적 감수성일 것이다. 그래서 벌린은 이렇게 썼다. "그의 순수하게 개인적인 믿음은 초기 시절부터 변함없이 그대로 남았다. 이것을 그는 '예술, 그리고 개인적 행복의 여름날 햇볕: 이것이 우리가 가지는 유일하게 현실적인 재산이다." 그가 젊음의 초창기부터 삶의 말년까지 일관되게 유지하는 것도 이런 시적 감수성이 아닐까? 이 시적 감수성으로 그는 자신의 『나의 과거와 사상』을 쓴 것이 아닐까?

걸작 『나의 과거와 사상』의 저류를 형성하는 것은 무엇보다 시적 감수성이다. 그렇다면 시적 감수성을 살아 있게 만든 것은 무엇일까? 그것은 스타일(style) ― 게르첸의 문체일 것이다. 벌린은 위 인용문에 이어 이렇게 쓰고 있다.

> 게르첸은 편파적이지 않은 관찰자는 아니었으나, 그렇다고 그런 관찰자이고자 하는 욕망을 갖지는 않았다. 그는 러시아의 시인과 소설가 못지않게 하나의 스타일과 하나의 전망을 창조하였고, 그에 대한 고르키의 찬사를 빌려 말하자면, "생각에서 놀라울 정도로 풍부한 하나의 나라요, 하나의 온전한 지방"이어서 이곳에서

는 모든 게 그 자신의 것이고 그 홀로라는 것을 즉각 알아볼 수 있었다. 그는 자신이 접촉한 모든 것을 이 나라 안으로 옮겨 심었고, 이곳에서는 사물이나 느낌, 감정이나 사람들, 생각이나 사적·공적 사건들, 제도나 모든 문화가 그의 강력하고 일관된 역사적 상상력에 의해 형태와 생명을 얻게 되었고, 그래서 그의 기억과 지성과 예술적 천재가 회복하고 재구성한 굳건한 세계에서, 부패의 힘에 저항하며 서 있을 수 있었다. '나의 과거와 사상'은 그가 1840년대의 그 많은 이상주의적 급진파들이 익사하였던 파괴적 물결로부터 그 자신을 구제한 노아의 방주였지만, 그러나 구제한 것은 그 자신만이 아니었다. 참된 예술은 즉각적 목표를 넘어 살아남고 그 목표를 초월한다. 게르첸이 처음에, 아마도 그 자신의 개인적 구제를 위하여, 망명과 고독과 절망 같은 자신의 곤경 때문에 제공된 질료로부터 그가 세웠던 구조는 훼손되지 않은 채, 살아남았다.[6]

위 인용문에도 여러 생각거리가 얽혀 있다. 그러나 그 핵심은 '스타일'이고, '이 스타일이 어떤 의미를 지니며, 그것이 게르첸의 삶에서 어떤 역할을 했는가'라는 문제일 것이다. 그는 어떻게 독자적 스타일의 구축을 통해 망명과 고독의 절망적 현실에서 살아남을 수 있었는가? 그래서 대부분의 급진적 혁명가나 사회운동가와는 다르게 시대적 시간적 물결의 파고(波高)에 익사되지 않은 채 살아남을 수 있었을까?

(6) 스타일의 창조

게르첸의 스타일에 대한 벌린의 설명은 흥미롭다. 스타일이란, 그

---

6   *Ibid.*, xlii–xliii.

의 설명에 따르면, "사물이나 느낌, 감정이나 사람들, 생각이나 사적·공적 사건들, 제도나 모든 문화"가 한 사람의 "강력하고 일관된 역사적 상상력에 의해 형태와 생명을 얻게" 만드는 일이다. 이런 형태와 생명 덕분에 대상은, 그것이 느낌이든 사건이든 생각이든, "굳건한 세계에서" "부패의 힘에 저항하며" "서 있을 수 있"게 된다. 설득력 있는 서술이 아닐 수 없다.

다시 정리하자. 스타일은 단순히 '문체'라는 뜻이 아니다. 물론 이런 뜻도 가지지만, 스타일은 말의 바른 의미에서 삶의 전체를 포괄한다. 거기에는 한 사람의 느낌과 생각, 상상력과 세계관이 들어가기 때문이다. 다시 말하여 한 사람이 어떤 현실에서 어떤 사람과 사건을 겪으면서 느끼고 생각하며 꿈꾸고 상상하는 모든 것이 그의 언어에 들어간다. 말하자면 하나의 글은 그 글을 쓴 사람의 '전체'의 표현이 아닐 수 없다. 그리하여 글은 한 인간의 실존적 전체, 이 전체의 투영이고 헌신이다. 이때 글은 그가 사는 삶의 양식(style)과 다르지 않다. 글은 스타일이고 삶인 것이다.

이런 이유로 게르첸의 『나의 과거와 사상』은, "1840년대 수많은 이상주의적 급진파들이" 그 시대의 "파괴적 물결"에 "익사된" 것과는 달리, 시대를 넘어 "그 자신을 구제한 노아의 방주"가 된다. 그렇듯이 이 책은 2022년 오늘의 시대에서도 개인의 선의와 사회의 개혁을 희구하는 사람들에게 방주의 역할을 할지도 모른다. 적어도 내게는 그랬던 것 같다. 이 때문이었을까? 벌린은, 마지막 전언을 담기라도 하듯이, 아래와 같이 쓴다. "참된 예술은 즉각적 목표를 넘어 살아남고 그 목표를 초월한다."

글을 쓰는 것은 결국 살아남기 위해서다. 혹은 시간의 풍화 — 그

무의미의 바다를 건너가기 위해서다. 현재를 무시하는 것이 아니라 존중하고, 최종 해결책임을 자임하는 추상화된 정식들의 허위를 직시하며, 삶의 불가피한 고통은 받아들이면서도 그 고통을 줄여나가는 것, 여기에 현실 감각이 필요하다면, 이 현실 감각을 결국 지탱하는 것은 시적 감수성일 것이다. 그러나 감수성만으로 현실을 이겨낼 순 없다. 감정은 이성 속에서 체계화되어야 한다. 그러므로 감정의 혼란은 질서 혹은 논리 혹은 자기 문법을 내장해야 한다. 스타일은 이 혼란된 감정에 질서를 부여하는 일 — 카오스의 로고스화다. 스타일은 시적 감수성이 삶의 혼란을 체계화하려는, 이 체계화를 통해 변덕스러운 감정을 건축적으로 조형하는 일이다.

언어로 표현하지 않으면 경험한 것들 가운데 과연 무엇이 남는가? 대부분의 것은 증발된다. 언어로 정식화되지 않으면, 얼마나 많은 혼란이 그저 혼란의 무질서한 모습으로 남아 있는가? 삶의 혼란은 언어적 표현을 통과하면서 일정한 형태로 질서화된다. 그래서 알아볼 만한, 그래서 다스릴 만한 대상이 된다. 현실을 직시하고 견디며 이겨낼 수 있는 삶의 문법은 언어적 표현 속에서, 이 표현의 질서화를 통해 조금씩 세워진다. 그러므로 삶을 삶답게 만들기 위해서라도 표현은 불가결하다. 이 표현의 기록 작업이 글쓰기다.

그러므로 우리는 이렇게 말할 수 있다. 스타일에 대한 요구는 삶 자체에 대한 요구와 다르지 않다고. 게르첸의 『나의 과거와 사상』은 삶다운 삶에 대한 윤리적 요구에 부응하는 그 자신의 실존적 답변이다.

1.2. 자유에의 무능력과 몇몇 사람들

이제 마무리하자.

삶의 불평등과 차이를 최대한 해소하고, 모든 종류의 착취를 가능
한 한 철폐하며(원칙적 차원), 더 이성적인 사회를 지향하되(목표적 차
원), 그러나 어떤 것도 절대화하거나 신비화하지 않는 일(방법적 차
원), 하지만 그럼에도 인간의 자유와 공동체의 선의를 향해 계속 나
아가고(방향적 차원), 이렇게 나아가면서도 현실의 모순과 불일치를
직시하는 일(태도적 차원)이 필요하다. 고통의 불가피성을 받아들이듯
이 완전한 지식의 가능성도 회의하는 것, 그러나 그러면서도 여전히
묻고, 이렇게 물으며 계속 고쳐가는 일….

이런 지속적인 자기 물음은 사람을 믿음과 불신, 낙관과 비관 사
이에서 끝없이 헤매게 만든다. 그것은 인간의 모든 노력과 이 노력의
좌절을 동시에 경험케 하기 때문이다. 착종의 감정은 어느 때나 피하
기 어렵다. 노력한다면, 아니 노력한다고 해도 모순의 현실을 피할
순 없을 것이다. 이 모순의 현실에서 우리는 회의하면서도 믿고, 믿
으면서도 또 의심한다. 이 같은 회의와 의심 속에서 삶은 늘 긴장에
차 있다. 이 긴장 속에서 아마 불안은 사라지지 않을 것이다. 하지만
이 긴장 덕분에 도덕적 잠재력도 쉽게 사라지지 않는다. 그래서 과격
파의 폭력성이나 부르주아 자유주의자들의 위선을 피할 수도 있다.
이런 식으로 삶의 불의와 자의성 그리고 범속함은 한 뼘씩 지양되는
것일까? 그렇게 되길 나는 희망한다.

하지만 이 모든 것보다 더 중요한 것은, 되풀이하여 강조하건대,
지금의 현존적 순간을 존중하는 일일 것이다. 어떤 목표의 설정이나

이렇게 설정된 목표를 향해 현재에 충실하는 것은 중요하다. 그렇다고 충실의 이름으로 현재의 희생을 정당화해서도 안 된다. 하지만 이 대목에서 우리는 한 걸음 더 나아가야 한다.

나는 다시 이성과 논리, 글과 표현과 스타일, 창조와 형식과 생명의 부여, 그리고 노아의 방주…를 말하고 싶다. 그러면서 묻는다. 자유는 '모든' 인간의 것이 될 수 있을까? 아마도 그것은, 아쉽기는 하지만, 그렇게 되지 않을 것이다. 모든 인간이 자유를 원하는 것은 아니기 때문이다. 설령 모든 인간이 자유를 원한다고 해도 '누구나' 자유로울 수 있는 건 아니기 때문이다. 자유에는 대가를 치러야 하니까. 이것을 게르첸은 "자유에의 무능력"이라고 표현하였다. 이와 관련하여 벌린은 이렇게 적는다.

> 19세기의 평균 유럽인들은 구질서의 노예제로 아주 깊게 각인되어 있었기 때문에 참된 자유를 생각할 수 없었다. 새로운 질서를 세우게 될 사람들은 해방된 노예가 아니라, 자유 속에서 키워진 새로운 사람들이었다. 역사는 자신의 속도를 가진다. 인내와 점진주의만 — 표트르 대제의 서두름이나 폭력이 아니라 — 항구적 변화를 일으킬 수 있다… 게르첸은 다시 초기의 환멸 분위기로 돌아와서, 인간 일반이 정말 자유를 갈망하는지 아닌지 의심했다. 아마도 소수의 인간만이 각 세대에서 그렇게 원하는 반면, 대부분의 인간존재는, 누구의 손에 있든 관계없이, 그저 좋은 정부를 원한다.[7]

벌린의 말이 맞다고 가정한다면, 자유를 원하기 위해서는 두 가지

---

7 *Ibid.*, xxxvii.

조건이 필요하다. 첫째, 당사자가 "자유 속에서 키워진 새로운 사람"이어야 한다. 둘째, "인간 일반"이 아니라, "소수의 인간만이 각 세대에서 그렇게 원할" 뿐이다. 그에 반해 "대부분의 인간존재는, 누구의 손에 있든 관계없이, 그저 좋은 정부를 원한다."

'인간은 자유롭게 태어났으나 쇠사슬에 묶인 채 살아간다'는 루소의 말에 대한 메스트르(Maistre)가 했다는 경구 — "그것은 마치, 육식성으로 태어난 양이 왜, 그럼에도 어디서나 풀을 뜯어 먹고 사는지를 물으려 하는 것과 같다"라는 말을 상기시키면서 게르첸은 "인간이 자유를 바라는 것은 단지 물고기가 날기를 바라는 것과 같다"라고 할 정도로 불가능하다고 쓴 적이 있다.[8] 아마 그럴지도 모른다. 뼈아픈 사실이지만, 우리는 이 사실을 받아들여야 할지도 모른다. 다시 묻자. 인간이 자유를 바라는 것은 "물고기가 날기를 바라는 것처럼" 원천적으로 불가능하고 비정상적인 일인가? 그럴지도 모른다. 인간이 자유를 바란다면, 분명한 것은 아마 그 수가 그리 많지는 않을 것이라는 사실이다.

앞에서도 적었듯이, 인간에게 자유보다 더 중요한 것은 안전이고 나날의 편리인지도 모른다. 거꾸로 매일의 생활이 안전하고 편리하다면, 우리는 더 이상 자유를 원하지 않을 수도 있다. 자유를 추구하는 데 따르는 위험을 감수하기보다는 그런 위험 없이 안전하게, 비록 이런저런 굴레 속일지라도, 사는 것을 인간은 선택할지도 모른다. 편하기만 하다면, 우리는 자유보다는 노예 상태를 선호할 수도 있다. 안전과 보장이 어렵다면, 우리는 괴테의 말대로 나날의 현재에 만족

8 *Ibid.*

해야 하는지도 모른다. 그렇다면 자유란 추구할 만한 가치인가? 자유란 과연 인간의 자기실현에서 정말 필요불가결한 덕목인가? 이렇게 묻지 않을 수 없다.

자유의 효용과 그 진정한 가치란 정말 무엇인가? 인간은 대체로 자유를 원하지 않고, 설령 자유를 바란다고 해도 이 자유를 실제로 실천하는 사람은 더 적을 것이다. 자유를 감당하기란 쉽지 않기 때문이다. 거기에는 여러 덕목이 필요하고, 이런 덕목의 배양에는 교육이 전제된다. 그러므로 자유를 열망하고 자유를 생활 속에서 실천하며 스스로 감당하기란, 마치 물고기가 나는 것처럼 불가능한 일이라고 해야 할 것이다. 그래서 벌린은 이렇게 썼던 것일까? "아마도 소수의 인간만 각 세대에서 그렇게 원한다", "역사는 자신의 속도를 가진다. 인내와 점진주의만이… 항구적 변화를 일으킬 수 있다."

아마도 자유란 소수의 몫일지도 모른다. 하지만 그렇다고 해도 살고 행동하고 느끼고 생각하고 즐기고 만들어가기 위해서는 자유가 필요하지 않은가? 삶의 가능성은 자유에의 투신 없이 모색될 수 없다. 이때 자유란 무엇보다 '개개인의 자유'다. 그러나 개개인의 자유와 그 해방은 타인의 사회정치적 해방으로 이어질 수 있고, 또 그렇게 확대되어야 한다. 그러나 바로 이런 이유에서라도 인류 해방보다 우선되어야 할 것은 자기해방이다.

2. 자서전 쓰기 ─ '자기 자신의 친구 되기'

이제 필자는 게르첸론을 시작하면서 맨 처음에 던진 물음 ─ 자서
전의 형식이란 무엇인가라는 물음에 다시 답하면서 이 글을 마무리
하고자 한다. 세네카(Seneca)는 지금으로부터 1900여 년 전의 『편지』
에서 이렇게 쓴 적이 있다.

> "당신은 내가 어떤 발전을 하였는지 물었소. 나는 나 자신에 대한 친구가 되기
> 를 시작하였지요"라고 그는 말합니다. 그는 결코 혼자이지 않았지요. 이 사람이 이
> 제 모든 사람의 친구라는 걸 당신은 알아야 합니다.[9]

친구 루실리우스(Lucilius)에게 보내는 편지 형식을 띤 세네카의 이
글이 쓰인 것은 기원후 65년이었다. 이 글에서 그는 "자기 자신에 대
한 친구가 되기를 시작"하였다는 헤카토(Hecato)라는 사람의 말을 빌
려, 이 헤카토가 "혼자이지 않다"는 것, 그래서 "이제는 모든 사람의
친구"가 되었다는 사실이 헤카토 자신을 기쁘게 만들었다며 이 말을
루실리우스에게 전한다. 헤카토는 BC 1세기경의 스토아학파 철학자
였고, 그는 파나에티우스(Panaetius)의 제자였는데, 파나에티우스는 디
오게네스(Diogenes)의 제자이기도 했다.

이 글에서 중요한 것은 자기가 자기 자신에 대한 친구가 됨으로써
사람은 '혼자'로 머무는 게 아니라, '모든 사람의 친구'가 되고, 그럼
으로써 하나의 "발전"이 될 수 있다는 점에 있다. 헤카토에게 세네카

---

9   Seneca, "Letter 7," 11.

가 기뻐하는 점은 바로 이러한 경로 — 자기 고양의 경로였다. 인간은 자기 자신에게 친구가 될 때, 그것은 자기 고립을 넘어선 객관화 — 주체의 객관화에 이른다. 그래서 모든 사람에게 열릴 수 있다. 이것은 이 말을 한 헤카토에게뿐만 아니라, 이 글을 인용하면서 지극히 자서전적인 '편지'에 담은 세네카 자신에게도 해당될 것이다. 나아가 그것은 『나의 과거와 사상』을 쓴 게르첸에게도 어느 정도 타당하지 않을까? 만약 그렇다면 이 게르첸의 자서전을 읽고, 지금까지 이 글을 쓴 필자의 이 글에도 조금은 해당되지 않을까?

무릇 글을 쓴다는 것은, 대상에 대한 것이든, 자기에 대한 것이든, 글을 쓰는 주체 자신을 통과하면서 그 글은 생겨난다. 그러니만큼 그것은 자신의 경험과 인식, 느낌과 사고, 가치와 세계관을 포함하지 않을 수 없다. 이것은 사회과학이나 자연과학도, 넓게 보면, 크게 다르지 않다. 사람은 자신의 관심과 기질에 따라 묻고, 자신의 취향과 세계관에 따라 움직이면서 현실의 경향을 분석하고 자연의 법칙을 탐구한다. 자기에 대하여 쓰는 자서전의 경우 그러한 자기 관련성의 수준은 훨씬 더 높을 것이다. '자기 관련성의 수준이 높다'는 것은 그만큼 개인적이면서 주관적이며 실존적인 함축이 많이 들어간다는 뜻이다. 그러면서 그런 개인적·주관적·실존적 요소들은, 이것이 사회역사적 차원으로 열린 만큼, 객관화되는 것이기도 하다.

그리하여 자서전은, 적어도 그것이 제대로 된 것이라면, 개인적이면서 동시에 사회적이고, 역사적이면서 동시에 실존적으로 매개된다. 글을 통해 주체가 자기 자신에 대한 친구에서 모든 사람의 친구로 변모되는 것은 그런 객관화의 맥락 속에서다. 이 지양의 과정은, 1장 자서전 항목에서 살펴보았듯이, 곧 실존적 변형이자 존재 고양의 과정이다.

게르첸을 읽고 나서 결국 남는 것은 결국 한편에서는 모든 형태의 광신주의와 이념, 그리고 극단주의나 근본주의에 대한 불신이 있고, 다른 한편에서는 삶 자체에 대한 충실, 그리고 그 자체 목적으로서의 현존적 삶의 절대성이 있다. 이 두 가지의 바탕은 삶의 한계에 대한 자각이고 인정이다. 이 한계는 인간 본성적으로도 나타나고, 현실 속 성적으로도 나타난다. 우리는 이 인정의 인내에서 한 걸음 더 나아가고, 그렇게 나아가면서 조금씩 현실을 고쳐가야 한다. 이것이 벌린이 말한바 "인내와 점진주의"의 뜻일 것이다.

어디로 나아가야 하는가? 그 목표는 삶의 가능성이다. 다시 말하여 인간 삶의 근본 한계에 대한 인정에도 불구하고 이 한계점에 머무는 것이 아니라, 이 삶의 다른 쇄신적 가능성으로 나아가야 한다. 적어도 삶이 물질적·생계적 차원이 아니라 그 이상이고자 한다면, 그리고 '그 이상'이라는 데 우리 사는 존재 이유가 있는 것이라면, 이 다른 가능성은 현재적 삶의 고귀한 목표가 될 만해 보인다. 우리가 자서전에서 배우는 것도 바로 이 점이 아닌가 싶다. 좋은 자서전에는 삶의 크고 작은 한계에도 불구하고 이 한계를 직시하면서도 한계에 거스르는 의지가 있기 때문이다. 그런 의지 속에서 우리는 지금 여기 그 너머를 상상하고 염원하기 때문이다.

이 대목에서 우리는 '자서전 읽기'의 의미를 '자서전 쓰기'로 확대시킬 수도 있을 것이다. 말하자면 누군가의 자서전을 읽으면서 그의 삶을 돌아보듯이 자기의 삶을 돌아보고, 이렇게 돌아보면서 자기를 넘어 세계의 친구가 되듯이, 그렇게 읽은 자서전을 생각하며 자기 자신의 자서전을 직접 쓸 수도 있다. 그러면서 스스로의 삶을 보다 넓고 깊게 변형해 갈 수도 있다. 이것은 좀 더 적극적인 실천의 방식일 것이다. 아마도 이런 의지만 있다면, 우리는 '자유주의적 인문주의'라는 공식도 굳이 고집하지 않아도 좋을 것이다. 우리는 이미 자서전을 읽고 쓰는 가운데 자기 삶을 보다 높은 수준에서 만들어가고 있기 때문이다. 자서전에서 행해지는 반성적 회고를 자기 삶 속에서, 이 삶을 살아가면서 스스로 행하고 있기 때문이다.

공식보다 중요한 것은 선의이고, 이 선의의 실천이다. 이 실천의 시작은 현실의 직시에 있다. 게르첸의 『나의 과거와 사상』은 인간의 이런 근원적 욕구를 확인시켜 주고, 본성의 한계만큼이나 본성적인 이 고귀한 의지를 돌아보게 한다. 그리하여 자서전을 읽으며 자기 자신의 친구가 되는 것은, 삶의 뜻과 보람을 고민하는 사람이라면 누구에게나 권해볼 만한 하나의 일이 아닌가 싶다.

3. 고매한 정신은 어떻게 계승될 수 있는가

『나의 과거와 사상』의 끝부분에는 게르첸이 친구 투르게네프에게 쓴 편지가 편집되지 않고 그대로 실려 있다. 이것은 1862년과 1863년에 걸쳐 《종》에 실린 것이다. 그는 이렇게 썼다. "진리!… 하지만 당신의 진리가 정말 진리인지 내가 당신에게 묻도록 허락해 주겠소?" (671) 그러면서 "젊은이에 대한 나의 나쁜 영향에 대해 말하자면, 나는 오래전에 그 점을 체념하고 있다"라고 고백한다. 왜냐하면 "젊은 세대에게 어떻게라도 유용했던 모든 사람들이, 소크라테스에서부터 볼테르에 이르기까지, 볼테르에서부터 셸리와 벨린스키에 이르기까지 그들을 타락시켰다는 이유로 어떻게 변함없이 기소되었는지를 기억하기" 때문이라고. 그러면서 이렇게 덧붙인다. "그러나 우리의 젊은 러시아 청년들을 타락시키기란 매우 어렵다는 사실에 나는 안도합니다."

여기에는 세 가지 층위의 착잡함이 배어 있다. 첫째, 누군가에게, 특히 젊은이들에게 좋은 영향을 미친다는 것은 어렵다는 것이고, 둘째, 설령 좋은 영향을 미친다고 해도, 소크라테스나 볼테르 혹은 셸리나 벨린스키에서처럼, "그들을 타락시켰다고" 비난받기 일쑤라는 것, 셋째, 그러나 이런 비난을 일으킬 수 있는 영향도 러시아 청년의 경우에는 해당되기 어렵다는 것이다. 이 러시아 청년들은 대체로 거칠고 대부분 극단적이었기 때문이다.

게르첸의 이러한 착잡함은 아마도 지성(知性)의 현실적 무기력에 대한 자조에서 올 것이다. 그러나 이런 자조에 희망의 싹이 전혀 없는 것은 아니다. 12년 전에 윌리엄 그라임스(W. Grimes)는 게르첸이 남긴 것과 관련하여 이렇게 썼다.

게르첸은 죽을 때까지 어제의 인간이었고, 그의 자연스러운 계승자는 다가올 혁명의 첫 번째 희생자들 사이에 있을지도 모른다. 그의 오래가는 유산은 정당한 민주주의적 러시아가 아니었다. 그것은 『나의 과거와 사상』이었다.[10]

우리가 게르첸을 읽는 것은 인민의 미래와 평등, 정의를 위한 그의 열정을 배우기 위해서이고, 그 열정 속에서 더 나은 사회를 건설하는

10 Grimes, "Rediscovering Alexander Herzen."

데 조금이라도 기여하기 위해서일지도 모른다. 그러기 위해서는 사회정치적 기획의 제출 이상으로 이 기획을 담당한 개개인들의 행동과 성격과 세계관이 투명하고 납득할 만한 것이어야 한다. 그러나 이 일은 쉽지 않다. 개개인의 언행을 더 높은 선의의 수준으로 올리는 것은 혁명보다 어렵다. 이것은 '선의의 내면화' 문제이고, '습관의 생활화' 문제이기 때문이다. 이것은 오랜 교육과 교양의 문제이기 때문이다.

그렇다면 게르첸에게 먼저 배울 것은 이성적 공동체의 건설이 쉽지 않을 뿐만 아니라, 그 건설을 위한 선한 열정마저 인간의 자유를 옥죄일 수 있다는 뼈아픈 사실의 확인일 것이다. 아마도 이런 이유에서라도 "그의 자연스러운 계승자는 다가올 혁명의 첫 번째 희생자들 사이에 있을" 가능성이 높다. 혁명의 대의(大義)뿐만 아니라, 그 폐해를 지적하는 일은 '희생자'가 되기 쉽기 때문이다. 하지만 이처럼 통절한 현실 인식을 통해서만 인간의 품위는 가끔, 어쩌면 그런 필사의 노력 가운데서나마 아주 드물게 견지될 수 있을 것이라는 점이 게르첸이 남기는 가르침의 하나다. 그런 점에서 『나의 과거와 사상』은 오늘 시대의 '노아의 방주'가 될 수도 있다.

더 나은 공동체와 이 공동체를 위한 개개인의 자유는 너무도 중요하지만, 그런 가치의 실현은 어렵다는 것, 하지만 이 어려움 앞에서 낙담하거나 굴복하는 대신 다시 전열을 재정비하며 앞으로 나아가는 것, 아니 나아가려는 선의 속에서만 인간은 자신의 품위를 증거할 수 있음을 우리는 착잡한 마음으로 거듭 확인한다. 이 착잡한 자기 확인 속에서 우리는 게르첸의 '자연스러운 계승자'임을 말해도 좋을 것인가?

19세기 러시아의 저 위대한 지적 전통은 20세기의 혁명 시대에 너무도 많은 정치적 사건과 이념에 의해 왜곡되어 왔다. 그 전통에서 이데올로기적 얼룩을 씻어내고 본래의 정신 — 자유주의적 인문주의를 되살리는 작업은 아마도 게르첸의 저작 없이 불가능한지도 모른다. 그에게는 현실에의 실천적 개입뿐만 아니라, 이런 개입의 좌절에서 오는 절망과 비탄과 회한도 있기 때문이다. 개혁이나 혁명의 열정뿐만 아니라, 이런 열정의 위험에 대한 자각과 감정의 여림과 웃음의 전복성 그리고 사랑의 어려움에 대한 토로가 있기 때문이다. 그는 크고 작은 모든 것에 유의하였고, 이 모든 것은 어떤 명분 아래서도 외면되지 않는다. 그러면서 이 모든 것을 지탱하는 삶을 마침내 '살 만한' 것으로 만들고자 한다. 그의 글에는 인간적 질서의 이성적 토대를 고민하는 고결한 가치에 대한 변함없는 존중이 있다.

자유에 대한 저 고귀한 사랑의 전통에는 아무런 강제나 억압이 없다. 그것은, 마치 삶이 그러하듯이, 그 자체로 추구될 만하고, 마땅히 그렇게 추구되어야 한다. 자유를 그렇게 추구할 수 있다면, 그 공동체는 자연스레 인간의 이름에 어울리게 될 것이다. 아마도 그런 정신의 이름은 '자유주의적 인문주의'라고 부를 수 있을지도 모른다. 그 내용은, 거듭 말하건대, 이데올로기의 추상화 위험에 주의하면서도 삶의 최종적 해답에 대해 불신하고, 진보의 이념을 견지하되 개인적 자유를 훼손하지 않으며, 진위와 선악에 대한 차이 감각 속에서도 그 차이를 넘어선 의미의 지평을 잊지 않는 데 있다. 아니면, 더 간단히, '고매한 정신'이라고 불러도 좋을 것이다. 200여 년 전 어느 뛰어난 지성이 자유와 독립을 갈구하며 남긴 드높은 정신의 유산 말이다.

우리는 회의하고 부정하면서도 나아갈 수 있는가? 인간 본성의 구부러진 한계를 인정하면서도 이 한계 너머의 다른 가능성을 꿈꿀 수 있는가? 인간의 자유와 독립은 이 가능성을 꿈꾸는데, 아니 꿈꿀 뿐만 아니라 실질적으로 모색하는 데서 생겨날 것이다. 이 지평을 여하한의 폭력과 훼손 없이 개척할 수 있다면, 우리는 마침내 인간 자신의 품위를 말해도 좋으리라.

2부

시민적 자유를 위한 헌신
— 언론 활동

'잘 익은 곡식'을 가르치지 말고, 곡식이 자라나는
것을 돕고, 그 성장을 막는 장애물을 치우는 것을
도와라. 그것이 사람이 할 수 있는 모든 것이고, 그
것으로 분명 충분하다.

— 게르첸, 「자유의 총알받이」(1862)

게르첸(1812~1870)이 세상을 떠난 지 올해로 정확히 152년이 지났
다. 하지만 그 평가는 여러 가지로 나뉜다. 그것은 그의 사상적·이념
적 복합성과 그 다채로움 때문일 것이다. 더욱이 그는 급격한 사회정
치적 변화를 겪었을 뿐만 아니라, 그런 이념을 구현하고자 애쓴 러시
아의 지식인이었다. 그리하여 그의 글은 20세기 초 이래 레닌의 혁명
적 교리와 스탈린의 독재 속에서 유지되어 온 이 정치적 파국의 나라
에서 올바른 조명을 받기 어려웠다. 게르첸을 하나의 연구 주제로 삼
는다는 것 자체가 정부의 공식적 견해에 대한 위반이었기 때문이다.

20세기에 들어와서도 적지 않은 지식인들이 게르첸을 읽었지만,
그 읽기는 그다지 넓게 확산되지 않았다. 그의 러시아 저작은 번역되
지 못했고,[1] 그를 읽은 사람들조차 이런저런 이견으로 나뉘어 있었
기 때문이다. 마르크스와 엥겔스는 게르첸을 혁명으로 가는 준비 단
계에서 '별로 달갑지 않은 방해물'로 간주했다. 이들에 대한 게르첸
의 평가도 다르지 않았다. 그 역시 마르크스의 저작을 극도로 싫어했
다. 레닌은 조금 다르게 게르첸을 러시아 사회주의의 이념적 창시자

---

1   게르첸의 저작도 여러 차례 출간되었지만, 표준이 되는 것은 1950년대 10여 년(1954~
1966)에 걸쳐 나온 33권짜리 선집이다.

로 내세웠다. 하지만 이러한 찬사는 그가 모범적인 혁명가 선배여서 가 아니었다. 그는 게르첸의 반체제적 성격이나 농민 옹호를 높이 평가하였지만 — 소비에트 시절의 게르첸 연구는 레닌의 이런 평가를 주로 따랐다 — 그 평가는 바쿠닌이나 여타의 무정부주의자보다 게르첸이 더 유용하였기 때문이지 그 이상은 아니었다. 그럼에도 게르첸에 대한 연구는 면면히 이어졌다.

이러한 논의에서 중요한 사실의 하나는 러시아 사회주의의 이념적 분파가 지극히 다양화되었다는 점이다. 거기에는 사회혁명의 결정론적이고 권위주의적인 요소들뿐만 아니라, 자유주의적이고 비마르크시스트적 면모도 있었다. 게르첸이 강조한 것은 앞의 측면보다는 뒤의 측면이었다. 우리가 주목해야 할 것은, 나의 판단으로는, 사회혁명의 이 같은 자유주의적이고 비마르크시스트적인 측면이요, 그 재구성의 가능성이지 않나 싶다.

이때 게르첸의 재구성이 갖는 구체적 대상은 무엇인가? 그것은 그가 보여준 민주주의적 에토스 — 언론의 자유와 개인적 양심, 민족적·국가적 자기결정의 권리에 대한 옹호일 것이다. 그것은 현대 세계의 변화와 사상의 기나긴 역사에서도 여전히 변함없이 귀중한 가치들로 남아 있기 때문이다.

2부에서의 주된 분석 대상은 캐슬린 파르테가 2012년에 엮어낸 *A Herzen Reader*이다.[2] 이 책은 게르첸이 혁명적 저널리스트로서 1850년에서 1867년 사이에 쓴 여러 편의 에세이와 논설 가운데 100편의

---

2   Kathleen Parthé, "Introduction," *A Herzen Reader*, ed. and trans. Kathleen Parthé(Evanston, Illinois: Northwestern University Press, 2012), p. xv.

글들을 발췌하여 영어로 번역한 후 묶은 책이다.

게르첸의 혁명적 저널리즘에 대한 필자의 논의는 5단계로 이뤄진다. 첫째, 게르첸의 언론 활동이 본격적으로 전개되는 1850년대의 현실은 어떠했는가?(10장) 여기에서 우리는 그가 살았던 당대 현실의 사회정치적 성격을 스케치할 것이다. 둘째, 그의 언론 활동에서의 기본원칙은 무엇인가?(11장 1절-3절) 여기에서 그의 정치적 목표나 인권에 대한 보편주의적 입장이 드러난다. 셋째, 그 글의 특징은 무엇인가?(11장 4절) 그의 방법론은 역사적인 것의 의미를 어떤 집단적인 것에서가 아니라 개인적인 것에서 찾는 데 있다. 그는 자신의 개인적 글쓰기가 '공적 봉사'이기를 바랐다. 넷째, 이 언론 활동에서 게르첸은 어떤 인물로 드러나는가?(12장) 그는 분명 좌파적 열망을 지닌 개혁적 자유주의자이지만, 그래서 러시아 농민 공동체(mir)에서 사회의 모범적 이상을 발견하였지만, 이런 농민적 이상을 추동한 것은 실존적 자아였고, 이 자아의 교양 정신이기도 했다. 그는 세계의 가능성에 열려 있던 넓고 깊은 인간이었다. 다섯째, 우리에게 남는 것은 무엇인가?(13장) 결론적으로 게르첸의 개혁적이고 자유주의적인 언론 활동은 오늘의 현실에서 어떤 의미를 지니는가를 우리는 물을 것이다.

시대 비판적이고 현실 개입적인 언론에서의 이 같은 모습들은, 자서전『나의 과거와 사상』에 나타난 좀 더 사적이고 내밀하며 개인적이고 문학적인 면모들로 보충됨으로써, 그를 좀 더 넓고 균형 잡힌 시각에서 이해하는 데 도움이 될 것으로 여겨진다. 그의 개혁적 자유주의가 지닌 에토스에 대한 조명은, 마치 강성 도덕(hard moral)에 대하여 연성 도덕(soft moral)' 있듯이,[3] 사회주의 혁명 이념의 연성적 차원들, 다시 말하여 인간과 그 현실의 가능성에 대한 더 깊고 넓은 시각에 대한 논의로 이어져야 할 것이다.

이런 논의에서 변함없이 중요한 가치의 핵심은, 앞서 적었듯이, 각 개인의 자유와 인간 존엄성에 대한 존중이 될 것이다. 개인적인 것에 대한 존중은 작게는 개인성을 구성하는 여러 덕목들 — 정직과 양심 혹은 품위에 대한 존중이 될 것이고(소극적 차원), 크게는 폭력과 탄압에 대한 저항이 될 것이다(적극적 차원). 이 두 가지는 모두 지식인의 사회적 책임이라는 윤리의 문제와 결부된다. 게르첸은 개인적인 것을 옹호했지만, 서구 부르주아 중산계급의 이기주의와 천박함을 경멸했다. 여기에는 공적 봉사나 사회적 책임, 명예심이나 품위 같은 가치가 외면되기 때문이었다. 그 점에서 그는 전통적이고 귀족주의적이라고 할 수 있다. 그러나 그는 단순히 전통 고수적이라고 하기에는 너무도 시대 비판적이고 현실 타파적이었다.

이제 게르첸이 활동했던 1850년대를 전후한 현실을 살펴보자.

---

3   인간의 삶을 선하게 하는 데도 여러 방식이 있다면, 강제나 명령 혹은 억압과 규제를 강조하는 것은 '강하고 거친 도덕(hard moral)'이 될 것이다. 이에 반해 사랑과 자비 혹은 공감과 포용을 강조한다면, 그것은 '부드러운 도덕(soft moral)'이 될 것이다. 강성 도덕이 직접적이고 공격적으로 작용한다면, 연성 도덕의 영향력은 간접적이고 수동적이라고 할 수 있다. 그러나 간접적이고 수동적인 방식이 반드시 취약하거나 무효과적인 것은 아니다. 그것은 내밀한 호소력 속에서 좀 더 오래 작용할 수 있다. 부드러운 도덕의 힘은 그 어디에서도 강제하지 않기 때문이다. 사실 문학예술의 호소력은, 그것이 수용자의 자발적 동의와 공감을 통하여 인격의 자연스러운 변화를 야기한다는 점에서 근본적으로 연성 도덕적이지 않나 여겨진다. 예술의 연성 도덕적 효과와 파급력에 대해서는 앞으로도 더 많은 논의가 필요해 보인다.

9장
1850년대의 현실

게르첸이 영국에 도착한 것은 1852년이었다. 그 사이에 그는 스위스와 프랑스 그리고 이탈리아에 체류하면서 갖가지 혁명과 분규로 가득 찬 격동의 나날을 겪었다. 러시아에서 살았던 20대의 청년시절 이후 그가 자연과학이나 철학 그리고 사회사상에 골몰하였다면, 35세 이후 망명 시절에는 서구 유럽의 사회정치적 제도와 현실, 문화적 관습과 시민들의 삶을 생활 속에서 직접 눈으로 보고 몸으로 체험하던 시기였다.

조국으로부터 '항구적 망명'의 판결을 받은 후 게르첸은 유럽 곳곳을 떠다녀야 했다. 추방된 자였던 그에게 고향은 없었다. 조국이나 고향 혹은 국가나 안식처는 그에게 낯선 이름이었다. 이 낯섦은 정치적 망명에서 온 것이지만, 그것은 망명 이후의 전체 삶을 특징지었다. 그리하여 낯섦은 실존적으로 채색된다. '무관심'이나 '냉담'이 낯섦의 감정적 이름이라면, '고독'이나 '쓸쓸함'은 그 실존적 성격일 것이고, '초연'이나 '초탈'은 그의 철학적 자세가 될 것이다. 수십 년에 걸친 그의 정치적 투쟁을 특징지은 것은 바로 이 감정적 냉담과 실존적 고독 그리고 철학적 초연함일 것이다.

다행인 것은 게르첸이 경제적으로 여유로웠다는 사실이다. 러시아를 떠난 후 그의 해외 활동이 늘어나고, 이 활동의 주된 내용이 러시아 현실에 대한 비판이라는 점이 국내로 알려지면서 러시아 당국이나 그 지도층은 귀국을 종용하기 시작하였다. 하지만 그는 거절한다. 그러자 그의 재산은 몰수되었다. 그리하여 게르첸이나 그의 어머니에게 수입이 끊긴다. 이들 모자(母子)가 다시 돈을 받게 된 것은 유럽의 유명한 은행 가문인 로트쉴트(Rothschild) 집안사람들이 차르 황제를 설득했기 때문이다. 돈은 게르첸에게 살아가기 위한 수단이자 무엇보다 정치적 목표를 달성하기 위한 발판이었다. 그는 이렇게 썼다. "돈은 내 무기들 중 하나이고, 그 때문에 낭비해선 안 된다."[1]

이런 물질적 여유 덕분에 게르첸은 35세 이후 죽을 때까지 이어진 외국 생활에서도 큰 어려움 없이 살아갈 수 있었다. 그는 실제로 고급 와인과 값비싼 담배, 여기에 프랑스 코담배까지 즐겼다고 전해진다. 그는 박학다식자인 만큼이나 삶을 향유하는 사람(bon vivant)이었다. 그는 가족뿐만 아니라 주변 지인이나 친구들에게도 너그러웠다고 전해진다. 그뿐만 아니다. 그는 그 돈으로 자유러시아통신을 세웠고, 간행물《종》을 10년 이상 발간했다. 나아가 다른 나라에서 온 정치적 망명객을 환대하기도 했다. 하지만 돈을 빌려주진 않았다고 한다.

---

1   Parthé, "Introduction," xii 재인용.

1. 개인적·실존적 위기

이 시기 게르첸은, 『나의 과거와 사상』에서 이미 살펴보았듯이, 여러 가지 실존적 위기를 겪는다. 그의 어머니와 농아였던 한 아들이 배가 침몰하여 세상을 떠났고, 아내마저 떠났다. 이런 개인적 위기는 그의 정치적·이념적 발전에 심대한 영향을 미친다. 이때 이후 그는 자신의 사회정치적 입장을 총체적으로 다시 고려하고 재평가하기 시작한다.

이 생애적 비극 앞에서 게르첸은 아마도 '개인' 혹은 '개인적인 것'이 무엇이고, '개인적 삶'의 행복과 절망이 무엇인가를 오랫동안 고민했을 것이다. 그때까지 그가 지녔던 혁명적 사회주의 이념에 거품처럼 끼어 있던 크고 작은 환상들이 조금씩 빠져나가면서 더 현실적일 뿐만 아니라 더 체험적이고 내밀하며 실존적인 요소들이 들어서게 된 것이다. 그러나 이러한 전환을 유럽에서 죽어가던 부르주아 민주주의의 개혁 노선과 아직 만개하지 못한 프롤레타리아 혁명주의 사이에서 '어설프게' 포박된 결과라고 평하는 논자들도 있다. 어떻든 그가 글쓰기 작업에 더 맹렬해진 것도 이 무렵이다.

당시 게르첸은 러시아 사회로부터 완전히 절연되어 있었고, 주변의 친구들도 멀리 떠나 있었다. 영국은 전적으로 낯선 곳이었다. 그는 조국의 폭정을 떠올렸고, 낙후된 체제 아래 신음하는 인민의 고통을 생각했다. 그러면서 데카브리스트의 숭고한 개혁 의지와 그 실패와 이런 실패를 아직도 잊지 않고 투쟁하는 러시아 안의 열정적 청년 서클을 떠올렸다. 그러면서 유배 생활에서 보았던 시골 들녘과 숲, 오두막과 눈 덮인 평원과 수많은 얼굴과 아이들의 노랫소리를 떠올리기도 했다. 그는 러시아의 미래를 믿었고, 더 나은 미래를 위해 자신이 해야 할 일을 고민했을 것이다.

게르첸은 꺼져가는 목소리를 현실에서 다시 불러일으키고 싶었다. 나중에 그가 발행한 《종》의 기본 모토는 바로 이것 — "나는 살아 있는 사람을 불러들인다(vivos voco)"였다. 이 작업에서 중심은 10여 년(1857~1867)에 걸친 언론 활동이었다.

2. 사회정치적 상황

그러나 이 저널리즘 활동이 펼쳐지기 전에도 게르첸의 비판적 논설이 없었던 것은 아니다. 이것은 무엇보다 데카브리스트 봉기 25주년을 기억하면서 쓴 「러시아에서의 혁명적 이념의 발전에 대하여」(1850)라는 글에 잘 나타나 있다.[2]

이 글은 1825년 데카브리스트 봉기가 러시아에서 불러일으킨 전 사회적 충격에도 25년이 지나가는 동안 러시아 사회가 크게 달라지지 않았다는 것, 오히려 전제정치는 더 강화되고 비인간적 박해는 심해지면서 잔혹한 사회정치적 반동이 일어났다는 것, 그래서 니콜라이 황제는 무자비한 보수주의자들에게 둘러싸인 채 차갑고 완고하게 변해버렸고, 이에 덩달아 상류계층은 명예심과 위엄을 상실하게 된 상황을 서술하고 있다. 이제 인간적인 감정이나 문명화된 사고를 받아들일 줄 아는 책임 있는 인사들은 보이지 않았다.

---

2 Herzen, *A Herzen Reader*, 3-27. 이하 *Herzen Reader*에 실린 글은 본문 안에 표기한다.

온시되었다. 그리고 그렇게 내려진 처벌은 무려 5년이나 10년 이상 이어졌다. 끔찍한 세월이 아닐 수 없었다. 개인에 대한 법적 판결과 행정적 절차에는 합리적이고 합법적인 이유가 전혀 없었다. 그리하여 곳곳에 침묵과 신음의 고통이 넘쳐났다.

누군가가 스스로 의미 있다고 판단한 일을 추진하다가 그 일을 해 낸 것에 처음에는 기뻐할 수 있다. 하지만 시간이 지나면 그 일도 점차 희미해진다. 그러면서 잘못된 방향을 고치려고 노력하지만 결국 힘에 부쳐 이런저런 타협을 하기도 한다. 하지만 이 타협의 노력도 아무런 메아리를 울리지 못한 채 끝나고 마는 일이 얼마나 많은가? 이 사람의 시도는 고귀했지만, 그 투쟁은 오래가지 못한 채 중단되고, 그도 곧 죽어간다. 센콥스키(O. Senkovsky)가 그랬다.

센콥스키는 완전히 그의 시대 사람이었다. 새로운 시대로 들어가는 입구 주변을 청소하면서 그는 가치 있는 것들과 먼지를 함께 뒤섞었지만, 그러나 자신이 이해하지 못한 다른 세대를 위하여 땅을 깨끗하게 치웠다. 그는 이 점을 스스로 느꼈고, 뭔가 새롭고 생생한 것이 문학에서 생겨 나오자마자 자기 배의 닻을 접고 곧 완전히 사라졌다.(13)

아마도 사람이 해놓을 수 있는 것은, 그것도 열심히 노력하면, 이 정도일 뿐인지도 모른다. "자신이 이해하지 못한 다른 세대를 위하여 땅을 깨끗하게 해놓"는 것, 그러나 "뭔가 새롭고 생생한 것이" 어떤 분야에서 "생겨 나오자마자", "자기 배의 닻을 접고 곧 완전히 사라지는" 일 말이다. 차라리 대부분의 사람들은 그런 일조차 하지 못한 채 죽는 것으로 보인다.

관료들의 강탈과 지방 지주들의 억압은 날이 갈수록 심해졌다. 이 불합리한 체제에 대한 저항은 러시아 곳곳에서, 대도시에서든 지방에서든, 연이어 일어났다. 그 가운데는 몇몇 양식 있고 유능한 장교도 있었다. 하지만 이들은 곧 군대를 떠났다. 분명하게 사고하는 귀족이나 대학생들은 연이어 시베리아 오지나 광산으로 추방당했다. 명망 있는 귀족가문 가운데 추방당한 친인척이 한 명도 없는 가족이란 거의 없었다. 하지만 그 누구도 자신의 슬픔을 토로하기 어려웠다. 러시아 인민들은 고통에 너무도 오랫동안 익숙한 채 살아왔기 때문에 무덤덤했을 뿐만 아니라 무감각해져 있었다. 그들은 부당한 운명 앞에서도 항의할 줄 몰랐다. 그런 절망적인 삶을 아이들 세대로 넘겨주는 데도 자책하지 않았다. 그들은 정치적 삶에서 완전히 유리되어 있었다. 생활 조건의 개선이나 지위 향상에 대해서는 생각조차 하지 못했다. 대부분의 사람들은 사회적 변화보다는 누더기 차림의 거지로 남아 있길 더 원했다.

하지만 사회적 억압과 폭력이 증가함에 따라 농민봉기나 방화 그리고 파괴도 덩달아 일어났다. 모스크바 대학은 이 사회적 저항의 중심지였다. 이곳으로 수도와 지방의 청년들이 몰려들었다. 이곳에서 이뤄진 수년의 교육을 받은 후 이들은 교사나 공무원, 혹은 의사나 군인이 되어 또다시 지방으로 퍼져나갔다.

3. 모스크바와 상트페테르부르크의 차이

그런데 모스크바의 분위기는 상트페테르부르크의 그것과는 상당
히 달랐다. 상트페테르부르크 청년들은, 게르첸의 흥미로운 분석에
따르면, 모스크바 청년들보다 대체로 실천적이었다. 그래서 질서와
기율을 중시하고, 이론의 실제적 적용을 더 높게 평가했다. 그들은
졸업 후 정부 관료나 황실로 진출하는 경우가 많았다. 이와 대조적으
로 모스크바 청년들은 무슨 자리나 지위를 구하기보다는 독립적이고
자 애썼다. 그들은 논쟁을 즐겼다. 그래서 좀 더 시적이고, 좀 더 박
학다식하며 더 이론적이었다.

상트페테르부르크 청년들은 능동적이고 실천적이어서 이론을 실
행할 모임을 결성했다. 그리하여 이론적인 생시몽주의보다는 가치의
즉각적 실현을 도모하는 푸리에주의가 더 맞았다. 데카브리스트 당
원들의 봉기가 이곳 상트페테르부르크에서 무르익었던 것도 그런 이
유에서인지도 모른다. 페트라솁스키 모임(The Petrashevsky circle)도 그
랬다.

데카브리스트의 유령이 25년 뒤에 다시 출현한 것으로 알려진 이
모임은 페트라솁스키(M. V. Petrashevsky, 1821~1866)가 조직한 청년들
의 서클이었다. 이 구성원들은 진보적 문학작품과 무엇보다 푸리에
를 포함한 프랑스의 유토피아 사회주의자들의 저작을 읽고 토론하였
다. 이들은 모든 탄압과 감시에도 초기 혁명가 그룹의 핵심으로 성장
했다. 하지만 그들은 1849년에 발각되어 체포되었다. 이들 회원 가운
데 하나가 바로 작가 도스토옙스키였다. 그는 감옥형을 선고받은 후
시베리아로 추방되었다. 하지만 이 같은 혁명적 사상이 모스크바에

서는 공적 광장으로 나올 만큼 충분히 발전하지 못했다.(21f.)

모스크바와 상트페테르부르크의 이런 분위기적 차이에도 근본적 사회 변화에 대한 러시아 청년들의 관심은 매우 컸다. 이것은 정치의 압제와 정부 관료의 횡포, 귀족 지주의 농민 수탈과 인민들의 가난 때문에 더 그랬다. 사회주의나 혁명에 대한 논의도 그런 맥락 속에 있었다.

이러한 정황은 급진성이 과학이나 철학에서 이뤄질 뿐, 행동에 있어 여전히 보수적이었던 독일에서의 상황과는 판이하게 다른 모습이었다. 독일에서의 급진성은, 헤겔 철학이 보여주듯이, '학문 안'에서의 이론적 급진성일 뿐이었다. 그에 반해 러시아 청년들은 사회주의 이론의 현실적 적용에 더 큰 관심을 가졌다. 이들은 졸업 후 정부나 황실에서 복무하기보다는 시골로 내려가거나 외국에서 몇 년 보내다가 진보주의 사상으로 무장된 채 돌아왔다. 그리고 귀국 후 자신의 영지에서 생애를 보내면서 외국에서 발간되는 잡지나 신문을 구독하며 유럽에서의 지적 경향을 습득했다. 실제로 고골이나 투르게네프, 톨스토이나 도스토옙스키, 아니면 체호프의 소설에서는 이런 장면들이 빈번하게 나온다.

게르첸의 아버지도 그런 양식 있는 지주들 가운데 한 사람이었다. 그는 당시의 여느 생각 있는 지주들처럼 도서관을 갖고 있었고, 시골집에서 프랑스와 독일에서 발행되는 신문과 소설을 주문해서 읽고 토론했다. 그 무렵 금지된 책을 갖는 것은 지식인 사회에서 유행이기도 했다. 이렇게 읽힌 것들 가운데는 푸시킨이나 고골 같은 러시아 작가의 뛰어난 작품도 있었다. 고골은 그 어떤 러시아 작가보다 궁정의 삶이 아니라 인민의 삶에 깊게 공감하였고, 그 어떤 작가보다 외국의 영향으로부터 자유로웠다. 게르첸은 이렇게 쓰고 있다.

『죽은 혼』은 모든 러시아인을 일깨웠다. 그러한 고발은 동시대 러시아에 필요했다. 그것은 거장의 손에 의해 쓰인, 병에 대한 이야기다. 고골의 시학은 테러와 수치에 대한 외침인데, 그 외침은 자신의 짐승 같은 특성을 거울에서 갑자기 보게 된, 저속한 삶으로 비하된 인간에 의해 언급된 것이다.(20)

국내외에서 일어난 정직한 목소리는, 차다예프나 벨린스키가 보여주듯이, 큰 역할을 했다. 이들은 당대 러시아 인민들이 왜 고통을 치르고 있는지, 이들이 고통을 치르는 동안 이 얼어붙은 현실에서 이득을 보는 자는 누구이고, 고통의 어두운 지옥에서 벗어나기 위해서는 무엇을 해야 하는지를 대담하고도 용기 있게 물었다. 차다예프나 벨린스키는 서슴없었다. 그들의 논조에는 타협과 유머, 평화와 관용이 있기 어려웠다. 이 점에서 그들의 작품은 투르게네프의 작품과 달랐다. 그들은 비판받고 지적받았지만, 이 가차 없는 대담성에 그들의 위대한 업적이 있었다.

1825년 데카브리스트 봉기는 이런 저항적 시도의 시발점이 된 역사적 사건이었다. 동시대 사람들은 자유로운 인간의 추방과 죽음을 보았다. '자유'나 '진보'의 이념은 쉽게 말하기 어려웠다. 그것은 현실에 구현되기 어려웠다. 대신 침묵과 회의, 부정과 분노가 지배했다. 진리는 잔혹한 것이다. 아무리 물어도 답변할 수 없는 의문이 있고, 이런 의문 속에서도 우리는 매일 물어야 하며, 이 물음 속에서 자기가 취약하다는 사실도 받아들여야 한다. 사랑의 마음으로 미워할 수도 있고, 인간성을 위해 경멸하기도 하며, 두 손과 두 발이 묶여도 머리는 꼿꼿이 세운 채 자존을 지켜야 할 때도 있다. 살아남기 위해, 오직 살기 위해서 자존심마저 죽여야 하는 비참하기 그지없는 경우도 있다. 아마도 1820년대에서 1850년대까지 이어진 러시아 현실이 그러했을 것이다. 바닥없는 심연의 나날이 이어졌다.

이런저런 곡절과 우회로를 돌아 한 곳으로 모아진 개혁적 생각들은 사회 전체적으로 유통되면서 점차 퍼져나갔다. 사실 이들은 1820년대 이후 러시아 사회의 주된 진보세력을 이루었다. 그 무렵 러시아는, 이 나라의 광활한 면적을 고려한다면 쉽게 단순화하기 어렵지만, 크게 '유럽화한 러시아'와 '민족주의적인 러시아'로 나뉘게 되었다. 유럽화한 러시아에 지각 있는 귀족과 지방 지주 그리고 모스크바 대학생이 있었다면, 민족주의적 러시아에는 상트페테르부르크의 황실과 관료 사회 그리고 보수파와 슬라브주의자가 자리했다. 이 두 파의 간극은 어떻게 메워질 수 있는가? 그것은 러시아 사회는 어떻게 변해야 하는가라는 물음과 이어진다.

이 물음은 사실상 1800년대 러시아가 당면한 가장 큰 사회정치적 질문이기도 했다. 한쪽에서는 유럽에 의지해서는 아무것도 이룰 수 없다는 것, 그래서 유럽이 아니라 '러시아 안'에서, 그리고 미래가 아니라 과거에서 그 대안을 찾으려고 했고, 다른 한쪽에서는 러시아가 아니라 서구 유럽에서 해결책을 찾고자 했다. 이렇게 하여 슬라브주의자와 유럽주의자의 대립이 생겨난다. 게르첸의 언론 활동도 이 두 흐름의 자장 안에 자리한다.

10장
혁명적 저널리즘
(1857~1867)

악은 빛을 두려워하고, 악은 공공성을 두려워하며,
악은 자유를 두려워한다. 하지만 절대적 권력은 이
모두를 두려워한다.

— 게르첸, 「앞으로! 앞으로!」(1856)

게르첸이 영국에 도착한 지 6개월도 되지 않아 자유러시아통신을
세운 것은 아마도 삶의 이 같은 총체적 위기감을 벗어나기 위한 출구
를 원해서였을 것이다. 이 언론 활동은 그의 말년의 모든 노력이 투
입된 가장 중요한 일이었다. 그가 《북극성》에 착수한 때는 1855년 니
콜라이 1세의 사후였다. 《북극성》은 러시아에 대한 연감을 작성하였
는데, 이 인쇄 사업은 처음 2년 동안 순탄하게 진행되지 않았다. 그러
다가 니콜라이 오가료프가 런던에 도착하여 이 일에 참여하면서 활
기를 띤다.

어린 시절부터 알고 지내던 오가료프는 20대의 게르첸이 모스크바 대학 시절 저 유명한 데카브리스트들의 실패를 되새기기 위해 참새 언덕에서 같이 맹세했던 친구이기도 했다. 그는 《북극성》을 보충하는 새 신문을 고민하고 있었고, 이 새 작업을 친구에게 맡겼다. 그러니까 《종》은 처음 두 번의 발행 후 게르첸과 오가료프가 공동 편집하여 출간된 증보판이다. 《종》은 그 후 10여 년 동안 총 245호까지 나오면서 19세기 유럽에서 가장 오랫동안 발행된 망명 저널의 하나로 평가받는다.

이 잡지는 최정점 시절에는 2500부까지 발행되었고, 이렇게 발행된 책자들은 발행부수보다 더 많은 사람들 사이에서 광범위하게 읽혔다. 그것은 영국이나 프랑스 그리고 독일로 퍼졌을 뿐만 아니라, 폴란드를 통해 국경에서의 검문검색이나 사전검열을 뚫고 러시아 안으로 반입되었다. 그것은 물론 불법이었다.

《종》에 발표된 게르첸 글의 주된 독자는 러시아 정부의 고위관료나 궁정 귀족을 포함하는 지배층 그룹이었다. 외국에서 출간된 책이나 출간물은 그 밖의 사람들에게 금지된 반면 고위층 사람들에게는 허용되었기 때문이다. 그러나 《종》의 독자는 이들에게 한정된 게 아니었다. 러시아의 여러 지식인이나 개혁가 혹은 혁명가들 사이에서도 읽혔고, 나아가 외국에서, 이를테면 폴란드나 독일에 있던 지식인들 사이에서도 읽혔다. 이 간행물은 내용의 선동성과 혁신성 때문에 엄청난 논쟁을 야기하면서 수용되었다. 모스크바 대학 학생들은 그의 대담한 발언에 고무되어 그 글을 복사하여 비밀 모임에서 나눠 읽기도 했다. 또 우크라이나나 시베리아 같은 오지에서 그의 글을 읽고 동료에게 말하거나, 일기에 감상문을 남긴 사람들도 있었다. 그리고 읽고 난 독후감을 영국의 게르첸에게 보내는 경우도 있었다.

이처럼 폭넓게 수용된 《종》의 사설은 마침내 차르 황제에게까지 들어간다. 러시아의 공적 여론에서 게르첸의 간행물이 갖는 파급력은 시간이 지나면서 이처럼 막대하게 되었다. 그가 처음 사용했던 표어인 "토지와 자유(zemlia i volia)"나 "인민 속으로(V narod!)"는 실제로 젊은 세대의 투쟁 구호가 되었다. 여기에는 작가적 소양과 글쓰기 능력뿐만 아니라 출판 행정력, 그리고 무엇보다 이 모든 것을 감당한 그의 재정적 토대 — 유산(遺産)이 있었다.

게르첸이 죽기 2년 전까지 발간된 《북극성》과 《종》은 자서전 『나의 과거와 사상』과 더불어 삶의 말년까지 그와 동반하였다. 1847년 이래 조국을 떠나 23년이나 해외에서 떠돌아다녔던 그에게 귀향의 문제는 참으로 절실했을 것이다. 실제로 그는 러시아로 돌아가고 싶은 마음을 주변 친구들에게 자주 토로했다. 그가 갈 수 없는 처지였다면, 그가 죽기까지 발간한 간행물은 떠나온 나라를 그리워하는 마음의 표현이었을 것이다.

1. 강압·편견·광기에 거슬러 — 기본원칙

1863년에 이르기까지 러시아 사회의 개혁 프로그램은 지지부진했다. 그것은 무엇보다 차갑고 잔혹한 차르 황제와 그 옆에 기생하는 무능한 정부 관료들, 그리고 이들의 횡포와 수탈에 동조하는 지방 지주들 때문이었다. 여기에 무지한 인민들의 가난한 삶도 자리했다. 이 상황에서 사회의 급진적 변화 — '혁명'은 불가피해 보였다.

게르첸도 그 시대의 많은 진보 지식인들처럼 혁명에 동조했고, 사회주의 이념의 진실을 믿었다. 철학에서는 급진적이었지만 행동에서는 보수적이었던 독일인의 성향은 그에게 불만스러웠다. 독일인은 학문과 혁명의 밀접한 결합을 인정했지만, 사회주의에는 별 관심을 갖지 않았기 때문이다. 독일인의 이 같은 이원주의를 그는 좋아하지 않았다. 하지만 그에게도 이런 이원주의와 그 모순이 없었던 것은 아니다. 사회주의는 이론과 지식을 통치에 적용시키는 자연스러운 귀결로 보였지만, 1848년 이후의 그는 프랑스 혁명의 좌절을 겪은 다음이었다. 그는 빈이나 베를린에서의 혁명이 도달한 불행한 결과를 목도하였다.

그러나 이원주의적 모순에도 게르첸이 지닌 문제의식의 바탕이 시종일관 개혁적이었다는 사실은 분명해 보인다. 그 개혁의 내용은 두 가지 — 자유로운 의사 표현과 농노해방으로 수렴된다.

1.1. 자유로운 의사 표현

1830년과 1848년 사이 서구 유럽에서 일어난 여러 혁명의 실패는 러시아 차르 왕정의 반동 복고를 정당화하는 좋은 구실이 되었다. 사회 분위기는 다시 급속도로 냉각되었고, 농노해방의 계획은 포기되었으며, 모든 출판물과 모임에 대한 검열은 강화되었다. 대학에서의 강연이나 세미나는 말할 것도 없고, 책과 시 같은 문학작품뿐만 아니라 사람들의 옷차림이나 여성과 아이들의 생활까지 통제받았다. 러시아는 절대적 전제군주국이고 거대한 농노 국가였다.

게르첸은 다양한 형식의 글을 통해 러시아의 정치적 폭압과 문화적 낙후성, 도덕적 몽매, 그리고 체제적 부정의와 잔혹성, 지속적 남용과 실정(失政)을 비판하였다. 이것이 가장 잘 나타나는 것은 1853년 2월 21일에 쓴 「런던의 자유러시아통신」이라는 글이다. 그 일부를 인용한다.

러시아에 있는 우리 형제들에게

왜 우리는 침묵하는가?

정말 우리에겐 말할 것이 없는가?

아니면 감히 말하려고 하지 않기 때문에 침묵하는가?

고국에서는 자유로운 러시아 말을 할 자리가 없다. 그러나 그것은, 적절한 시간이 되면, 어디서든 울려 퍼질 수 있다.

당신들이 침묵하기 얼마나 어려운지, 모든 감정과 모든 생각 그리고 모든 충동을 숨기는 것에 어떤 대가가 필요한지 나는 안다.

자유롭게 열린 채로 말하는 것은 위대한 것이다. 자유로운 표현 없이 인간은 자유로울 수 없다. 어떤 것을 준다고 해도 사람들은 자신의 생명을 주거나, 자기의 고향을 떠나거나, 자신들의 재산을 포기하지 않는다. 오직 약하고 두렵고 미성숙한 것만 자신을 숨긴다. '침묵은 동의의 표시이고', 그것은 분명히 포기이고, 희망 없음이며, 머리를 숙이는 일이고, 절망을 인정하는 일이다.

표현의 개방성은 숭고한 선언이고, 행동에의 전환이다.

이제 러시아 밖에서 러시아어로 출판할 시간이 된 것으로 보인다. 당신들은 우리가 옳은지 아니면 그른지 보여줄 것이다.

나는 외국어의 족쇄를 제거하여 다시 한번 내 모국어를 획득한 첫 번째 사람이고자 한다…

어떤 일도 저절로, 아무런 노력이나 의지 없이, 희생이나 일 없이 일어나지 않는다. 인간의 의지, 한 사람의 견고한 의지는 믿을 수 없을 만치 위대하다.

우리보다 훨씬 탄압받는 우리의 폴란드 형제들이 무엇을 하고 있는지 물어보라. 그들은 지난 23년 동안, 경찰의 줄과 정보원의 망을 피하면서까지, 그들 동포가 원하던 모든 것을 보내지 않았던가?

그리고 이제, "우리의 자유를 위하여, 그리고 당신들의 자유를 위하여"라고 적힌 위대한 슬로건에 진실하도록 그들은 우리에게 한 손을 뻗치고 있다. 그들은 우리가 해야 할 일의 4분의 3을 덜어주고 있고, 나머지는 당신 스스로 할 수 있다.

런던에 있는 민주적 폴란드 형제들은 자유 러시아 인민과의 형제애적 유대의 표시로, 당신들에게 러시아로 책을 보내고, 거기로부터 온 원고를 우리에게 보내줄 수단을 제시하고 있다.

그런 자료를 가지고 와서 참여하는 것이 당신들의 일이다.

당신들이 원하는 것을 보내달라. 그러면 자유의 정신으로 쓰인 모든 것이, 통계나 역사에 대하여 과학적이고 사실에 기반한 논문부터 소설과 이야기 그리고 시에 이르기까지, 인쇄될 것이다.

우리는 이 모든 자료를 무료로 인쇄할 준비가 되어 있다.(28-29)

위의 글은 러시아 당국의 엄격한 검열에 도전하기 위해 게르첸이 런던에 설립한 인쇄소에서 쓴 선언문이다. 그 요지는 지금 보아도 놀랍도록 명료하고, 그 내용은 설득력 있어 보인다. 이 글은 자유러시아통신과는 별개로 인쇄되었다. 이 글에서 강조되는 내용은 간단히 세 가지로 정리될 수 있다.

첫째, '자유롭게 그리고 공개적으로 말하는 일'의 가치다. 그는 이렇게 강조한다. "자유롭게 열린 채로 말하는 것은 위대한 것이다. 자유로운 표현 없이 인간은 자유로울 수 없다." "표현의 개방성은 숭고한 선언이고, 행동에의 전환이다." 이때 '자유롭다'는 것은 '검열받거나 통제되지 않는'이라는 뜻일 것이다.

둘째, 자유로운 언로의 확보를 게르첸은 '러시아 밖에서', 그러니까 '자유러시아통신'의 설립을 통해서 시도한다. "이제 러시아 밖에서 러시아어로 출판할 시간이 된 것으로 보인다… 나는 외국어의 족쇄를 제거하여 다시 한번 내 모국어를 획득한 첫 번째 사람이고자 한다."

셋째, 이 일에는 러시아인만 관계하는 게 아니라, 런던에 거주하는 다른 나라의 망명객들 — "폴란드 형제들"도 관여하고 있다는 사실을 그는 알린다. 그러면서 그들은 '우리' 러시아인들보다 "더 억압된" 사람들이라고 평한다. 그러니 러시아 국내에 있는, 생각을 같이하는 사람들이 더 분발해야 하지 않겠느냐는 것이 게르첸의 뜻일 것이다.

여기에서 나오는 하나의 원칙 — "'우리의 자유를 위하여 그리고 당신들의 자유를 위하여'라고 적힌 위대한 슬로건"은 다시 한번 상기할 만해 보인다. 다시 적어보자. 그것은 '우리만의 자유'가 아니다. 그렇듯이 '그들만의 자유'를 위한 것도 아니다. 이 자유는 '우리'와 '당신들'을 모두 포함한다. 자유가 위대한 이념인 것은, 그것이 '우리'나 '그들'만 편드는 게 아니라 존재하는 모든 인간을 포함하기 때문이다. 즉 보편 이념이기 때문이다. 게르첸은 러시아 인민의 자유를 원하듯이 폴란드 인민의 자유를 원하고, 러시아 인민의 독립을 지지하듯이 러시아로부터의 폴란드 독립도 지지한다. 이렇게 독립된 두 나라의 인민이 형제처럼 결속하게 될 날을 그는 희망한다. 그는 편협한 의미의 국수주의자나 민족주의자가 결코 아닌 것이다.

그리하여 독립과 자유의 보편 이념은 어느 나라에 소속된 사람들에게라도 예외 없이 중요한 가치가 아닐 수 없다. 1830년 폴란드 봉기에서 나온 이 슬로건은, 1968년 프라하 봉기 시절 바르샤바 동맹군이 침공했을 때, 소비에트 반체제주의자들이 게르첸의 이 정신을 계승하여 붉은 광장에서 내건 슬로건이 되기도 했다.

1.2. 농노해방

위 인용문이 쓰인 지 4개월 후 「성 게오르기의 날! 성 게오르기의 날!」이 자유러시아통신에서 발행되었다.[1] 앞의 글이 말과 표현의 자유를 내세웠다면, 뒤의 글은 농노해방을 부르짖은 것이다.

러시아 귀족들 귀하,

외국에서 보내는 첫 번째 자유로운 러시아어가 당신들에게 부쳐지기를.

독립에 대한 요구, 자유를 위한 노력, 그리고 지난 세기의 모든 지적 활동이 일어났던 것은 당신들 속에서였다.

다른 국민들의 눈과 그 자신의 눈에는 러시아를 구하는 자기희생적 소수가 당신들 가운데서 발견될 수 있다.

당신들의 신분에서 무라비요프(Muravyov)와 페스텔(Pestel), 릴레예프(Ryleev)와 베스투제프(Bestuzhev)가 나왔다.

---

1   성(聖) 게오르기의 날(St. George's Day)에 대해 간단히 살펴볼 필요가 있다. 성 게오르기는 기독교의 7대 영웅 가운데 하나로 서기 303년에 순교하였다. 그는 나라마다 조금씩 다르게 숭배된다. 이를테면 영국에서는 14세기에 왕 에드워드 3세가 그를 잉글랜드의 수호성인으로 정한 후 그 이름이 알려지게 되었다. 그에 반해 러시아에서는 행운을 주관하는 성인으로서 매년 11월 26일에 기념되는데, 이 하루 동안 농민은 주인을 바꿀 수 있는 권리를 가졌다고 한다. 그런데 이 권리조차 제한되다가 17세기가 지나면서 완전히 철폐되었다.

당신들의 신분에서 푸시킨과 레르몬토프가 나왔다.

그리고 결국 조국을 떠났고, 외국에서 마침내 자유러시아 연설이 울려 퍼지게 한 우리도 당신들의 계급에서 나왔다.

그러므로 우리는 당신에게 먼저 향한다.

책망의 언어가 아니라, 지금 이 순간에 불가능한 싸움에 대한 호소로서가 아니라, 우리의 공통된 비판과 우리의 공통된 부끄러움에 대한 친절한 말로서, 형제애적 조언을 담아서.

노예라는 것은 슬프고 부끄러운 것이지만, 훨씬 더 슬프고 부끄러운 것은 우리의 농노제가 필요하고, 그것이 사물의 질서 속에 있고, 그것이 자연스러운 결과라고 여기는 일이다.

우리의 영혼에는 거대한 죄악이 있다. 우리는 그것을 물려받았고, 그래서 죄가 없지만, 그러나 우리는 그 유산에 잘못 매달려 있고, 그것이 우리를 무거운 돌처럼 밑바닥까지 끌어내리고 있다. 그것을 목에 얹은 우리는 물 표면으로 일어나지 못할 것이다.

우리가 농노인 것은 우리 조상이 비인간적 인권을 받는 대신 그들의 인간적 위엄을 팔았기 때문이고, 우리는 이 권리를 즐긴다.

우리는 주인이기 때문에 우리는 농노다.

우리는 지주이기 때문에 하인이고, 우리의 옳음에 대한 아무런 믿음도 없는 지주다.

우리가 농노인 것은 우리가 출생이나 피 그리고 언어에서 우리와 같은 우리 형제를 속박하고 있기 때문이다.

농노제의 저주가 우리 위에 드리워져 있는 한, 우리의 가슴 속에서 비열하고 부끄러우며 완전히 부당한 농민 농노제가 계속 존재하는 한, 우리를 위한 자유는 없다.

러시아의 새로운 삶은 성 게오르기의 날과 시작할 것이고, 성 게오르기의 날과 더불어 우리의 해방은 시작할 것이다.

자유로운 인간이면서 하인을 물건처럼 사고, 동물처럼 파는 것은 불가능하다.

자유로운 인간이면서 농민을 매질하고, 하인을 감옥으로 보내는 것은 불가능하다.

인간 영혼의 소유자로서 인간의 권리조차 말하는 것은 불가능하다.(31-32)

게르첸이 외국에서 쓴 글의 첫 독자들은, 「러시아에서의 혁명적 이념의 전개에 대하여」(1850)가 보여주듯이, 러시아의 지배계급과 그 관료들이었다. 러시아 당국의 검열위원회는 외국 책자의 반입을 금지하고 있었지만, 이 예외적 인물들은 이 책자를 받아볼 수 있었기 때문이다. 이 글은 상트페테르부르크의 고위 정부 관료를 향해 직접 쓰인 것이다.

이 대담한 글이 강조하는 것은 크게 두 가지다. 첫째, 낙후된 러시아 사회에 필요한 것은 "독립에 대한 요구"와 "자유를 위한 노력"이라는 것이고, 둘째, "지난 세기의 모든 지적 활동이 일어났던 것은 당신들 속에서였다"는 사실이다.

이때 당신들이란 누구인가? 그것은 "러시아를 구하는 자기희생적인 소수"이다. 더 구체적으로 "무라비요프와 페스텔, 릴레예프와 베스투제프" 같은 인물들이다. 이들은 1825년 12월 봉기 이후 그 이듬해 처형된 다섯 명의 데카브리스트 당원들 가운데 네 사람이다. 이렇게 이들의 이름을 거론하는 일 자체가, 데카브리스트 운동이 일어난 지 28년이 지난 당시 관점에서 보면, 매우 대담한 것이었다. 그뿐만 아니다. 이들 각성되고 양식 있는 귀족계급 가운데서 푸시킨과 레르몬토프도 나왔다. 그리고 우리 — 자유러시아통신을 발행하는 사람들 — 게르첸을 비롯한 편집진도 같은 귀족 출신이다.

그리하여 게르첸은 단순히 그들 러시아 귀족을 책망하거나, 이들에게 싸움을 호소하는 게 아니라 "형제애적 조언"으로 말한다. "노예라는 것은 슬프고 부끄러운 것이지만, 훨씬 더 슬프고 부끄러운 것은 우리의 농노제가 필요하고, 그것이 사물의 질서 속에 있으며, 그것이 자연스러운 결과라고 여기는 것이다. 우리의 영혼에는 거대한 죄악이 있다. 우리는 그것을 물려받았고, 그래서 죄가 없지만, 그러나 우리는 그 유산에 잘못 매달려 있고, 그것이 우리를 마치 무거운 돌처럼 밑바닥까지 끌어내리고 있다… 우리가 농노인 것은 우리의 조상이 비인간적 인권을 위해 그들의 인간적 위엄을 팔았기 때문이고, 우리는 이 권리를 즐긴다." 심각한 자기비판이고 자기 직시가 아닐 수 없다.

게르첸의 언어는 격정에 차 있지만 차분하고, 흥분한다기보다는 사실에 충실하다. 그는 현실에 밀착하여 이 현실의 부정(不正)과 비리를 있는 그대로 지적한다. 그의 글이 지닌 호소력은 사실 충실의 서술력에서 온다.

2. 살아 있는 자를 소환한다(Vivos voco)

게르첸이 언론 활동에서 '강압과 편견 그리고 광기에 거스르는' 기본원칙 아래 '표현의 자유'와 '농노의 해방'을 추구하였다면, 이 원칙을 지탱한 정신은 무엇이었을까? 그것은 1857년에 게재된 「비보스 보코」라는 글에 잘 나타나 있다.

> 어디에서나, 그리고 모든 문제에 있어서 강압에 맞서 자유의 편에 서고, 편견에 맞서 이성의 편에 서며, 광기에 맞서 과학을 편들며, 후진적 정부에 맞서 진보적 인민 쪽에 서는 것이다. 이것이 우리의 일반적 신조다….
> "검열로부터 표현의 자유
> 지주로부터 농노의 자유
> 신체적 처벌로부터의 자유"(54-55)[2]

게르첸의 이런 언론 정신은 《종》의 사설에서 되풀이하여 천명된다. 그만큼 이 자유가 러시아의 당대 현실에서 시급한 사회정치적 현안이었기 때문이다. 그는 강압과 편견, 광기와 후진적 정부에 맞서 자유와 이성 그리고 과학과 진보적 인민을 옹호한다. 이 자유와 이성, 과학과 인민을 위한 정신은 어디에서 오는가? 그것은, 니콜라이 시대의 현실에서 보면, 무엇보다 1825년 12월의 데카브리스트 운동 이후 내려오던 위대한 정신의 유산이었다.

게르첸이 비보스 보코 — "나는 살아 있는 자를 불러낸다"를 하나의 모토로 내건 것도 이런 이유에서였다. 그것은 실러(F. Schiller)의 시 「종의 노래(Das Lied von der Glocke)」에서 따온 구절이었다. 실러는 이 구절을 스위스의 샤프하우젠(Schaffhausen)에 있는, 15세기에 지어

---

2   따옴표로 강조된 게르첸의 표어는 《종》에 반복적으로 나타난다. 1860년에 발표된 「1860년」이라는 글에서도 이렇게 적혀 있다. "우리의 생각과 말은 오직 아래 사항에 있다. 지주로부터의 농노의 해방, 검열로부터 말의 해방, 공적 비밀의 어두움으로부터 법정의 해방, 방망이와 채찍으로부터 등의 자유."(103)

진 어느 교회 건물의 종(鐘)에 적힌 것을 보고 따왔다고 한다.

> 나는 살아 있는 자를 소환하네(Vivos voco).
> 나는 죽은 자를 위해 눈물 흘리네(Mortuous plango).
> 나는 불빛을 흩트리네(Fulgura frango).[3]

마치 실러가 자유로운 조국을 위해 살아 있는 자를 현재로 불러들였듯이, 게르첸도 실러의 이 문제의식을 본받아 러시아 현실에 적용시키고자 했다. 그는 러시아 현실 아래 숨죽인 채 살아가는 사람의 목소리를 자신의 글로 소환하려 한 것이다. 그 구체적 내용은, 앞서 적었듯이, '검열이 없는 표현의 자유'이고, '토지 소유자로부터 노비의 해방'이며, '신체적 처벌로부터의 자유'였다. 게르첸은 1858년 7월 1일 자 《종》에 적고 있다.

> 우리는 하나의 모토 — "나는 살아 있는 것을 소환한다!"를 세웠다. 러시아의 살아 있는 인민은 어디에 있는가? 심지어 법정에도 살아 있는 사람들이 있는 것처럼 보였고, 그래서 우리는 그들에게 우리의 말을 보냈다. 그 점을 우리는 후회하지 않는다. 무엇이 일어나든, 주권자는 농노를 해방시키는 절차를 시작하였으므로 역사에서 위대한 이름을 얻었고, 그래서 우리의 고마움은 변하지 않았다. 하지만 우리는 할 말이 없다. 살아 있는 자들이란 농노제나 법정에서의 자의성이나 경찰의 고의성을 생각할 때면 얼굴을 붉히고 눈물을 흘리는, 러시아 전역에 흩어진, 생각이 있는 사람들이고, 모든 계급의 선한 사람들이며, 남자와 여자, 대학생과 관료들

---

3 Pathe, "Introduction", xviii. 재인용.

이다. 그들은 개방을 열렬히 바라는 사람들이고, 우리 글을 공감 속에 읽는 사람들이다.

'종(鐘)'은 그들의 기관이고 그들의 목소리다. 척박하고 돌처럼 냉랭한 높은 곳에서는 그 소리를 듣는 사람이 없지만, 골짜기에서는 순수한 소리가 더 강력하게 울려 퍼진다.(77)

이런 식으로 게르첸은 《종》의 사설로 낙후된 현실에 경종을 울렸다. 그것은 온갖 권력의 횡포와 자의성 그리고 그 고의성에 저항하는 목소리였다. 살아 있는 사람이라면 누구나 강요와 편견과 광기에 거스르는 '종'의 소리를 경청할 것이고, 이렇게 들으며 자유와 이성과 과학을 옹호하는 또 하나의 종소리가 될 것이었다. 이 종소리가 더 넓게 울려 퍼지길 기대하며 그는 자신의 과업을 계속했다.

게르첸의 이 작업에 많은 사람들이 국내외를 막론하고 공감하는 편지와 격려를 보냈다. 물론 비판이나 힐난과 오해도 있었다. 하지만 그는 각성의 종소리를 울리며 러시아적인 것의 추하고 낙후되며 굴종적이고 비열한 것과 결별하는 가운데 '살아 있는 자를 불러내고자' 애썼다. 비보스 보코! 양심과 자유와 정의의 목소리는 소환되어야 했다. 그것은 살아 있는 생생한 것이어야 했다. 모든 정직한 것은 지금 여기에 마땅히 살아 있지 않으면 안 된다.

3. 인간 권리의 보편주의

> 우리는 하나의 사랑을 지녔지만, 동일한 사랑은 아
> 닙니다.
>
> — 게르첸, 「콘스탄틴 S. 악사코프」(1861)

게르첸의 말은 강력하다. 《종》의 사설은 특히 그렇다. 그것은 혹독한 전제군주제의 나라에서, 억압된 언론과 자의적 권력이 지배하는 나라에서 드문 양심의 외침이 아닐 수 없다. 그래서 160여 년이 지난 오늘의 현실에서도 울림을 가진 것처럼 느껴진다. "우리가 농노인 것은 우리가 출생이나 피 그리고 언어에서 우리와 같은 우리의 형제를 속박하고 있기 때문이다."

우리는 "출생과 피 그리고 언어"에 의한 차별을 넘어설 수 있어야 한다. 그것은 자의적이고, 따라서 폭력적이기 때문이다. 이득이나 권력 혹은 위계는 이런 인위적 구분 위에 서 있기 때문이다. 모든 '위계'나 '서열'이 나쁜 것은 물론 아니다. 사실 예(禮)라는 것은 근본적으로 위계적 규범이다. 이런 규범을 통해 '순서'와 '질서'가 생겨나고, 그래서 혼란과 무질서가 예방되는 것이다. 마찬가지로 모든 권력이 '사악한' 것은 아닐 것이다. 이를테면 공적 권력 — 공권력이 정당할 때, 그것은 믿음을 준다. 정당한 공권력의 행사란 공동체 전체의 안정을 위해 얼마나 중요한가? '권위'도 마찬가지다. 힘이 권력화하는 것은 곤란하지만, 그러나 권위란 전통이 오랜 사회에서는 존중되어야 할 자연스러운 가치로 남는다. 고전이나 정전(正典, canon)도 마찬가지다. 그렇다면 문제는 권력과 위계의 자의적이고 부당한 사용, 즉 오용이나 남용이다.

　게르첸의 생각이 지닌 힘은 그 생각에 내장된 보편주의적 설득력에 있지 않나 싶다. 그의 신분 개념은 출생과 피 그리고 언어를 넘어선다. 그것은, 폴란드 봉기와 관련하여 보았듯이, 민족이나 국가도 넘어선다. 그는 세계주의적이기 때문이다. 그와 관련된 글을 한 구절 더 읽어보자.

> 우리가 폴란드에 찬성하는 이유는 우리가 러시아에 찬성하는 까닭이다. 우리가 폴란드 편에 서는 것은 우리가 러시아인이기 때문이다. 우리는 러시아를 위해 자유를 원하기 때문에 폴란드를 위해서도 독립을 원한다. 우리가 폴란드 사람들과 같이 있는 이유는 우리도 일련의 족쇄에 묶여 있기 때문이다. 우리가 그들과 함께하는 이유는 스웨덴에서 태평양까지, 또 백해(White Sea)에서 중국에 이르기까지 뻗어 있는 러시아 제국의 불합리성이 상트페테르부르크에 의해 속박된 인민들에게 어떤 축복도 가져다줄 수 없다고 분명히 확신하기 때문이다… 그렇다. 우리는 인민을 위하기 때문에 제국에 반대한다.(187)

　게르첸의 논리는 명쾌하다. 그러면서도 거기에는 논리가 있고, 절도가 있다. 그래서 단정하게 느껴진다. 그가 폴란드를 옹호하는 것은 폴란드 '국가'가 아니라, 이 국가 안에 사는 사람들, 즉 그 인민들 때문이다. 그렇듯이 그는 자신의 조국인 러시아 제국을 믿는 것이 아니라, 이 나라에 사는 익명의 말 없는 다수를 더 믿는다. 인민에 대한 이 믿음 속에서 그는 나라나 국가, 민족이나 인종의 구분을 넘어선다. 이렇게 넘어서서 보편주의적 가치 지평으로 나아가는 것이다.

　게르첸은 조국 러시아를 사랑하지만, 그가 러시아 사람이라는 사실보다는 그가 족쇄에 묶여 있다는 사실이 그에게 더 중요하다. 바로 이 점에서 그는 그와 똑같이 족쇄에 묶인 폴란드 사람에게 연대감을 느낀다. 그리하여 이 연대감은 그의 국적보다 중요하다. 마찬가지로 억압에 대한 그의 저항은 평등의식으로 나아가고, 이 평등의식은 더 넓은 지평에서 연대의식과 만나는 것이다. 그런 점에서 게르첸은 세계시민이라고 할 수 있다. 그는 "자신들의 계급을 떠날 도덕적 힘이 결여한" 러시아 귀족계급을 자주 질타했다.(195) 말하자면 자신의 계급과 국가, 언어와 인종을 떠나는 것이야말로 '도덕적 용기'라고 그는 본 것이다. 그의 호소력은 바로 여기에 있다.

그리하여 게르첸의 설득력은 '세계주의적인 보편성'에 있다고 우리는 말할 수 있다. 다시 묻자. 세계주의적 보편성의 내용은 무엇인가? 그것은, 되풀이하건대, 의사 표현의 자유와 농노해방 그리고 인권에 있다. 이 모든 것이 각 개인의 독립을 보장한다. 한 인간의 위엄은 바로 이 독립성으로부터 온다. 따라서 이 보편적 가치는 어떤 사람이나 특정 계급의 인간에게게만 통용될 것이 아니라, 나라와 국적, 인종과 문화를 불문하고 마땅히 적용되어야 한다.

이런 생각을 구현시켜 줄 이념이 사회주의일 것이라고 게르첸은 믿었다. 러시아 인민들은, 적어도 1850년을 전후한 그들은 사회주의라는 단어에 대해 아직 낯설어했다. 하지만 그 이념에 머지않아 익숙해질 것이라고 그는 여겼다. 그는 사회주의 이념으로 혁명을 완수할 수 있을 것이라고 여겼다. 인민들은 농촌공동체(commune)에서 평생 살았고, 이 코뮌적 삶은 러시아인의 영혼에 닿아 있다고 그는 판단했기 때문이다. 그리하여 게르첸은 그 무렵 처음으로 농민봉기를 암시하는 '도끼(topor)'라는 표현을 쓴다.

자, 친구들이여, 이제는 도끼를 들 시간이다. 우리는 영원히 성채에 갇힌 채 있지 않을 것이고, 아무런 대가 없는 노동을 하며, 혹은 집안의 농노로 시간을 보내지 않을 것이다. 당신들의 성스러운 자유를 위해 일어나라.(34)

이와 비슷한 표현은 1856년 글에도 나온다. "만약 정부도 지주도 아무 일도 하지 않는다면, 그것은 도끼로 행해질 것이라는 점을 알게 하라. 러시아 농민이 창틀 뒤에서 도끼를 쥘지 쥐지 않을지 황제에게 달려 있음을 알려라."(53)

이 무렵 게르첸은 이토록 급진적이었다. 이 같은 급진성은 억압된 현실에 대한 그의 절박한 마음 때문에 비롯되었을 것이다. 하지만 그렇다고 해서 그가 폭력이나 테러를 옹호하진 않았다. 이것은 중요한 사실이다.

3.1. 반(反)테러주의

게르첸은, 『나의 과거와 사상』에 잘 나타나듯이, 서구 시민혁명의 주체인 '시민', 즉 부르주아 중산계급의 얄팍한 세계관과 이기주의를 꿰뚫어 보고 있었다. 그는 혁명의 대의만큼이나 부르주아 계급이 내건 '선한 대의가 야기한 야만적 결과'도 외면하지 않았다. 이런 야만성이 잘 드러나는 것이 바로 테러였다.

알렉산드르 2세가 집권하던 1855년에서 1881년까지 이 황제는 끊임없는 테러 위협에 시달렸다. 1866년 첫 번째 암살미수 사건 이후 그가 세상을 떠날 때까지 러시아 사회에서는 무려 12차례의 테러가 감행되었다. 그 가운데 잘 알려진 하나가 드미트리 카라코조프(D.

Karakozov, 1840~1866)의 테러였다. 그는『죄와 벌』(1866)의 주인공 라스콜리니코프처럼 휴학생이었고, 급진적 사상을 갖고 있었다. 카라코조프의 이런 암살 시도를 게르첸은 '광기 어린' 짓이라고 비판했다. 이 비판 때문에 러시아의 혈기 왕성한 청년혁명파는 격분했다. 과격파 청년들과 맺고 있던 관계가 비틀어졌을 뿐만 아니라, 그 자신을 '배신자'로 낙인찍는 익명의 편지를 그는 받기도 했다.

하지만 게르첸은 테러 행위에 대한 반대를 철회하지 않았다. 그러한 테러는 또 다른 형태의 탄압과 폭력을 지속적으로 유발하기 때문이었다. 그러므로 '피의 애국주의'는 애국주의가 아니다. 나라에 대한 사랑도 군국주의에서가 아니라 양심으로부터 시작할 수 있지 않은가? 거꾸로 말하여, '양심에 거스르지 않는 방식으로' 행동하는 것이야말로 가장 깊은 의미에서의 애국주의가 아닐까? 아래 글에서 우리는 그의 반테러주의 혹은 비폭력주의를 단계적으로 살펴볼 수 있다.

3.1.1. 자유의 총알받이가 안 되도록

1862년 「자유의 총알받이(The Cannon Fodder of Liberation)」라는 글에서 게르첸은 이렇게 적고 있다.

만나(Manna)는[4] 하늘에서 떨어지지 않는다. 그것은 아이들의 동화일 뿐이다. 그것은 땅에서 자라난다. 그것을 소환하여, 어떻게 풀이 자라는지 귀 기울이는 법을 배워라. '잘 익은 곡식'을 가르치지 말고, 곡식이 자라나는 것을 돕고, 그 성장을

---

4 '만나'는 이스라엘 민족이 40년 동안 광야를 헤맬 때, 여호와가 내려주었다고 하는 양식이다.

막는 장애물을 치우는 것을 도와라. 그것이 사람이 할 수 있는 모든 것이고, 그것으로 분명 충분하다. 사람은 더 겸손해야 하고, 모든 사람을 가르치려고 애쓰는 것을 멈춰야 한다. 당신의 '계몽된' 정신과 추상적 이해에 대해 자랑하는 것을 멈춰라. 프랑스는 평등과 자유의 법령으로 아주 많은 것을 성취하였는가? 독일은 선험적으로 구성된 국가와 교조적·법적 독단으로 아주 많은 것을 이뤘는가?

우리는 슬픈 유산을 물려받았지만, 그것은 여전히 다른 사람들의 쓰라린 경험에 대한 유산이다. 우리는 우리의 조상이 고통스럽게 획득한 지혜에서 풍요롭다… 혁명의 위대하고 근본적인 이념은, 그것의 철학적 특성이나 법령의 로마적·스파르타적 장식에도 불구하고 재빠르게 그리고 너무도 멀리 경찰로, 종교재판과 테러로 가버렸다. 인민에 대한 자유를 '회복'하고, 그들 시대가 오는 것을 인정하려는 바람 속에서 속도에의 열망 때문에 사람들은 인민을 복지의 재료처럼, '해방의 인간적 몸'처럼, '공공 행복의 살(chair au bonheur publique)'처럼, 나폴레옹의 총알받이처럼 다루게 되었다.

… 그리하여 그들(지식인층 혹은 정치가들—저자 보충)과 인민 사이의 심연은 줄어들지 않고 늘어났고, 이것이 비극적이고 불가피한 필연성의 결과다. 모든 성공과 나아가는 모든 발걸음은 빛나는 해안가(the radiant shore)를 휩쓸어간다. 그것은 점점 더 빨리 움직이면서 어두운 해안가로부터 그리고 어두운 인민으로부터 점점 더 멀어진다. 무엇으로 그 심연을 채울 수 있는가? 어떤 교조적인 스콜라주의가 도와줄 수 있는가? 어떤 독단적 규칙과 어떤 종류의 학술적 실천이 그 다리를 놓아줄 수 있는가?(154-155)

위의 글은 게르첸의 진보 의식을 이해하는 데 중요한 구절로 보인다. 그것은 그의 혁명적 언론관뿐만 아니라 사회에 대한 개혁 이해에서도 핵심적 문제의식을 담고 있지 않나 여겨진다. 그 요지는 세 가지다.

첫째, 게르첸이 혁명적 논설에서 시종일관 강조하는 것은 역설적이게도 혁명이 아니다. 그는 단순히 "혁명의 위대하고 근본적인 이념"을 내세우지 않는다. 대신 이 이념들이 이런저런 "철학적 특성이나 법령의 로마적·스파르타적 장식에도 불구하고" 어떻게 그리고 얼마나 "재빠르게 그리고 너무도 멀리" "경찰로, 종교재판과 테러로 가버렸다"는 착잡한 사실을 지적한다.

혁명론에서 핵심은 혁명적 이념의 변질 혹은 타락 가능성이다. 그러므로 관건은 혁명이 어떻게 "경찰"과 "종교재판과 테러"로 "가버리지" 않도록 만들 수 있는가다. 그래서 인민의 자유를 회복하고, 그 시대의 도래를 인정하려는 열망 속에서 너무 성급하게, 그래서 "속도에의 열망 때문에" 인민을 "공공 행복의 살처럼" 만들지 않는 일이다. '인민을 공공 행복의 살처럼 만든다'는 것은 인간을 복지를 위한 '자료' 혹은 '수단'으로 만든다는 뜻이 될 것이다. 그런 경우 인간은 자유가 아니라, 자유를 위한 "총알받이"가 된다. 더 나은 사회를 외치며 일어났던 혁명이 바로 이런 구호 아래 인간을 총알받이로 만든 예가 역사에는 얼마나 많은가? 인간은 자유를 위한 총알받이가 결코 아니다.

둘째, 그렇다면 무엇을 기억해야 하는가? 그것은, 게르첸의 견해로는, "심연"이나 "비극적이고 불가피한 필연성" 혹은 "다리를 놓는(bridge)" 같은 단어들에 들어 있다. '심연'이나 '비극적 불가피성' 혹은 '다리 놓기'는 게르첸과 그 밖의 러시아 혁명주의자들, 그리고 다른 유럽의 혁명가들과 확연하게 구분시켜 주는 결정적인 개념이라고 나는 생각한다. 그는 분명히 적고 있다. "모든 성공과 모든 나아가는 발걸음은 빛나는 해안가를 휩쓸어간다. 그것은 점점 더 빨리 움직이면서 어두운 해안가로부터 그리고 어두운 인민으로부터 점차로 더 멀어진다."

게르첸은 단순히 개혁이나 운동을 내걸지 않는다. 또 성공이나 승리를 섣불리 주창하지도 않는다. 그는 원칙만큼이나 이 원칙의 위험성을 말한다. 그러면서 그 결과로 생겨난 삶의 "심연"을, 그리고 그로 인한 "비극적 필연성"에 유의한다. 그는 혁명의 대의에 공감하면서도 이런 대의 때문에 혁명의 "총알받이"가 되는 것을 경고하는 것이다. 그리하여 그는 묻는다. "무엇으로 그 심연을 채울 수 있는가? 어떤 독단적인 스콜라주의가 도와줄 수 있는가? 어떤 독단적 규칙과 어떤 종류의 학술적 실천이 그 다리를 놓아줄 수 있는가?" 이것은 모든 개혁적 시도에서 우리가 되풀이하여 던져야 할 질문이 아닐 수 없다.

셋째, 혁명의 이런 위험을 피하려면 어떻게 해야 하는가? 혁명의 대의 속에서 인간이 "자유의 총알받이"가 되지 않기 위해선 무엇을 해야 하는가? 우리가 해야 할 것은 아마도 "어떻게 풀이 자라는지 귀 기울이는 법을 배우고", 어떻게 곡식이 "자라나는 것을 도우며", "그 성장을 막는 장애물을 치우는 것을 도와주는" 일이다. "만나는 하늘에서 떨어지지 않기" 때문이다. 그것은 "땅에서 자라난다." 그래서 "잘 익은 곡식"으로서가 아니라, 처음부터 물을 주고 크고 작은 장애물을 제거하면서 조금씩 키워가야 한다. 게르첸은 1867년에 테러에 대해 이렇게 적는다.

몇 사람을 죽이는 것은, 어떤 사람은 올가미로, 어떤 다른 사람은 장기간의 수감으로 죽이는 것은, 어렵지 않다. 기관차도 사람을 죽일 수 있고, 역병이나 미친개도 사람을 죽일 수 있다. 테러는 더 멀리 나아간다. 그것은 사람을 죽이는 것으로

충분치 않다. 그것은 사상과 이념 그리고 믿음까지 죽이길 원한다…(319)

테러는 생명의 제거로 그치는 게 아니다. 그것은 이념과 사상 그리고 믿음의 제거로 이어진다. 테러에는 직접적 행동만, 이 거친 행동의 충동만 남는다. 거기에는 아무런 고려나 숙고가 없기 때문이다. 고려와 숙고가 없는 곳에 어떻게 '독립'과 '자유'가 실현될 수 있는가? 독립과 자유의 이념은 실천의 행동뿐만 아니라 사려 깊은 고뇌 속에서, 정신의 지속적 투구 속에서 비로소 획득되고 체화되는 가치이기 때문이다. 되풀이하여 강조하자. 독립과 자유의 이념은 공동의 노력으로 선취되는 것이면서 각자의 몸속에 체화되어야 한다.

모든 개혁의 노력이 해방의 의지에서 시작하지만, 그것이 이런저런 식으로 왜곡되는 것은 사려와 숙고가 없기 때문이다. 사려와 숙고는 진지한 고민의 산물이기 때문이다. 자의성의 극복은 오랜 물음 속에서 조금씩 이뤄진다. 아무리 좋은 이념도 지속적으로 회의되고 검토되지 않으면 제대로 설 수 없다.

3.1.2. 우울, 끔찍한 의무와 비극적 필연성

폭력에 대한 게르첸의 비판은 1857년 언론 활동을 시작할 때부터 이 일이 끝나는 1867년까지 변하지 않는다. 폭정과 폭력, 거짓과 자유 탄압에 대한 그의 입장은 그의 논지에서 일종의 주조음(Leitmotiv)으로서 바탕을 이룬다. 이 논지에서 다시 핵심은 반(反)테러주의로 보인다. 그는 「언론인과 테러리스트」(1862)라는 글에서 쓴다.

테러는 쉽고 빠르며, 노동보다 훨씬 더 쉽다… 그것은 폭정을 통해 해방시키며,

단두대라는 수단으로 확신을 준다. 테러는 공동선을 수단으로 열정에서 죄책감을 씻어주고, 개인적 의견을 없애면서 열정에 몸을 맡긴다. 바로 그것이 대의를 위하여 자기 제어를 하는 것보다 더 많은 사람들에게 호소력을 갖는 이유다…

우리는 오래전부터 시민적인 일에서나 군대에서도 피로 가득 찬 성배(聖杯)를 사랑하는 일도 그쳤고, 마찬가지로 전투에서 우리 적의 두개골로 술 마시기를 바라지도 않으며, 창에 꽂은 람발의 공작부인 머리를 보고 싶지도 않다.[5] 어떤 피가 흐르든, 눈물은 어디선가 흘러내린다. 만약 이런 문턱을 넘는 게 때로 필요하다면, 그것이 피에 굶주린 조롱 없이 이뤄지게 하라. 그래서 우울감을 가지고, 끔찍한 의무와 비극적 필연성에 대해 염려하는 감정을 가지고 말이다.(168)

위의 글에서 게르첸이 강조하는 것은 분명하다. 그것은 테러의 위험성이다. 더 정확히 말하면, 테러의 효과이고 그 유혹이다. "테러는 쉽고 빠르며, 노동보다 훨씬 더 쉽기" 때문이다. 사람들이 테러에 빠지는 이유를 게르첸처럼 명료하게 보여주는 사례도 없을 듯하다. "그것은 폭정을 통해 해방시키며, 단두대라는 수단으로 확신을 준다." "테러는 공동선을 수단으로 열정에서 죄책감을 씻어주고, 개인적 의견을 없애면서 열정에 몸을 맡긴다. 바로 그것이 대의를 위하여 자기 제어를 하는 것보다 더 많은 사람들에게 호소력을 갖는 이유다."

이 '손쉬운' 테러에서 사라지는 것은 "개인적 관점"이다. 더 중요하게는 "자기 제어력(self-restraint)"이다. 하지만 이 모든 실상은 "대의명분" ─ "공동의 선"이라는 이름 아래 행해진다. 그러나 이 같은 "피의

---

5 1792년 '9월의 날'에 프랑스에서는 반(反)혁명의 패배를 기념하기 위해 '람발의 공작부인(Duchess of Lamballe)'의 머리를 창에 꽂아 거리에서 행진했다고 한다.(171)

성배"를 게르첸은 원하지 않는다. 우리 모두는, 적이든 아군이든, 그 누구의 피도 사랑하지 않기 때문이다. "어떤 피가 흐르든, 눈물은 어디선가 흘러내린다."

이 대목에서 게르첸이 강조하는 사항의 목록은 주목할 만하다. 그것은 "우울감" 그리고 "끔찍한 의무와 비극적 필연성에 대해 염려하는 감정"이다. '비극적 필연성(tragic necessity)'이라는 단어는 게르첸의 글에서 되풀이된다. 그는 사회의 변화만큼이나 생명의 보존을 중시한다. 아니 두 개 가운데 하나의 우선순위를 정해야 한다면, 그는 마땅히 생명의 보존을 선택한다. 사회의 변혁도 '생명의 보존이라는 조건 안에서' 행해질 가치가 있기 때문이다. 거꾸로 생명의 보존에 기여하지 못한다면, 혁명도 불필요하기 때문이다. 그것이 그가 테러보다는 '노동'에 주의하고, 피에 가득 찬 성배를 거부하는 이유다.

개혁이나 변혁 혹은 혁명보다 더 소중한 것은 마땅히 생명이고, 이 생명을 돌보는 마음이어야 한다. 이 마음은 그저 주어지는 게 아니다. 여기에는 "자기 제어"가 요구된다. "명분"이나 "대의"가 아니라, 이 자기 제어력에 기대어 우리는 삶과 생명을 돌볼 수 있다. "우울"이나 "끔찍한 의무감" 그리고 "비극적 필연성"의 감정은 이런 마음에 자연스레 깃든다.

3.1.3. 평화롭고 온건한 이행

바로 이런 점에서 게르첸은 '혁명주의자가 아니다'고 우리는 말할 수 있을지도 모른다. 나는 그렇게 생각한다. 혁명주의자라고 말하기에는 그의 사고는 너무도 다채롭고, 그의 문제의식은 너무도 복합적이며, 그의 감정은 너무도 정직하게 펼쳐지기 때문이다. 그는 어떤 점에서 일관되지도 않고, 확고부동하지도 않다.

그러나 확고부동한 것이 어리석거나 폭력적일 수도 있다. 그렇다면 확고부동하지 않다는 것은 반드시 '나쁜 것'은 아니다. 또 일관성이란 얼마나 일관적이어야 하는가? 일관적이어야 한다는 것이 일의적이거나 단정적이어야 한다는 뜻은 아닐 것이다. 말하자면 충분히 '복합적이고 유연한 일관성'도 있을 수 있다. 그리고 그 유연함이 심하여 때로는 모순적으로 느껴질 수도 있다. 그러나 이때의 유연성은 모순적이기보다는 '포용적'이라고 말해야 할지도 모른다.

게르첸은 분명 테러리스트는 아니었던 듯싶다. 그는 '행동의 인간'이라기보다는 '관조의 인간'에 가깝고, 이 관조적 시선으로 실천적 삶을 산 것이 아니었을까? 「러시아에서의 혁명」(1857)이라는 글에서 게르첸은 쓴다.

러시아에서는 모든 것이 다르게 일어났다. 거기에는 단 한 번의 근본적 격변이 있었고, 그것은 한 사람 — 표트르 1세에 의해 행해졌다. 1789년 이후 우리는 폭발과 반란이라는 수단으로 이어지는 모든 대변동을 보는 데 익숙해졌다. 모든 즉위식은 강제로 행해졌고, 전진을 향한 모든 발걸음은 전투에서 왔다. 그리하여 격변이 말해지는 곳에서 우리는 자기도 모르게 공적 광장과 바리케이드, 피와 집행자의 도끼를 찾아보게 되었다. 확실히 봉기와 야외 투쟁은 혁명의 가장 강력한 수단들 가운데 하나지만, 그것이 유일한 수단은 아니다…

러시아에서 현재 정부의 구조가 작동하지 못한다고 깊이 확신하는 우리는 정당한 인민이고, 우리는 피의 길보다 평화롭고 인간적인 발전의 길을 전적으로 선호한다. 하지만 이와 더불어 우리는 니콜라이 황제의 침체된 현 상태보다 가장 강력하고 전혀 억제되지 않은 발전을 진심으로 선호한다…(62)

게르첸은 말할 것도 없이 혁명적 저널리스트다. 그는 분명하고 확고하게 개혁과 진보를 옹호한다. 하지만 그는 "폭발과 반란이라는 수단으로 이어지는 모든 대변동"에 동참하지 않는다. 그는 "강제"로 행해지는 즉위식과 "전투"에 의한 전진을 원치 않기 때문이다. 그는 "공적 광장과 바리케이드, 피와 집행자의 도끼를 찾아보는" 일에 주저하기 때문이다. 그는 분명하게 쓴다. "확실히 봉기와 야외 투쟁은 혁명의 가장 강력한 수단들 가운데 하나지만, 그것이 유일한 수단은 아니다…"

게르첸이 선호하는 것은 "피의 길보다는 평화롭고 인간적인 발전의 길"이다. 이 평화롭고 인간적인 발전의 길을 그는 "전적으로" 희구한다. 단지 그 길은 전제적인 러시아에서는 "가장 강력하고 전혀 억제되지 않은" 방식으로 전개될 필요가 있다. 그러나 이 방식은 거듭 강조하여 폭력적이선 곤란하다. 그는 테러가 더 이상 필요 없다고 확신했다. "테러가 우리 시대에 불필요한 것은 천재가 불필요한 것과 같다."(74) 이렇게 그는 적었다. "우리는 알렉산드르 2세가 혁명의 피 비린내 나는 시기를 대체하여, 시대에 뒤진 폭정으로부터 인간적으로 자유로운 러시아 국가로 옮아가는 평화롭고 온건한 이행기를 만드는 데 봉사할 것이라고 진실하고 솔직하게 믿는다."(76)

게르첸은 사회의 변혁이 '인간적이고 온건하길' 바란다. '인간적이고 온건하다'는 것은 그의 의미에서 비폭력적이라는 것, 그래서 피와 죽음이 있어선 안 된다는 뜻이 될 것이다. 하지만 그것은 '폭풍우처럼 맹렬하고', 그 무엇으로도 '억제되지 않아야' 한다. 그렇다는 것은 어떤 인위적 굴레나 제약을 허용해선 안 된다는 뜻이다. 이것이 어떻게 가능할까? 게르첸이 희구한 혁명이란 비폭력적 평화의 방식이되 이 평화가 혁명만큼이나 철저하고 일관된 형태일 것이다.

3.2. 이견(異見)과 반발과 오해

혁명에 대한 과대평가는, 적어도 유럽 각국에서의 현장 경험과 18
50년 이후 일어난 개인적 위기를 겪고 난 이후, 게르첸에게서 현저히
줄어든 것으로 보인다. 그래서 독단적이거나 교조적으로 보이지 않
는다. 하지만 그 생각은 복잡다기하고 포괄적이었다. 그래서 갖가지
이견과 반발과 오해를 불러일으켰다. 1855년 알렉산드르 2세 황제에
게 보낸 아랫글을 읽어보자.

폐하!

당신의 통치는 아주 행복한 별 아래 시작되고 있습니다. 거기에는 아무런 핏자
국도 없고, 당신은 어떤 양심의 고통도 느끼지 않습니다…

당신은 왕관으로 가려고 러시아 사람들의 피로 얼룩진 광장을 가로질러 갈 필
요도 없었습니다. 당신은 박해라는 수단으로 인민에게 즉위식을 선포할 필요도
없었지요…

백성들은 당신에게서 온화함과 인간적인 마음을 기대합니다. 당신은 예외적으
로 행운아지요!… 그 당시 러시아를 가로지른 당신의 여행이 있었지요. 저는 목격
했습니다. 저는 잘 기억하고 있습니다. 당신이 나타나서 내 운명은 지정학적으로
개선되었고, 그래서 뱟카에서 블라디미르로 옮겨졌지요. 저는 그것을 잊지 않았
습니다.[6]

---

6 게르첸은 22세 때 1834년 자유사상을 가졌다는 이유로 9개월 감옥형을 지낸 다음 뱟

볼가강 너머 머나먼 시골까지 추방된 저는 가난한 백성들이 어떻게 당신을 단순한 사랑으로 맞이하는지 보았고, 그래서 생각했습니다. '어떻게 그가 그 사랑을 갚을까?'

여기에 되갚음의 시간이 있습니다. 당신은 그것을 얼마나 쉽게 찾을 수 있는가요! 당신의 마음속으로 들어가 보세요. 참으로 당신은 러시아를 사랑하고, 그래서 러시아 인민을 위해 많은 것을 할 수 있습니다.

저도 러시아 인민을 사랑하고, 사랑으로 그들을 용서하였습니다. 그러나 지주들과 관료들이 그들에게 하고 있는 저 끔찍한 일들에 대해서는, 말없이 그리고 팔짱을 낀 채, 목격자로만 남아 있을 수 없습니다…

물론 저의 슬로건은 당신의 슬로건이 아닙니다. 저는 확고한 사회주의자이고, 당신은 전제적인 황제입니다. 하지만 거기 당신과 제 슬로건 사이에 공통된 한 가지가 있습니다. 그것은 우리가 말하는 인민에 대한 사랑입니다.

그래서 그 이름으로 저는 엄청난 희생을 할 준비가 되어 있습니다. 오랜 세월에 걸친 박해와 감옥, 추방, 혹은 나라에서 나라로 지루하게 떠도는 일로 이룰 수 있었던 것이 무엇이었나요? 저는 인민에 대한 사랑으로 행할 준비가 되어 있습니다.

저는 기다릴 준비가 되어 있고, 당신이 러시아를 위해 뭔가 하게 되리라는 실질적 희망을 가지고 있는 한, 약간 뒤로 물러나 말할 준비가 되어 있습니다.

폐하, 러시아 말에 자유를 허락하십시오. 우리의 마음은 제한되고, 우리의 생각은 공간의 부족으로 우리 가슴에 독을 뿌리고 있습니다. 그것은 검열에 얽매여 신음하고 있습니다. 우리에게 자유로운 말을 주십시오… 우리는 세상에 대해 그리고

카로 보내졌다. 이때 그는 러시아 전역을 여행하던 알렉산드르 니콜라예비치 로마노프를 만났다. 알렉산드르는 황제로 즉위하기 전의 황태자 신분이었다. 이 황태자의 주선으로 게르첸은 1837년 블라디미르로 옮겨진다. 본문에서 '잊지 않았다'는 것은 그때 이 황태자가 보여준 호의적 주선을 뜻한다. 게르첸도 로마노프 가계에 속했다.

우리 자신의 인민에 대해 할 말이 있습니다.

　농민에게 토지를 주십시오. 그것은 이미 그들의 것입니다. 러시아에서 농노의 수치스러운 얼룩을 지워주시고, 우리 형제의 멍든 등을 치유해 주십시오. 그것은 인간존재에 대한 끔찍한 무시의 자국입니다.(42-44)

　1855년 3월 10일에 쓰인 게르첸의 이 글은 지금 읽어보아도 감동을 자아낸다. 여기에는 계급을 초월하여, 말하자면 지위나 재산, 핏줄과 종교를 넘어 지금 여기에 살아 있는 '동료 인간'에 대한 한 인간의 믿음과 헌신이 들어 있다. "폐하, 러시아 말에 자유를 허락하십시오. 우리의 마음은 제한되고, 우리의 생각은 공간의 부족으로 우리 가슴에 독이 되고 있습니다. 그것은 검열에 얽매여 신음하고 있습니다. 우리에게 자유로운 말을 주십시오… 우리는 세상에 대하여, 우리 자신의 인민에 대해 할 말이 있습니다."

　황제에 대한 게르첸의 마음은 간곡하고 절실하며 존경의 마음으로 차 있다. 그러면서도 그는 인간존재와 그 권리 그리고 품위에 대하여 호소한다. 그래서 이 글은 그 자체로 인권을 옹호하는 고매한 정신의 증언이 아닐 수 없다. 그 인권은 줄이자면 모든 인민에게 자유로운 말과 토지를 허용하는 데 있다. 인간의 품위는 검열의 철폐와 무시의 제거에 있다. "농민에게 토지를 주십시오. 그것은 이미 그들의 것입니다. 러시아에서 농노의 수치스러운 얼룩을 지워주시고, 우리 형제의 멍든 등을 치유해 주십시오. 그것은 인간존재에 대한 끔찍한 무시의 자국입니다."

　그러나 황제에게 보낸 이 편지 때문에 게르첸은 여러 진영으로부터 비판을 받았다. 이를테면 치체린(Chicherin) 같은 자유주의파 교수나, 개혁 시대의 가장 중요한 진보언론인 《동시대인(*The Contemporary, Sovremennik*)》을 간행하던 도브롤류보프(Dobrolyubov)나 체르니솁스키(Chernyshevsky) 같은 이들에게 그랬다. 1858년에 쓴 「우리는 기소되었다」에는 그때의 심정이 착잡하게 담겨 있다.

> 자유주의 보수파들은 우리가 정부를 너무 공격한다고, 너무 우리 자신을 매섭게 표현하여 모욕적이게 했다고 비난한다.
>
> 붉은 민주주의자들은 알렉산드르 2세가 좋은 일을 했을 때 그를 우리가 칭찬함으로써, 사람들로 하여금 그가 농노해방을 원하는 것으로 믿게 만들었다고, 그래서 그를 허용해 주었다고 맹렬히 비난한다.
>
> 슬라브주의자들은 우리가 서구로 마음을 돌렸다고 비난한다.
>
> 서구주의자들은 우리가 슬라브주의자들에게 우호적이라고 비난한다.
>
> 엄격한 교조주의자들은 우리가 겨울에는 추위를 불평하고, 여름에는 더위를 불평한다는 이유로 우리의 경박성과 불안정함을 비난한다.(85)

이런 비난을 이루는 제각각의 내용은 흥미롭다. 하지만 더 흥미로운 것은 제각각으로 비난하는 유파의 이 같은 다양성이고 그 다양한 목소리다. 러시아 제국에는 이처럼 다양한 인적 자원이 있고, 이 인텔리겐치아들은 당혹스러우리만치 이질적인 이념적 스펙트럼을 보여준다. 그리고 그 스펙트럼에는 제각각의 이유가, 적어도 그 나름으로는, 있다. 이러한 사실은 그 자체만으로도, 그러니까 각 목소리의 내용을 더 깊이 들여다보거나 견해 사이의 상호 차이를 구체적으로 알지 못하더라도 그런 차이에 대한 일정한 존중이 필요함을 알려준다. 이것은 중요하다.

게르첸은 황후 마리아 알렉산드로브나에게도 여러 번 편지를 보냈다. 여기에 대해서도 보수주의자들은 황제 집안이 청하지도 않은, 낯 뜨거운 조언의 부적절성을 비난하였다. 그에 반해 급진주의자들은 그 존경스러운 어조에 격노했다. 그들은 무엇보다 혁명보다 개혁을 선호하는 게르첸의 태도에 동의할 수 없었다. 이것은 1860년 초에 결성된 이른바 '젊은 러시아' 모임에 대해서도 마찬가지였다.

게르첸은 모스크바 대학 시절 개혁 이념을 익혔고, 이곳 대학생들이 주도한 진보 단체에 큰 관심을 가졌다. 하지만 이들의 반정부 프로파간다는 권력의 탈취와 소수 독재정부를 옹호하였다. 이들은 게르첸처럼 새로운 사회구조의 토대로서 농촌적 코뮌을 구상했지만, 그러나 게르첸과는 달리 이 목표를 위해서는 어떤 수단도 마다하지 않았다. 나중에 그들은 폭력적 저항을 부르짖었다. 이들의 혁명주의는 러시아 내의 여러 진보파뿐만 아니라, 좌파 사람들에게도 '너무 나간' 것으로 여겨졌다. 이들의 주장은 그렇지 않아도 퇴행적인 정부로 하여금 진보파를 억압할 수 있는 더 많은 구실을 주었기 때문이다.

게르첸은 젊은 러시아파의 이 과격한 입장으로부터 거리를 둔다. 그는 모든 종류의 증오를 증오했다. 그는 피의 보복에 동의하지 않았다. 이런 게르첸에 대하여 젊은 러시아파 학생들은 혁명적 열기가 없다고 투덜댔다. 여기에 대하여 캐슬린 파르테는 이렇게 평한다.

보수주의자들은 게르첸을 비열하다고 여겼고, 자유주의자들은 그를 과도하다고 여겼으며, 급진적 인텔리겐치아들은 단순하다고 여기는 이런 상황에 직면하여 게르첸은 공개적으로 토로한 자신의 가치와 일치하는 견해에서 흔들리지 않았다. 그는 사실에 근거하여 자기가 교정되는 데 행복해했지만, 그러나 결코 자기 원칙

을 바꾸지 않았다.[7]

이런 식으로 게르첸은 러시아 급진파 그룹의 폭력적 강령을 거부했다. 그러나 바로 이 같은 이유로 어떤 사람들은 그의 온건함을 비난했고, 또 어떤 사람들은 그를 아나키스트라고 비난했다. 누구는 그를 친관료적이라고 힐난했고, 또 누구는 그 개혁이 점진적이라고 비아냥거렸다. 심지어 어떤 보수주의자는 그를 '피에 굶주린 테러리스트'로 폄하하기도 했다.

삶의 사안은 자세히 들여다보면 볼수록 상호 이질적인 면을 드러낸다. 이 상호 이질적인 면모란 얼핏 보면 '모순적'으로 느껴진다. 그러나 이 모순은 현실의 이면이나 그 배후에 더 다가가면 갈수록 더 많이 그리고 더 분명하게 드러난다. 이런 식으로 우리는 삶의 심연과 만난다. 이 심연 속에서 현실은 깊이를 드러낸다. 현실의 깊이는 사실의 전후좌우이고, 이런 전후좌우는 삶의 심연을 이룬다. 사람에게 각성이 있다면, 그 각성은 이런 심연과의 만남에서 온다. 삶의 심연은 우리를 절망케 하지만, 우리가 성장하는 것도 이 심연을 확인하면서다.

1860년대 초 러시아 청년들은 영국으로 게르첸을 찾아와 차르 황제를 죽이자고 제의한 적이 있다. 하지만 그는 이 계획을 포기하도록 이들을 설득시켰다. 이들은 선보다는 악을 초래할 광신자로 여겨졌기 때문이었다. 급진적이고 폭력적인 경향에 대한 게르첸의 일관된 반대는 민족주의적·국수주의적 경향에 대한 비판으로 이어진다. 그

---

7 Parthé, "Introduction," xv.

는 온갖 이념들 — 사회주의든 니힐리즘이든, 실증주의든 리얼리즘이든 아니면 유물론이든, 이 이념들에 배인 추상적 이념의 불합리성과 그 파괴적 결과를 직시했다. 그렇다는 것은 그가 이념의 역기능과 순기능에 열려 있었다는 뜻이다. 나아가 타민족이나 타 국가 사람들의 삶에도 공감했다. 그는 엄격하면서도 너그러웠고, 일관되면서도 유연했다.

3.3. 진실한 관점에 더 가까이

앞서 보았듯이, 게르첸의 글은 러시아 내에서 갖가지의 반발과 오해, 논쟁과 비난을 불러일으켰다. 그 사정은 러시아 현실을 비판하는 지식인들과 개혁 세력 안에서도 다르지 않았다. 그중 하나가 모스크바의 슬라브주의자들이었다.

모스크바 슬라브주의자들 가운데는 이반 키레옙스키(Ivan V. Kireevsky, 1806~1856)와 호먀코프(A. Khomyakov) 그리고 악사코프(K. S. Aksakov, 1817~1860)가 있었다. 키레옙스키는 문학비평가로서《유럽인》의 편집자였고, 그 형인 표트르와 더불어 러시아의 슬라브 운동을 창시한 사람들 가운데 하나였다. 호먀코프 역시 러시아에서의 슬라브 정신을 옹호하는 강력한 투사였다. 하지만 그는 누구보다 고귀하고 열렬한 활동가이기도 했다. 하지만 그는 일찍 세상을 떠난다. 악사코프도 작가이면서 대표적인 슬라브주의자 가운데 한 명이었다. 그는 상트페테르부르크 정부의 절망적 상황을 질타하면서 농노해방의 필요성을 주장했지만, 43세의 나이로 죽는다.

3.3.1. 삽화 하나

게르첸은 러시아 현실의 현안에 대해 여느 사람들과 의견을 달리 했지만, 모스크바 슬라브주의자의 생각과 문제의식을 존중하였다. 자유나 농노해방 그리고 체벌 금지 같은 문제에 대하여 그는 명망 있는 자유주의자나 여느 진보적 작가들에게보다는 슬라브주의자들에게서 더한 친밀감을 느꼈던 것이다. 이런 친밀감의 중심에는 인민에 대한 사랑이 있었다.

말 없는 신뢰와 이 신뢰에 바탕한 유대가 있었기에 게르첸은 이런 저런 충돌과 갈등에도 불구하고 슬라브주의자들과 완전히 단절되지 않는다. 이것이 1844년에서 1847년 사이, 그러니까 그의 나이 32세에서 35세 무렵의 일이다. 이즈음의 일상을 담은 그의 삽화가 하나 있다.

야지코프(N. Yazykov)가 한번은 차다예프와 그라놉스키와 나를 모욕적일 만큼 혹평한 적이 있다. 그 일을 참지 못해 악사코프는 자기편의 이 시인에게, 매서운 글로 우리를 옹호하면서, 답변을 보냈다… 악사코프는 영원히 열정적이고 하염없이 고귀한 청년으로 남았다. 그는 흥분하여 마음이 산란할 때도 있었지만, 그 마음은 언제나 순정한 채로 남았다. 1844년 우리의 싸움이 이어져 우리 쪽도 슬라브주의자들도 더 이상 만나고 싶어 하지 않던 1844년 무렵 나는 길을 따라 걷고 있었다. 그때 악사코프도 썰매를 타고 지나갔다. 나는 그에게 친절하게 인사했다. 그는 내 곁을 지나려 하다가 갑자기 마부를 세우더니, 썰매 밖으로 나와 다가왔다. "아무런 인사도 하지 않고 당신을 지나치는 것은 내게 참으로 고통스러웠습니다." 그는 말했다. "당신의 친구들과 나의 친구들 사이에 있었던 그 모든 일을 당신은 이해할 겁니다. 나는 당신을 보려고 오고 싶진 않았어요. 그것은 유감스러운 일이지만, 그 일에 대해선 아무것도 할 수 없기 때문이지요. 난 당신 손을 잡고 작별하길 원했지요." 그리고 그는 썰매 있는 곳으로 서둘러 돌아갔다. 하지만 갑자기 돌아섰다. 나는 그 자리에 서 있었다. 슬펐기 때문이었다. 그는 달려오더니, 나를 안고, 내게 입을 맞추었다. 나는 눈물을 흘렸다. 그 다툼의 순간에도 나는 얼마나 그를 사랑했던가!(126)

이렇듯이 게르첸의 글에는 곳곳에 어떤 여운과 메아리가 있다. 그리고 어떤 메아리에는 향기가 담겨 있다. 그래서일까? 그 글을 읽고 난 후에도 그 여운은 쉽게 사라지지 않는다. 그것은 대상이 무엇이건, 사물이건 사람이건, 사상이건 견해건, 결코 적대시하지 않는 감정 때문인지도 모른다.

어떤 단호함의 순간에도 게르첸의 마음 한구석은 이처럼 열려 있는 듯하다. 그래서 어떤 다른 여지, 다른 결정의 가능성을 남겨둔다. 그것이 감정에서 나타나면 '다감함'이 될 것이고, 사고에서 나타나면 '여유'가 되는 게 아닐까? 아마도 관점에서 나타나면 그것은 '유연함'이 될 것이다. 이처럼 다감한 감정과 사고의 여유 그리고 유연한 관점이 그의 인간주의를 구성하는 요소일 것이다.

3.3.2. 같은 사랑의 다른 방식

사안에서의 드문 공감에도 불구하고, 되풀이하건대, 견해의 차이는 현실에서 사라지지 않는다. 이 차이가 개혁 진보파들 사이의 '집안 싸움'으로 비쳐지기도 한다. 그러나 이 갈등 속에서도 사회변혁을 위한 슬라브주의자들의 노력은 중대하였고, 러시아 사상에서 획기적인 전환점을 이뤘다고 게르첸은 평가한다. 「콘스탄틴 세르게예비치 악사코프」(1861)는 그런 뒤엉킨 마음을 담은 글이다. 이 글은 모스크바 뿐만 아니라 다른 도시와 지방에서도 널리 읽히면서 독자들에게 깊은 인상을 남겼다. 몇 구절만 인용해 보자.

> 이 반대자들(슬라브주의자들—저자 주)은 우리 자신 안의 많은 반대자들보다 우리에게 더 가까웠다… 사람은 귀도 눈도 가지지 않은 운명의 불합리한 힘과 논쟁할 수 없다… 그렇다. 우리는 그들의 반대자였다. 하지만 아주 이상한 반대자였다. 우리는 하나의 사랑을 지녔지만, 그 사랑은 동일하지 않다… 마치 야누스나 머리 두 개가 달린 독수리처럼, '우리의 심장은 하나로 뛰고 있으면서도' 우리는 다른 방향을 응시하였다…
>
> 그것이 15년 전 우리 집안의 싸움이었다. 그때 이후 많은 물이 다리 아래로 지나갔다… 결산을 하는 것은 우리에게 이상해 보인다. 이해를 위한 어떤 특허권도 없기 때문이다. 시간과 역사 그리고 경험이 우리를 더 가깝게 만든 것은, 그것들이 우리에게 더 가까이 다가왔거나 우리가 그들에게 더 가까이 다가가서가 아니라, 우리와 그들이 이전보다 진실한 관점에 더 가까워졌기 때문이다. 그때 우리는, 우리가 러시아에 대한 그들의 열렬한 사랑을 의심하거나 그들이 우리의 열렬한 사랑을 의심했다고 여기지 않음에도 불구하고, 언론의 글에서 서로를 산산조각 나도록 가차 없이 찢어버렸다.
>
> 서로에 대한 이 같은 믿음과 이 공동의 사랑을 바탕으로 우리는, 그들의 무덤과 우리의 무덤 위로 젊은 러시아가 힘차고 드넓게 번성하게 될 것이라는 성스러운 바람을 가진 채, 그들의 무덤에 인사하고 그들 죽은 자에게 한 줌의 흙을 뿌릴 권리를 가지고 있다!(124-126)

위의 글에서 게르첸이 보여주는 것은 게르첸 측이나 슬라브주의자들의 옳고 그름에 대한 게 아니다. 그것은 이런저런 시비를 넘어 있는 삶의 어떤 가능성이다. 그 진실은 '운명'에 닿아 있다. "사람은 귀도 눈도 가지지 않은 운명의 불합리한 힘과 논쟁할 수 없다."

이 운명의 불합리한 힘 앞에서 우리는 말을 잃는다. 운명, 이 운명의 불합리한 위력 앞에서 인간은 제각각으로 대응한다. 그리고 그렇게 대응한 것에 대하여 무슨 정당성을 주장하기 어렵다. 그래서 논증은 멈춰진다. 이것을 게르첸은 이렇게 표현한다. "시간과 역사 그리고 경험이 우리를 더 가깝게 만든 것은, 그것들이 우리에게 더 가까이 다가왔거나 우리가 그들에게 더 가까이 다가가서가 아니라, 우리와 그들이 이전보다 진실한 관점에 더 가까워졌기 때문이다." 정확한 지적이 아닐 수 없다.

그러므로 게르첸에게 중요한 것은 "진실한 관점에 더 가까이" 다가가는 일이다. 혁명이나 개혁의 당위는 중요하지만, 그 당위가 진실 자체보다 중요할 수 없다. 진실을 위해서는 언제나 혁명의 대의를 질의할 수 있어야 한다. 그렇다는 것은 진실할 수 없을 때, 혁명은 포기될 수 있다는 뜻이다. 그런 점에서 사랑은 '여러 가지의' 형식일 수 있다. 인간이 인간을 사랑하는 방식이 여러 가지듯이, 현실의 개선을 고민하고 실천하는 방식 역시 여러 가지일 수 있는 것이다. "우리는 하나의 사랑을 지녔지만, 그 사랑은 동일하지 않다."

사랑의 원리는 하나지만, 그 실천 방식이나 적용의 사례는 사람의 숫자만큼이나 많다. 아마도 그렇다고 해야 할 것이다. "결산을 하는 것은 우리에게 이상해 보인다. 이해를 위한 어떤 특허권도 없기 때문이다." 아마도 삶에서 최종적 결산의 권리는 누구에게도 주어지지 않을 것이다. 그러면서도 각자는 각자의 방식대로 책임을 져야 한다.

3.3.3. 인간주의 ― 형제애와 관대함

아마도 여기에 게르첸의 인간주의 ― 인간적 보편주의가 자리할
것이다. 그는 죽은 자에 대하여 남아 있는 자의 고통과 이 죽은 자가
살았을 때 행했던 일의 의미 그리고 그들 당사자 사이에 있었던 의견
의 차이와 이념적 대립을 돌아보고 있다. 그리고 이 모든 것들에도
불구하고, 아니 이 모든 것의 너머에 자리하는 운명적 힘을 헤아린
다. 그의 감각은 대상의 곡절을 몇 겹이나 느끼고, 그의 사유는 사안
의 층위를 몇 구비나 꿰뚫고 헤쳐가는가?

통찰은 이런 겹겹의 감각과 사유에서 온다. 그런 통찰이 게르첸에
게 여유와 너그러움을 부여할 것이다. 1862년 체르니셉스키가 체포
되었을 때, 게르첸이 그와의 싸움을 중단하고 러시아 당국을 비판하
고 나섰던 것도 그런 너그러움 때문일 것이다.

체르니셉스키는 당대의 급진적 문학잡지 《동시대인》의 편집자였
고, 널리 알려진 진보적 저널리스트였다. 페트라셉스키 서클이 상트
페테르부르크에서 싹튼 사회주의 이념의 첫 번째 대변자였다면, 이
들 뒤에 있던 강력한 지성이 바로 체르니셉스키였다. 그는 어떤 사회
주의적 교리에도 소속되지 않았다. 하지만 그는 심오한 이상으로 무
장한 채 기존 질서의 부패와 거짓을 비판하며 다르게 살고자 하던 그
시대의 열망을 대변하던 인물이었다. 그는 1862년에 체포되어 평생
감옥 생활과 유배 속에서 보냈다. 그때 그가 쓴 것이 저 유명한 『무엇
을 해야 할 것인가?』라는 작품이었다. 이 소설은 출간되자마자 러시
아 혁명가들 사이에서 '성서'처럼 읽혔고, 레닌이 가장 좋아한 문학작
품이기도 했다. 체르니셉스키가 처음 체포된 것은 그가 러시아 인민
을 위해 최상의 것을 요구했다는 한 가지 이유 때문이었다. 그 조처

는 말할 것도 없이 부당한 것이었다.

게르첸은 답답함이나 지루함을 못 견뎌했던 것 같다. 재기발랄함은 사실 모든 천재적 재능의 한 특징이다. 이것은 1863년 폴란드 봉기 때도 마찬가지였다. 러시아의 자유주의파 세대는 폴란드에 대한 러시아의 탄압을 옹호하였다. 하지만 게르첸은 반대했다. 이때에도 그는 러시아 당국이나 개혁 반대자뿐만 아니라, 자유주의파 지식인이나 대학교수들 그리고 진보파로부터도 비판받았다.

그러나 사이비 애국주의 혹은 편협한 민족주의에 저항한 게르첸의 이 같은 용기는 오늘날의 관점에서 보아도 유효한 유산의 하나가 아닐 수 없다. 그는 민족이나 국가보다는 형제애를 중시했고, 바로 그 때문에 자기의 자유를 중시한 만큼이나 다른 사람들의 자유도 존중할 수 있었다. 그는 어떤 종류의 혁명보다도 평화로운 개혁의 점진적 길을 선호했다. 그것은 세계주의적 보편성이라고 부를 만하다. 1968년 체코 봉기 후 소련군이 프라하로 입성한 것에 대하여 러시아의 양식 있는 사람들 사이에 비판이 일어났을 때, 이들이 내건 슬로건은 100여 년 전 폴란드 봉기 때 게르첸이 내걸었던 바로 그 슬로건 — "당신들의 자유와 우리들의 자유를 위하여"였다.

4. 방법 — 개인적인 것들의 역사성

2부의 맨 처음에 나는 게르첸 언론 활동의 전체를 '시민적 자유를 위한 헌신'이라고 이름 붙였다. 이어 이번 장에서 그의 글쓰기 방법에 대하여 '개인적인 것들의 역사성'이라는 제목을 달았다. 그런데 '시민적(civic)'이라는 말과 '개인적(individual)'이라는 말은 개념적으로 분명하게 구분할 필요가 있다.

우리는 흔히 시민적인 것(the civil)과 개별적인 것(the individual)을 같은 뜻으로 여기는 듯하다. 서로 통하는 점은 분명 있다. 그러나 시민적 삶이 곧 개인적 삶은 아니다. 예를 들어 고대 그리스인들에게 '시민으로서의 역할'은 '개인적 삶'의 영역과 거의 구분되지 않았다. 그들의 삶이나 성공 혹은 행복에 대한 기본 생각은 도시국가라는 정치적 질서와 밀접한 관련을 맺고 있었기 때문이다. 따라서 개인의 정체성과 성공은 '도시국가 안에서의' 삶에 참여함으로써 규정되었다.

그러나 알렉산드르 대왕이 북부 아프리카로부터 인도에 이르는 광대한 지역을 지배하면서 고대 그리스적 도시국가의 형태는 점차 해체되어 간다. 그러면서 많은 사람들은 정체성의 근원을 상실하게 된다. 개인은 더 이상 도시국가에 참여하기 어려웠다. 그들은 도시국가—집단—전체보다는 자기의 정신과 육체라는 요소에 더 의지하게 되었다. 이 개인화 혹은 개체적 경향은 알렉산드르 대왕의 죽음(BC 323년)을 전후하여 가속화된다. 이때 이후 헬레니즘 시대부터 1200년대 중세 기독교 시대에 이르기까지 에피쿠로스학파나 스토아학파가 지배하는 것은 그런 이유에서다. 이들의 쾌락주의는 곧 '육체'와 '감정'에 대한 주의이고, 육체와 감정이란 곧 인간 개개인과 관련되는 지극히 사적인 사안이기 때문이다.

이렇게 정리할 수 있겠다. 시민과 개인이라는 개념은 국가, 집단, 사회에 대립한다는 점에서 개념적으로 서로 통하지만, 시민이 국가라는 단체에 대립하거나 이 단체를 전제하는 반면, 개인은 이 전체적인 것을, 그것이 국가든 단체든 집단이든, 전제하지 않는다. 바로 이 점에서 두 개념은 구분된다.

그리하여 근대 이후의 '개인'을 말할 때, 이 개인이 대체로 '시민'인 것은 근대 이후 인간의 권리 개념이 나오기 때문이다. 이 인권 개념은 근본적으로 '법률적으로' 논거되었다. 근대사회를 이해할 때, '법'이나 '계약' 개념이 중요한 것도 이런 맥락에서다. 마찬가지 이유로 '시민권'이라는 단어를 흔히 쓴다. 그에 반해 개인은 시민이라는 단어보다 덜 정치적이고 덜 사회적이다. 그런 점에서 좀 더 내밀한(intime) 뉘앙스를 갖는다. 이 때문에 '실존적'이라는 단어는 개인과 결부되지 시민과는 잘 어울리지 않는다. 적어도 한국어 뉘앙스에서는 그렇게 보인다.

이런 점에서 게르첸의 언론 활동은 근대 이후에 의식되고 확대된 '시민권'을 위한 헌신이요, 투쟁이었다고 할 수 있다. 그런 문제의식의 바탕에는 개인적이고 내밀하며 실존적인 고민들이 녹아 있다. 그가 역사적 현상을 다룰 때, 흔히 역사가들이 하는 것과는 달리 거대 사건 중심의 서술이 아니라, 개인 중심의 사소하고 내밀한 사건에 주목하는 것도 그런 이유에서일 것이다. 아래에서 다루려는 간결하고 정확한 필치, 다채로운 서술방식, 웃음과 풍자의 기법도 이 개인적인 것들의 역사성에 대한 그의 믿음에서 올 것이다. 그는 자기의 글쓰기를 '공적 봉사'로 간주하고 실천한 것이다.

4.1. 간결성과 정확성

게르첸의 글은 간결하고 정확하다. 이 정확성은 사실을 기반으로 진단하고 분석하는 저널리즘에서 더 분명히 나타난다. 그 글의 첫 번째 목표는 독자들의 의식을 계몽시키고 각성시키려는 것이었다. 그 때문에 그것은 선동문으로 비춰질 때가 많았고, 실제로 선동적이기도 하였다.

1857년 이래 게르첸은 비판적 논설을 계속 발표하였고, 그렇게 발표된 글은, 앞서 적었듯이, 러시아 사회로 유입되어 많은 파장을 불러일으켰다. 그의 글은 특히 러시아 상류 지배계급에게 엄청난 위협과 불안의 요인이었다. 이것은 농노해방이 시작된 위대한 해인 1861년 2월 이전에 특히 그랬지만, 농노해방이 실시된 후에도 잦아든 것은 아니었다. 이것은 기억해야 할 역사적 사실이다. 알렉산드르 2세는 '농노제의 철폐'를 선언함과 동시에 이 선언으로 인한 사회적 무질서에 대비한다는 명분으로 여러 가지 금지조항을 내세웠기 때문이다. 질서유지를 위해 차르 군대가 곳곳에 파병되었다.

농민들은 완전히 해방되었다고 생각했지만, 아직 그렇지 않다고 여기는 지주들 사이에서는 여러 가지 오해와 갈등과 분쟁이 생겨났다. 지배층들은 농민들의 항의를 '봉기'로 간주하였다. 그래서 책임자들은 진압을 명령했고 발포를 허용했다. 농민들의 항의는 질서를 교란하고 평화를 훼방하는 것으로 여겨졌기 때문이다. 그리하여 곳곳에서 싸움과 폭력이 일어났다. 농민들은 체포되어 고문을 받았고, 수감되거나 유형을 가야 했다. 정부와 군의 조처에 반발한 지식인들이나 대학생도 다르지 않았다. '땅을 가진 농노의 해방'은 곧바로 실현된 게 결코 아니었다. 더 이상 전제적이고 독재적인 차르 치하가 아니라 자유롭고 평화로운 농촌공동체의 나라는 까마득하게 놓여 있었다.

그리하여 농노해방이 실행된 후에도 러시아 사회는 여전히 어두웠고 절망적이었다. 오히려 농노해방이 이뤄졌다는 명분 아래 유혈 사태는 러시아 전역에서 일어났다. 농노제 철폐가 선언된 후 두세 달도 지나지 않았을 때, 게르첸은 「러시아인들의 피가 흐르고 있다!」는 글을 실었다. "정부는 이 모든 것 — 폴란드인의 피도, 러시아 사람들의 피도 막을 수 있었다. 하지만 그들은 다수의 우리 형제들을 죽이고 있다. 모든 지역에서 전해지는 뉴스는 공포와 눈물로 가득 차 있다. 가련한 농민들!"(134)

이 글은 선동적으로 비칠 수 있다. 하지만 눈앞에서 사람들이 죽어갈 때, 대다수 사람들의 지리멸렬한 마음을 하나로 모으고 그 다짐을 도출해 내는 것은 가장 긴급한 사안이 아닐 수 없다. 이것이 선동이라면, 이런 종류의 선동은 필요할 것이다. 그러나 그것은 차라리 선언이요, 외침에 가깝고, 아우성이자 절규로 불려야 마땅할 것이다. 이 절규 앞에서 불안을 느낀 러시아 정부의 '제3부'는 — 이 부서는 당시 정보와 검색을 담당하던 악명 높은 기관이었는데 — 1861년 《종》의 책임자 게르첸과 오가료프를 납치하거나 살해하기 위해 정보원을 파견했다. 게르첸은 이런 위험 때문에 영국 밖으로의 여행을 미루기도 했다.

실제로 제3부에서 파견된 요원들은 1862년 봄과 여름에 게르첸을 만난 사람들의 명단을 작성했다. 그들은 이 방문객들이 '단순 호기심에서' 왔는지, '불법적 사안'에 대한 진짜 관심에서 왔는지 구분하여 본국에 보고했다. 그래서 이들이 국경을 넘어 러시아 제국으로 들어설 때 엄격한 조사를 받아야 했다. 이 검문검색에서는 가방이나 옷뿐만 아니라 양말까지 벗어야 했다. 이 탄압 속에서 게르첸은 알렉산드르 2세가 더 이상 러시아의 희망이 아니라는 것, 그는 '악마'가 되고 있다는 사실을 투르게네프에게 썼다.

1858년 1월 《종》과 《북극성》이 러시아 당국의 압력으로 독일 작센 (Sachsen)주에서 금지되자 게르첸은 다음과 같이 썼다. 이것은 그의 언론 활동의 목표와 방향을 잘 보여준다.

우리에게 러시아 프로파간다라는 대의명분은 변덕스러운 마음도 아니고, 유흥 거리 수단도 아니며, 돈벌이 원천도 아니다. 그것은 우리 삶의 대의이고, 우리 종 교이며, 우리 마음의 한 조각이고, 러시아 인민을 위한 우리의 봉사다…

우리는 가슴에 손을 얹고 모든 러시아 사람들 앞에서 마지막 심장이 박동할 때 까지 우리 일을 계속할 것을 맹세한다. 심지어 우리의 죽음으로도 그 일은 멈추지 않을 것이다. 우리는 혼자가 아니기 때문이다. 우리는 우리 인쇄소를 다음 세대에 게 물려줄 것이며, 이다음 세대가 새로운 힘과 새 생각으로 그 일을 떠맡을 것이 다. 우리 일을 중단시킬 수 있는 유일한 것은 러시아에서의 검열의 '제거'이지, 독 일 땅에 러시아의 검열을 도입하는 게 아니다.(70)

명료하고 확고한 반발이 아닐 수 없다. 진실한 마음으로 다음 세 대를 생각하며 지금 여기에서 정당한 일을 계속해 나가는 것, 그것이 게르첸이 출판 활동에서 내건 모토다. 이 원칙은 그의 개인적 모토이 면서 그 시대 러시아의 현실로, 나아가 인민 전체로 향한 사회역사적 모토이기도 했다. 이 모토에 거짓이나 위선, 의도나 이익이 끼어들지 않도록 그는 최선을 다했다. 그런 절박한 심정으로 그는 「한 거인이 깨어나고 있다!」(1861)에서 이렇게 썼다.

러시아에서는 대학들이 닫혀 있고, 폴란드에서는 경찰이 교회를 오염시킨 후 교회 스스로 문을 닫았다. 이성의 빛도, 종교의 빛도 사라졌다! 그들은 이 어둠 속에서 우리를 어디로 이끌려고 하는가?

　그러나 당신들, 배움에서 차단된 젊은이들은 어디로 갈 수 있는가? 내가 당신들에게 어디로 가는지 말해줄까?

　잘 들어라. 어둠은 당신이 듣는 일까지 막지 못하였다. 우리 광대한 조국의 모든 지역으로부터, 돈강과 우랄강으로부터, 볼가강과 드네프르강에서부터 엄청난 신음 소리와 중얼거리는 소리가 올라오고 있다. 그것은 경악스러울 만치 지루했던 조용한 시기를 지나, 폭풍우에 휩쓸린 채, 들끓고 있는 파도 소리가 처음 우르릉대는 것이다. '인민에게로!' '인민에게로!' 그것이 당신의 자리이고, 배움으로부터 벗어나는 출구다…. 조잡한 관리로 돌아갈 게 아니라, 전사(戰士)에게 돌아가고, 돈만 생각하는 집 없는 용병이 아니라, 러시아 인민의 전사로 돌아가라!

　당신들에게 영광을! 당신들은 새 시대를 시작하고 있다. 당신들은 속삭임과 먼 곳의 암시, 그리고 금지된 책이 지나가고 있다는 것을 이해했다. 당신들은 '비밀스럽게' 집에서 책을 인쇄하지만, 그러나 '공개적으로' 저항한다. 당신들, 젊은 형제들에게 칭찬을, 그리고 먼 곳으로부터 우리의 축복을!(146, 강조는 게르첸)

　드네프르(Dnepr)강은 흑해로 흘러드는 길이가 2200km인 강이다. 돈(Don)강은 1900km 길이로 흑해와 아조프해로 흘러든다. 볼가(Volga)강은 그 길이가 무려 3700km나 되는 계단식 하천인데, 1930년대부터 체계적 계획 아래 하수 통제나 수리 시설이 잘 구비된 1만 7000km의 기나긴 수로(可航水路)다. 그래서 11월에서 4월 사이를 제외하면 배가 다닐 수 있다. 2500km가 되는 우랄(Ural)강은 러시아와 카자흐스탄 사이를 흐르며 카스피해로 흘러든다.

　게르첸은 이 네 강을 포함하는 드넓은 러시아 전역에서 "엄청난 신음 소리와 중얼거리는 소리가 올라오고 있다"라고 적는다. 그 내용은

"'인민에게로!' '인민에게로!'"다. 이 구호는 정부의 "관리"나 "용병"이 아니라, 러시아 인민을 위한 "전사"로 살라고 촉구한다. 그리고 그렇게 살아가는 전사로서의 청년들을 게르첸이 "축복하겠다"는 것이다.

4.2. 다채로운 서술방식

게르첸의 언론이 지닌 특성을 간결성과 정확성, 나아가 선동적 격렬함에서 찾는 것으로 만족한다면, 아마도 그를 제대로 파악하지 못한 게 될 것 같다. 그의 글은 사실 분석의 정확성 못지않게 문학적이기 때문이다.

이때 '문학적'이란 무엇인가? 여기에도 물론 여러 가지 함의가 있다. 하지만 문학적인 것의 핵심에는 사적이고 개인적인 요소가 들어 있다. 문학은 무엇보다 개인적이고 실존적인 언어이기 때문이다. 그러면서도 그것은, 적어도 제대로 된 작품이라면, 개인적 차원을 넘어 보편적 지평으로 나아간다. 그리하여 문학의 언어는 개별적 일반성, 구체적 보편성의 언어다.

문학의 개인성은 사실의 '작고 미묘한 세부사항들(details)에 밀착되어' 있다. 문학적 접근이란 역사에 대하여 개인적 접근을 했다는 것, 이 개인적 접근 속에서 작고 내밀하며 미묘한 삶의 잘 보이지 않는 사실들에 주목한다는 것을 뜻한다. 이 점에서 많은 평자는 게르첸의 만만찮은 문학적 재능을 칭송하였다. 도스토옙스키도 그런 사람 가운데 한 명이었다. 그는 독백보다는 대화를 선호하고 여러 사람들의 목소리를 즐겨 담았던 게르첸의 저작 『다른 해안가(*From the Other Shore*)』에서 큰 인상을 받았다. 그래서 소설 『악령』을 구상하면서 게르첸을 꼭 읽어야 할 작가로 여기기도 했다. 실제로 그는 『작가의 일기』 (1873-1881)를 쓰면서 구체적 사건에 반응하는 《종》에서의 서술방식을 익혀 시험해 보기도 했던 것으로 전해진다. 그가 게르첸을 뛰어난 '시인'으로 특징지은 것은 당연한지도 모른다. 또 누군가는 게르첸의 보도문을 '서정적 저널리즘'이라고 칭하였다.[8]

실제로 《종》은 추콥스카야(Chukovskaya)가 지적한 대로 "'서사로 된 논문의 묶음인데, 이 논문들은 시이고 경구이며 비가(悲歌)이자 추도 연설이고, 죽은 자에 대한 기도이자 예언적 노래이며, 그 표현은 너무도 간략하여 격언처럼 읽히고', 그 대부분은 100년 전에 그랬듯이, 1962년의 러시아에도 해당된다."[9] 아마도 게르첸이 진보적·개혁적 저널리스트 외에 뛰어난 소설가이자 이야기꾼이고, 나아가 정치적 행동가일 뿐만 아니라 이론가이면서 시인이자 예술가로 평가받는 것도 그런 이유에서일 것이다.

아마도 이 모든 다채로운 면모를 끌고 가는 궁극적인 추동력은 진리를 향한 사랑이고 의지일 것이다. 이런 의지의 뿌리에는, 앞서 적었듯이, 인간 삶의 한계에 대한 실존적 자의식이 자리하지 않나 싶다. 게르첸이 되풀이하여 묻는 것은 미리 정해진 이념에 대한 준수 여부가 아니라, 자신의 양심의 소리였다. 이것은 알렉산드르 2세에게 보낸 편지에서도 나타난다. 그는 이 황제에게 "당신의 양심이 당신에게 말하는 것"에 귀 기울이라고 촉구했다.(285) 인간의 삶에는 침통하리만큼 끔찍한 불가항력적 순간이 어쩔 수 없이 있다는 것을

---

8 *Ibid.*, xvii, xxii. 참조
9 *Ibid.*, xxvi.

그는 분명하게 인식하고 있었다. 이것은 그의 비극적 자의식의 일부를 이룬다.

4.3. 웃음과 풍자

게르첸은, 앞서 언급했듯이, 1810년대 러시아의 귀족 가문 가운데서도 가장 이름 있는 집안에서 태어났다. 그는 그 시대 러시아 귀족들이 그러했듯이, 러시아어보다는 프랑스어를 더 편안하게 여겼고, 독일어도 잘 알았다. 그는 여러 언어를 자유자재로 오갔으므로 표현에서도 종횡무진이었다. 그의 사설에 아이러니나 풍자, 냉소와 해학과 분노와 질타가 뒤섞여 있는 것도 그런 이유에서일 것이다.

이처럼 게르첸의 글에는 여러 가지 참조와 비유, 위트에 찬 비교와 공감 어린 격려, 그리고 비판과 농담까지 들어 있다. 이것은 교조적 언사를 견디지 못하는 그의 타고난 성향과 관련될 것이다. 이런 비판적 성향은 기질적 차원에서는 지루함에 대한 반발로 나타나고, 이념적 차원에서는 교조주의에 대한 거부로 나타난다. 웃음은 이 교조주의가 견디기 어려울 때 즉각적으로 터지는 감정적 반응의 일면이다. 그는 웃음에 대한 주목할 만한 논평을 썼다.

> 의심할 여지없이 웃음은 파괴의 가장 강력한 수단들 가운데 하나다. 볼테르의 웃음은 마치 번개처럼 치면서 불타오른다. 웃음 때문에 우상은 쓰러지고, 화환이나 액자도 쓰러지며, 기적을 일으키는 도상도 검고 조야한 그림으로 전락한다. 웃음은 모든 것을 평준화하는 혁명적 힘 때문에 끔찍하리만큼 인민적이고, 그래서 기억하기 쉽다.(91)

웃음은 여러 종류의 장애물을, 이 장애물이 물리적이건 정신적이 건 관계없이, 없애면서 새로운 길을 낸다. 그래서 체제 전복적이다. 혹은 전위적이다. 이런 이유로 웃음은 게르첸에게 더할 나위 없는 무기가 되었을 것이다. 웃음은 폭력적 현실을 비폭력적으로 견뎌내는 하나의 놀라운 지양 방식이라고나 할까? 그는 비판이나 논리 이상으로 풍자나 아이러니 혹은 웃음으로 러시아의 불합리를 제거하고자 했던 것이다.

위의 글은 「매우 위험한!!!」(1859)이라는 글에 나오지만, 웃음에 대한 게르첸의 이러한 생각은 이전에도 있었다. 이보다 1년 전에 쓰인 「'종'을 비평하는 한 편지」(1858)가 그렇다.

웃음이란 철 지난 것이지만 여전히 신만 아는 것으로 지탱되는 무엇에 저항하는 가장 강력한 무기들 가운데 하나다. 그것은 새로운 성장을 막고 취약한 것을 놀라게 하는 중대한 파괴의 원인처럼 보인다. 이전에 내가 말한 것을 반복하면 이렇다. "신성모독에 빠지지 않고, 혹은 양심의 격렬한 고통을 두려워함 없이 웃을 수 없는 인간은 사물화된 인간이고, 그래서 그는 일상적 사물과 뒤섞이는 것을 두려워하는 노예 상태에 있다."

웃음은 농담의 문제가 아니다. 우리는 그것을 포기하지 않을 것이다. 고대 세계에서 사람들은 아리스토파네스와 그의 희극을 들으면서 올림푸스에 대해 그리고 지구에 대해 진심으로 웃었다… 4세기가 지난 후 인류는 웃기를 멈추었다. 그들은 울었고, 그래서 무거운 사슬이 양심의 신음소리와 고통의 한가운데 자리한 마음에 놓이게 되었다. 광신주의의 열기가 줄어들자마자, 사람들은 다시 웃기 시작했다. 웃음의 역사에 대해 쓰는 것은 매우 흥미로운 일이 될 것이다. 아무도 교회나 법정에서는, 혹은 행진하면서, 혹은 자기 분야의 우두머리 앞에서는, 경찰 관료나 독일인 두목 앞에서는 웃지 않는다. 집안의 농노는 주인의 면전에서 웃을 권리를 갖지 못한다. 오직 동등한 사람만 그들 사이에서 웃을 수 있다.

하급자가 그들 상급자 앞에서 웃는 게 허락된다면, 그래서 그들이 그 웃음을 참을 수 없다면, 그들은 지위에 대한 존경을 잊을 수 있다. 사람으로 하여금 성스러운 소(聖牛, Apis)를 보고 웃게 한다면, 그것은 소에게서 성스러운 지위를 박탈하여 그 소를 흔히 있는 소로 만드는 것이다. 수도사에게서 성직자 옷을 빼앗고, 경기병에게서 제복을 빼앗으며, 굴뚝 청소에서 재를 없애면, 그들은 어린아이나 어른을 더 이상 놀라게 하지 못할 것이다. 웃음은 평등주의자이고, 그래서 사람들은 그것을 원치 않는다. 그들은 그들 각각의 특징에 따라 판단되는 것을 두려워하기 때문이다.(68-69)

게르첸은 평화의 감각만큼이나 분노를 사랑했다. 이 분노는 사실 1850년대의 야만적 러시아를 생각하면, 당연하게 여겨질 수도 있다. 하지만 오늘의 관점에서 다시 한번 거리를 두면서 보는 게 좋을 것이다. 분노는 사회적 악에 대한 손쉬운 대응 방식의 하나이고, 바로 이런 이유로 안이하다. 그래서 오래가지 못한다. 아마도 분노는 좀 더 부드러운 도덕(soft moral)으로 변용되는 게 바람직할 것이다. 이 점에 웃음의 의미도 자리하지 않을까?

웃음에 대하여, 이 웃음이 갖는 전복적이고 혁명적이며 평등주의적인 효과에 대하여 이렇게 쓰는 사람을 나는 아직 보지 못했다. 문학사에 나오는 그 어떤 비평가도 웃음을 이처럼 명쾌하고 적확하게 정의내린 적이 없었다. "웃음은 농담의 문제가 아니다." 맞는 지적이다. "신성모독에 빠지지 않고, 혹은 양심의 격렬한 고통을 두려워함 없이 웃을 수 없는 인간은 사물화된 인간이고, 그래서 그는 일상적 사물과 뒤섞이는 것을 두려워하는 노예 상태에 있다." 웃을 수 없는 인간은 "사물화된 인간"이고, "노예 상태에 있다". 적확한 지적이 아닐 수 없다.

　게르첸의 글은 명료하지만, 그 명료성은 단순성이라기보다는 명쾌하다. 그 명쾌성은 데카르트적 의미에서 '명석하고 판명한(clear and evident)' 것에 가깝다. 그래서 깊이가 있고, 그래서 지적으로 보인다. 웃음에 대한 위의 글은 얼마나 명쾌한가? "웃음의 역사에 대해 쓰는 것은 매우 흥미로운 일이 될 것이다. 아무도 교회나 법정에서는, 혹은 행진하면서, 혹은 자기 분야의 우두머리 앞에서는, 경찰 관료나 독일인 두목 앞에서는 웃지 않는다. 집안의 농노는 주인의 면전에서 웃을 권리를 갖지 못한다. 오직 동등한 사람만 그들 사이에서 웃을 수 있다. 웃음은 평등주의자이다."

　이렇듯이 웃음에는 여유가 있다. 어떤 여유인가? 그것은 감각과 사고의 여유이고, 이 여유로운 감각과 사유의 빈 공간에 자리하는 판단의 여유다. 그것은 한마디로 얽매이지 않는 정신의 산물이다. 그러니 독재자는 웃음을 싫어할 수밖에 없다. 미성숙한 정신은 웃음에 서투른 것이다. 얽매이지 않는 정신, 그것은 곧 자유를 이름한다. 자유로운 정신의 성숙한 운동… 이 운동의 힘으로 게르첸 글은 추동된다. 그 글의 설득력은 아마 이런 정신에서 나온 자연스러운 결과가 아닐까?

　게르첸은 언제나 대상과 대상 그 너머를 '동시에' 본다. 혹은 대상과 그 배후를 동시에 헤아린다. 타인에 대한 그의 관대함이나 세상의 복합성에 대한 그 인식도 이런 여유 있는 정신의 결과일 것이다. 웃음의 혁명적·인민적 계기에 대한 그의 포착은 미하일 바흐친(M. Bakhtin)이 『라블레와 그의 세계』에서 게르첸을 인용하는 계기가 되었다.

4.4. '공적 봉사'로서의 글쓰기

게르첸의 언론 논설이 지닌 매력은 이 두 가지 — 사실 분석과 세부사항에 문학적 기술의 재능이 결합된 데서 나올 것이다. 이 점에서 우리는 그 특유의 스타일(style)을 말할 수 있을 것이다. 스타일이란 모든 문필가에게 들어 있는 최고의 재능이 아닌가 여겨진다. 마치 모차르트의 음악을 오래 듣다 보면, 어떤 곡에는, 그 곡의 제목이나 작곡가를 알지 못할 때조차도, '모차르트적인 무엇'이 들어 있다는 것을 우리는 알 수 있다. 바로 이 무엇이 곧 그의 스타일 혹은 양식이다.

이때 스타일이란 한 작가를 '다른 누군가가 아니라 바로 그 작가이게 만드는 유일무이한 무엇'이다. 말하자면 그 작가의 대체될 수 없는 유일무이한 개성이자 그만의 정체성(identity)이 된다. 그렇게 보면, 정체성이 없는 작가란 이미 작가가 되기 어렵다. 그리고 이렇게 말할 때의 스타일이란 좁게는 그 사람이 구사하는 언어의 '문체'가 되지만, 넓게는 이 문체에 배인 어떤 '개성'이자 '정체성'이고, 나아가 그 사람이 살아가는 '삶의 양식'이 된다.

이런 식으로 한 작가가 구사하는 언어나 이 언어가 그려 보이는 작품은 그 사람 자신의 삶을 증거한다. 거꾸로 한 작가의 언어가 그의 삶을 증거하지 못한다면, 그것은 달리 무엇이겠는가? 우리가 예술작품에서 받는 감동도 그 작품에 작가의 궤적이 남아 있기 때문이 아닌가?

게르첸의 글이 사실 분석과 문학적 기술 사이에 자리한다면, 그 무게중심은, 적어도 언론 활동에서의 무게중심은 앞에 있을 것이다. 이때 사실 분석의 경향은 그가 문학보다 좀 더 실천적인 목표를 가졌다는 것을 뜻한다. 그는 20대를 지나면서 좀 더 실질적인 일을 하고 싶어 했다. 문학 창작이나 문학 비평을 하기보다는 정부기관에서 공적 업무에 복무하기를 원했기 때문이다. 이것은 1837년 24세의 청년으로 뱟카에서 유배형을 받고 있을 때부터 마음먹던 고민이었다. 그러다가 인민에 대한 봉사와 글쓰기를 하나로 결합한 어떤 길을 찾아낸다. 영국에서 시작한 언론 활동은 바로 그 길을 가는 방식이었다.

5. 젊은 재능이 침묵을 깨도록 — 마지막 호

1857년 7월 1일부터 발행되기 시작한 《종》의 언론 작업은 1867년에 접어들면서 어려움에 처한다. 여기에는 여러 요소가 작용했다. 러시아에서는 보수파가 지배하기 시작했고, 이에 따라 진보 쪽에서의 목소리는 줄어들었다. 이들 진보파는 《종》에 여러 편의 글과 자료를 제공하던 사람들이었다. 게다가 이 무렵에는 독자층도 현격하게 줄어들기 시작하였다. 그리하여 게르첸은 《종》의 간행을 당분간, 적어도 6개월 정도 중단하기로 결정한다. 마지막 호인 「1857~1867」이라는 글에는 지난 10년 동안 이어진 출판 활동에 대한 그의 회한이 담겨 있다.

1857년 7월 1일 《종》의 첫 호가 런던에서 간행되었다. 이번 호는 우리의 10주년을 기념한다.

10년이라! 우리는 굳건하게 서 있었고, 가장 중요한 것은 특별히 어려웠던 지난 5년 동안 우리가 굳건하게 서 있었다는 사실이다.

이제 우리는 휴식을 가지며, 땀을 닦고, 새로운 힘을 모으고자 한다. 그리고 그같은 이유로 우리는 '6개월 동안' 출판을 쉴 것이다. 《종》의 다음 호는 1868년 1월 1일에 나올 것이고, 그와 더불어 우리는 두 번째 10년을 시작할 것이다.

이제 우리는, 긴급한 일의 전환 없이, 무엇이 고국에서 일어나고 있는지, 그 물결이 어디를 향하고 있고, 바람이 어디로 불어오는지를 자세히 그리고 조용히 들여다보고자 한다. 그래서 어떤 영역에서 우리가 옳았고, 어떤 곳에서 우리가 잘못했는지 검토하고자 한다.

…《종》은 어떤 다른 무엇보다 더 '러시아 사회주의와 그 발전'의 기관이었고, 그런 기관이 될 것이다. 말하자면 농장과 노동자가 협업하는 사회주의이고, 시골과 도시, 국가와 지방의 사회주의 말이다.

우리에게 모든 것은, 형식이든 개인이든, 의심이든 실수든, 러시아의 사회적 발전에 종속되어 있다. 그러나 언론과 집회의 자유 없이, 일반적 토론과 조언 없이 그것이 불가능하므로, 우리는 온 힘을 다해 '토지 의회(Assembly of the Land)'를 주장하였고, 앞으로도 계속 주장할 것이다. 그 속에서 우리는 하나의 출구를 볼 뿐이지만, 그러나 그것은 열린 출구다…

나머지 모든 것은 길에 놓인 진흙과 먼지이고, 바퀴 아래 있는 통나무와 돌들이다. 이 모든 것은, 이 통나무와 돌이 최고의 사람들을 부수지 않는다고 해도, 그들이 늪지 속에서 이른 아침 두려움 없이 씨 뿌리는 사람을 이들이 일하러 나갈 때 익사시키지 않는다고 해도, 그림자 속에 남아 그 자신 속에서 썩어갈 수도 있을 것이다.

우리의 중단이 우리에게 의미하는 것은, 이번 중단으로 우리가, 《종》에 대한 관심이 어느 정도로 크거나 약한지, 살아 있거나 죽었는지, 그래서 《종》의 부재를 사람들이 어느 정도로 알아채는지 측정할 수 있다는 점이다. 그러나 이 해(1867년) 말에 우리는 독자로 하여금 우리 자신을 떠올리게 하고, 그래서 가능하다면, '종

연감(Bell Almanac)'이라 불리는 특별한 출간 형태로 새 논문 시리즈를 내려 한다. 그것은 1868년 우리가 펴낼 저널에 대한 프로그램을 포함할 것이다.

아마도 우리가 돌아오는 그 무렵, 혹은 우리가 떠나 있는 동안에도, 더 젊고 생기 있는 활동가들은 그들의 힘을 점검할 것이다. 젊은 재능이 그들의 봉인된 침묵을 깰 시간이다. 검열 없는 출간을 위한 러시아의 조건들은 끔찍하고, 최고 저널들은 망가졌으며, 최고 신문들은 경고와 유예의 끊임없는 위협에 직면하고 있다. 왜 외국에서는 그토록 발행되는 것이 없는가? 우리의 언론과 여러 다른 언론은 참된 기회를 제공한다. 우리는 어떤 러시아 출간물도 기꺼이 환영할 것이다. 우리는 북적거린다고 느끼지 않는다. 바다에는 엄청나게 많은 물고기가 있기 때문이다…(340-341)

이 마지막 글이 보여주는 것은 세 가지 사실이다.

첫째, 지난 10년의 언론 활동에 대한 중간 점검이 필요했다. "이제 우리는, 긴급한 일의 전환 없이, 무엇이 고국에서 일어나고 있는지, 그 물결이 어디를 향하고 있고, 바람이 어디로 불어오는지를 자세히 그리고 조용히 들여다보고자 한다. 그래서 어떤 영역에서 우리가 옳았고, 어떤 데에서 우리가 잘못했는지 검토하고자 한다."

둘째, 이런 검토 속에서 게르첸은 다음 호를 분명하게 기약한다. 즉 《종》의 종간은 생각하지 않는다. "《종》의 다음 호는 1868년 1월 1일에 나올 것이고, 그와 더불어 우리는 두 번째 10년을 시작할 것이다." "그러나 이 해(1867년) 말에 우리는 독자로 하여금 우리 자신을 떠올리게 하고, 그래서, 가능하다면, '종 연감(Bell Almanac)'이라 불리는 특별한 출간 형태로 새로운 논문 시리즈를 내고자 한다."

하지만 이 약속은 지켜지지 못한다. 이 계획을 게르첸은 나중에 포기하기 때문이다. 그는 다른 글에 집중해야 했다. 대신 《종》의 프랑스판은 1868년 1월에서 12월까지 계속 발행되었다. 하지만 《종》은 이것으로 끝난다.

셋째, 10여 년간 게르첸이 그렇게 노력했음에도 불구하고, 이 노력 속에서 농노제 폐지 같은 중요한 역사적 성취를 이뤘음에도 불구하고, "언론과 집회의 자유"는 러시아 사회에서 보장되지 않는다. 그는 검열 없는 언론과 잡지와 신문을 거듭 요구한다. "검열 없는 출간을 위한 러시아의 조건들은 끔찍하고, 최고 저널들은 망가졌으며, 최고 신문들은 경고와 유예의 끊임없는 위협에 직면하고 있다."

남은 것은 젊은 세대가 그들의 "침묵의 봉인을 깨고" 활동하는 것이다. 그것이 게르첸의 마지막 바람이었던 것으로 보인다. 그는 더 나은 미래를 기약하지만, 그러나 1870년 1월에 세상을 떠난다. 그는 바다가 바라보이는 프랑스 니스(Nice)의 한 언덕에 자리한 아내 옆에 묻힌다. 우리는, 게르첸이 바랐듯이, "땀을 닦으며" "새로운 힘을 모으고" 있는가?

11장
개혁적 자유주의자

　게르첸의 《북극성》과 《종》은 그의 혁명적 저널리즘의 내용과 목적을 잘 보여준다. 이것은 그의 회상록 『나의 과거와 사상』이 그가 겪었던 일과 만났던 사람 그리고 자신의 고민에 대한 사적이고 내밀하면서도 풍부한 추억과 회한을 담고 있는 사실에 대조된다. 그 글의 종류도 다양하다. 그가 언론 활동에서 쓴 글은 논문과 에세이, 편지와 선언을 포함하고, 이 모두는 사설을 이룬다. 이런 이유로 '사설'이라는 형식은 게르첸이 러시아 저널리즘의 역사에서 처음으로 도입한 장르라고 평가받는다.

　그러나 게르첸의 언론 활동을 장르적 성격이나 형식 개혁적 차원에서만 평가하는 것은 정확하지도 않을뿐더러 불공정하다. 『나의 과거와 사상』에도 자유러시아통신의 설립을 둘러싼 여러 사건과 경험이 담겨 있지만, 이 두 간행물에는 러시아의 현실에 대한 실천적 개입의 내용이 좀 더 직접적으로 서술되어 있다. 말하자면 자서전보다는 덜 사적이고 덜 개인적이지만, 그래서 철학적 담론보다 덜 사변적이지만, 훨씬 더 현실 분석적이다. 245번에 걸쳐 발행된《종》의 사설들은 그 당시 러시아 사회의 정치적 낙후성과 체계적 불의, 정부 정책의 지속적 과오와 관료주의의 남용, 그리고 잔혹하고 억압적인 실정(失政)에 대한 최상의 탐사보도문이 아닐 수 없다.

이 언론 활동을 이끌던 게르첸의 주된 문제의식은,《종》의 사설들이 되풀이하여 보여주듯이, '표현의 자유'와 '농노해방' 그리고 '신체적 처벌로부터의 자유'라고 할 수 있다. 이런 생각은 1870년 이후 1917년 혁명에 이르기까지 러시아의 근현대 정치사상사에서 결정적인 이슈로서 매우 중대한 영향을 미친다. 그런 점에서《종》에 실린 글들은 그 자체로 러시아의 사회정치사상사에서 가장 위대한 유산의 하나로 평가받는다.

이 '가장 위대한 유산'이라는 말은 무슨 뜻인가? 아직 우리는 그 내용을 모른다. 그것은 더 상세하게 해명되어야 한다. 러시아 사회정치사상사에서 가장 위대한 유산이 있다면, 그 구체적인 목록은 무엇인가? 나는 나 나름으로, 내가 느낀 바대로, 그러나 가능한 한 일목요연하고 체계적으로 정리해 보고자 한다. 여기에는 우회로가 필요하다.

1. 좌파적 열망을 지닌 모스크바 자유주의자

게르첸의 글은, 앞서 적었듯이, 몇 가지 정해진 틀이나 표준화된 범주로 파악되기 어렵다. 그것은, 최대한으로 간단히 말하면, 어느 학자의 표현대로 "좌파적 열망을 지닌 모스크바 자유주의자(Moscow liberal with leftward aspirations)"[1]로 일단 분류할 수 있을 것이다. 하지만 이것은 잠시의 편의를 위한 개념 규정이고, 이것이 정말 사실에 합당한 것인지 우리는 물어보아야 한다. 이러한 필요성은, 우리가 1850년대를 전후한 러시아 현실의 사회정치적 상황뿐만 아니라 그 이념적 지향과 갈래가 얼마나 복잡하고 다양한지를 확인한다면, 더욱 심해진다.

이를테면 어떤 사람이 민족주의적 보수주의자와 독단적 혁명주의자 사이를 헤치면서 사회주의와 자유주의를 통합하고자 한다면, 그의 이념적 지향은 어떤 개념 아래 파악될 수 있는가? 러시아 전통주의(슬라브주의자)와 서구 유럽주의(서구주의자) 앞에서는 어떻게 할 것인가? 개인의 자유와 사회공동체의 정의는 어떻게 결합하고, 사회주의와 자유주의를 통합하되 이때의 통합이 국수주의적 쇼비니즘이나 교조적 원리주의로 귀결되지 않도록 하기 위해서는 무엇이 전제되어야 하는가? 인간의 현실에는 너무나도 많은 이념적 분파와 입장, 운동과 견해와 지향들이 흩어져 있는 것이다. 갈등과 분규로 가득 찬 정치경제적 현실에서는 더 그렇다고 해야 한다.

게르첸은 20대 청년 시절부터 독일철학이나 프랑스 사회사상에 골몰하였고 ― 이 때문에 지성사가들은 주로 그의 초기 활동에 주목하곤 하였다 ―, 이 이상주의적 열정 속에서 그는 헤겔 같은 거대한 사변적 관념체계에 기댄 채 삶의 복합성에 대한 해답을 찾아내려고 애

---

1 Robert Harris, "Alexander Herzen: Writings on the Man and His Thought," Alexander Herzen, *A Herzen Reader*, edited and translated by Kathleen Parthé(Evanston, Illinois: Northwestern University Press, 2012), p. 345에서 재인용. 이것은 러시아의 역사가이자 언론인이고 교육학자였던 밀유코프(P. N. Milyukov, 1859~1943)의 표현이다.

썼다. 그는 대학 시절에 이미 두 번이나 체포되어 추방되었다. 정치적 견해를 가졌다는 이유 때문이었다. 그 후 조국을 떠나 서구 유럽의 여러 나라를 돌아다니는 가운데 그의 혁명적 사회주의론은 조금씩 변해간다. 그러면서 그 틀을 잡아간다. 현실에서의 실망이나 환멸이 더해지고, 이전의 헛된 희망이나 망상에서도 그는 점차 벗어난다. 이런 문제의식들이 영국에서의 언론 활동에서 좀 더 구체적인 내용을 얻게 되었다.

게르첸의 좌파적이고 자유주의적인 성향을 좀 더 자세히 규명할 수는 없을까? 그것은 어떤 점에서 좌파적이고, 어떤 점에서 자유주의적인가? 이보다는 다음과 같이 질문하는 게 더 정확할지도 모른다. 좌파라면 그는 어떤 점에서 좌파적 입장을 지양하고, 자유주의적이라면 어떤 점에서 자유주의적 한계를 넘어서고 있는가? 여기에 대해서는 이사야 벌린의 견해에 기대는 것이 좋을 것이다.

1.1. 애국주의와의 거리두기

게르첸의 언론 활동에서 하나의 출발점은 이른바 '러시아주의'와의 거리두기일 것이다. 그는 무엇보다 애국주의나 민족주의와 거리를 두려 애썼다. 그는 1865년을 마감하며 썼다.

'종'은 원래 있던 대로 머물렀고, 그 자체로 있었다. 그것은 사상의 똑같은 노선을 대변하였고, 어떤 집단도 대변하지 않았다. 거의 모든 사람들로부터 내버려진 채, 그것은 애국적 캠프로 뛰어들거나, 민주주의적 경고자들한테로 나아가지도 않았다.

우리는 우리의 적들이 서로 다른 길을 갔고, 우리 친구들의 10분의 9를 데려갔다는 사실을 알고 또 본다. 우리가 알지 못하거나 보지 못하는 것은 우리 글이 향하고 있는 유일한 인민인 러시아의 독자 대중이 그들을 매우 오랫동안 따르리라는 점이다. 우리는 피와 잔혹한 애국주의의 길을 따라갈 수 없다. 이들의 냉기가 가라앉고 《모스크바 가제트(*The Moscow Gazette*)》에 대한 저항이 자라나는 만큼 독자는 우리에게 돌아올 것이다.(246)

1860년대 러시아 현실은 1861년의 농노제 폐지를 포함한 개혁에도 크게 나아지지 않는다. 공적 견해는 억압되고 시민들의 자기표현은 금지되었다. 곳곳에 매질과 피의 탄압이 여전히 자행되고 있었다. 언론기관은 탄압을 위한 감시탑이 되었고, 대학은 경찰을 위한 감시초소로 변질했다. 상부의 지배계층은 농노제에 대한 향수 속에서 마비되어 갔다.

니콜라이 1세가 30년이나 러시아의 진보를 가로막았던 것처럼, 그래서 '자유'나 '시민정신' 같은 말들을 금기시한 것처럼, 그 후임인 알렉산드르 2세의 재위 동안에도 현실은 달라지지 않았다. 사회는 전반적으로 더 혼란스러워졌고, 이 무질서 속에서 정부는 어느 때보다도 강력해졌다. 이런 탄압에 저항하는 사람들은 누구나가 처형되거나 수감되었다. 아니면 시베리아로 추방되었다. 동시대 러시아 현실이 겪고 있는 것은, 게르첸이 보기에, "일종의 바빌론적 혼란이었고, 난잡한 잔치이며, 시민적 삶의 지층에 적용된 지질학적 대변동"과 같은 것이었다.(251)

이 끔찍한 현실에서 게르첸은 이편 혹은 저편에 서지 않는다. 그는 러시아적인 것을 사랑했지만, 그렇다고 러시아에서의 모든 것이 다

좋을 수 없었다. 러시아적인 것을 지탱하는 기본적인 이념은 정치적 성격을 띠었다. 말하자면 '애국주의'와 '민족주의'다. 그는 민족주의나 애국주의 같은 손쉬운 유혹을 따르지 않는다. 피와 잔혹한 애국주의 의 길을 따라갈 수 없기 때문이다. 대신 그는 진실을 선택한다. 진실 의 기준은 그에게 러시아 인민의 삶이었다. 그래서 그는 인민을 바라 본다. 인민에의 사랑, 이것이 그를 추동하고, 그가 세운 언론을 지탱 한다.

1.2. 계몽된 자유주의적 인문주의

게르첸은 여러 가지 점에서 복잡다단한 사람이고, 러시아 지성사 적 입장에서 보면 '주류(主流)'는 분명 아니었다. 그러한 정황은, 마 르크스–레닌 이데올로기의 관점에서 보면, 더더욱 그러했다. 그는 대학 시절에 이미 두 번이나 체포와 추방을 겪었고, 그의 글들은 차 르 황제가 통치하던 대부분의 기간 동안 금지되었다. 앞서 적었듯이 《종》 간행물이 러시아 사회 안에서 광범위하게 읽힌 것은 '불법적인 유통'이었다.

이런 게르첸 저작이었기에 그에 대한 러시아에서의 학문적 연구가 활성화되기 어려웠다. 그에 대해서나 그의 사상에 대한 연구에는 너 무나 많은 장애물이 있었다. 20세기에 들어와 러시아가 그런대로 알 려지게 된 것은 도스토옙스키나 톨스토이, 투르게네프나 체호프 같 은 작가들의 작품을 통해서였다. 하지만 문학적·문화적 방면에서의 이런 소개에도 러시아가 가진 전체주의적 이미지는 1950년대에 이르 기까지 크게 변하지 않는다. 한쪽에 혁명적 레닌주의와 스탈린의 독재체제가 강고하게 자리하고 있었다면, 다른 한쪽에는 이런 체제의 억압과 감시에서 벗어나려 애쓰던 끔찍한 불안과 혹독한 침묵이 자리했다. 이 위험한 상황에서 러시아에 대해 의미 있는 글을 쓰기란 쉽지 않았다. 그렇게 쓴 글이 '객관적'이기란 더 어려웠다. 이사야 벌린의 게르첸론은 이처럼 어려운 상황에서 나왔다.

게르첸 평가에 나선 학자에는 여럿이 있지만, 벌린의 기여는 단연 두드러진다. 그는 철학이나 사상의 역사 일반에 대해 폭넓은 관심을 갖고 있었고, 러시아에 뿌리를 둔 학자이기도 했다. 그는 1909년 라트비아의 수도 리가에서 태어났고, 6세 때 러시아로 이주했다. 1917년 상트페테르부르크에서 볼셰비키 혁명을 직접 목격한 후, 그는 1921년 가족과 함께 영국으로 이주하였다. 그는 옥스퍼드 대학에서 공부한 후 1945년 모스크바의 영국 대사관에서 복무하기도 하였다. 그는 러시아의 사상과 문학에 대해 예리한 안목을 갖고 있었고, 젊은 시절에는 마르크스 평전을 쓰기도 했다. 그는 무엇보다 오늘의 러시아가 지나온 1800년 이후의 역사적 현실에 대한 깊고 통찰력 있는 전문가였다.

벌린은 19세기 러시아의 역사와 사상 그리고 문학에 두루 열려 있을 만큼 박식했고, 그의 언어는 간결하고 정확하고 섬세했으며 그 시각은 엄격하고 공정했다. 그는 체제의 억압을 거역하고 개인의 자유를 존중하며, 자유를 사랑하고 이념의 광기에 거스르는 계몽된 자유주의 휴머니스트였다. 이러한 특징은 그가 무엇보다 흠모했던 게르첸 자신에게도 확인되는 것이었다. 이 자유주의 휴머니즘을 추동하는 것은 자아의 정직성과 사회적 책임의식이었다. 벌린의 글이 지닌 설득력은 여러 요소들의 이 같은 종합에서 올 것이다.

그러나 벌린의 이런 지적 성향만큼이나 중요한 것은 그가 학문적 설득력으로 그의 세대 이후 등장하는 한 무리의 게르첸 연구자를 만들어냈다는 사실이다. 사실상 서양에서의 게르첸 연구자 그룹의 대부분은, 직접적이든 간접적이든, 벌린의 해석과 이해에 깊은 영향을 받았다고 말해진다. 그리고 마침내 이 연구자 그룹이 시간이 지나면서 게르첸 연구에서 괄목할 만한 성장을 이뤄낸다.

바로 이런 이유로 벌린은 지금까지 여느 학자들의 러시아 이해가 보여준 것과는 다르게, 말하자면 문학이나 문화의 관점에서가 아니라, 이런 관점을 포함하면서 무엇보다 사상사의 관점에서 러시아를 조명하고자 했다. 그는 "러시아에 대한 전혀 다른 버전, 말하자면 자유주의적이고 인문주의적인 경향의 열성적 추종자"였고, 이 같은 경향에서 게르첸이 지금까지의 결핍을 보완해 줄 "완벽한 대리물"이라고 판단하였다.[2] 벌린 작업이 지닌 지성사적 문화적 위상에 대한 로버트 해리스의 정확하고 객관적인 평가를 들어보자.

소비에트적 세계관은 서구의 산물인 마르크스로 돌아가서 귀를 기울였다. 하지만 벌린은 러시아의 역사적 목소리가 이 나라의 작가와 시인, 예술가와 인텔리겐치아들, 무엇보다 19세기의 그들을 돌아볼 때 들릴 수 있음을 알려준다. 스탈린적 마르크시즘 아래 왜곡된 러시아적 전통에 대항하여 벌린이 주목한 것은 이런 계몽화된 휴머니즘의 물결이었다. 게르첸은 러시아 지성사와 정치사에서 자유롭게 사고하는 반권위주의적 경향의 중심에 있었다. 그래서 그는 이념적 측면에서나 구체적인 측면에서 질식되어 온 풍부하고 다양한 러시아적 유산의 대표적 인물이

---

2   *Ibid.*, 349.

자 지도자가 되었다. 벌린은 게르첸의 이미지를 일반인들에게 단순히 러시아의 지적이고 사회주의적이며 혁명적인 유산의 발전 측면에서 중심적일 뿐만 아니라, 자유주의적 사상의 참으로 러시아적인 브랜드를 대표하는 가장 뛰어난 인물로 알렸던 것이다.

… 벌린은 게르첸을 위해 싸우면서 소비에트 정권 아래 억눌렀던, 자유를 사랑하는 유산에 초점을 맞추면서 러시아의 대안적 견해를 제공하였다. 그는 한편으로 나치 파시즘으로 자라났고, 다른 한편으로 마르크시스트-레닌주의적 독트린과 스탈린주의적 억압으로 자라난 위험한 씨앗이 되었던 서구 사상의 병폐에 대한 하나의 개선책으로 게르첸을 간주했다.[3]

위 인용문에서 핵심은 러시아 사상사에 자리하는 "자유롭게 사고하는 반권위주의적 경향"이다. 그것은 더 간단히 "자유를 사랑하는 유산"이다. 이것을 벌린은 18세기 이래 이어지는 '계몽주의의 휴머니즘'에서 찾았고, 이 이념을 구현한 이가 바로 게르첸이었다. 그는 러시아의 지적 유산 가운데 자유주의적 계몽주의 휴머니즘을 대표하는 인물이었던 것이다.

게르첸이 구현하는 이 계몽주의적이고 자유주의적인 휴머니즘에는 두 가지 특징이 있다. 그것은 첫째, 서구에서 유래한 것이 아니라, 러시아에서 생겨난 토착적인 사유라는 것이다. 바로 그 때문에 그것은, 둘째, 서구 사상의 병폐를 치유할 수 있다는 것이다. 이때 서구적 사상의 병폐란 구체적으로 무엇인가? 그것은 이념적으로 '부르주아 개인주의'라고 일단 말할 수 있고, 증상적으로는 '사물화'나 '소외' 혹

---

3 *Ibid.*, 350.

은 '물신주의'를 뜻한다고 할 수 있다.

게르첸이 의존하는 사유의 한 원천이 서구의 계몽주의라면, 이 계몽주의는 물론 1789년 프랑스 혁명의 이념에 닿아 있다. 여기에는, 생시몽이나 프루동 혹은 푸리에 같은 당시의 사회 개혁가들이 보여주듯이, 이성과 합리성 같은 근대적 가치들뿐만 아니라, 무엇보다 사회적 책임의 의식이 들어 있다. 19세기 초 러시아 귀족 가운데는 근대적 계몽주의의 이런 이념을 구현하고자 애쓴 사람들이, 슬라브주의자건 서구주의자건, 혹은 개혁주의자건 사회주의자건, 많았다. 게르첸의 아버지 세대는 더욱 그랬다.

이런 이유로 게르첸은 앞선 아버지 세대의 지식인들을 상당한 향수와 흠모의 심정으로 바라보았다. 그가 존경해마지 않았던 저 유명한 12월 당원 — 데카브리스트들은 바로 그런 이념을 추구하다가 실패한 위대한 순교자들이었다. 『나의 과거와 사상』에는, 우리가 이 책의 1부에서 보았듯이, 프루동이나 바쿠닌, 가리발디와 밀 그리고 오언에 대한 논평이 감동적으로 서술되고 있다. 실제로 바쿠닌은 시베리아 유형에서 탈출하여 일본을 거쳐 샌프란시스코에 도착했을 때, 영국의 게르첸에게 편지를 썼다. 그의 탈출 소식은 1861년 11월《종》에 소개되기도 했다. 그리하여 유형에서 탈출한 바쿠닌의 놀라운 소식은 러시아 지식인들 사이에 널리 알려지게 되었다. 1851년 아나키스트 바쿠닌의 전기를 처음으로 쓴 사람도 게르첸이었다.

게르첸은 이 18세기 계몽주의적 개혁 사상가들의 저작을 광범위하게 읽었고, 그렇게 읽은 내용은 그 글의 곳곳에 스며 있다. 이런 문제의식들은 나아가 1860년대의 인민주의 공동체 운동의 토대가 되었다.

1.3. 볼콘스키 공작 — 개인적 자유와 정의

게르첸의 사유를 전체적으로 조감할 때 늘 조심스럽다. 그의 글은, 이미 여러 차례 언급한 대로, 그 어떤 작가의 훌륭한 작품만큼이나 다채롭고 풍요로운 데다가 개혁적이고 창의적인 생각들로 차 있기 때문이다. 그래서 필자는 그를, 흔히 말하듯이, '러시아 사회주의 이념의 아버지'나 '혁명적 언론인'뿐만 아니라, 벌린에 기대어 자유주의적이고 인문주의적인 측면에서 서술하였다.

하지만 이렇게 해도 아쉬움은 없지 않다. 게르첸의 글은 자유주의적이고 인문적인 특징을 말하기 전에 아주 내밀하다. 이 내밀성은 거듭 강조하여 개인성의 표현이고, 이 개인성은 아무러한 개인성이 아니라 매우 독자적이고 유일무이한 인간성을 이룬다. 이 점이 중요하다. 그만큼 글을 쓰는 '주체의 주체다움' — 이 주체다움의 정체성이 강하게 느껴지는 것이다. 이것을 더 생생하게 전달할 수 없을까? 이것은 공작 세르게이 볼콘스키(Sergey Volkonsky)의 사례에서 잘 나타난다.

1.3.1. 그 이름을 부르는 게 두려웠다

《종》에 게재된 게르첸의 글에는, 되풀이하건대, 논설이나 논평 같은 딱딱한 종류만 실린 게 아니다. 거기에는 선언도 있고, 좀 더 사적이고 내밀한 편지도 있다. 여기에 회고조의 추모사도 포함된다. 그 가운데 어떤 글은 당사자와 인연이 없는 다른 사람들, 이를테면 일반 독자들에게는 매우 놀랍고도 감동적인 사례를 보여준다. 그 점에서 신기하고, 또 신비롭기까지 하다.

우리가 어떤 글을 읽는 것은 단순한 의미의 재미와 호기심 때문이기도 하지만, 사실은 이 같은 호사벽을 넘어 전해지는 깊은 울림 때문이 아닐까? 게르첸의 글에는 이처럼 깊은 호소력이 있다. 내가 게르첸을 뛰어난 작가라고 보는 것은 이런 이유에서다. 1866년에 게재된 「세르게이 그리고리예비치 볼콘스키 공작」도 그렇다. 그 일부를 발췌해서 번역해 보자.

니콜라이 시대의 위대한 순교자이자, 정신과 자유에 있어 우리의 아버지이고, 러시아에서 처음으로 깨어난 영웅들이자, 1812년의 위대한 전쟁과 1825년의 위대한 저항에 참여했던 분들이 죽어가고 있다…

세르게이 그리고리예비치 볼콘스키가 지난 11월 28일에 죽었다.

자부심과 다감한 심정으로 우리는 1861년 이 공경할 만한 노인과의 만남을 기억한다. 《종》에서 그에 대해 말하면서 우리는 그의 이름을 부르는 게 두려웠다…

긴 은빛 수염에 어깨까지 늘어진 하얀 머리카락을 한 이 공경할 만한 노인, 여든의 이 위엄 있는 노인이 그 시절에 대하여, '그의 인민'에 대하여, 그의 페스텔(Pestel)과 외로운 감옥, 혹독한 노동에 대해 내게 말하였다. 뛰어난 청년 때 그는 중노동에 처해졌다가 늙은 회색 머리카락이 되어, 하지만 더 명민한 모습으로, 그러나 다른 세상에서 되돌아왔다.

나는 그의 말을 귀 기울여 듣고, 또 들었다. 그가 말을 끝냈을 때, 나는 그 삶의 여행에 대하여, 이 여행이 이미 끝났다는 것을 잊은 채, 그가 지닌 축복을 묻고 싶었다…

… 놀라운 사람들의 그룹… 18세기는 어디에서, 나이아가라 폭포와 아마존강에서부터 볼가강과 돈강에 이르기까지, 어디에서 거인들을 곳곳에서 그리고 모든 일에서 나타나게 하는 창조적 힘을 얻었던 것일까? … 그들은 얼마나 주목할 만한

전사(戰士)였고, 얼마나 뛰어난 인물이고 '인민'이었던가?

우리는 돌고루코프(P. Dolgorukov) 공작이 우리에게 보낸 볼콘스키 추도사를 독자에게 서둘러 넘기고자 한다.(265-266)

데카브리스트에 대한 게르첸의 흠모는 잘 알려져 있다. 12월 당원의 봉기가 일어난 1825년에 그는 겨우 13세의 나이였다. 하지만 이 어린 나이였음에도 그는 깊은 호기심을 가지고 그 사건에 이끌렸다. 이러한 사정은 『나의 과거와 사상』 곳곳에 나타난다.

게르첸이 런던에서 자유러시아통신을 세운 것도, 그리고 이 잡지의 이름을 '북극성'으로 지은 것도, 간단히 말하여, 데카브리스트의 이 위대한 자유 이념을 기억하고 전파하기 위해서였다. 그는 《북극성》과 《종》을 통해 데카브리스트가 쓴 글이나 그들에 대한 기사를 주기적으로 출판했다. 북극성을 이루는 다섯 별도 바로 사형당한 다섯 명의 데카브리스트를 기념하기 위해서였다. 이 때문에 그가 '살아남은 데카브리스트'를 직접 만나는 것은 너무나도 흥분되는 사건이었다. 1856년 볼콘스키 공작이 30여 년 만에 추방에서 풀려났다. 그는 악화된 건강을 치료하고자 외국으로 나갔다. 이 해외의 체류 기간에 그는 게르첸을 1861년 6~7월 사이에 파리에서 만난 것이다.

1.3.2. 황태자의 친구였던 데카브리스트

볼콘스키 가문은 그 어떤 러시아의 귀족 집안보다 차르 황제와 가까웠다. 어린 세르게이 볼콘스키는 황제의 개인 저택에 아무런 약속이나 허락 없이 들어갈 수 있는 권한을 갖고 있었다. 그는 나중에 황제가 되는 이 니콜라이와 장난감 병정놀이를 하기도 했다. 그는 보로디노(Borodino) 전투를[4] 포함하여 여러 번의 전투에 참여했고, 파리와 빈까지 이어지는 승리의 행진을 갖기도 했다.

하지만 볼콘스키 공작은 군인으로만 머물러 있지 않았다. 그는 성정(性情)이 올곧았고, 사람들에게 열려 있었으며, 자유와 진보의 이념에 철저했다. 군대에서의 여러 경험이나 외국에서의 체험 속에서 그는 시민의 권리 없이는 러시아도 서구 유럽처럼 발전할 수 없다는 사실을 절감했다. 그리하여 그는 전쟁에서 돌아온 후 러시아의 애국주의나 민족주의를 주장하는 데 그치지 않았다. 그는 나라 전체의 안위와 방향을 고민했고, 사회의 개혁과 개선을 도모하려 애썼다. 그는 러시아 사회에 편만한 거짓과 굴종의 노예 상태 그리고 천박한 관례를 극복하려고 노력했다. 그가 데카브리스트 봉기에 참여하게 된 것은 그런 문제의식 속에서였다.

볼콘스키 공작이 유죄판결을 받자, 그의 어머니는 사형만 면하게 해달라고 황제에게 탄원하였다. 하지만 그런 시혜를 받는 대신 그는 자신의 지위와 신분, 그리고 참전 공로로 받은 모든 훈장과 메달을 박탈당해야 했다. 그뿐만 아니라 중노동의 유형을 가야 했다. 그것은 그가 어릴 때 친구로서 같이 놀았던 바로 그 황제가 내린 벌이었다! 그 악명 높은 정보경찰기관인 '제3부'의 우두머리는 당시 벤켄도르프 장군이었고, 이 벤켄도르프도 학교에서나 군대에서 그가 함께 지내던 오랜 친구였다.

---

4   보로디노 전투(Battle of Borodino)는 프랑스가 러시아를 침공하는 동안 일어난 전투로 1812년 9월 7일에 보로디노에서 일어났다. 보로디노는 모스크바에서 서쪽으로 133km쯤 떨어져 있다. 양쪽에서 각각 10만 명의 병사가 참전했고, 양쪽 합쳐서 6~8만 명의 목숨을 잃는다. 프랑스의 승리로 끝났다.

볼콘스키라는 인물의 올곧음은 그 뒤에 더 두드러졌다고 전해진다. 그는 시베리아에서 무려 30년이라는 긴 시간을 보내면서 귀족주의적인 생활방식을 버렸고, 차츰 농민적 삶의 진실로 다가갔다. 이런 모습을 게르첸은 깊이 존경했다. 볼콘스키는 진보 이념이 맞닥뜨린 그 어떤 시련에서도 회복될 수 있는 역사적 실존의 한 사례로 보였다. 그리하여 게르첸은 그의 죽음 앞에서 이렇게 쓴다. "그의 이름을 대는 것이 두렵다."(265) 이름 대는 것이 두려울 만큼 가슴 깊은 곳으로부터 흠모하는 그런 사람을 둔 자는 행복하다.

1.3.3. 돌고루코프의 추도문

이 게르첸의 간단한 추도문에 이어 첨부된 돌고루코프의 추도문에는 볼콘스키 공작의 삶에 대한 좀 더 자세한 내용이 적혀 있다. 이것은 그 자체로 여러 가지 상념을 불러일으킨다. 그 일부를 발췌해서 번역한다.

세르게이 그리고리예비치 볼콘스키 공작은 확신의 확고함과 성격의 이타주의로 주목할 만했다. 그는 1787년에 태어났고, 모든 것은 태어날 때부터 그에게 미소 지었다. 부와 귀족 신분 그리고 관계들 — 운명은 그에게 모든 것을 주었다… 그는 24세 때 대령이었고, 장군의 부관이었다. 26세에 소장으로 진급하였다… 그는 이 모든 것을 자기의 확신에, 해방된 조국을 보려는 불타는 염원에 바쳤고, 39세에는 네르친스크 광산에서의 중노동을 선고받았다…

심문 때 볼콘스키는 위대한 품위를 갖고 행동했다. 열정적인 성격을 지닌 디비치(Dibich)가 그를 배신자라고 부르는 무례함을 보이자, 이 공작은 대답하였다. "나는 나의 조국에 대해 배신자가 아니오. 나는 경제적 고려를 하여, 아니면 신분을 위해 봉사하는 게 아니라, 시민으로서 빚진 의무에서 봉사하오." …

볼콘스키는 네르친스크 광산에 보내졌다… 여러분은 그가 어떤 중노동을 했는지 상상할 수 있다. 거기에서 한 책임자인 부르나쇼프(Burnashov)는 그와 트루베츠코이 왕자를 채찍으로 때리겠다고 위협하기도 했다…

(나중에) 그의 아내인 마리아 니콜라예브나 왕녀가 거기로 갔다. 그는 그녀와 1825년에 결혼했다. 17세이던 이 아름다운 처녀는 38세의 이 사람과 결혼하고 싶지 않았다. 하지만 그녀는 부모의 조언과 재촉에 굴복했다. 하지만 결혼하자 그녀는 일평생 진정한 영웅처럼 행동했고, 그래서 동시대인들과 후세대의 칭찬을 받았다. 그의 부모는 그녀가 시베리아로 가는 것을 원치 않았다. 그녀는 부모의 감시를 벗어나 남편한테 갔고, 아이는 뒤에 남겼다. (이 아이는 곧 죽었다.) 이르쿠츠크(Irkutsk)에 도착하자, 한 파발꾼이 그녀에게 찾아와, 벤켄도르프가 보낸 편지를 전해주었다.[5] 벤켄도르프는 황제의 이름으로 그녀가 돌아가기를 권했다. 하지만 그녀는 거절했다. 이르쿠츠크 당국은 그녀에게 유형수 부인에 관련된 규정 사항을 제시했다. 이 규정에 따르면, 이곳 공장 측은 유형수 부인을 부릴 수 있었고, 복도를 청소하도록 명령할 수 있었다. 그녀는 어떤 일이라도 할 준비가 되어 있다고 대답했다. 그녀는 남편과 있어야 했고, 결코 다시 떨어지지 않을 것이었다.

1827년 8월 볼콘스키와 그의 동료들은 네르친스크 광산에서 치타(Chita)시와 인고다(Ingoda)강의 합류 지점에 자리한 어느 성채 감옥으로 이송되었다.[6] (여기에는 현재 치타시가 있다.) 새로 옮긴 이곳에서 그들은 상트페테르부르크 감옥에서 온 많은 데카브리스트 당원을 만날 수 있었다… 그들은 함께 살림을 꾸렸다. 각

---

5   모스크바와 이르쿠츠크 사이의 거리는, 구글로 검색해 보면, 5194km다.
6   치타와 인고다강은 네르친스크의 주변 가까이에 자리한다. 네르친스크는 모스크바에서 무려 6099km나 떨어져 있다. 그러나 러시아에서는 '가까이 있다'고 해도 200~300km는 된다.

자 500루블씩 매년 기부하기로 결정하였다. 그리고 가난한 동료의 부담을 덜기 위해 볼콘스키 외에 몇 사람은 1년에 3000루블까지 포기했다. 또 몇 사람들은 할당된 돈보다 더 많은 액수를 냈다. 부유한 사람들은 돈을 모아 같이 읽을 책과 잡지를 샀다…

1834년 볼콘스키의 어머니가 죽었다. 그녀는 죽어가는 침상에서 황제에게 아들의 운명에 빛을 달라고 간청했다. 그는 페트롭스키에서 죄수로서가 아니라 거주민으로 살도록 허락받았다. 그것은 감옥에서가 아니라, 그의 아내가 있는 집에서 사는 것이었다. 1836년 그는 이르쿠츠크에서 19베르스타 떨어진 우리콥스코예(Urikovskoe)의 정착지로 이송되었다.[7] 여러 해 뒤 그는 우리콥스코예의 정착자로서 이르쿠츠크시 안에서 살도록 허락받았고, 이곳에서 그는 1856년까지 머물렀다. 어떻게 박해하고 얼마나 가차 없이 그리고 아무렇게나 추방하고 처벌하는지를 잘 아는 러시아 정부는 용서할 줄 몰랐다. 그들은 볼콘스키가 상트페테르부르크에서 사는 것을 허락하고 싶지 않았다…

여러 해 동안 타격을 받았다. 세르게이 그리고리예비치는 늙어갔고 통풍에 시달렸지만, 여전히 바른 정신을 지녔고, 주변에서 일어나는 모든 일에 활발하게 참여했다. 모든 고귀한 것이 그에게서 메아리를 울렸고, 여러 해 걸친 고통도 그의 마음속에 자리한 한량없는 선함을, 이 매력적인 인간의 뚜렷한 특징을 줄이지 못했다. 그는 공경할 만한 노년의 나이에도 젊고도 의기양양한 감정의 모든 따뜻함을 유지했다.

1863년 그는 아내를 잃었고, 이 일이 그에게 말할 수 없는 타격을 주었다. 이때 이후 그의 건강은 나빠지기 시작했다. 그는 다리를 잃었고, 1865년 11월 28일 78세의 나이로, 체르니고프주(州)의 코젤레츠크(Kozeletsk) 지역에 있는 보론키

---

7   우리콥스코예는 오늘날 우리콥스카야(Urikovskaya)로 불린다.

(Voronki) 마을에서[8] 자신의 딸의 품에 안겨 조용히 죽었다.

상트페테르부르크의 겨울궁전이 지닌 노예 상태를 기이하게 여기는 모든 진실한 러시아인들은 애정 어린 감정으로 이 사람을 기억할 것이다. 그는 자신이 지닌 신념에 모든 지상의 축복을 다 바쳤고, 그의 조국이 자유롭게 되는 것을 보기 위해 자신의 열망을 바쳤다. 그는 부유와 명성, 심지어 자기의 자유마저 바쳤다! 극악한 전제정치의 이 고귀하고 공경할 만한 희생자가 평화롭게 쉬기를! 그는 조국에 대한 사랑의 마음으로 장군의 견장을 유형수의 족쇄와 맞바꾸었다…(266-270)

이 추도사를 쓴 돌고루코프(1816~1868)는 역사가이자 논평가였다. 그는 1859년 외국으로 나와 이듬해 유럽의 여러 도시에서 신문과 잡지를 출간하였다. 그의 글에 담긴 볼콘스키의 삶은 경이로움에 값한다. "모든 고귀한 것이 그에게서 메아리를 울렸고, 여러 해 걸친 고통도 그의 마음속에 자리한 한량없는 선함을, 이 매력적인 인간의 뚜렷한 특징을 줄이지 못했다. 그는 이 공경할 만한 노년의 나이에도 젊고도 의기양양한 감정의 모든 따뜻함을 유지했다."

돌고루코프의 추도문에 담긴 것은 한 정직하고 선량했던 인간이 이념의 진실을 위해 바친 평생의 투신이고 그 고귀함이다. 그리고 이 고귀한 헌신이 남긴 어떤 보이지 않는 파장이다. 어떤 사람이 남긴 의미 있는 족적은 대체로 잊힌다. 하지만 완전히 잊히는 것은 아니다. 그것은 동료나 후세의 누군가에 의해 기억되고, 명민하고 뜻있는 양식(良識)에 의해 추모된다. 게르첸이나 돌고루코프는 그런 양식 있는 지식인들 가운데 한 사람이었다.

8   이곳은 모스크바 남서쪽에 멀리 떨어져 있는 키예프(Kiev)시 부근에 있다.

돌고루코프는 이렇게 쓰고 있다. "모든 고귀한 것이 그에게서 메아리를 울렸다." 볼콘스키 공작이 일으킨 메아리는 돌고루코프의 가슴에 남아 이 추도문을 쓰게 했을 것이다. 그리고 이처럼 감동적인 추도문이었기에 볼콘스키의 헌신을 경외하던 게르첸에게 어떤 메아리를 다시 울렸을 것이다. 그래서 그는 마침내 《종》에 이 추도문을 게재했을 것이다. 그렇듯이 우리는, 지금의 한국 현실에서 돌고루코프의 이 추도문을 읽고, 그에 앞선 게르첸의 추도사를 읽는다. 이 두 추도문에서 자유롭고 선량했던 한 영혼이 자신에게 주어진 신분적·계급적 특권과 경제적 이익보다 인간의 자유와 평등이라는 가치를 위해 어떤 삶을 살다가 갔는지를 회상한다. 좋은 이념은 이런 식으로 수많은 메아리를 들리게, 들리지 않게 울린다. 믿음을 위해 헌신하는 이는 아름답다!

게르첸은 인간의 역사가 쉽게 변한다고 보지 않았다. 한 정치체제의 변화는 급작스럽게 일어날 수 있지만, 그러나 그 변화는 대체로 얕은 수준에서 일어난다. 깊은 변화는 체제 자체에서가 아니라 이 체제 안에 사는 사람들의 의식에서 온다. 현존 질서를 급작스럽게, 그래서 과격하고 철저하게 변화시킬 수도 있다. 하지만 이 변화가 얼마나 지속할지 장담하긴 어렵다. 그 변화는 대개 표면상의 파편적 변화에 그친다. 이 변화를 감당하는 주체 — 개개인은 아직 변하지 않았기 때문이다. 따라서 질서의 지속적 변화는 개개인의 지속적 의식 변화를 동반하지 않고는 불가능하다.

그러므로 참된 변화는 체제 자체가 아니라, 이 체제를 구성하는 인간 의식에서 온다고 할 수 있다. 이 의식이, 마치 행동이 의식을 규정하듯이, 행동을 규정한다. 그러므로 참된 변화는 체제 변화와 의식 변화를 동시에 요구한다. 이런 이유에서 게르첸은 인간의 정신과 이 정신의 내적인 삶을 강조했다.

이것을 좀 더 밀고 가면 어떻게 될까? 그것은 '체제'나 '권위' 혹은 '전통'보다 '개인의 권리'를 우위에 두는 것이다. 이 전통과 권위를 중시한 이들은 슬라브주의자들이었다. 그러나 이들은 애국적 민족주의자가 대부분이었다. 이런 점에서 인간의 정신과 내적인 삶 그리고 개인의 권리에 대한 게르첸의 강조는 중요해 보인다. 그는 여타의 보수주의자나 민족주의자뿐만 아니라, 또 사회주의자나 혁명주의자뿐만 아니라, 개혁주의자와 자유주의자 그리고 서구주의자들과도 구분되기 때문이다.

1.4. 이것과 저것, 그리고 그 너머 — 변증법

게르첸은 기본적으로 어떤 이념들 가운데 '이것 아니면 저것'의 방식으로 선택하지 않는다. 그의 사고방식은 이것 '그리고' 저것의 형태를 띤다. 더 정확하게 말하면, 이것과 저것에 머무는 게 아니라, '이것과 저것, 그리고 그 너머'다. 이것은 그가 지닌 관점의 복합성과 감각적 섬세함을 고려한다면, 그리고 그의 이상주의적이고 비타협적인 개혁 의지와 평등주의적 도덕성 그리고 사회적 책임의식을 고려한다면, 당연하게 느껴질지도 모른다.

개혁 의지와 삶에 대한 사랑, 자신의 존재 이유와 인간에의 신뢰를 잃지 않고 살아가기 위해 게르첸은 이처럼 복잡하고 모순적인 방식을 선택하지 않을 수 없었을 것이다. 삶과 인간이 바로 그처럼 복잡하고 모순된 까닭이다.

그리하여 게르첸에게 좌충우돌은 불가피했다. 아니 좌충우돌하는 가운데서도 진실의 추구를 포기하지 않는 투쟁 의지야말로 참으로 고귀한 덕성일 것이다. 그렇다면 그의 독자성은 현실의 모순 앞에서 자기 스스로 모순이 없었다는 사실에서가 아니라, 이 모순에 굴복하지 않고, 그래서 이 모순과 뒹굴면서, 하지만 이 모순에 포박되는 것이 아니라, 이 모순 너머의 현실을 추구한 데 있다. 바로 이 같은 철저성에 그의 양심이 있고, 이 양심의 일관성이 있다. 일관된 양심이란 진실성 외에 다른 게 아니다. 게르첸의 독자성은 자기 정직성의 철저성에서 온다.

이런 점에서 게르첸의 사유는 분명히 변증법적이다. 그는 어디에 머물거나 멈춰 서는 게 아니라, 이것과 저것을 통합하고, 여기에서 저기로 나아가기 때문이다. 그는 사안에 대해 유동적이고 가변적이며 다차원적이고 복합적으로 접근한다. 바로 이 점에서 그는 모순되기도 하지만, 다름 아닌 이 모순성에서 그의 진실이 나온다. 모순은 삶의 심연에, 이 심연의 깊이에 닿아 있기 때문이다. 이처럼 모순적인 삶의 다채로움을 파악하는 것이 곧 변증법적 사유의 힘이다. 《종》에 실린 게르첸의 사설은 더 이상 단순 사설이 아니라, 분석이자 진단이면서 선언이고 논평이며 기록인 것도 그 때문이 아닐까? 『나의 과거와 사상』이 자서전이면서 역사 기록물인 것도 그런 까닭이 아닐까? 실제로 이 자서전을 '세계사가 된 가족 드라마'로 보는 관점도 있다.

2. 미르 — 러시아 농민 공동체

게르첸의 뛰어남은 이 끔찍하고 불완전하며 억압적인 현실의 한계 속에서 — 우리는 1850년대의 러시아 현실을 떠올려야 한다! — 삶의 문제에 대한 분명한 해결책을 발견한 데 있는 게 아니라, 그 해결책을 찾기 위한 자신의 길을 잃지 않기 위해 그 숱한 이념적 노선과 입장 사이에서 좌충우돌하면서 '자신을 견뎌나간' 데 있지 않나 싶다. 이 점에서 그는 자아의 진실성을 기만하지 않았다.

2.1. 영국에서의 생활 체험

한편으로 러시아의 우파 국수주의자와 민족주의자, 보수파와 왕당파 사이에서, 또 다른 한편으로 좌파 개혁파와 진보주의자 그리고 서구주의자들의 틈바구니에서 게르첸은 얼마나 많은 비난과 오해를 겪어야 했을까? 그러면서도 그는 러시아에서 우러나온 새로운 삶의 가능성과 그 비전에 대한 희망을 놓지 않았다. 새로운 삶이란 무엇인가?

게르첸이 열망한 새 삶이란 간단히 말하여 유럽의 개인주의에 함몰된 삶이 아닌 어떤 다른 삶이었다. 유럽의 부르주아 개인주의가 물질 만능 속에서 타락해 갔다면, 그는 타락하지 않은 삶을 모색했다. 그것은 퇴락하는 서구문명의 병적 특징이 없는 건전하고 건강한 삶이었다. 이런 삶을 구상하는 데 영국 생활은 큰 도움을 주었다. 수백 년 동안 축적된 영국의 의회와 선거제도 그리고 사법부의 독립은 말할 것도 없고, 마을마다 있는 타운홀 미팅(town hall meetings) 같은 것은 인상적이었다. 여기에서 표출되는 시민적 참여와 의무의 전통 그리고 활발한 언론의 자유는 괄목할 만했다. 이것은 시민적이면서도 '혁명적이지 않았으며', 이 비혁명적 평화 속에서도 상당히 번성한 것이었기 때문이다. 그것은 올바른 사회가 현실에서도 실현될 수 있다는 명백한 증거가 아닐 수 없었다.

게르첸은 《종》을 발행하는 동안 영국에서 막 잉태되고 있던 여러 형태의 과학적 패러다임 논의를 적극 흡수했다. 이를테면 생물학적 진화 이론이 그랬다. 자유주의 '계약' 개념도 그랬다. 이런 논의들은 그가 러시아에서의 진보와 발전을 고민하는 데 큰 도움이 되었다. 그는 특히 두 사상가 — 밀과 오언의 저작에서 깊은 영향을 받았다. 이것은 『나의 과거와 사상』을 논평한 1부 글에서 이미 언급되었다.

밀이 『자유론』에서 양떼처럼 모여 다니는 군중의 무지와 생각 없음 그리고 범속성을 비판할 때, 게르첸은 그 생각에 깊이 공감했다. 개인적 견해의 부재와 그로 인한 전반적 평준화는 집단 대중의 심각한 병폐였고, 근대 서구 유럽사회의 가장 중요한 특징이기도 했다. 밀의 범속성 비판에서 유럽사회가 병들어 가고 있다는 것, 바로 그 때문에 유럽은 러시아의 모델일 수 없다는 사실을 그는 절감했다. 러시아의 모델은 이제 유럽이 아니라, '러시아 안에서' 발견되어야 했다. 게르첸은 쓴다.

환경이 바뀌었다. 러시아의 토지 투쟁이 시작되었다. 각각의 투쟁은 추상적 논리의 법칙을 따르는 게 아니라, 발생학의 복잡한 과정을 따라 진행된다. 우리의 투쟁을 돕기 위해 우리는 서구의 이념과 경험을 필요로 한다. 하지만 똑같은 정도로 우리는 그들의 혁명적 선언을 필요로 하지 않는다… 누군가의 이미지로 말하는 것은, 무엇을 외국의 이름으로 부르는 것은 눈앞의 문제와 사람에 대한 이해의 부족을 보여주고, 사물과 사람 모두에 대한 존중의 결여를 보여준다.(165)

사회의 변혁을 위해 외부 지식이나 경험을 살펴볼 필요는 있다. 하지만 그것은 '참조'에 그쳐야 한다. 변혁의 투쟁은 이 투쟁이 일어나는 장소와 현실에 밀착해야 하고, 이 현실에서 살아가는 사람들의 체험에 뿌리내린 것이어야 한다. 게르첸은 외국의 좋은 사례를 보면서도 그 사례의 러시아적 적용 가능성을 더 심각하게 고민했다.

이런 점에서 오언의 공동체 운동은 게르첸에게 흥미로웠다. 그는 이 연로한 오언을 깊은 마음으로부터 존경했다. 삶의 막바지에 이르기까지 사회적 연대 속에서 더 높은 이상을 구현하고자 노력하던 이 사회운동가의 모습은 밀의 생각과 더불어 그의 이념적 방향을 재설정하는 데서 결정적인 역할을 했다. 그가 구상한 새로운 삶은 개인의 자유를 존중한다는 점에서 분명히 개인주의적이기도 하다.

2.2. 코뮌적 자기 통치

게르첸이 추구한 새 삶의 가능성은 서구 근대의 부르주아 개인주의와는 분명 달라야 했다. 그것은 독일과 프랑스의 낭만주의에서 강조되는 비정치적이고 비사회적인 자아 과잉에 기탁해선 곤란했다. 그것은 개인의 인권을 존중하면서도 사회적 책임과 유대에 열려 있어야 했다. 그가 염두에 둔 것은 개인의 자유와 공동체의 정의를 동시에 실현하는 어떤 유기적이고 비폭력적인 형태였다. 이 형태는 타락한 서구 사회에서가 아니라, 러시아의 제도나 구조에서 직접 확인되어야 했다.

서구식 사회주의나 자유주의적 의회주의는 그 어떤 것도 해결책을 제시할 수 없는 것으로 여겨졌다. 아직 산업화의 길로 들어서지 않은 러시아가 서구를 좇아갈 필요도 없었다. 그렇게 한다면 빈곤층의 양산이라는 비인간적 결과를 낳을 수밖에 없었기 때문이다. 게르첸은 러시아의 농촌 마을을 떠올렸다. '미르(mir)'라는 이 농민 주거지는 최소한의 행정구역이고 공동체다. 1856년에 쓴 「앞으로! 앞으로!」에는 이런 구절이 있다.

우리는 도시에서 가난하고, 마을에서 부자다. 우리의 중심에 서구적 의미에서 도시 부르주아를 만들려는 모든 노력은 공허하고 불합리한 결과로 끝났다. 우리의 유일한 진짜 도시 거주자는 정부 일꾼들이다. 상인은 이들보다 농민에 가깝다… 그러므로 도시는 우리에게 실제로 정부이고, 반면 마을이 모든 러시아요, 인민의 러시아다.

우리의 독특성, 우리의 독창성은 마을에 있다. 이 마을에는 코뮌적 자기 통치, 농민의 모임 그리고 대표자가 있고, 개인적 토지 소유는 없다. 그 대신 각 가정의 수에 따른 토지의 분할이 있다. 우리의 농촌 코뮌은 어려운 도시 성장의 기간에도 살아남았다. 그러나 도시의 성장 시기에 코뮌은 일반적으로 사라졌고, 지주의 방망이질과 관료의 절도(竊盜) 아래 유지된 이중의 족쇄 속에서 온전히 남게 되었다.

이 초기부터 하나의 물음이 생겨난다. 우리의 코뮌은, 가부장적 코뮤니즘과 집안에서의 상호 도움을 제거하면서, 개인적 독립과 재산에 대한 주권적 권리라는 추상적 개념의 바탕 위에 형성되어야 했는가? 반대로 개인적 독립과 ─ 개인적 독립이 없이 어떤 자유도 없다 ─ 사회적 성향이나 상호 도움 ─ 상호 도움이 없다면, 자유는 재산 소유자의 독점물이 된다 ─ 을 보존하고 결합하면서 우리는 코뮌

을 인민적이고 사회적인 원리 위에서 발전시켜야 했는가?…(49)

위의 글에서 드러나듯이, 러시아의 농민 공동체에 대한 게르첸의 믿음은 깊다. 그 믿음의 핵심은 "코뮌적 자기 통치"에 있다. 코뮌적 자기 통치에서는 "농민의 모임 그리고 대표자가 있고, 개인적 토지 소유는 없"으며, "각 가정의 수에 따른 토지의 분할"이 있다. 그가 생 각한 농민 공동체는 "개인적 독립"과 "사회적 성향이나 상호 도움"을 "보존하고 결합"하는 데 있다.

게르첸의 이러한 생각은 단순화된 것이기도 하다. "우리는 도시에 서 가난하고, 마을에서 부자다." 이런 서술에 대해 우리는 다음과 같 이 물을 수 있다. 그렇다면 도시에서 모든 사람은 가난하고, 마을에 서는 그 누구도 가난하지 않는가? 그렇지는 않을 것이다. 게르첸은 쓴다. "우리의 중심에 서구적 의미에서 도시 부르주아를 만들려는 모 든 노력은 공허하고 불합리한 결과로 끝났다." 이렇게 볼 수는 있다. 하지만 이 농민 공동체가, 그가 쓰고 있듯이, "인민적이고 사회적인 원리 위에서 발전"한다면, "지주의 방망이질과 관료의 절도"를 피할 수 있을 것인가? 이것은 거듭 물어보아야 한다. 프리드리히 엥겔스 는 농민 공동체에 대한 게르첸의 높은 평가에 반대했다

이 같은 유보에도 게르첸이 내세운 "코뮌적 자기 통치"의 원칙들 ─ 농민의 모임과 대표자가 있고, 개인적 토지소유는 없으며, 가정의 수에 따른 토지분할이 이뤄지는 마을의 구상은 중요해 보인다. 그것 은 서구 자본주의화 과정의 잔혹한 결과에 대한 도덕적 반응이었기 때문이다. 마을의 자기 통치는, 그에 따르면, 두 가지 요소들 ─ "개 인적 독립"과 "사회적 성향이나 상호 도움"을 보존하고 결합하는 데

있다. 그러므로 변함없이 견지해야 하는 것은 개인적 독립성이나 사회적 성향 가운데 어느 하나가 아니라, 이 두 개의 결합이다. 개인적 독립과 사회적 성향을 하나로 결합하여 공동체의 자기 통치를 실행하는 것이 중요하다. 그가 생각하는 '러시아 사회주의'란 바로 이것이었다.

'러시아 사회주의'라는 말로 우리가 뜻하는 것은 토지와 농민적 생활방식으로부터, 밭의 실질적 할당과 분배로부터, 공동의 소유와 공동의 지배(communal governance)로부터 나아가는 사회주의다. 우리는 노동자의 협업과 더불어 경제적 '정의'로 나아가고자 하고, 사회주의가 일반적으로 지향하는 것도 이러한 경제적 정의이며, 그것은 과학으로 입증되었다.(317)

1867년에 쓴 이 글에서 게르첸이 거듭 강조하는 것은 "토지의 분배"에 바탕을 둔 "농민적 생활방식"이다. 이 생활방식은 "공동의 소유와 공동의 지배"에 따라 영위된다. 그럼으로써 "경제적 정의"를 실현시키려 한다. 그는 이것이 "과학으로 입증되었다"고 선언한다. 이 평등하고 토착적인 공동체가 러시아의 현실 문제를 고통과 죽음 없이 해결해 줄 수 있는 대안이라고 그는 여겼던 것이다. 나아가 이것은 타락한 유럽의 개인주의를 치유해 줄 수 있는 이상적인 모델로 기능하길 그는 염원했다.

그러나 우리는 다시 한번 더 물어야 한다. 이 코뮌적 자기 통치는 어떻게 실행될 수 있는가? 공동체의 각 구성원들은 어떻게 자기 통치의 원칙을 '내면화'하여 생활할 수 있는가? 그래서 개인적 독립성과 사회적 책임성을 통합하여 자유로운 삶을 살 수 있는가? 코뮌적 자기 통치에 의한 경제적 정의가 게르첸이 말한 것과는 달리 "과학으로 입증되었다"고 말하기 어렵기 때문이다. 이런 점에서 그가 상정한 미르의 형태에는 어떤 낭만적 요소가 여전히 들어 있다고 말할 수밖에 없다.

만약 농민 공동체의 핵심이 그 거주자들로 하여금 자기 자신의 운명을 다스릴 수 있는 자기의식을 갖도록 하는 데 있다면, 이 자기의식의 상태는 어떻게 획득할 수 있는가? 이것은 간단할 수 없는 문제다. 사실 개인의 자유와 사회공동체적 평등을 동시에 구현하는 문제는 사회주의 이념에서뿐만 아니라, 모든 이상적인 공동체 기획에서 핵심적 사안이기도 하다. 또 이것은 정치철학이나 사회철학에서만 결정적인 주제로 그치는 게 아니라, 모든 학문의 이론적 시도나 문화예술적 상상력에서도 중요한 주제가 아닐 수 없다. 사회주의 유토피아의 비전이 좌초하는 곳도 바로 여기였다.

이런 점에서 게르첸의 이 생각은 자신이 봉착한 시대의 급박한 문제를 급박한 현실에서 급박하게 해결하고자 한 하나의 시도라고 할 수 있다. 그래서 자의적인 출구로 비치기도 한다. 적어도 그것은 좀 더 신중하고 오랜 검토의 과정을 거쳐야 했다. 이런 점에서 그의 농민 공동체 이념은 오늘의 시각에서 '얼마나' 그리고 '어느 정도까지' 설득력 있는지 여전히 물어볼 필요가 있어 보인다. 아마도 이러한 맥락에서 자아와 교양의 문제는 매우 중대할 것이다. 그것은 선한 공동체에 대한 좀 더 내밀한, 그래서 좀 더 오래가는 실천 방식이기 때문이다.

3. 진실한 자아와 교양

미르가 타락하지 않은 삶의 새 모델이 될 수 있다면, 이 모델은 어떻게 구현될 수 있는가? 지금 여기에 농민 공동체를 하나둘씩 세운다고 해도 이렇게 세우는 것으로 이상적인 삶이 구현되는 것인가? 그렇지는 않을 것이다.

한 체제에서의 변화는, 정치적 체제든, 사회적 체제든, 외적일 뿐이다. 이 외적 변화는 근본적이지 않다. 그것은 오래가지도 않고, 제대로 된 변화이기도 어렵기 때문이다. 정부 구조를 바꾼다고 해서 인간의 현실이 곧바로 변하는 것은 아니다. 현실은 개혁만으로 개선되지 않는다. 설령 개혁이 된다고 해도 이 개혁에는 간단히 '제도 개혁'과 '인간 개혁'이 있다. 이 제도 개혁은 인간 개혁을 전제하지 않으면 안 된다. 이 인간 개혁이 어쩌면 더 근본적이고, 더 핵심적인 사안일 수도 있다. 따라서 어떤 사안에서보다도 신중하지 않으면 안 된다. 이 절차를 고려하지 않는 개혁은 피상적이고 표피적이지 않기 어렵다. 바로 이 대목에서 나는 교양과 교육의 문제를 떠올린다.

교양과 교육에 대한 게르첸의 생각은 여러 글에 흩어져 있다. 그러나 이것을 직접 주제화한 글이 아니라고 해도 말과 표현의 자유는 인간 교육이라는 일반적인 문제와 분리될 수 없다. 사실 그의 글은 넓은 맥락에서 '교양교육적으로 정초된' 것이라고 해야 할 것이다. 아래 글에서는 세 가지 점에서 개인적 자아와 교양교육 문제를 살펴보고자 한다. 첫째는 역사 이해와 관련하여, 둘째는 황제·황후에게 보내는 편지와 관련하여, 셋째는 19세기 러시아의 국민 배우였던 미하일 셉킨(M. Shchepkin)과 관련해서다.

3.1. '역사의 느린 잉태'

우선 게르첸의 역사 이해를 살펴볼 필요가 있다. 그는 모든 세대가 공유하는 경험보다는 그 세대 나름으로 자리하는 경험의 특이성을 강조한다. 사람에 대한 '살아 있는 이해'란 이 고유한 경험에 대한 이해다. 이 이해 속에서 우리는 '본능을 세련화'할 수 있다.

3.1.1 모든 세대는 나름의 경험을 지닐 뿐
아랫글은 게르첸이 1866년과 1867년 사이에 쓴 글이다.

> 그것은 싸움의 시작이다… 그것은 전쟁의 시작이다.
> 우리는 그 끝을 보지 못할 것이다… 심지어 가장 어린 세대들도 그것을 보지 못할지도 모른다. 역사는 느리게 발전하고, 지나가는 것은 자신을 고집스럽게 방어하며, 그래서 스스로 정립되고 있는 것은 느리고도 희미하게 존재한다. 하지만 과정 자체는, 역사적 잉태의 바로 그 드라마는 시학으로 가득 차 있다. 모든 세대는 자신의 경험을 지니고, 그래서 우리는 우리 몫에 대해 투덜대지 않는다. 우리는 동녘에 비치는 붉은 빛 한 조각을 보았을 만큼 살았을 뿐만 아니라, 우리의 적도 그것을 본다는 것을 알 만큼 충분히 오래 살았다. 특히 사람이, 자신의 가슴에 손을 얹은 채 깨끗한 양심으로 말할 수 있을 때, 삶에서 무엇을 더 바랄 수 있는가? "그리하여 나는 이 거대한 투쟁에 참여했고, 그래서 내 일을 했을 뿐이다."(296)

게르첸은 혁명적 저널리스트이고 개혁가이지만, 그는 깊은 의미에서 자유주의자이자도 했다. 그는 단순히 역사 발전론을 신봉하지 않는다. 그는 분명히 적는다. "역사는 느리게 발전하고, 지나가는 것은 자신을 고집스럽게 방어하며, 그래서 스스로 정립되고 있는 것은 느리고도 희미하게 존재한다." 그러면서 동시에 이 느린 역사의 발전에서 알 수 없는 신비와 놀라운 사건들도 담겨 있음을 직시한다. 그래서 이렇게 쓸 수 있었을 것이다. "하지만 과정 자체는, 역사적 잉태의 바로 그 드라마는 시학으로 가득 차 있다."

게르첸은 어릴 때부터 많은 것을 독학으로 익혔고, 17세 나이로 모스크바 대학의 물리수학부에 입학했다. 그리고 4년 뒤 석사학위를 받고 졸업할 때 그가 쓴 논문의 제목은 「코페르니쿠스의 태양계에 대한 분석적 고찰」이었다. 그는 세상을 논리수학적으로 설명하고자 애썼다. 하지만 이 같은 논리로 환원될 수 없는 현상이 세상에 많다는 사실에도 경이를 느꼈다. 한마디로 그는 풍성하게 느끼고 복합적으로 사유한 사상가였다.

게르첸은 이질적인 요소들이나 사건들 사이에서 어떤 비례나 일치, 동질성이나 역전(inversion)을 찾아내는 데 뛰어난 감각과 재능을 지니고 있었다. 사실 뛰어난 문필가 가운데 영감에 찬 해석자이자 명석한 독자가 아닌 경우가 있는가? 뛰어난 저자는 삶의 현실을 주어진 도식대로 반복하지 않는다. 그는 자신만의 감각과 사고와 언어와 관점을 갖기 때문이다. 그 때문에 그는 자기 식대로 느끼고, 기존과는 전혀 다른 방식으로 이해하며, 이전에는 없었던 방법으로 관련 사항을 잇고 연결하며 새 의미의 지평을 연다. 이것은 이를테면 클로드 레비스트로(Claude Lévi-Strauss)나 로만 야콥슨(Roman Jakobson) 같은 저자에게서 나타나는 바이기도 하다.

사실 인간의 세계에서 행해지는 많은 것들은, 가치의 기준이든, 정당성의 근거든, 작위적이라고 할 수 있다. 그것은 '인간이라는 종'에서 나온 것이고, 따라서 인간중심적이다. 그 점에서 많은 것은 사회 역사적으로 조건 지어진다. 예를 들어 문명인들이 숟가락과 포크를 사용하는 것은 손을 깨끗하게 하기 위해서지만, 원주민 사회에서 그렇게 하지 않는 것은 사물의 순수성을 인간의 더러움으로부터 보호하기 위해서였다. 모든 신화는, 레비스트로스가 보여주듯이, '자연에서 문화로 나아가는 길목'과 관련된다. 그 때문에 문명의 산물은 일정한 시각과 방식으로 읽혀질 수 있을 뿐 그 자체로 절대화된 실체를 지니는 게 아니다. 그는 신화적 구조를 수직적이거나 수평적으로 읽었고, 이런 독법에서 즐겨 은유를 사용했다. 그의 신화 이해에서는 시적 방식이 낯선 게 결코 아니다. 게르첸도 마찬가지였다. 그는 세계를 다채롭게 느끼고 다면적으로 파악하며 입체적으로 사유할 줄 알았다. 이런 감각과 사유의 방식은 그의 종횡무진 서술방식에 육화된다.

그러나 게르첸처럼 역사를 "시학으로 가득 찬" "드라마"로 보는 사람이라면, 그는 아마도 혁명가가 되기 어려울 것이다. 그는 적어도 표준적인 의미에서, 혹은 속류 마르크시즘의 시각에서 보면 '진짜 혁명가'는 아니기 때문이다. 그는 오히려 가짜 혁명가에 가깝게 느껴진다. 하지만 보다 넓은 혹은 유연한 관점에서 보면, 그는 그야말로 깊은 의미에서 혁명가일지도 모른다. 여기에서 "보다 넓은 혹은 유연한"이라는 의미는, '사실적·사건적 현장에서 거리를 둔 채 더 객관적으로 사안을 검토하는'이라는 뜻이다.

우리가 역사 발전을 위한 투쟁에 참여했다고 가정해 보자. 그렇게 참여하여 온갖 고초와 오해와 희생에 시달린 후에도 이렇게 아래에서처럼 말할 수 있는 자는 과연 몇이나 될까? "모든 세대는 자신의 경험을 지니고, 그래서 우리는 우리 몫에 대해 투덜대지 않는다… 사람이 자기 가슴에 손을 얹은 채 깨끗한 양심으로 말할 수 있을 때, 삶에서 무엇을 더 바랄 수 있는가? '그리하여 나는 이 거대한 투쟁에 참여했고, 그래서 내 일을 하였을 뿐이다.'"

이처럼 자기 일에 최선을 다했지만, 그 결과에 대해 무슨 몫을 챙기려는 게 아니라, 초연한 거리를 유지하기란 쉽지 않다. 나는 게르첸이야말로 삶의 개선 가능성에 대한 믿음을 견지한 채, 그러나 이 믿음이라는 명분 아래 삶의 다양성과 복합성을 희생시키지 않고 그 믿음을 자기 나름의 행동으로 전환시키면서 현실에 응전한 개혁가이고, 그래서 신뢰할 만한 진보주의자라고 생각한다. 더욱이 그는 인간 삶의 개인적·실존적 세부에 주의하였다. 그의 겸허함과 정직성을 느낄 수 있는 것은 이런 이유에서다.

3.1.2. 존재에 대한 살아 있는 이해

각 세대는 그 나름의 경험을 하고, 이 경험 속에서 역사의 발전을 도모한다고 해도 그 발전은 쉽게 알아보기 어렵다. 발전의 진행 과정은 느리기 때문이다. 그래서 게르첸은 자신의 몫에 대해 투덜대지 않겠다고, 그저 '자신의 해야 할 일을 했을 뿐'이라고 적는다. 그는 역사에 대한 "살아 있는 이해"를 강조한다.

마치 인민들이 사건에 의해 창출되는 것만큼이나 사건들은 인민에 의해 창출된다. 그것은 숙명론이 아니라, 진행되는 과정 속에서 일어나는 요소들 사이의 상호작용이고, 우리의 의식을 바꿀 수 있는 무의식적인 양상이다. 역사의 일은 존재에 대한 살아 있는 '이해'의 일일 뿐이다. 만약 수천 명의 사람들이 모호하게 바라고 있는 것을 10명의 사람들이 분명하게 이해한다면, 그때 수천 명의 사람들은 그들을 따를 것이다. 하지만 이 10명이 그들을 좋은 무엇으로 이끄는 일은 일어나지 않는다. 양심의 문제가 들어서는 곳은 그곳이다.

나폴레옹과 비스마르크는 어떤 토대 위에서 유럽을 이끌었던가? '그들은' 무엇을 '이해했던가'?(308, 강조는 게르첸)

게르첸이 윗글에서 강조하는 것은 알 수 없는 여러 "요소들 사이의 상호작용"이고, 이 상호작용에는 "무의식적인" 요소도 들어간다는 사실이다. 이 역사적 사건들에 대해 인간은 '이해'하고자 한다. 그러나 제대로, 그래서 완벽하게 이해하기란 어렵다.

그러나 설령 완벽하게 이해했다고 해도 이렇게 이해된 내용이 그대로 현실에서 구현되는가? 이것은 전혀 다른 문제다. "만약 수천 명의 사람들이 모호하게 바라고 있는 것을 10명의 사람들이 분명하게 이해한다면, 그때 수천 명의 사람들은 그들을 따를 것이다. 하지만 이 10명이 그들을 좋은 무엇으로 이끄는 일은 일어나지 않는다." 삶을 구성하는 데는 수많은 사건뿐만 아니라, 이 사건 속에서 움직이는 사람들이 있으며, 이 사람들이 지닌 수많은 관점과 이해의 층위가 자리한다. 그리고 이 모든 것 — 서로 다른 사람과 사건과 관점과 견해가 동시에 상호작용하면서 역사는 만들어지는 것이다.

어떤 일의 기획과 그에 대한 이해 그리고 그 실행의 결과 사이에는 말할 수 없이 많은 틈이 자리한다. 그리고 그 틈 혹은 간극들 가운데 어떤 것은 인간이 미처 이해하지 못하는 것도 있고, 이해한다고 한들 감당할 수 없는 것도 있다. 어떻게 해야 하는가? 아마 우선시되어야 하는 것은 사안에 대한 분명한 이해일 것이다. 그래서 게르첸은 이렇게 적었을 것이다. "역사의 일은 존재에 대한 살아 있는 '이해'의 일일 뿐이다."

3.1.3. 본능의 세련화

우리는 어떻게 역사를 이해할 수 있는가? 우리는 어떻게 바른, 그래서 합당한 이해의 방식에 도달할 수 있는가? 게르첸은 적고 있다.

> 우리의 모든 활동은, 우리의 모든 삶은 '하나의 생각, 하나의 확신에 대한 하나의 정식화(a formulation)' 외에 아무것도 아니다. 말하자면 그것은 사람들이 묻는 것에 대한 정식화다. 우리는 우리가 일평생 실수했다고 말할 수도 있고, 우리의 생각이 형편없었다고, 우리의 확신이 불합리했다고 말할 수도 있지만, 그러나 우리의 관점을, 인류에게 공통된 논리를 가지고, 또 우리 머릿속 기억을 가지고, '정식화하지 않았다'고 '누구도 말할 수 없다'.
>
> … '역사'란 인간을 동물로부터 구분 짓는 것이다. 동물의 발전과 대조되는 그것의 성격은 그 자신의 생활방식의 조직을 위해, 기억의 도움으로, 본능과 이해 그리고 이성의 세습적이고 포괄적인 정련을 위해, 적건 많건, 의식적인 노력을 기울이는 것으로 구성된다. (312-313)

위의 글에서 강조하는 것은 두 가지다. 첫째, "우리의 모든 활동은, 우리의 모든 삶은 '하나의 생각, 하나의 확신에 대한 하나의 정식화' 외에 아무것도 아니다"는 것, 둘째, "본능과 이해 그리고 이성의 세습적이고 포괄적인 정제화를 위해, 적건 많건, 의식적인 노력을 기울이는 것"이야말로 인간이 동물과 구분되는 사항이다.

생각에 대한 정식화에는 이해가 필요하다. 이 이해를 적용하고 실행하는 기능이 이성이다. 이런 "의식적인 노력을 기울이는" 것이야말로 인간이 작게는 동물과 구분되는 지점이고, 크게는 역사를 살아가는 이유다. 여기에서 핵심은 "기억의 도움"에 기대어 행하는 "본능과 이해 그리고 이성의 세습적이고 포괄적인 정련(the hereditary, generic refinement of instinct, understanding, and reason)"이다. 여기에서 정련화(refinement)란 '개선'하고 '개량'하며 '세련화'시키는 일이다. 교양이나 품위는 이 세련화에서 나온다. 이것은 그 자체로 교육의 과정이 아닐 수 없다.

3.2. 황제·황후에게 보내는 편지

게르첸은 영국에서 언론 활동을 할 때 러시아의 황제와 황후에게 여러 차례 편지를 보냈다. 맨 처음은 1855년 알렉산드르 2세가 즉위할 때고, 두 번째는 1857년 데카브리스트에 대한 책을 발간할 때다. 세 번째는 1858년 공작의 교육과 관련하여 황후에게 보냈을 때고, 네 번째는 1865년 왕위계승자 니콜라이 공작이 죽었을 때다. 모든 편지는 정중한 예를 갖추고 있고, 조국의 현실과 인민의 삶에 대한 고민을 담고 있다.

러시아 왕가에 대해, 적어도 1800년 이후 러시아를 다스린 황제들의 통치 방식에 대해서는 간단한 스케치가 필요해 보인다. 이것이 아래의 「보론 3」이다.

보론 3: 1800년대 러시아 차르의 통치 방식

알렉산드르 1세는 1801년에 즉위했다. 아들과 불화를 겪었던 조모(祖母) 예카테리나 2세는 손자 알렉산드르의 교육을 어릴 때부터 맡았고, 그를 모범적인 황제로 만들기 위해 직접 교재를 만들어 교육시켰다. 이런 영향으로 알렉산드르 1세는 철저하게 서구식 훈련을 받았고, 자유주의적이고 공화적인 사고를 갖게 되었다. 그는 1812년 나폴레옹의 침략전쟁을 막았고, 1813년 유럽 열강들의 반(反)프랑스 동맹을 주도했다. 그리고 그 수장으로서 파리에 입성하기도 하였다. 그의 통치 기간 동안 핀란드와 아제르바이잔 그리고 폴란드가 병합되었다. 그는 1825년 크림 지역을 시찰하던 도중 장티푸스에 감염되어 사망했다.

알렉산드르 1세에 이어 1825년 니콜라이 1세(재위 1825~1855)가 즉위했다. 그는 알렉산드르 1세의 동생이었다. 알렉산드르 1세에게는 아들이 없었고, 그래서 동생이 왕위를 이어받은 것이다. 새로 왕이 된 니콜라이 1세는 데카브리스트 반란에 큰 충격을 받았고, 그 어떤 정치적 변화에도 반대하며 보수 반동 정책을 시행했다. 이 '몽둥이 차르'의 통치기에 러시아 사회의 감시와 체포, 검열과 통제는 혹독했다.

니콜라이 1세가 황제로 있을 때, 게르첸은 대학을 다녔다. 그는 대학 시절 많은 친구들을 만났고, 이 만남 속에서 니콜라이 황제의 전제 독재를 비판했다. 그는 여러 모임과 독회와 세미나에서 혁명과 사회개혁, 진보와 자유주의 이념을 익혔다. 그는 투쟁 이념에 끝까지 충실했다. 이 때문에 그는 체포되고 수감되고 마침내 유형까지 간다. 대학 시절은 가장 성스러운 시기였다고 그는 회고하였다. 1861년 게르첸은 니콜라이 1세를 이렇게 평가한다.

그의 모든 통치는 하나의 오류였다. 교육을 받지 못했고 능력도 제한된 전제군주였던 그는 유럽을 알지 못했고, 러시아도 알지 못했다. 현명하기보다 훨씬 사나웠던 그는 경찰로만 통치했고 억압하기만 했다. 12월 14일의 데카브리스트 봉기에 겁먹은 나머지 그는 귀족계층으로부터도, 상트페테르부르크 왕정과 연결된 이 유일한 환경으로부터도 물러났다… 프러시아나 오스트리아의 모든 왕정이 양도했던 시민권을 위한 그 단순하고 필연적인 노력들을 그는 부수기만 했다.(151)

이 무지하고 잔인했던 니콜라이 1세는 크림전쟁의 패배에서 온 충격 때문에 1855년에 사망했다. 러시아 사회의 구제라는 인민의 바람은 다시 미뤄졌다. 게르첸은 추상적 목표나 고상한 원칙을 내걸지 않았다. 그가 변함없이 요구했던 것은 폭정과 폭력, 부정의(不正義)와 탄압 같은 너무도 근본적이고 기초적인 폐해의 혁파였다.

1855년에는 알렉산드르 2세(1818~1881)가 집권하였다. 이때부터 1881년까지 이어진 26년간의 재위 기간 동안 그는 사회 전반에 걸친 개혁정책을 실시함으로써 러시아 제국의 후진성을 극복하고자 애썼다. 이것이 이른바 러시아의 '대개혁기'다. 1861년 2월 농노해방령을 내린 것도 그였다. 그는 국방과 재정, 교육과 지방자치 그리고 사법 등의 분야에서 근대화를 주도하였다. 위에 인용된 게르첸 편지의 수신자는 마리아 알렉산드로브나 황후다. 그녀는 러시아의 대변혁기를 이끈 '해방자' — 알렉산드르 2세의 부인이다. 알렉산드르 2세와 마리아 사이에는 6남 2녀의 자녀가 있었다.

1) 혼자 있을 때를 생각하라

1858년 마리아 알렉산드로브나 황후에게 보낸 게르첸의 아래 편지는 이 왕가 자녀들의 교육에 대한 것이다. 그러나 그 내용은 단순히 아이 교육의 문제에 국한된 게 아니라, 권력이나 이 권력이 부여하는 이런저런 휘광과 부질없는 소음과 거리를 둔 채, '어떻게 삶의 실상을 마주한 채 살아야 하는가'에 대한, 말하자면 삶의 태도에 대한 깊은 조언을 담고 있다.

폐하,

우리에겐 현재가 없습니다. 우리가 우리나라의 미래에 대해 특별히 걱정하는 것은 놀라운 일이 아닙니다. 음산하게 이어지던 겨울 후의 첫 새벽은 창백해져 버렸고, 채 시작되지도 못했습니다. 그리하여 우리는 이전보다 훨씬 더 궁핍하게 되어 버렸습니다… 우리는 우리 자신을 봄바람에 넘겨주었고, 그래서 오랫동안 굳어진 우리의 마음을 어린 시절 이래 모르던 감정들에 드러내었습니다. 하지만 우리는 이런저런 꿈의 실현을 볼 운명은 아니었습니다. 전환기에 있는 지금, 인민과 황제에게는 요청과 현수막이 주어졌습니다. '아마도' 다음 세대에게는 행동과 드라마가 필요할 것입니다.

우리는 그들을 부러워하지 않습니다. 우리의 행동은 끝나고 있습니다. 우리는 곧 지친 채, 그러나 30년에 걸친 투쟁으로 패배한 것은 아닌 채, 지나갈 것입니다. 우리 구성원을 채우게 될 다음 세대가 그들의 힘을 더 잘 사용하게 되기를. 그러니 전하, 당신이 이 일의 선두에 있을 수 있습니다.

이것을 — 당신이 혼자 있을 때를 생각하십시오… 궁정의 소음이 잦아들었을 때, 그 모든 접대의 불필요한 회오리와 공허한 연설 그리고 공허한 반응이 줄어들었을 때, 모든 안드레옙스키(Andreevsky)와 블라디미르스키의 병들이 '자리에 놓이고 나서', 당신이, 한 여성이자 한 어머니로서, 당신의 양심과 더불어 홀로 남겨졌을 때를. 그때 남겨진 당신의 거대한 책임과, 당신과 더불어 놓인 거대한 의무를 생각하십시오…

그러한 인민의 성장과 운명에 참여하는 것은 위대하고 엄청난 일입니다…

어깨 장식은 대단한 것이고, 군대 제복은, 마치 수도사의 옷처럼, 사람을 다른 사람으로부터 단절시킵니다. 어떤 수도사도, 그 어떤 군인도 우리와 같지 않습니다. 그 이유는 그들이 우리와는 떨어져 있기 때문입니다. 두 사람은 불완전하고, 이들은 예외적인 지위에 있습니다. 한 사람이 시체처럼 팔짱을 끼고 있다면, 다른 사람은 싸움꾼처럼 팔을 언제나 올리고 있습니다. 죽음도 살인도 삶의 최고의 순간을 이루진 않습니다.

러시아 황제라는 명칭은 군사적 신분이 아닙니다. 지금은 정복과 유혈 트로피, 도시의 습격, 파괴된 마을이나 짓밟힌 수확물에 대한 야만적인 생각을 버릴 때입니다. 니므롯(Nimrod)과 아틸라왕이란 그 무슨 백일몽인가요?[9] 지위가 샤를 12세(Charles XII)와[10] 나폴레옹 같은 인류의 골칫덩이를 위한 시간은 사라졌습니다. 러시아가 필요로 하는 모든 것은 평화 위에 있고, 그것은 평화의 시기에 가능합니다. 러시아는 국내의 변화를 갈망하고, 새로운 시민적·경제적 발전을 필요로 합니다. 그리고 전쟁이 없는 데도 군대는 이 두 가지 목적을 방해합니다. 군대는 파괴와 폭력 그리고 억압을 의미합니다. 그들은 말 없는 규율 위에 서 있습니다. 그런 이유로 군인은 시민적 질서에 해롭습니다. 그는 어떤 판단도 하지 않고, 인간을 동물과 구분시키는 책임감이 그들에게는 없기 때문입니다.

---

9   니므롯은 수렵에 미친 사람이고, 아틸라왕은 5세기에 유럽에 침입한 흉노족 왕이다.
10 전쟁광인 샤를 12세가 스웨덴 왕이 되었을 때(1697~1718), 이 나라는 부강했다. 그는 이웃 나라를 차례대로 침략하고 쳐부수면서 승리에 도취하였고, 아시아에까지 권력을 확장하려고 하다가 결국 해외 영토는 물론 조국마저 패망으로 몰고 갔다.

당신의 아들에게 정장을 입도록 가르치고, 그를 공적 봉사의 명단에 올리십시오. 그렇게 되면 큰 호의를 베푸는 것입니다. 그의 마음을 군인의 끝없는 게임보다 더 고귀한 무엇으로 채워주십시오. 왕위를 이어받을 계승자의 교실이 근위대를 닮아서는 안 됩니다. 그것은 프러시아 공작이나 독일의 다른 조잡한 공작들의 특이함입니다. 영국의 왕가는 다른 왕가보다 나쁘게 보이지 않습니다. 왜 웨일스 공작은 근위 기병대나 영국 왕실 근위 연대에 대해 배우는 대신, 현미경을 들고 앉아 동물학을 공부할까요?

매우 괴로운 심정으로 우리는 어떻게 한 사관후보생이 왕위계승자에게 보내져 겨울궁전의 홀에서 그와 전쟁놀이를 하게 되는지에 대한 이야기를 듣습니다. 키르기스스탄(Kirgizstan)과 러시아의 전쟁 말이지요. 그 무슨 얄팍함이고, 관심사의 궁핍이며, 그 무슨 단순성입니까… 그와 더불어 그 무슨 도덕적 해악인가요! 당신은 그런 게임이 무엇을 뜻하는지, 그것이 무엇을 대변하는지 생각해 본 적이 있습니까? 그 소총과 총검과 칼을 위한 이유는 무엇입니까?… 이것은 어떤 종류의 어린애 게임이고, 비인간성이나 무감각한 행동을 위한 어떤 종류의 총연습입니까?

… 국가의 우두머리가 되고자 준비할 때, 왕위계승자는 자기 책임의 군사적 부분을 알아야 합니다. 하지만 그것은 하나의 '부분'으로 알아야 하지요. 사법적이고 사회적인 현안뿐만 아니라, 재정적이고 시민적인 문제들은 그가 잘 알아야 할 더 큰 권리를 갖습니다.

황후 폐하, 당신의 자녀들을 이런 종류의 미래로부터 구제하십시오!

저는, 제 말이 만약 당신에게 도달하면, 그 주제넘은 이유로 당신을 놀라게 하리라는 것을 잘 압니다. 한 자유로운 인간의 매서운 말이 겨울궁전의 홀에서는 기이하게 들릴 것입니다. 하지만 그런 불쾌감을 이겨내시고, 제 슬픈 말이 무엇을 표현하는지 생각해 보십시오. 아마도 당신은 그 말에서 제 심장을 갉아먹는 거대한 슬픔을 발견하게 되고, 그래서 그 어떤 모욕이나 무례보다는 러시아가 더 잘살게 되기를 바라는 저의 정직한 열망을 보게 될 것입니다.

당신은 누군가를 공격하기에는 너무 높이 서 있고, 저는 너무도 독립적이어서 건방질 수 없습니다.(79-83)

1850년 무렵 러시아에서 왕이나 왕후에게 보내는 공개적 편지의 사례는 없지 않았다. 워낙 정치가 낙후되고 사회가 억압적이었기 때문에 적지 않은 지식인들이 그들에게 편지를 썼기 때문이다. 또 왕가 후손의 교육은 대개 여러 나라에서 초빙한 교사나 학자가 담당하거나, 그게 아니라면 러시아 안의 문인들이 흔히 맡았기 때문이다. 더욱이 당시에는 프랑스 혁명 이후 계몽주의 정신이 유행하였다. 그래서 군사교육만이 아니라 합리적이고 자유주의적인 전인교육이 필요하다고 여겨지는 시기이기도 했다.

게르첸의 이 편지는 대단히 유려하고 지적인 내용을 정중한 어조에 담고 있다. 그러나 '정중하다'는 이유로 이 편지에서 그의 자유주의적 관용을 비난하는 혁명가도 많았다. 이 편지를 마리아 알렉산드로브나 황후는 울면서 읽었다고 전해진다. 실제로 이 글은 발행된 지 한 달도 안 되어 러시아 궁정에서 회자되었다.

「마리아 알렉산드로브나 황후에게 보낸 편지」에서 게르첸이 말하려는 요지는 어렵지 않다. 그것은 지금 "우리에게 현재가 없다"는 것, 그가 "우리나라의 미래에 대해 특별히 걱정하는 것은 놀라운 일이 아니다"는 사실이다. 왕실 교육에 대한 그의 제안은 이렇게 나온 것이다. 그 내용은 세 가지로 요약된다.

첫째, 러시아 차르라는 자리는 단순히 "군사적 신분"이 아니라는 것이다. 이제 러시아는 더 이상 전쟁을 통해 정복이나 약탈, 침략과 살인을 일삼아선 안 된다. "지금은 정복과 유혈 트로피, 도시의 습격, 파괴된 마을이나 짓밟힌 수확물에 대한 야만적인 생각을 내버릴 때입니다. 니므롯과 아틸라왕이란 그 무슨 백일몽인가요? 지위가 샤를 12세나 나폴레옹 같은 인류의 골칫덩이를 위한 시간은 사라졌습니다."

둘째, 이를 위해 왕위계승자의 교육이 군사 분야에 제한되어선 곤란하다. 군사적인 일이란 그가 배워야 할 여러 가지 가운데 "한 부분"일 뿐이기 때문이다. 그는 시민적 봉사도 배워야 하고, 정치경제적인 사안도 알아야 한다. "그의 마음을 군인의 끝없는 게임보다 더 고귀한 무엇으로 채워주십시오." 그가 배워야 할 무엇보다 중요한 덕성은 "판단력"이고, "책임의 감각"이다. 판단력과 책임 감각 속에서 왕위계승자는 "비인간성"이나 "무감각한 행동"과 거리를 둘 수 있어야 한다.

그런데 이 모든 것은, 게르첸의 편지에서 흥미로운 것은 바로 이 점인데, 시종일관 교훈이나 설교조로 말해지는 게 아니다. 그것은 마리아 알렉산드로브나 황후의 삶에, 말하자면 그녀의 개인적·실존적 체험과 이 체험의 진실성에 호소하면서 이뤄진다는 사실이다. 게르첸은 이렇게 쓰고 있다. "당신이 혼자 있을 때를 생각하십시오… 궁정의 소음이 잦아들었을 때, 그 모든 접대의 불필요한 회오리와 공허한 연설 그리고 공허한 반응이 줄어들었을 때, 모든 안드레옙스키와 블라디미르스키의 병들이 '자리에 놓이고 나서', 당신이, 한 여성이자 한 어머니로서, 당신의 양심과 더불어 홀로 남겨졌을 때를. 그때 남겨진 당신의 거대한 책임과 당신과 더불어 놓인 거대한 의무를 생각하십시오…"

셋째, 권력이나 신분이 선사하는 외적 영광이나 치장에 기대는 게 아니라, 이 모든 외면적이고 소란에 찬 허영의 장막으로부터 물러나 '홀로 남겨졌을 때', 무엇이 아직도 거기에 남아 있는지, 무엇이 절실하게 요구되는지를 생각해 보라는 것이다. 이 대목에서 게르첸이 거론한 것은 "양심"이고 "책임"이다. 그러니까 국정을 책임지는 사람은 무엇보다도 자신의 양심과 책임으로 인민 전체의 복리에 신경을 써야 한다. 왕가의 자손들이 교육받아야 할 사항은 바로 이런 사항이다. "인민의 성장과 운명에 참여하는 것은 위대하고 엄청난 일입니다…"

한 나라의 주권자가 군사적 사안만 고민한다면, 그것은 "얄팍함"과 "관심의 빈곤함"이 아닐 수 없다. 위정자가 양심과 책임으로 인민의 생활을 편안하게 만들고 성장시키는 일에 복무하지 않는다면, 그 나라에 미래는 없다. 만약 전쟁으로 침략과 살인과 약탈만 일삼는다면, 그 승리는 아무런 의미도 없다. 그런 일은 "비인간성이나 무감각한 행동을 위한 총연습"일 뿐이다. 적확한 지적이 아닐 수 없다.

게르첸의 이 편지가 쓰였을 때, 마리아 알렉산드로브나 황후의 장남 니콜라이의 나이는 불과 15세였다. 그는 잘 교육받은 전도유망한 청년으로 커가고 있었다. 그는 이 편지를 읽은 다음 게르첸으로 하여금 또 다른 편지를 부왕 알렉산드르 2세에게 보내도록 요청했다고 한다. 하지만 이 청년 니콜라이는 1865년 뇌막염으로 죽는다. 그래서 차남인 알렉산드르 3세가 1881년에 즉위한다.

2) 끔찍하게 엄숙한 순간

게르첸이 알렉산드르 2세에게 보낸 1866년 편지는 그의 언론 활동 막바지에 쓰인 것이다. 알렉산드르 2세(1818~1881)와 게르첸은 모르는 사이가 아니다. 앞서 적었듯이, 알렉산드르가 왕위계승자 신분이던 19세 때 게르첸은 자유사상을 가졌다는 이유로 뱟카에서 유형을 보내고 있었고, 러시아 곳곳을 돌아보던 이 왕위계승자는 이곳 마을을 지나가다가 서로 만난 것이다. 그것은 1837년 5월 18일에서 20일 사이의 일이었다. 게르첸은 25세였다. 이 만남의 결과로 그는 뱟카에서 블라디미르로 옮겨간다. 블라디미르가 모스크바에서 더 가까운 곳이었기 때문이다. 이것은 공작 교사이던 시인 주콥스키(Zhukovsky)가 애쓴 덕분이다.

　게르첸은 이 편지가 알렉산드르 2세 황제에게 보내는 마지막 서신이 되리라는 것을 예감하고 있었다. 위로부터의 정치적 개혁 가능성이 점차 사라지고 있었기 때문이다. 그는 마지막 희망과 절망을 담아 이 편지를 쓴 듯하다. 그 일부만 읽어보자.

　폐하,
　당신이 '종'을 읽었던 시절이 있었습니다. 하지만 지금 당신은 그것을 읽지 않습니다. 어떤 시절이 더 나았습니까? 해방과 빛의 시절이었습니까, 아니면 감금과 어둠의 시절이었습니까? 당신의 양심이 말해줄 것입니다. 그러나 당신이 우리 글을 읽든 읽지 않든, '당신은 이 편지는 읽어야만 합니다'.
　당신은 기만에 둘러싸여 있고, 당신에게 진실을 감히 말해줄 정직한 사람은 없습니다. 당신 가까이에서, 당신의 지시에도 고문이 행해지고 있지만, 당신은 알지 못합니다. 당신은 당신에게 총을 쏜 불행한 사람이 거대한 음모의 도구라고 확신하고 있지만, 거기엔 크든 작든 음모란 결코 없습니다. 그들이 음모라고 부르는 것은 러시아의 들뜬 생각이고 풀린 혀이며, 그 지적 운동입니다… 당신은 하나의 불의에서 또 다른 불의로 끌려가고 있기에, 이번 생애가 아니라면 역사의 미래 불빛 속에서 당신은 파괴로 다다를 것입니다… 그들(당신을 에워싼 사람들−저자 주)은 수백 명의 무고한 사람들을 희생시키듯이, 당신을 희생시킬 것입니다.

… 이것이 당신을 유쾌하게 하지 못할 것이라고 저는 확신합니다. 바로 그것이 제가 당신에게 편지를 쓰는 이유입니다. 그러나 이것으로 충분치 않습니다. 진리를 '당신 스스로' 찾아내십시오. 그리고 당신이 해방의 시절에 했던 것처럼 '당신의 의지'를 실행하십시오.

… 인간의 삶에는 끔찍하리만큼 엄숙한 순간들이 있습니다. 당신은 그 순간에 있으니, 그 순간을 잡으십시오. 이러한 충격의 무게 아래 멈춰 서서, 원로원이나 종교회의, 장관이나 비서실의 참모 없이, 생각해 보십시오. 무엇이 일어났는지, 당신이 어디로 가고 있는지 생각하십시오. 지금 결정하고, 그다음 충격을 기다리지 마십시오.

당신은 아직 마음을 다잡지 못하였습니다. 운명이 당신을 두 번이나 건드렸지요. 그들이 나를 미쳤다고, 약하다고 말하는 것도 내버려두지요. 하지만 이렇게 제가 쓰는 이유는 당신이 다른 사람들로 인해 이 역사적 죄과로, 당신 주변에 일어나고 있는 이 끔찍한 불의로 끌려다닌다는 생각을 포기하기 어렵기 때문입니다. 당신은, 러시아가 당신을 사랑해 준다는 것에 대한 대가로 당신은 러시아에 대하여 악을 바랄 수 없습니다…

폐하, 이것은 아마 당신에게 보내는 저의 마지막 편지가 될 것입니다. 이것을 읽으십시오. 수뢰와 더러운 속임수 그리고 음모와 더불어 비열하게 자라난 세속적인 늙은이들의 불순한 발치에서 젊고 신선한 힘이 파괴되는 것에 대한 끝없이 고통스러운 슬픔만으로, 오직 이런 고통 때문에 저는 당신이 그 길에서 다시 한번 멈추도록 하기 위해, 그래서 다시 한번 저의 목소리를 냅니다.

폐하, 당면한 문제에 신경을 써주세요. 러시아는 당신에게 물을 권리가 있습니다.

1866년 5월 31일 제네바, 이스칸데르(285-286)

이스칸데르(Iskander)는 게르첸이 신분을 숨기기 위해 사용한 필명의 하나였다. 이 편지에서 내가 보는 것은 그의 절박한 심정이다. 이 심정에는 사실적 사태 분석과 정직한 양심의 목소리가 담겨 있다. 그는 아무것도 숨기지도 않고, 어떤 것도 과장하지 않는다. 그는 러시아의 당면 현실에 대하여, 알렉산드르 2세가 해결해야 할 정치문제에 대하여 사실에 맞게 정확하게 자기의 생각을 피력한다.

위의 글에서 게르첸이 강조하는 것은 두 가지다. 첫째는 주변의 부정직한 사람들을 물리치라는 것이다. 주변 사람들이란 "원로원이나 종교회의" 사람들, "장관이나 비서실의 참모들"을 뜻한다. "당신은 기만에 둘러싸여 있고, 당신에게 진실을 감히 말해줄 정직한 사람은 없습니다. 당신 가까이에서, 당신의 지시에도 고문이 행해지고 있지만, 당신은 이를 알지 못합니다." 둘째는, 이 거리두기를 스스로 시도하라는 것이다. "진리를 '당신 스스로' 찾아내십시오. 그리고 당신이 해방의 시절에 했던 것처럼 '당신의 의지'를 실행하십시오."

그러나 나의 눈에 더 띄는 구절이 있다. 그것은 인간의 실존적 조건에 대한 호소인데, 이런 종류의 호소는 게르첸 특유의 것이다. 그는 쓴다. "… 인간의 삶에는 끔찍하리만큼 엄숙한 순간들이 있습니다. 당신은 그 순간에 있으니, 그 순간을 잡으십시오. 이 충격의 무게 아래 멈춰 서서, 원로원이나 종교회의, 장관이나 비서실의 참모 없이 생각해 보십시오. 당신이 어디로 가고 있는지 생각하십시오. 지금 결정하고, 그다음 충격을 기다리지 마십시오."

삶에는 분명 "끔찍한 엄숙성의 순간(moments of terrible solemnity)"이 있다. 그것은 그 자체로 비통하고 괴로운 시간이 아닐 수 없다. 우리가 지난날 어디에서부터 왔고, 지금 어디에 서 있으며, 앞으로 어디로 가게 될 것인가와 같은 물음이 그렇다. 이 물음은 삶의 유한성에 대한 자각에서 오고, 이 자각은 모든 생명의 실존적 한계를 묻게 만든다. 인간은 각자 홀로 있으면서 다른 사람들과 어울리고, 이렇게 어울리면서도 또한 홀로 있다는 사실도 이 순간에 깨달을 수 있다. 결정은 이 실존적 자각 후에 내려지는 냉정한 선택사항이다.

아마도 전형적 혁명가에게는 이런 유의 실존적 고민이 전혀 없거나, 있다고 해도 억눌려 있거나, 아니면 찾아보기 어려울 것이다. 게르첸의 독특성은 여기에 있다. 말하자면 그의 진보적·개혁적 의지가 실존적 한계 의식에 의해 동반된다는 바로 그 점에 그의 사고의 비독단성이 있는 것이다.

3.3. 인간 행동의 학교 — 배우 셉킨

지금까지의 논의에서 이제 몇 걸음 물러나자.

마리아 알렉산드로브나 황후에게 보낸 편지에서 게르첸이 정치가의 책임과 공적 봉사, 인간성과 평화와 감수성을 촉구했다면, 이 덕성은 단순히 왕가의 자손들에게만 해당되는 게 아니다. 그것은 또 고위 공직자에게만 적용될 수도 없다. 그러한 덕성들은 왕의 것이면서 백성의 것이어야 하고, 위정자 이상으로 시민의 것이고 인간 일반의 덕목이어야 한다. 사회의 개혁도 위로부터 행해지는 것 이상으로 아래로부터 행해져야 하고, 또 그렇게 행할 수 있어야 한다. 1861년 농노해방령이 선포된 후에도 그것이 오랫동안 제자리를 잡지 못한 데는 지배층의 의지박약이나 지주의 머뭇거림도 있었지만, 일반 인민들의 서툶에도 기인할 것이다.

3.3.1. '여러 개인들'의 독립성

그런 점에서 우리는 게르첸의 독립성을 배울 필요가 있다. "… 저는 너무도 독립적이어서 건방질 수 없습니다." 그러므로 해방은 '농노해방'만 뜻할 수 없다. 농노해방이 1850년대 러시아 현실에서 가장 중요하고도 실질적인 사안이었다면, 오늘날 우리가 참여하고 개입해야 할 사안은 무엇일까? 신분과 지위를 넘어, 모욕과 무시와 체벌 없이 인간의 존엄을 지키기 위해 우리가 해야 할 일은 무엇인가? 이렇게 나는 묻지 않을 수 없다.

우리는 '제각각의 방식으로' 독립적일 필요가 있다. 우리 각자는 알렉산드르 2세처럼 스스로 자기 삶의 노예적인 것을 해방시키는 자여야 하고, 자기 생활의 개혁자여야 한다. 교육에서 핵심적 목표는 개인적 자유와 사회적 평등이다. 더 줄이면, 개인과 사회 사이에 어떻게 조화를 창출하느냐의 문제다. 여기에서 두 축은 다 중요하다. 그러나 어디에서 시작하는 게 더 나은가? 나는 개인이라고 말하지 않을 수 없다. 사회도 여러 개인들로 구성되기 때문이다. 그에 반해 개인이 여러 사회들로 구성되는 것은 아니기 때문이다. 단지 개인에는 개인을 넘어가는 사회적·현실적 차원도 겹쳐 있다. 개인은, 원하든 원하지 않든, 이미 '사회 속에서' 혹은 '사회적으로' 움직인다. 설령 혼자 있을 때조차도 다르지 않다.

개인과 사회의 조화, 그리고 이 조화를 통한 개혁이라는 문제에서 무게중심을 개인에 둔다면, 우리는 이 개인의 교육을 말하게 되고, 이 교육에서 교양을 말하게 된다. 개인의 교육으로서의 교양 개념은 무엇보다 '성격의 구성'에 관계한다. 게르첸 역시, 로버트 해리스에 의하면, 실질적인 사회 변화는 교양이나 성격의 형성 같은 개인적이

고도 내적인 발전의 힘에서 시작된다고 보았다.[11]

3.3.2. 거짓된 말과 꾸밈과 희화화가 없는

그런데 게르첸의 언론 논설 가운데는 이러한 생각이 어떤 논리나 논의 속에서가 아니라, 하나의 이야기 속에서 구체화된 사례로 생생하게 나타난 경우가 있다. 이것은 그가 쓴 「미하일 세묘노비치 쳅킨(M. Shchepkin)」(1863)이라는 추도사다. 아래 인용문은 그 일부다.

> 사반세기 이상 우리의 선배였던 그는 우리와 아주 좋은 관계를 유지했고, 삼촌이나 나이 많은 형 그 이상이었다. 모든 사람이, 숙녀든 대학생이든, 나이든 인민이든 어린 소녀든, 그를 미친 듯이 사랑했다. 그의 외모는 침착함을 불러들였고, 그의 선량한 책망은 성가신 싸움을 중단시켰으며, 다정한 노인의 온화한 미소는 다른 사람들에게 미소를 자아내도록 만들었고, 타인을 용서하는 그의 한계 없는 능력이나 다른 사람의 형편을 참작하는 이성을 찾아내는 능력은 인간 행동의 한 학교였다.
>
> 그뿐만 아니라 그는 위대한 공연자(performer)이기도 했다. 그것은 타고난 소명과 노력 덕분이었다. 그는 러시아 무대에 '도덕적 진리(pravda)'를 창조해 냈고, 무대에서 '비연극적으로(untheatrical)' 된 첫 번째 배우였다. 그의 공연에는 거짓

---

11 Harris, "Alexander Herzen: Writings on the Man and His Thought," 361. 게르첸이 양심의 내적 자유가 국가의 강제력으로부터 보장되는 외적 자유만큼이나 중요하다고 인식했을 때, 그것은 서구 산업사회의 획일성에 거스르면서 개인성과 자아의 진실성을 옹호하고자 했던 밀의 '내면적 미학(inner aesthetic)'과 연결된다고 해리스는, 콜린 헤이트(Colin Heydt)의 논의에 기대어, 언급한다. 이것은 개인의 자유와 양심, 심미적 교양교육 그리고 미학과 문화의 상관관계를 언급했다는 점에서 매우 중요해 보인다. 이 주제는 앞으로 더 자세하게 논의되어야 할 것이다.

된 어구나 꾸밈 그리고 희화화가 없었다. 그가 창조해 낸 인물들은 마치 테니르스(Teniers)나 오스타더(Ostade) 그림에 나오는 인물과 같았다.(215-216)

미하일 쉡킨(1788~1863)은 농노 집안에서 태어나 19세기 러시아 제국에서 가장 유명하게 된 배우다. 그의 연기는 흔히 사실주의적으로 평가받았다. 그래서 사실주의적 연극 전통의 아버지로 간주된다. 그의 절제된 표현력이나 현실적 세부에 대한 주의에 많은 작가들은, 이를테면 푸시킨과 고골, 게르첸과 투르게네프를 포함하여, 칭송해 마지않았다. 쉡킨이 펼쳐 보인 리얼리즘 전통은 여러 제자와 학생을 거쳐 러시아 연극의 체계를 만든 스타니슬랍스키(K. Stanislavski)로 이어진다. 그리하여 그가 러시아 연극에 남긴 영향은 대단하였고, 그 의미는 흔히 데이비드 개릭(David Garrick, 1717~1779)이 영국 연극에 남긴 영향에 비견된다.

쉡킨은 보잘것없는 출신 배경에도 연극예술 분야에서 정상에 올랐다. 1857년 모스크바의 '영국 클럽' 회원으로 뽑혔을 때, 그는 이 클럽의 회원이 된 첫 배우였을 뿐만 아니라 첫 번째 농노 출신이기도 했다. 그것은 단순한 개인적 성공 이상이었다. 그의 개인적 발전은 해방을 향한 시대적 움직임과도 이어진다.

하지만 이런 사회적·정치적 성공에 불구하고 쉡킨은 너그러운 태도를 잃지 않았다. 그는 게르첸이나 투르게네프 같은 서구주의자 지식인 그룹뿐만 아니라 슬라브주의자들과도 친하게 지냈다. 그는 자신의 일에 대해 누구보다 엄격했다. 그는 어떤 일도 아무렇게나 내버려둔 적이 없었다. 그는 끔찍할 정도로 자기 일에 최선을 다했고, 그러면서도 다른 사람에 대해서는 온화한 미소를 잃지 않았다. 그렇다고 그가 없는 말을 하거나 꾸민 태도를 보인 것은 아니었다. "그의 공연에는 거짓된 어구나 꾸밈 그리고 희화화가 없었다. 그가 창조해 낸 인물들은 마치 테니르스나 오스타더의 그림에 나오는 인물과 같았다."

꾸미지 않는 것, 그래서 있는 그대로 솔직하게 드러내는 것이 얼핏 보면 단순한 말로 보인다. 하지만 그것은 매우 중요하다고 나는 거듭 쓸 수밖에 없다. 그렇게 드러나는 것은 '흔히 있는 것'이 아니다. 드러나야 할 것은 흔히 있는 것 같지만, 지금까지 드러나지 않은 것이다. 바로 여기에 리얼리즘 표현법의 프라우다 — '도덕적 진리'가 있다. 셉킨의 위대함은 있는 그대로의 사실에 누구보다 사실적으로 충실한 데 있는 것이지, 없는 무엇을 보태거나 새로 첨가한 데 있는 게 아니었다.

그런데 셉킨의 이 리얼리즘적 연기술은, 앞에서 보았듯이, 그의 일상적인 태도에서도 확인되는 바였다. 그는 차분하고 선량한 마음으로 비난과 꾸지람마저 중화시킬 줄 알았고, 이 때문에 이런저런 싸움과 언쟁을 멈추게 했다. 바로 이런 이유로 게르첸은 그가 "인간 행동의 한 학교였다"고 추억한다. 인간 행동의 학교라? 우리는 우리가 쓴 말과 사고와 행동이 그 자체로 인간 행동의 학교가 되게 할 수 있는가? 이 뛰어난 배우는 온화한 미소로 다른 사람의 처지를 고려하면서 용서할 줄 알았던 것이다.

3.3.3. 꾸밈없는 태도를 느끼는 꾸밈없음

또 하나 흥미로운 것은 셉킨을 게르첸이 묘사할 때의 어떤 방식이고, 이 방식에 배어 있는 어떤 교양적 수준이 아닐까 한다. 그는 셉킨이 무대에서 연기해 보이는 인물들이 테니르스와 오스타더의 그림

속 인물을 연상시킨다고 적고 있다.

이들 두 화가는, 잘 알려져 있듯이, 17세기 네덜란드의 일상을 그린 뛰어난 장르 화가다. 나는 이들의 그림을 무척 좋아하고, 그래서 가끔 그 화집을 뒤적이며 웃고 즐긴다. 이들의 그림 가운데는 일하고 먹고 마시며 정담을 나누는 장면들이 많다. 때로는 싸우는 장면까지 있다. 그 그림들은 일상에서 일어나는 일들 가운데 어떤 것도 배제되지 않는다. 그 모든 것은 화가의 정겨운 붓길 속에서 자리하면서 '존재하는 것은 어떤 것이나' '아무런 차별 없이', 그래서 '모두 가치 있는 것처럼' 간주되고 있는 것이다. 그리하여 나날의 일상은 테니르스와 오스타더의 그림에서, 이들 그림의 색채와 구도 속에서 그 모든 하찮음과 지루함을 넘어서는 것 같다.

그런데 두 화가의 그림이 보여주는 진가는 이 진가를 서술하는 게르첸의 글에도 어느 정도 배어 있는 것처럼 여겨진다. 그러니만치 이같은 서술은 게르첸 자신의 문화적 교양을 증거한다. 꾸밈없는 배우의 태도는 꾸밈없는 평자(評者)의 꾸밈없는 정신을 부른다고나 할까? 이런 식으로 미덕은 어느 한 사람에게서 다른 사람으로 전염되고, 이 사람을 넘어 다른 시대와 영역으로 확장된다.

게르첸이 셉킨을 만난 것은, 이 배우가 1853년 런던을 방문했을 때였다. 이 배우가 여기로 오게 된 것은 러시아에 있는 게르첸의 친구들이 부탁했기 때문이었다. 부탁의 내용은 그가 출판 일을 그만두라는 것이었다. 몇 편의 글로는 아무것도 이룰 수 없고, 이렇게 쓴 것마저 러시아 당국이 검열하고 기록할 뿐만 아니라, 이 기록을 근거로 러시아의 양식 있는 사람들이나 게르첸의 친구들을 탄압하기 때문이었다. 그래서 언론 일을 잠시 멈추고 미국으로 가 있으라는 것이었다. 그런 후 1~2년 지나면 다시 일을 시작할 수 있을 것이고, 그 일은 지금보다 더 효과적일 수 있으며, 아마도 그때에는 게르첸도 러시아로 돌아갈 수 있을 것이라는 조언이었다.

쳅킨의 이러한 제안을 게르첸은 거절한다. 그는 이 존경하는 노배우가 자신을 사랑하고, 모스크바의 친구들이 자기를 사랑한다는 것을 잘 알고 있었다. 하지만 자기 일을 그만둘 수 없다고, 언론 활동을 그만두지는 않겠다고 대답한다. "저는 출판을 계속할 것입니다… 나의 친구가 내 활동을 가치 있게 여기지 않는다면, 그것은 내게 큰 고통을 일으킬 것입니다. 하지만 그 일로 그만둘 수 없습니다. 다른 사람들이 가치 있게 여길 것이고, 더 젊은 세대가, 다음 세대가 그렇게 여길 것입니다… 제가 출판을 하는 이유는 그것이 러시아를 위해 제가 뭔가를 하는 유일한 방법이기 때문입니다. 그것은 러시아와 살아 있는 관계를 유지하는 유일한 수단입니다."(218)… 이렇게 그는 답변했다.

남는 것은 개인의 자유와 사회적 정의의 동시적 구현이다. 혹은 개인과 세계, 자유와 책임의 상관관계를 포괄적으로 개선하는 일이다. 여기에는, 지금까지 보았듯이, 작게는 개개인의 의식과 각성뿐만 아니라 책임과 유대가 포함되고, 크게는 정치와 미학 그리고 문화와 관련된다. 그러나 가장 작고 구체적인 차원에서 보자면, 결국 각 개인의 자아와 이 자아의 느낌과 생각, 나아가 이 자아의 자유와 책임의 감각일 것이다.

보론 4: 게르첸-벌린의 방법

　우리가 어떤 사상가로부터 무엇을 배운다고 할 때, 처음에는 '그 사상가의 어떤 생각이 어떤 이유로 생겨나고 주장되었다'는 사실이 중요하다. 하지만 시간이 지나면서 그 세부는 휘발된다. 그래서 나중에는 결국 그의 생각이나 문제의식 가운데 몇 가지만 문장이나 모토로 남는다. 그러면서 더 중요한 것은 '우리가 읽은 사상가의 책에 담긴 이런저런 생각들 가운데 과연 어떤 것이 아직도 남아 있는가', '그렇게 남아 있는 내용 가운데 어떤 것이 여전히 유효하고', '그 유효한 의미는 지금의 나에게 어떤 삶의 에너지로 작용하는가'가 될 것이다.

　게르첸이라는 19세기의 거대한 사상가를 그의 자서전 『나의 과거와 사상』을 통해 살펴보고, 이러한 논의를 다시 그의 언론 활동에서 드러난 문제의식으로 보충해 본 필자의 이 책에서 중심은 게르첸이라는 사실은 말할 필요가 없다. 그러나 그의 면모는, 적어도 20세기 후반에 이르러서야 유럽에서 자리 잡게 된 그의 모습은, 앞서 살펴보았듯이, 이사야 벌린에 의해 주형되었다. 나아가 벌린에서 출발하는 정치철학적 논의의 많은 것은 벌린적이면서, 이 벌린이 게르첸의 논의를 끌어들이고 그 논의에 깊이 의존하는 한, 게르첸적이기도 하다. 이 같은 이유로 필자는 이번 글의 제목을 '게르첸-벌린의 방식'이라고 이름 붙였다.

　이 글에서의 관심을 현대 자유주의 사상이나 이데올로기 비판, 혹은 체제 비판이나 윤리의 담론으로 넓혀서 고민하다 보면, 우리는 여러 주제와 관점, 다양한 문제제기와 시각을 만나게 된다. 그래서 전체를 조망하기 어렵고, 길을 잃어버리기도 쉽다. 이러한 맥락에서 필자는 아래에서 게르첸과 벌린의 문제의식을 최대한 간략하게, 그래서 5가지 정도로 다시 정리해 보고자 한다.

1) '절대적이고 궁극적인 것'에 대한 경계

정치사상 혹은 정치철학을 포함하는 사회과학이 하는 일은 무엇인가? 그것은 아래와 같은 질문들을 다룬다고 할 수 있다. 인간 삶의 조건이 무엇인가? 그 조건은 합리적이고 타당한가? 우리가 설정한 목표는 무엇이고, 우리가 행동하는 동기는 무엇인가? 우리가 꿈꾸는 이상은 현실과 어떻게 관계하는가? 이상 혹은 이념은 현실의 개선과 변화에 기여하는가? 아니면 현실을 왜곡하고, 이 현실에 폭력과 죽음을 야기하는가? 인간은 이념의 설정과 행동의 실천 사이에서 어떻게 움직이는가? 이때 감성과 이성, 자유와 평등, 개인과 사회, 권리와 책임, 수단과 목적은 서로 어떻게 관계하는가? 사람들 사이의 관계는 어떠하고, 또 어떠해야 하는가?

이런 일련의 문제들과 관련하여 사회과학은 삶의 합리적 조건을 모색하고, 이 조건을 위해 제시된 여러 가지의 이상과 목표, 동기와 행동의 타당성을 검토한다. 사실 이러한 검토는 사회과학만이 아니라 인문과학도, 그 방식이 다르긴 하지만, 공유한다고 할 수 있다. 단지 인문과학에서의 타당성 검토는 사회과학의 '분석'이나 '진단' 혹은 '설명'과는 달리 주로 '묘사'와 '서술'로 이뤄진다고 할 것이다.

생각을 갖고 살아가는 사람들에게, 무엇보다 교육받은 엘리트에게는 그들이 살고 있는 사회의 변화와 개혁을 모색하는 것은 자연스럽다. 1850년대 러시아 현실은 특히 그랬다. 차르 전제정치와 폭력적 관료주의 아래 당시 사람들은 대개 극심한 가난과 억압, 착취와 무지 속에 시달리고 있었다. 이런 상황에서 러시아 지식인들은, 게르첸을 비롯하여 그의 친구였던 투르게네프와 벨린스키, 도스토옙스키와 톨스토이를 포함하여, 낙후된 조국을 개혁하여 더 나은 방향으로, 그래서 '진보'와 '개혁'의 일반적인 방향으로 끌고 가고자 고민했다. 그 고민은 너무도 자명하다는 점에서 '절대적인' 방향이었고, 그래서 '궁극적인' 목표여야 마땅했다. 이 절대적이고 궁극적인 목표 아래 그 밖의 다른 요소들은 '미래의 은총을 위해' 무시되어도 좋았다. 그렇게 무시되어도 좋다고 다들 판단했다.

그러나 과연 그러했는가? 그렇지 않았다. 아니, 그럴 수는 없었다. 인간의 꿈과 이상은, 그것이 하나의 형식으로 일원화되고, 그래서 절대화될 때, 다른 요소들을 돌보지 않는다. 절대화된 강령과 이념과 목표 아래에서 정치적 갈등은 무시되고, 도덕적 난관은 배제된다. 그리하여 이러한 무시와 배제 때문에 적잖은 사람들은 고통을 받고 그 목숨을 잃는다. 사회를 위해서는 목숨을 바쳐야 한다고 주장하는 루이 블랑에 대해 게르첸이 반대한 것도, 마르크스의 이른바 '과학적 사회주의'의 배후에 깔린 권위주의를 바쿠닌이 경고한 것도, 물론 바쿠닌 자신의 무정부주의에도 위험한 요소는 없지 않았지만, 이런 이유에서였다.

'절대적이고 궁극적인 것'을 경계해야 하는 이유에는 여러 가지가 있다. 인간이 복잡하다면, 인간이 살아가는 삶도 간단할 수 없다. 그것은 복잡하다. 이 복잡한 삶이 전개되는 현실은 또 어떻겠는가? 그것도 간단할 리 없다. 이런 이유로 복잡다단한 현실에서 인간이 추구하는 목표나 진리도 간단할 수 없을 뿐만 아니라, 간단해서도 안 된다. 이러한 이유는 다시 두 가지로 줄일 수 있다. 인간과 그 현실, 그리고 그가 추구하는 목표나 진리가 간단할 수 없는 것은, 첫째, 도덕적 원칙의 '개인적·주관적' 토대 때문이고, 둘째, 인간과 그 관계의 복합성 때문이다.

2) 도덕적 원칙의 '주관적' 토대

'자유'나 '평화', '정의'와 '행복' 혹은 '연대감' 같은 목적들은 하나의 보편적 원칙들로서 공적으로 선언된다. 그것은 집단적으로 공표되지만, 그것이 실행되는 것은 각 개인을 통해서다. 보편적 원칙의 구체적 실행은 개개인들이 처한 '상황'과 '삶의 조건' 속에서다. 도덕의 원칙들도, 최소한의 단위로 내려가면, 각 개개인이 담지하고 수행하며 실천해 나가는 것이다.

이런 이유에서 도덕 원칙에서의 주관적·개인적 요소는 필수불가결하다. 하지만 공적으로 견지되는 도덕 체계의 구체적·생활세계적 뿌리는 사실상 거의 없다. 사회정치적 기획은 삶의 거시적 방향에 대한 견해를 담고 있거나, 이런 방향으로 가기 위한 대체적이고 일반적인 원리에 대한 구상을 포함하기 때문이다. 이것은 공적 체계로서의 정치 기획이, 마치 도덕률이나 도덕법칙이 그러하듯이, 적어도 그 자체로서만 공언(公言)된다면, 오래가기 어렵다는 사실을 보여준다.

오해를 피하기 위해 다시 적어보자. 위에서의 말은 한 사회가 내거는 하나의 목표나 이념이 단순히 쓸모없다는 뜻이 아니다. 그것은 또 하나의 도덕 원칙이 불필요하다는 뜻도 아니다. 도덕적 원칙의 주관적 토대를 말하는 것은 적극적으로 보편적 가치나 도덕적 요구도 각각의 개인이 처한 상황 속에서, 그의 삶의 구체적 조건에 따라 정당화되어야 한다는 뜻이고, 소극적으로는 개인의 주관적·내면적 원칙을 버리면서까지 역사의 목표나 시대의 이념이 정당화되어선 안 된다는 뜻이다. 사회의 자유라는 이념도 이 사회를 구성하는 개개인의 자유로부터 시작되어야 한다. 마찬가지로 역사의 전체 목표도 개개인의 특정한 꿈과 고민에 이어져야 한다. 그렇다는 것은, 다른 각도에서 보면, 개인과 사회, 개별성과 전체성의 긴장과 길항 관계를 고려해야 한다는 뜻이기도 하다.

이러한 긴장의 대립축에서 무게중심은 거듭 강조하건대 개인이라고 나는 생각한다. 언제나 최우선적으로 고려되어야 할 사항은 개인의 자유이고, 개인의 도덕성이다. 역사의 필연성이나 역사의 불가피성을 내세우면서 수단을 정당화하거나, 이런저런 잔혹한 수단 아래 개인의 삶을 짓밟는 경우가 얼마나 많은가?

3) 뉘앙스 감각 — 관계의 복합성과 욕구의 다양성

게르첸은 근본적으로 과학적이었다. 그가 1829년 17세에 입학한 곳은 모스크바 대학의 물리수학부였고, 그는 1833년 졸업논문으로 쓴 천문학 관련 글로 은메달을 받았다. 그는 계몽주의 사상을 익혔고, 과학과 이성의 해방적 역할을 신뢰했다. 하지만 그렇다고 과학이나 이성의 힘을 과장한 것은 아니었다.

게르첸은 1850년대 러시아 지식인들이 대개 그러하였듯이, '급진적(radical)'이었다. 그는 사회변혁을 주장하였고, 농민의 자치 공동체를 낙후된 러시아 사회가 기댈 수 있는 이상적 모델로 보았다. 그는 농민 사회주의 이념을 옹호했지만, 그렇다고 모든 진보 이념을 신뢰한 것은 아니었다. 그는 무엇보다 인간의 삶과 그 관계의 복잡성을 직시하였고, 그 모호성에 주의했다. 사실 그의 사상적·인격적 탁월성은 바로 이 지점에서부터 시작되지 않나 여겨진다.

게르첸은 인간 개개인의 삶과 그 관계가 단순하다고 결코 여기지 않았다. 인간의 개인적·사회적 관계는 물론이고, 그의 욕구와 욕망의 다양성, 그리고 그 경험의 가변성에 그는 늘 주목했다. 예를 들어 도덕이란 어떤 이념이나 원칙에서 규정되는 것만큼이나, 이렇게 규정된 도덕 원칙은 현실 속에서 개개인이 매일 매 순간 맞닥뜨리는 경험으로 검증되어야 한다고 그는 생각했다. 그는 검증되지 않은 경험이나 도덕 원칙들 — 절대화된 이념이나 역사적 목적론을 불신했다.

게르첸은 무엇을 과장하기에는 천성적으로 너무 솔직했고, 무엇을 맹신하기에는 너무 회의적이었던 것으로 보인다. 그보다는 삶의 매 순간, 이 순간의 현존적 경험, 이 실존적 경험의 결과와 그 무늬를 중시했던 것 같다. 삶의 의미와 목적, 원인과 모델은 그렇게 살아가는 사람의 상황이나 처지, 조건이나 필요에 따라 얼마든지 변할 수 있기 때문이다. 누구나 자유나 평등 혹은 정의를 말하지만, 그래서 이 말이 지닌 각각의 의미는 동일하게 여기지만, 그러나 자세히 들여다보면, 그 어느 하나도, 어떤 하나의 단어도 사람들 사이에서 완벽하게 일치하는 경우란 결코 없다! 하지만 이 개별 인간과 개별 상황, 개별 조건과 개별 필요를 제대로 파악해야만 하나의 의미와 목적은 비로소 온전하게 파악될 수 있다. 우리 각자는 제각각의 방식으로 다른 자유의 감정과 의미를 가지고, 마치 그것이 하나인 것처럼 간주한 채, 사용하는 것이다.

이런 관점에서 보면, 게르첸은 아마도 삶을 사랑하는 실존주의자였는지도 모른다. 말하자면 개혁적·진보적·자유주의적 실존주의자라고나 할까? 아니면 우상 파괴적 인문주의자라고 불러야 할지도 모른다. 이것은 그의 길을 좇는 이사야 벌린의 문제의식에도, 적어도 벌린이 이 게르첸을 경외하고 흠모하는 한, 상당 부분 자리한다고 할 수 있다.

게르첸과 벌린은, 두 사람 모두 여하한의 일원주의적 체계나 이론, 절대화된 신념이나 결정주의를 불신한다는 점에서, 서로 일치한다. 현실의 어떤 문제들은 해결될 수 있지만, 어떤 다른 문제들은 해결되지 못한 채 되풀이되며, 어떤 문제에 대해서는 포괄적으로 접근하는 것만큼이나 개별적이고 일회적으로 접근되어야 한다고 그들은 판단했다. 이들은 사회정치적 문제에 대해서만큼이나 이 문제에 대한 개별적 느낌 ― 내적인 경험과 실존적 뉘앙스를 중시했던 것 같다. 이것을 나는 '뉘앙스 감각'이라고 부르고자 한다. 벌린이 강조한 '현실 감각(sense of reality)'이란 말도 이와 크게 다르지 않다. 현실 감각이란 현실의 사실에 대한, 이 사실이 지닌 그때그때의 여러 질적 농도와 이 농도의 편차에 대한 감각이기 때문이다.

4) 복합적 비전, 비전의 변증법

그렇다면 남은 것은 무엇인가? 아마도 인간 삶과 그 관계의 복합성 그리고 그 개별성이 갖는 의미라는 주제를 우리는 되풀이해야 할 것이다. 다시 적어보자. 인간의 삶은 간단치 않다. 이 간단치 않은 삶은 인간관계의 복합성으로 이어진다. 진리는 다른 것인가? 그렇지 않다. 진리 역시 삶처럼 간단하기 어렵다. 삶의 복잡성에 진리의 다면성이 상응하는 까닭이다. 그렇다면 역사는? 인간이 복잡하고 자기모순적인 존재인데, 이 수많은 인간들로 이뤄지는 역사가 어떻게 간단할 것인가? 그것은 말할 것도 없이 복잡하고 복잡하다. 결국 인간과 삶, 진리와 역사와 현실은 전면적 다면성과 복합성에서 서로 일치한다.

이러한 '겹겹의 복합성들'은 각자의 삶이 지닌 감정과 가치, 상황과 생각의 고유한 형태에 이미 '그 나름의 방식으로' 들어 있다. 현실에서의 정치사회적 갈등이나 비극의 가능성도 다름 아닌 바로 이 복합성에서 나온다. 삶의 많은 가치들은 경쟁과 충돌의 관계 속에 있기 때문이다. 그러나 충돌하는 것은 자유와 평등만이 아니다. 이 두 가치와 민주주의, 공동체 그리고 정의도 서로 어긋난다. 개인과 사회, 개체와 전체, 애국주의와 세계주의도 다르지 않다. 그리하여 선택은 불가피하다. 이런 선택으로 인한 오류도 불가피하다. 따라서 삶의 문제는 딜레마의 철폐가 아니라 겹겹의 딜레마와의 싸움이고, 이 싸움을 통한 오류의 제거가 아니라 '오류의 완화 가능성'이다. 그러니까 우리가 궁극적으로 해야 할 것은 갈등의 제도적 수용을 통한 삶의 평화적 관리이고 그 완화인 것이다.

인간에게 문제가 일어난다면, 그 문제는 개별적 감정과 개별적 가치, 개별적 상황과 개별적 생각에 따라 일어난다. 개별적으로 주어진 상황에는 그 나름의 독특한 색채와 묘미와 뉘앙스가 있다. 이것은 한 개인에게도 그렇고, 한 시대에 대해서도 그렇다. 즉 각 개인에게는 그 나름의 목표와 포부가 있는 것이다. 따라서 그것을 일원화하기는 어렵고, 일원화할 수도 없으며, 일원화해서도 안 된다. 그렇듯이 한 시대에는 그 시대에 고유한 목적과 지향과 문제가 있다. 따라서 각각의 문제가 지닌 현 상태와 가능태는 너무도 복잡하고 미세하며 다양하게 나타날 수밖에 없다. 이 수많은 모습들은 한두 가지 형식으로 추출되기 어렵다. 그것은 서로 상충되는 갖가지 요인들의 시시각각 변화하는 상호작용으로 나타나기 때문이다.

우리에게는 신념만 있고 회의가 없는 게 아니라, 또는 회의만 있고 신념은 없는 게 아니라, 우리는 여러 수준과 층위의 회의와 신념 사이를 오고 간다. 가치들의 병립 불가능성을 고려하자는 것은 모든 가치의 상대성 — 그 기준의 불확실성과 우발성을 고려하자는 뜻과 같다. 이때 할 수 있는 것은 무엇인가?

우리가 의지할 수 있는 것은 사회주의적인 해법을 포함하여 어떤 일원론적 체계나 역사적 목적론이 아니다. 상호배타적 가치들 사이의 선택 가능성 속에서 우리가 할 수 있는 것은 이 선택의 근본적 불확실성 가운데 이 우발성을 넘어, 서로 다른 가치들을 중재하고 조율하면서, 더 높은 단계 — 더 높은 질서의 평형 단계로 나아가는 일이다. 그것은 근본적으로 변증법적 사유의 과정일 것이다. 그러나 이 변증법은 거듭 강조하여 변증법 자체를 맹신하는 것이 아니라, 이 변증법마저 때로는 버릴 수 있는 것까지 포함한다. 우리가 견지하는 변증법은 변증법 속에서 변증법을 넘어 또 다른 변증적 사유의 가능성까지 포함해야 하는 것이다.

그러므로 나는 다시 '비전의 복합성'과, 이 복합적 비전을 추적할 수 있는 '비전의 변증법'을 떠올린다. 우리는 서로 다른 가치들의 상호 충돌과 상호 이반 그리고 상호 모순의 역설적 과정을 고려할 뿐만 아니라, 이 모순의 과정을 스스로 감당할 수 있어야 한다. 가치 다원주의적 태도가 필요한 것은 이 대목에서다. 아무리 좋은 가치들이라고 하여도, 자유나 평등이라는 가치가 보여주듯이, 서로 양립하기 어려울 때가 있고, 이 양립 불가능한 가치들의 충돌 속에서도 우리는 하나의 공통분모를 생각해 낼 수 있는 것이다. 그러려면 자기의 이상과는 본질적으로 상반되는 것조차 때로는 받아들일 수 있어야 한다. 또 하나의 기준이나 규범으로 어떤 가치를 판단해서도 안 되는 것이다.

5) 한계 속에서만 삶을 창조할 수 있다

오늘의 시대에 우리가 할 수 있는 일은 별로 없어 보인다. 하지만 이 말이 우리가 할 수 있는 일이 전혀 없다는 뜻은 아닐 것이다. 오히려 그럼에도 할 수 있는 것들의 목록은 여전히 있다. 게르첸과 벌린이 남긴 사상사적 독창성도 바로 이 점 — 갖가지 한계에도 우리가 할 수 있는 작은, 그러나 중대한 일의 목록에 대한 암시에 있을 것이다.

되풀이하건대 개인적 삶이든 사회적 삶이든, 인간의 행복을 일거에 보장해 줄 수 있는 묘책은 없어 보인다. 우리가 할 수 있는 것은 각각의 사회 안에서, 각자가, 매일 매 순간의 선택을 통해, 책임감을 갖고, 자기 직무에서의 최선을 추구하는 수밖에 없다. 이때 가장 먼저 고려해야 할 사실은 무엇인가? 그것은 첫째, 가치들 사이의 충돌에 대한 직시이고, 둘째, 이 가치 충돌 사이에서의 불안정한 평형 상태이며, 셋째, 이 평형 상태 속에서도 우리의 현재적 질서를 좀 더 나은 것으로 변모시키려는 노력이다. 그런 점에서 가치의 다원주의와 개혁의 점진주의는 불가피해 보인다.

이 다원주의 옆에 관용이나 절제라는 가치가 있다면, 일원주의 옆에는 전체주의나 맹신주의 같은 이념이 자리한다. 가치들 사이의 위태로운 평형 속에서, 이 위태로움을 오직 반성적 검토의 계기로 삼으면서, 우리는 충돌과 억압을 최소화하고 폭력과 광신주의를 피할 수 있을 것이다. 그래서 미래의 제단에 오늘의 현존적 기쁨을 희생시킴 없이 삶을 헤쳐 나갈 수 있다.

인간에게 선한 가치는 원칙과 이념의 문제가 아니라, 실존의 문제가 아닐 수 없다. 즉 한 개인이 세계 속에서 다른 개인들과 함께 살아가고 교류하면서 느끼고 생각하며 말하는 가운데 경험하고 실행되는 것이다. 따라서 그 가치는 구체적이고 개별적이며 특정한 행동 방식을 통해 입증된다. 자유에 대한 신념은 매우 중요한 믿음이지만, 이 믿음은 그 자체로 정당화될 수 없다. 자유에의 신념은 회의와 함께 견지되어야 하기 때문이다. 절대화된 이념이나 오류 없는 지식은 없기 때문이다. 그렇듯이 과학이나 이성이나 방법도, 그것이 삶의 우발성과 불확실성을 염두에 두지 않는다면, 맹신으로 변질된다.

이 점에서 우리는 모든 절대주의적이고 결정론적이며 목적론적인 이념을 문제시할 수 있다. 마찬가지로 모든 불관용적인 유토피아적 일원주의를 비판할 수 있다. 그것은 모두, 사회주의라고 불리든, 조직의 원리라고 불리든, 아니면 당의 강령이라고 불리든, 모두 '이질적인 것을 동질화하는' 데서 일치한다. 아도르노(Th. Adorno)는 이 동질화 원리를 자본주의 시장체제의 '사물화 원리'와 등치시킨 반면에, 이질적인 요소들을 포용하는 예술의 원리를 '타자성의 원리'라고 지칭한 바 있다. 부정적으로 사유하면서 이질적인 것을 포용하는 예술의 타자적 원리야말로 어쩌면 하나의 대안이 될지도 모른다. 그렇듯이 인간 자유의 가능성은 언제나 우발성과 불확실성의 위험을 관통하면서 수많은 질의와 검토 속에서 '겨우' 성취된다. 도덕적 자유의 근거 역시 개별적으로만 정당화될 수 있을 것이다.

그러므로 인간의 도덕 본능은 갈등의 제거나 철폐가 아니라, 항존하는 갈등의 한가운데서, 이 갈등의 어떤 것은 해결하되 어떤 다른 갈등은 해결하지 못한 채, 그러나 그럼에도 그 시정을 위해 부단히 노력하면서, 하지만 가치의 충돌과 이념의 균열을 여전히 의식하고 검토하면서, 현실을 조금씩 견뎌 나간다. 이렇게 하기 위해 우리의 감각은 얼마나 세심해야 하고, 우리의 사고는 얼마나 신중해야 하며, 우리의 반성은 몇 겹이나 더 행해져야 하는가? 이처럼 현실의 필요와 가치에 대한 감성과 이성과 언어는 무한히 자기 변전을 거듭해야 한다. 그것은 너무도 어려운 일이고, 너무도 아득한 일이다. 하지만 그렇게 하는 것이야말로 현실에 대한 그 어떤 낙관주의나 행복의 담론보다 책임 있는 자세라고 나는 생각한다.

우리가 할 수 있는 일은 무엇인가? 사회의 불우 계층이나 소수집단의 특별한 애착을 소중히 여기면서도 보편적 선의를 잊지 않고, 경쟁하는 가치들 사이의 긴장을 감내하면서도 갈등으로 인한 곤경을 '곤경'이라고 치부하기보다는 의미 있는 생산적 계기로 전환시키는 것, 그러나 더 나은 현실에 대한 미리 주어진 어떤 설계안도 거부하면서, 차라리 가치의 부단한 재규정을 시도하고 새로운 정체성의 양식을 부단히 탐구하면서 현재를 견뎌 나가는 것, 그것이야말로 계몽주의의 정신적 유산을 비판적으로 계승하면서 오늘의 현실 감각으로 살아가는 일이다. 그것은 아마도 게르첸과 벌린이 추구했던 길일 것이다.

이것은, 다른 각도에서 보면, 한마디로 '편향성에 대한 경계'가 될 것이다. 지금 여기에서 상충하는 가치들의 실상을 지속적으로 인식하면서도 각자가 선 자신의 현실에 충실하고, 나의 이 현실을 돌보며 이 밖의 세계에 열려 있는 것, 그리고 오늘의 우리 시대에 복무하는 것만큼이나 우리 뒤의 세대도 참작할 일이다. 여기에서 핵심은 나의 자유이고 책임일 것이다. 말하자면 개인의 자율성일 것이다. 개인에게 자율성이 중요하다면, 국가에 중요한 것은 주권이 될 것이다. 주권이란 방해받지 않는 독자적이고 자립적인 힘이다. 그것은 개인에게도 공동체에게도 핵심적이다. 결국 제각각으로 자리하는 자유와 자율과 주권성이, 그리하여 자기결정권이 인간의 삶을 행복하게 만들 것이다.

12장
서글픈 유산 — 결론

싹이 나왔으나 꽃이 못 핀 것도 있고,
꽃은 피었으나 열매를 맺지 못한 것도 있다
[苗而不秀者, 有矣夫! 秀而不實者, 有矣夫].

　　　　　　　— 공자(孔子), 『논어』, 「자한(子罕)」

인류 전체의 연대기를 잘 살펴보면, 불필요하다
고 생각되어 폐기처분되고 사라진 시대들이 부지
기수다… 인류는 영원한 진리에 도달하려고 노력
하면서, 그들 앞에… 아주 곧은길이 나 있는 데도
얼마나 일그러지고, 끝이 막히며, 편협하고, 지나
갈 수 없으며, 옆으로 멀리 새는 길들을 선택해 왔
는가?

　　　　　　　　　— 고골, 『죽은 혼』(1852)

이제 결론에 이르렀다.

지금까지 우리는 게르첸의 언론 활동과 관련하여 첫째, 그 활동이 시작된 1850년대 러시아 현실의 성격을 살펴보고(9장), 이어 1857년에서 1867년에 이르는 혁명적 언론 활동의 의미를 그 기본원칙과 방향 그리고 방법에서 살펴보았으며(10장), 이 활동에서 나타난 게르첸의 '개혁적 자유주의자'로서의 면모를 이념(자유주의적 인문주의)과 목표(미르) 그리고 자아와 교양교육이라는 측면에서 살펴보았다.(11장)

현존하는 정치체제는 아무리 괜찮은 모델로 보인다고 해도 현실 속에 자리한 체제다. 그러니만큼 이 체제는 보이는, 보이지 않는 제약 속에 있다. 따라서 이 체제에서 추구한 이념은 원래 이념에서 일정하게 '빗나간', 그래서 아귀가 맞지 않는 미비의 형태를 띨 것이다. 1860년대 러시아 정치체제는 특히 그러했다. 그래서 게르첸은 「자유의 총알받이」(1862)에서 쓰지 않았던가? "우리는 슬픈 유산을 물려받았지만, 그것은 여전히 다른 사람들의 쓰라린 경험에 대한 유산이다."

이 쓰라린 유산은 오늘날에는 다른 것인가? 그렇지 않다. 과거의 서글픈 유산은 21세기의 오늘날에도 남아 있다. 인류가 만들어온 여러 정치체제의 모델도 정도의 차이는 있는 채로 그런 '결핍과 과오의 형식'이 아닐 수 없다. 그런 점에서 모든 정치체제는 이상적 이념의 왜곡 형태다.

게르첸의 저널리즘은 정치적 불의와 사회적 불평등 그리고 그 억압과 불합리를 극복하고자 애썼다. 그의 글은 시민적 자유를 구현하기 위한 개인적이면서 사회적인 봉사였다. 이런 봉사를 추동한 것은 그의 정직성이고, 이 정직성은 그 마음으로부터 나온 것이다. 이 마음 깊은 곳에는 양심이 있다. 그는, 앞서 누차 살펴보았듯이, 자기 자신에게나 자기 글의 독자에게, 그가 동료 지식인이든 일반독자든, 아니면 러시아 황제나 황후든, 이 양심에 호소한다. 그의 양심은 사유의 깊이와 정직성 그리고 삶에 대한 충실성으로 이뤄진다. 그것은 러시아의 낙후된 사회정치적 현실과 인민들의 비참한 삶을 개선하기 위한 것이었다.

이제 남은 것은 무엇인가? 나는 3가지를 말하고자 한다.

첫째, '적'이 아니라 '우리' 자신에게서, 그 어느 때가 아니라, 지금 여기 이 자리에서 시작하자는 것이고, 둘째, 이렇게 시작하는 기본 문제의식은 모든 '정체성 망상'으로부터 거리두기이며, 셋째, 이 일에 참여하고 개입하는 것이야말로 '살아 있는 영혼'이라는 사실이다.

1. '적'이 아니라 '우리'로부터

어디에서 시작할 수 있을까?

1867년 1월 1일에 《종》에 게재된 게르첸의 글에는 흥미로운 대목이 있다. 그 일부만 읽어보자.

… 몇 달 전 나는 한 노인과 오랫동안 얘기를 나누었다. 그는 육십 평생을 살면서 그 가운데 '절반'을 감옥에서 보냈다. 그는 평생 박해를 받았고, 지금도 그의 적이 아니라 그 나라의 인민들에 의해 박해를 받고 있는 중이다. 이 사내는 감옥에서 잊힌 채, 1848년 몽생미셸의 무덤에서, 마치 유령처럼 2월 혁명의 환호 한가운데 나타났고, 그가 즐거운 인사와 함성 그리고 환호를 해주리라고 그들이 기대했을 때, 그는 이렇게 크게 외쳤다. "우리는 익사해 가고 있습니다." 그러고는 그를 감옥에서

끌어내 준 군중이, 마치 악당으로부터 떠나가듯이 성스러운 바보나 역병에 감염된 누군가처럼 떠나가듯이 멀어졌을 때, 이렇게 계속 말했다. "우리를 익사케 하는 것은 우리 적이 아니라, 바로 우리입니다." 그는 다시 한번 수감되었고, 그 투옥을 기회로 비난 어린 말을 했다. "공화국이 익사했고, 그것을 익사시킨 것은 바로 그들이었다."

그는 감옥의 벽 안에서 모든 발의와 모든 희망의 파괴를 15년 더 보았다. 그는 달처럼 잿빛이 되어 감옥에서 다시 나왔다. 노인은 이전의 증오와 이전의 악의를 만났고, 육체적으로 망가진 채, 끔찍한 궁핍 속에서, 완전히 홀로 되어, 고국으로부터 멀리 떠나, 산속으로 사라졌다.

이 늙은 사람은 오귀스트 블랑키다.(310-311)

오귀스트 블랑키(Auguste Blanqui, 1805~1881)는 프랑스 혁명가이자 이론가이다. 그는 1871년 파리 코뮌의 회원이기도 했다. 그는 감옥에서 『별에 따른 영원성(*L'Eternité par les astres*)』이라는 마지막 책을 썼다. 살아 있거나 죽어 있는 모든 현상들은, 그에 의하면, 무한하게 얽혀 있고, 모든 발전은 그와 반대되는 모습을 갖는다. 그의 정치적 행동주의는 유럽 여러 나라에서 일어난 공산주의와 사회주의운동에 큰 영향을 미쳤다.

게르첸이 블랑키를 만난 것은 1866년 10월 독일의 프라이부르크에서였다. 1866년이라면, 블랑키가 56세였을 때다. 이미 늙어버린 이 혁명가가 평생에 걸쳐 얻은 것은 어떤 박해와 또 다른 종류의 박해뿐이었다. "그는 전 생애 동안 박해를 받았고, 지금도 그의 적이 아니라 그 나라의 인민들에 의해 박해를 받고 있는 중이다." 이런 그가 했던 말은 한 가지였다. "우리는 익사해 가고 있습니다." 이렇게 익사시키는 것은 "우리의 적이 아니라, 바로 우리"다.

현실을 변화시키고자 한다면, 삶이 지금 이 상태보다 '조금이라도'
나아지길 바란다면, 우리가 시작해야 할 것은 우리 아닌 어떤 다른
누군가가 결코 아니다. 모든 개선이나 개혁 그리고 변화의 출발점은
바로 '우리 자신'이다. 우리를 물에 빠지게 하는 것은 우리를 둘러싼
다른 누군가가 아니라, 우리 자신이기 때문이다. 우리를 패배케 하는
것은 우리 자신 외의 다른 사람이 결코 아니다. 아니다. '우리'가 아니
라, '나'로부터 시작해야 한다. 변화의 출발은 지금 여기의 바로 나다.

2. '정체성 망상'에 거슬러

더 나은 삶의 모델을 생각할 때, 그래서 사회정치적으로 바람직한
공동체의 모델을 구상할 때, 우리가 고려해야 할 조건은 물론 많다. 이
여러 조건들 가운데 정체성의 문제는 하나의 핵심이 될 만해 보인다.

정체성의 문제는 왜 중요한가? 하나의 정체성을 갖는다는 것은 무
엇인가? 그것은 세상에 대한 한 묶음의 평가와 그 기준을 갖는다는
뜻이다. 이 기준을 중심으로 좋음 대(對) 나쁨, 선함 대 악함, 적절함
대 부적절함, 혹은 옳음 대 틀림이나 아름다움 대 추함 등이 구분되
기 때문이다. 그러나 우리는 이렇게 물을 수 있다. 이때의 구분 기준
은 정당한가? 혹은 완벽한가? 그럴 때도 있지만, 대개 그렇지 않다.
그 기준은 대부분 '틀리거나' '자의적'이거나 '부적절하거나' '불충분하
다'. 그런 점에서 그것은 하나의 딱지(label)에 불과하다고 말할 수 있
다. 한국사회는 이런 딱지 붙이기(labeling)가 격심한 곳이다. 삶의 공

간은 크게 보아 이 딱지 붙이기로 인한 크고 작은 갈등 때문에 연년세세(年年歲歲) 고통받는 곳이다. 이 딱지 붙이기에는 실체주의적이고 본질주의적인 사고가 들어 있다.

그러므로 우리는 우리 자신에 대하여, 개인과 인간에 대하여, 개인의 개인됨과 인간의 인간됨에 대하여 지속적으로 물을 필요가 있다. 마찬가지로 오늘의 삶을 규정하는 여러 범주들 — 계급과 종교, 국가나 민족, 인종 혹은 문화의 타당성 여부를 물을 필요가 있다. 묻지 않는다면, 그것은 '정체성 망상(identity illusion)'일 뿐이다. 현대 정치학의 한 이슈는 바로 이 정체성 망상에 대한 질의와 관련되어 있다.[1] 마찬가지로 진리와 정의, 자유와 평등에 대하여, 나아가 우리 사회와 공동체, 현실과 역사, 문명과 세계, 그리고 이름 할 수 없는 수많은 그 밖의 주제들에 대하여 이렇게 계속 질문할 필요가 있다. 그것은, 거듭 강조하여, 정체성의 실체화에 대한 문제제기이고, 본질주의에 대한 저항이다.

정체성은, 삶의 정체성이든, 인간의 정체성이든, 아니면 사물의 정체성이든, 그 자체로 불변의 형태로 정해져 있는 게 아니다. 그것은 한편으로 정해져 있으면서도 다른 한편으로 변하는 것이고, 변해가고 있다. 그러니만큼 그것은 해체와 재구축의 지속적 과정을 겪는다. 그렇다면 우리는 우리의 가치 기준을, 그리고 이 가치 기준 위에 세워진 정체성을 "계속 물으면서(self-questioning)" "복수주의적(pluralist)으로" 만들어야 하고, 그래서 때로는 "유동적(fluid)"이고 "관대하며(tolerant)", "모호하여 언제라도 재조정할 수 있어야" 한다. 이것을

---

1   Stephen Holmes, "The Identity Illusion," *New York Review of Books*, 2019.1.17.

정치철학자 아피아(K. A. Appiah)는 "세계시민적 충동(cosmopolitan impulse)"이라고 부른 바 있다.[2]

이때 '충동'이라는 단어의 함의가 본능적인 뜻으로 여겨진다면, 차라리 '의지'나 '마음'으로 바꿔볼 수도 있을 것이다. 그렇다면 세계시민적 마음은 어디로 향하는가? 그것이 하나의 원리로 수렴된다면, 그 원리는 무엇인가? 그것은 지위나 계급에 대한 복종이 아니라, 사람에 대한 존중이 될 수 있다. 세계시민적 마음은 지위나 신분 앞에서 머리를 조아리는 것이 아니라, 사람을, 그가 어떤 사람이든 관계없이, 존중하고자 한다.

우리의 관심이 자기 이익 혹은 자기동일성에만 갇혀 있다면, 우리는 현대적 의미의 시민이 되기 어려울 것이다. 인간의 삶에서 완벽하고 절대적이며 항구적인 정체성·자기동일성은 없기 때문이다. 항구적 동일성을 강조하고 강요하는 것은 환상이고 망상이기 때문이다. 더 나은 삶의 가능성은, '우리가 어떻게 이 정체성을 해체와 구축의 지속적 변형 과정 속에서 파악할 수 있는가', 그럼으로써 어떻게 건전하고 너그럽게, 말하자면, '다원적 가치에의 개방성 속에서' 민족과 국가, 종교와 언어와 문화의 편견을 넘어 세계시민으로 살아갈 수 있는가에 달려 있다.

---

2   *Ibid.*; Kwame Anthony Appiah, *The Lies That Bind: Rethinking Identity*(New York: Liveright, 2019).

3. 살아 있는 몇몇 영혼의 개입

게르첸이 10년의 시간적 간격을 두고 쓴 두 편의 글을 읽어보자. 이 글에 담긴 그의 생각은 '게르첸의 언론 활동'이라는 이 2부 전체에 대한 결론으로 적절해 보인다.

시와 산문, 예술 그리고 역사는 우리에게 이런 불합리한 환경, 이런 해로운 방식들, 이런 악마적인 권력의 형성과 전개를 보여주지만, 그러나 그 누구도 출구는 보여주지 않는다. 그렇다면 우리는 고골이 나중에 한 대로 그런 상황에 익숙해져야 하는가, 아니면 레르몬토프처럼 자신의 비참한 운명을 향해 치달아야 하는가? 적응하는 것은 불가능하다. 그러나 우리는 사라지는 것도 꺼린다. 우리 가슴의 밑바닥으로부터 말해지는 것은 죽기에는 너무 이르다는 것, 그래서 '죽은 영혼'의 뒤에 몇몇 살아 있는 영혼이 아직도 있다는 사실이다.(20)

우리 농민에게 매질하지 않기 위해서 명예의 말을 서로 주고받고, 하나의 단체가 아니라 수백 개의 단체를 여러 지방과 여러 지역에서 만들어 세우자. 무엇보다 당신들의 적은 수를 두려워하지 말라. 자신의 목표를 향해 굳건하게 행진하는 두 명의 열렬한 사람은 아무런 목표도 없는 군중보다 훨씬 강력하다. 윌버포스(Wilberforce)와 코브던(Cobden)은[3] 클럽이나 작은 교회에서 동의한 서너 사람으로 시작하지 않았던가?(123)

앞의 인용문은 1850년에 쓰인 「러시아에서의 혁명적 이념의 전개

---

3 윌리엄 윌버포스(William Wilberforce, 1759~1833)는 영국에서의 노예무역을 종식시킨 활동가이고, 리처드 코브던(Richard Cobden, 1804~1865)은 곡물 수입에 과도한 세금을 부과한 법률(The Corn Laws)에 저항하면서 자유무역을 옹호했다. 곡물령은 1846년에 폐지되었다.

에 대하여」라는 글에서 발췌한 것이고, 뒤의 인용문은 1860년에 쓰인 「회초리를 치워라!」에서 발췌한 것이다. 앞글의 요지가 "'죽은 영혼'의 뒤에 몇몇 살아 있는 영혼이 아직도 있다"는 데 있다면, 뒷글의 요지는 "적은 수를 두려워하지 말고" 정해진 목표를 향해 나아가라는 데 있다. "자신의 목표를 향해 굳건하게 행진하는 두 명의 열렬한 사람은 아무런 목표도 없는 군중보다 훨씬 강력하다."

그리하여 저 위대한 윌리엄 윌버포스가 영국에서의 노예무역을 종식시키고, 리처드 코브던이 곡물령을 폐지하면서 자유무역을 관철시켰듯이, 우리도 몇몇의 '살아 있는 영혼'으로부터 '시작'할 수 있기 때문이다. 무엇을 시작하는가? 그것은 잘못된 현실의 개선이다. 「회초리를 거둬라」라는 글에도 나오지만, 1860년 무렵 러시아에서 사람이 사람을 매질하는 것은 흔했다. 특히 농노는 집안에서나 집 밖에서 수없이 맞았다. 가부장적 잔혹성과 낙후성으로 점철된 사회에서 윗사람이 아랫사람을 때리는 것은 지극히 당연한 것이었고, 맞는 사람들 또한 아무런 저항 없이 받아들였다.

그 후 매질을 포함한 구타는 갖가지 시민운동과 인권운동에 힘입어 현실에서 상당 부분 사라졌다. 그러나 다시 물어보자. 매질은 인간의 세계에서 '완전히 사라졌는가?' 폭력은 이제 세상에서 완전히 철폐되었는가? 그렇지는 않다! 마찬가지로 우리는 우리의 물음을 조금 확대시킬 수도 있다. 언론과 사상의 자유는 오늘의 세계에서 보장되고 있는가? 혹은 우리 사회의 언론은 제 책임을 다하고 있는가? 나아가 우리의 현 단계 공론장은 활성화되고 있는가? 또 시민의 자유와 권리는 제대로 보장되고 행사되고 있는가? 그 범위를 넓혀가면서 질문을 더해 갈수록 그에 대한 답변은 긍정적이기 어렵다.

게르첸은 사회주의 혁명의 이념 아래 뛰어난 문필가에 사상가로 활동했고, 무엇보다 그의 언론 활동은 현실에 적극적으로 개입하면서 이뤄지는 실천적 행위였다. 하지만 그의 족적은 오랫동안 주목받지 못하였다. 그에 대한 나의 호기심은 현실을 바라보는 그의 방식이고, 이런 현실 이해 속에서 그가 어떻게 삶을 살아갔는가에 있다. 글은, 그것이 제대로 된 것이라면, 이런 현실 시각과 삶의 방식을 구현할 것이다.

　게르첸에 대한 나의 경외심은 결국 그 글의 유연성과 포괄성에서 온다. 깊이란 이 유연성과 포괄성의 결과다. 이 깊이란 어떤 깊이인가? 그것은 사유의 깊이다. 사유의 깊이는 곧 관념의 깊이다. 그러나 깊은 사유를 가능하게 하는 것은 사유 자체가 아니라 정직성일 것이다. 이 정직성은 그 주체가 삶에 다가간 데서, 이렇게 다가가 자신의 개인적 삶과 동시대의 공동체적 현실에 충실한 데서 온다. 그러므로 삶의 정직성이 글의 정직성을 이루고, 이 정직한 글이 사유의 깊이를 이루며, 이 깊은 사유는 다시 돌아와 그의 삶을 충만하게 만든다. 아마 그 글에서 우리가 '스타일'을 느낄 수 있다면, 그 스타일이란 그의 삶의 정직성과 충실 그리고 양심에서 올 것이다. 양심의 목소리와 삶의 충실은 스타일 속에서 별개가 결코 아닌 것이다.

　아마도 게르첸의 글이 완성되는 것은 그 글이 내장하는 이념의 현실적 구현에 있을 것이다. 우리가 게르첸을 읽고 그에 대해 필자가 쓰는 이 글의 활동도, 그저 읽고 쓰는 일에 그치는 게 아니라, 그의 문제의식을 읽고 쓰는 우리 각자가, 아니 내 자신이 얼마나 생활 속에서 스스로 충실하게 내 열망을 구현하는가에 달려 있다. 이념의 정당함이 생활의 질적 변형으로 전환되지 않는다면, 그 정당함이란 무슨 정당함인가? 그것은 공허한 추상의 헛된 놀음일 뿐이다. 게르첸이 《종》의 여러 사설에서 보여준 시민적 권리를 위한 헌신은 오늘의 현실에서 인간의 삶이 어떠해야 하는가를, 자유와 개인성이 보장되기 위해 우리의 사회는 어떠해야 하고, 나 자신은 어떤 태도와 마음으로 이 현실에 응전해야 하는지를 알려준다.

참고문헌

1차 문헌

Herzen, Alexander, 1982, *My Past and Thoughts*, Abridged by Dwight Macdonald, translated by Contance Garnett, Berkeley: University of California Press.

Herzen, Alexander, 2012, *A Herzen Reader*, edited and translated by Kathleen Parthé, Evanston, Illinois: Northwestern University Press.

2차 문헌

로맹 가리, 2007, 『새벽의 약속』, 심민화 역, 서울: 문학과지성사.

문광훈, 2015, 『심미주의 선언』, 파주: 김영사.

_____, 2018.11.3, 「문화산업과 문화비판 ─ 오늘의 상품소비사회에서」, 네이버 열린 연단.

_____, 2019.7.17, 「휴머니즘은 미신인가? ─ '최종' 해결책과의 결별」, 네이버 열린 연단.

_____, 2019.9.21, 「자서전과 반성적 회고 — 헤르첸의 '나의 과거와 사상'
　　　읽기」, 네이버 열린 연단.

미셸 푸코, 2016, 『비판이란 무엇인가? 자기수양』, 심세광·전혜리 역, 파주:
　　　동녘.

수전 손택, 2005, 『우울한 열정』, 홍한별 역, 서울: 시울.

에드먼드 윌슨, 2007, 『핀란드 역으로』, 유강은 역, 서울: 이매진.

위키피디아 Alexander Herzen 영어판, https://en.wikipedia.org/wiki/
　　　Alexander_Herzen

Appiah, Kwame Anthony, 2019, *The Lies That Bind: Rethinking Identity*, New
　　　York: Liveright.

Beha, Christopher, 2019.2.21, "The Myth of Progress," *New York Review of
　　　Books.*

Berlin, Isaiah, 1982, "Introduction," Alexander Herzen, *My Past and Thoughts*,
　　　Berkeley: University of California Press.

_____, 2002, "Political Ideas in the Twentieth Century(1950)," ed. Henry
　　　Hardy, *Liberty*, Oxford: Oxford University Press, 2002(이사야 벌린,
　　　2014, 『자유론』, 박동천 번역, 파주: 아카넷).

_____, 2013, *Russian Thinkers*, eds. H. Hardy and A. Kelly, second edition,
　　　London: Penguin Books(이사야 벌린, 2008, 『러시아 사상가』, 조준래 역,
　　　서울: 생각의나무).

Foucault, Michel, 1997, "Self Writing," ed. Paul Rabinow, *Ethics: Subjectivity
　　　and Truth*, New York: The New Press.

_____, 2005, *The Hermeneutics of the Subject, Lectures at the Collège de France
　　　1981-82*, New York: Picador(미셸 푸코, 2007, 『주체의 해석학: 주체의 해
　　　석학: 1981-1982, 콜레주 드 프랑스에서의 강의』, 심세광 역, 서울: 동문선).

Grimes, William, 2007.2.25, "Rediscovering Alexander Herzen," *The New
　　　York Times.*

Harris, Robert, 2012, "Alexander Herzen: Writings on the Man and His

Thought," Alexander Herzen, *A Herzen Reader*, edited and translated by Kathleen Parthé, Evanston, Illinois: Northwestern University Press.

Holmes, Stephen, 2019.1.17, "The Identity Illusion," *New York Review of Books*.

Macdonald, Dwight, 1982, "Appendix: Marx v. Herzen," Alexander Herzen, *My Past and Thoughts*, Berkeley: University of California Press.

_____, 1982, "Preface," Alexander Herzen, *My Past and Thoughts*, Berkeley: University of California Press.

Jahanbegloo, Ramin, 1992, *Conversations with Isaiah Berlin*, London: Halban.

Parthé, Kathleen, 2012, "Introduction," *A Herzen Reader*, ed. and trans. Kathleen Parthé, Evanston, Illinois: Northwestern University Press.

Seneca, 2010, *Selected Letters*, trans. by Elaine Fantham, Oxford: Oxford University Press.

찾아보기

인명

■ 저자 소개

문광훈(文光勳)

1964년 부산 출생. 고려대학교 독문과를 졸업하고 동 대학원에서 석사학위를, 독일 프랑크푸르트 대학교에서 박사학위를 받았다. 고려대학교 아세아문제연구소 연구교수를 거쳐 현재 충북대학교 독일언어문화학과에 재직 중이다.

지금까지 네다섯 방향에서 글을 써왔다. 독일문학 쪽으로 학위논문을 번역한 『페르세우스의 방패―바이스의 '저항의 미학' 읽기』(2012)와 발터 벤야민론 『가면들의 병기창』(2014)이 있다. 한국문학 쪽으로 『시의 희생자 김수영』(2002), 『정열의 수난 ― 장정일론』(2007), 『한국현대소설과 근대적 자아의식』(2010)이 있고, 예술론으로 『숨은 조화』(2006), 『교감』(2008, 『미학수업』으로 개정), 『렘브란트의 웃음』(2010), 『심미주의 선언』(2015), 『비극과 심미적 형성』(2018), 『예술과 나날의 마음』(2020)이 있다. 김우창 읽기로 『구체적 보편성의 모험』(2001), 『김우창의 인문주의』(2006), 『아도르노와 김우창의 예술문화론』(2006), 『사무사(思無邪)』(2012), 『한국인문학과 김우창』(2017)이 있다. 그 밖에 김우창 선생과의 대담집 『세 개의 동그라미』(2008)가 있다. 비교문화적, 비교사상적 논의로 『스스로 생각하기의 전통』(2018)과 『괴테의 교양과 퇴계의 수신』(2019)이 있고, 산문집 『가장의 근심』(2016)과 『조용한 삶의 정물화』(2018)가 있다. 그 밖에 『요제프 수덱』, 쾨슬러의 『한낮의 어둠』, 바이스의 『소송/새로운 소송』, 포이흐트방거의 『고야, 혹은 인식의 혹독한 길』을 번역하였다.

자서전과 반성적 회고

알렉산드르 게르첸 읽기

대우학술총서 640

1판 1쇄 찍음 | 2023년 1월 13일
1판 1쇄 펴냄 | 2023년 1월 31일

지은이 | 문광훈
펴낸이 | 김정호

책임편집 | 박수용
디자인 | 이대웅

펴낸곳 | 아카넷
출판등록 | 2000년 1월 24일(제406-2000-000012호)
주소 | 10881 경기도 파주시 회동길 445-3
전화 | 031-955-9511 (편집) · 031-955-9514 (주문)
팩시밀리 | 031-955-9519
www.acanet.co.kr

© 문광훈, 2023

Printed in Paju, Korea.

ISBN 978-89-5733-840-7 94990
ISBN 978-89-89103-00-4 (세트)

이 책은 대우재단의 지원을 받아 연구 및 출간되었습니다.